정치학의 이해

서울대학교 정치외교학부
정치학 전공 교수진

Understanding Politics

박영사

서문

이 책은 서울대학교 정치외교학부 정치학 전공 교수들이 이번에 새롭게 고쳐 쓴 정치학 개론서이다. 이 책의 연원은 1975년으로 거슬러 올라간다. 당시 정치학과 교수들이 처음으로 공동 작업을 통해 만든 「정치학개론」을 서울대학교 출판부에서 출간했다. 이후 몇 차례 개정판이 발간되었다.

첫 책이 발간된 3년 후인 1978년 초판을 대폭 수정한 「신정치학개론」이 발간되었다. 그리고 1986년에는 정치학의 새로운 연구 동향을 반영하기 위해 기존 내용을 전면 개정한 「정치학개론」을 박영사에서 출간했다. 그리고 9년 뒤인 1995년에는 그 책을 개정한 「정치학개론」이 출간되었다. 2002년에는 1995년 개정판 「정치학개론」의 내용을 수정, 보완하고 새로운 내용을 추가한 책이 「정치학의 이해」라는 새로운 이름으로 발간되었다.

우리는 이번에 2002년에 발간된 「정치학의 이해」를 수정, 보완하고 또 새로운 주제를 포함하여 개정판으로 내놓게 되었다. 이전의 개정판이 8~9년의 시차를 가졌던 것에 비하면 이번에는 개정 작업에 무려 17년이나 걸렸다. 제때 개정판을 내지 못한 것에 대해 우리는 학생들에게 미안함을 느낀다. 그 긴 세월 사이에 우리 정치의 특성과 우리 정치를 둘러싼 대내외적 환경은 크게 바뀌었다. 또한 그 사이 정치적으로 중요한 이슈나 관심사에도 상당한 변화가 생겨났다. 우리는 정치학 연구의 기본을 지키면서 동시에 우리 정치를 둘러싼 변화를 가능한 많이 이 책에 반영하고자 했다. 앞서 출간된 책들이 모두 그랬던 것처럼, 우리는 이 책이 정치학을 본격적으로 공부하려고 하는 학생들을 위한 좋은 입문서가 되기를 기대한다.

기존 내용을 수정하고 또 새로운 내용을 많이 담고자 했지만 여전히 다루지 못한 부분이 있을 것이다. 이 개론서의 내용이 보다 충실해지도록 우리는 앞으로 계속해서 노력해 갈 것이다.

끝으로, 이번에도 좋은 책으로 꾸며주시느라 노고를 아끼지 않으신 박영사 임직원들, 특히 이영조 차장과 전채린 과장께 감사드린다.

2019년 2월

서울대학교 정치외교학부 정치학 전공 교수 일동

차례

Contents

Contents

01
민주주의

Understanding Politics

민주주의

제1절 서론

현대의 정치 담론에서 아마도 '민주주의'만큼 강한 규범적 힘을 갖는 용어는 그리 많지 않을 것이다. 정책이나 관행을 판단하는 가장 중요한 기준 중 하나는 그것이 얼마나 '민주적'인지를 따져 묻는 것이 되었고, 조직의 구성과 운영이 '민주성'을 결여하고 있다는 비판은 국가와 같은 정치적 결사체를 넘어서 시민단체, 대학, 언론, 그리고 경우에 따라서는 기업에 이르기까지 가볍지 않은 무게를 지니게 되었다. '민주주의' 내지는 '민주성'은 정치적 논쟁에서 이념적 지향과 무관하게 전유를 위한 경쟁의 대상이 되고 있고, 특별한 정당화나 부연설명 없이 정치적 주장의 근거 내지는 지향점으로 설정되기도 한다.

하지만 민주주의의 가치와 지향이 적어도 표면적으로 보았을 때 거의 보편적인 수용성을 가지게 되었다는 사실은 상당히 의아한 것이기도 하다. 우선은 아래에서 약술하듯이 이러한 평가가 민주주의의 역사에서 상당히 최근의 일이라는 사실을 주지해야 한다. 인류 역사 대부분의 기간 동안 민주주의가 온갖 부정적인 가치와 연계된 기피와 두려움의 대상이었다는 것은 널리 알려진 사실이다. 바로 이 이유 때문에 민주주의의 역사를 돌아보는 것은 그 자체로도 흥미로운 일이고, 보다 중요하게는 우리가 민주주의에 대해 일반적으로 가지고 있는 관념을 비판적으로 성찰해보는 계기를 제공해준다. 또 한 가지 중요한 점은 정치적 논쟁에서 민주주의와 민주성을 내세우는 것이 큰 수사적인 유용성을 가질지는 몰라도, 그 주장의 구체적인 내용은 상당히 모호하고 무정형적인 경우가 많다는 것이다. 즉 민주주의를 주창하는 현상은 매우 일반적이지만 민주주의의 의미에 대한 규정은 매우 어렵고 딱히 합의된 바도 없다는 말이다. 정치세계를 구성하는 많은 개념이 그러하지만 민주주의야 말로 대표적으로 "본질적으로 논쟁적인(essentially contested)" 개념인 셈이다. 여기에 대해서는 약간의 부연이 필요하다.

우선 민주주의의 내포와 외연이 불확정적이라는 문제가 있다. 민주주의를 민주주의이게끔 하는 핵심적인 가치나 원리가 있는지, 그렇다면 그것이 무엇인지의 문제가 먼저 제기될 수 있는데, 이에 대해서는 역사적으로 무수히 많은 답변이 시도되었지만 그 중 어떤 것도 마치 수학에서의 정의처럼 받아들여지지는 않는다. 초점을 다소 달리하여 우리가 일반적으로 수용하는 다른 핵심적인 가치나 원리와 민주주의의 관계를 묻더라도 문제는 여전히 복잡하다. 예를 들어 민주주의와 법치의 관계를 생각해볼 수 있다. 적어도 우리의 일상적인 정치 담론에서는 법치를 부정하는 형태의 민주주의의 비전을 설득력 있게 주장하기는 어려울 것이다. 하지만 민주주의와 법치의 원리 사이에 긴장이 없지 않다는 것도 사실이다. 예를 들어 일반성, 형식적 평등성, 명확성, 예측가능성 등 법치의 기본 원리가 대체로 잘 지켜지지만, 일반 시민들이 대표자의 선출 등을 통해 그 법의 제정과 개정에 간접적으로라도 전혀 관여하지 못하고 왕이나 귀족 등 특권층이 입법권을 독점하는 사회가 있다고 생각해 보자. 이 경우 민주주의자의 입장에서는 이 사회에 법치는 있을지언정 민주주의는 없다는 비판을 나름 설득력 있게 제기할 수 있을 것이다. 마찬가지의 이유로 개인의 자유를 폭넓게 보장해주는 상당히 인상적인 권리체계가 존재한다는 사실 자체가 반드시 그 사회가 '민주적'으로 운영된다는 것을 뜻하지는 않을 것이다(일반적으로 고대 로마 사회나 근대 입헌군주정을 이렇게 보는 경우가 많다). 반대로, 특히 법치의 원리가 준법정신으로 환원되는 경향이 강한 한국과 같은 맥락에서는, 법치를 확보하기 위해 중요한 것 중 하나가 바로 시민들의 직접 참여나 관여를 수반하는 민주주의의 원리를 최소화하는 것이라는 주장도 제기된다. 요컨대 우리가 흔히 민주주의의 핵심적인 요소라고 생각하는 가치나 원리가 오히려 민주주의와 상충하거나 적어도 경합하는 상황이 발생하는 것이다.

이러한 문제가 생기는 이유 중 하나는 민주주의라는 개념과 현상의 내부적 의미가 다양하기 때문만이 아니라, 애초에 그것이 어떤 수위와 범주의 개념인지가 불확실하기 때문이다. 민주주의는 자유, 평등, 정의 등을 내포하는 하나의 가치체계 내지는 이상(ideal)인가? 아니면 이러한 가치들과 본질적인 관계를 맺지 않는 특정한, 예컨대 다수결로 대표되는, 집합적 의사결정방식인가? 그렇지 않으면 신정이나 절대주의와 구분되는 이데올로기, 혹은 독재와 구분되는 특정한 유형의 정체(regime type)인가? 아마도 일상적인 담론에서 가장 흔히 접하게 되는 용례는 하나의 정체로서의 민주주의일 것이다. 하지만 이 관점에서 언급되더라도 가치, 이상, 의사결정방식 등의 문제가 배제되는 경우는 별로 없다고 보는 편이 맞을 것이다. 이 이유 때문에 독재나 권위주의를 배제하더라도 민주주의라는 정체를 구성하는 제도와 운영원리는 매우 다양하고 심지어는 독재자가 자신이야말로 진정한 민주주의자라고 주창하는 경우까지 생겨나게 된다.

논쟁적이고 경합적인 개념이자 현상으로서의 민주주의에 대한 위의 논의는 결국 민주주의가 자연과학에서와 같은 명증한 정의(definition)의 대상이라기보다는 정치 담론 속에서의 주창(claim)과 전유(appropriation)의 대상이라는 것을 뜻한다. 그렇다면 민주주의를 이해하기 위한 우리의 첫 번째 질문이 '민주주의란 무엇인가'라는 형태로 제시되는 것이 가장 좋은 접근법은 아닐 수 있다. 물론 이러한 작업이 무익하다는 주장은 전혀 아니다. 하지만 민주주의를 주창, 전유하고자 하는 다양한 행위자의 발화와 그 맥락을 살펴보는 것이 유익한 경우가 많다. 즉 특정한 행위자, 사회세력, 이론 등이 민주주의라는 개념과 이에 대한 나름의 규정을 내세움으로써 무엇을 하고자 하는지를 중요하게 고려하면서 민주주의에 대한 다양한 접근을 분석하는 것이다. 물론 이렇게 접근하여 민주주의라는 논의의 대상 자체가 유동화되어버리는 것은 분석과 실천을 위해 어려운 문제를 나을 수 있다. 하지만 역으로 바로 이렇게 유동적이고 우발적인 속성이야말로 민주주의를 둘러싸고 있는 정치 현실의 모습에 보다 가깝지 않은가라는 판단도 가능하다. 요컨대 민주주의의 실천성과 역사성에 주목하여, 그것을 '정치적' 개념이자 현상으로 접근하는 것이다.

이러한 접근을 구체화하는 작업은 이 글의 범위를 크게 넘어서는 종합적인 연구를 필요로 할 것이다. 다만 아래에서는 적어도 이 문제의식을 염두에 두면서 크게 두 부분으로 논의를 진행하고자 한다. 전반부에서는 민주주의의 역사를 간략히 검토한다. 민주주의의 시원으로 흔히 언급되는 고대 아테네에서부터의 긴 역사가 그 대상이다. 방대한 시기를 짧은 지면 안에 개괄하기 위해 과감하게 유형화하는 방식을 취할 수밖에 없지만, 이를 통해서 적어도 지극히 역사적이고 정치적인 개념이자 현상으로서의 민주주의의 면모를 엿볼 수 있다. 후반부에서는 민주주의를 둘러싼 현대의 담론 지형을 재구성한다. 20세기 이후 제시된 민주주의에 대한 다양한 이해 방식과 접근법 중에서 상대적으로 큰 영향력을 행사한 것들을 선별적으로 제시하고 검토한다. 역시 상당한 일반화와 정형화가 불가피한 측면이 있지만, 이를 통해 민주주의에 대한 오늘날의 정치적 논쟁을 구성하는 중요한 논점을 여럿 찾아낼 수 있다. 물론 이 두 초점만으로는 민주주의의 개념과 현상을 이해하기에 턱없이 부족하다. 예컨대 민주주의로의 이행, 민주주의의 공고화 및 심화, 정체로서의 민주주의를 구성하는 핵심적인 제도와 그 작동원리, 한국의 민주주의 등 중요한 주제를 다루지 못하고 민주주의의 역사와 이념에 집중하고 있기 때문이다. 하지만 여기서 누락된 주제들은 현대 정치학 전반에 걸쳐있고, 이 책의 곳곳에서도 직·간접적으로 다루어지고 있다. 이 책의 다른 장들과의 연관 속에서 아래의 내용이 더욱 풍부해질 수 있을 것이라 기대한다.

제2절 민주주의의 역사[1]

1. 고대 아테네 민주주의

민주주의의 역사를 살펴보면서 일반적으로 고대 아테네의 경우에 집중하는 것은 충분히 그럴 만한 이유가 있어 보인다. 민주주의와 관련된 많은 핵심적인 개념과 제도가 이곳에서 이 시기에 확립되었을 뿐만 아니라, 당시 민주주의를 둘러싼 정치적 논쟁에서 그 이후 계속 반복되고 오늘까지도 살아있는 논점을 여럿 발견할 수 있기 때문이다. 이에 더해 고대 아테네의 민주주의가 오늘날 우리에게 보다 익숙한 형태와 내용의 민주주의와는 상당히 큰 차이를 보인다는 점도 못지않게 중요하다. 이러한 연속과 단절의 양 측면 때문에 역사적으로 고대 아테네의 민주주의는 한편으로는 동경과 흠모의 대상이, 다른 한편으로는 멸시와 두려움이 대상이 되어 왔다. 고대 아테네의 사례는 민주주의에 대한 우리의 이해의 폭을 넓혀주는 데에 여전히 매우 좋은 소재이다.

고대 아테네의 민주주의는 기원전 5세기에서 4세기에 걸쳐 약 200년 동안 지속되었으며, 그 전성기는 기원전 5세기 말경이었던 것으로 알려져 있다. 하지만 이 기간은 아테네를 비롯한 그리스 사회 전체가 내우외환으로부터 자유롭지 못했던 시기이기도 하다. 밖으로는 페르시아의 위협이 상존하고 있었고, 안으로는 여러 폴리스 및 동맹 간의 경쟁과 무력충돌이 끊이지 않았다. 아테네 내부로 좁혀보아도 계층과 지역 간의 갈등으로부터 자유롭지 못했다. 아테네에서 민주주의가 자리잡아간 과정은 이러한 갈등과 위기에 대응하면서 통합과 번영을 추구한 일련의 정치적 선택의 결과였다고 볼 수 있다.

대체로 아테네 민주주의의 출발점으로 간주되는 것은 508/7BC에 클레이스테네스에 의해 단행된 일련의 개혁조치이다. 그 핵심은 이전의 솔론의 개혁 이후에도 해소되지 못한 귀족들 중심의 파벌싸움을 막고 이들에 대항하는 평민들의 권력을 신장시키는 것이었다. 일반적으로 이 시기 이후 아테네 사회에 '이소노미아(isonomia)'

1 민주주의의 역사에 대한 개괄을 위해서는 Arblaster(2002), Cartledge(2016), Dunn(2018), Keane(2010) 등을 참고할 만하다. 이 절의 내용은 이 네 권의 책에 크게 의존하였다.

가 자리잡았다고 평가되는데, 근대적인 언어로는 '법 앞의 평등'과 유사한 개념이라고 볼 수 있다. 모든 시민들이 부, 권력, 사회적 지위와 관계없이 법 앞에서 동등하게 대우받는다는 원리이다. 하지만 보다 적극적으로는 공동체를 규율하는 법규범의 생성에 모든 시민이 동등한 영향력을 행사할 수 있다는 정치적 평등의 개념으로 이해되기도 한다. 또 하나 주목할 것은 당시 이루어진 과감한 행정구역 개편인데, 클레이스테네스는 139개의 마을(deme)을 창설하고 내륙, 도시, 해안 등 다양한 지역의 마을을 뒤섞어 아테네 전체를 10개의 '부족(tribe)'으로 구성하였다. 이를 바탕으로 각 부족에서 50명씩의 시민 대표가 추첨에 의해 선출되어 '500인회(boule)'를 구성하고 중요한 국사를 담당하게 된다. 마을과 부족을 거쳐 폴리스로 연결되는 일종의 네트워크가 형성된 셈인데, 그 속에서 시민들은 자신과는 출신과 배경이 다른 다양한 시민 대표들과 자연스럽게 국사를 논의하고 의결하게 된다. 혈연과 지연 중심의 전통적인 동질성과 폐쇄성을 넘어 폴리스 전체의 단합을 도모하고 정치적 교육을 심화하려는 의도를 엿볼 수 있다(Ober, 1989).

이후 아테네 민주주의가 급진화되는 과정에서 결정적이었던 것은 462/1BC에 실시된 에피알테스의 개혁이었다. 이를 통해 이전에 상당한 권한을 행사하였던 귀족회의(areopagos)가 사실상 무력화되고, 민회(ecclesia)의 권한이 극도로 강화된다. 이후 아테네는 자타가 공인하는 민주주의 사회로 인식된다. 이러한 변화에 불만을 갖고 스파르타와 유사한 형태의 과두정(oligarchy)을 선호하는 세력도 등장하는데, 이들과 민주주의자들 사이의 갈등은 이후에도 지속된다. 사실 아테네 사회의 민주화에 중요했던 요인 중 하나는 바로 계속되는 전쟁 혹은 전쟁의 위협이었다고 볼 수 있다. 특히 기원전 5세기 초반의 페르시아 전쟁이 이 측면에서 중요했는데, 하층민들이 기병이나 중장보병과는 달리 별다른 장비가 필요 없는 보병과 수병으로 전투에 대거 참여하게 된다. 이들의 역할과 희생이 마라톤 전투나 살라미스 해전 등의 승리에 결정적인 역할을 하였는데, 이것이 향후 하층민들의 정치적 발언권의 확대와 무관하지 않았음은 분명해 보인다. 이후 아테네는 막강한 해군력을 기반으로 그리스의 패권(hegemon) 중 하나로 팽창한다. 내부적으로는 하층민들의 정치적 영향력과 직접 참여에 기반한 민주주의가 정착되고, 외부적으로는 주변 폴리스들과 교역하고 보호를 명목으로 그들의 조공을 요구하며 스파르타 등과 경쟁하는 해상제국으로 성장한다. 투키디데스가 『펠로폰네소스 전쟁사』에서 중요하게 다루는 민주주의와 제국으로서의 이중적 정체성이 자리 잡은 것인데, 흔히 정치, 경제, 문화 등 여러 측면에서 아테네 민주주의의 전성기로 간주되는 페리클레스 시대(461~429BC)도 바로 여기에 해당한다.

잘 알려진 것처럼 '민주주의'라는 말 자체도 희랍어에서 유래하였다. 특정한 지역에 사는 사람들을 가리키는 demos와 권력, 지배, 통제 등을 뜻하는 kratos가 결합된 단어가 바로 demokratia, 즉 democracy이다. 왕에 의한 지배를 뜻하는 monarchy, 귀족에 의한 지배를 뜻하는 aristocracy, 권력을 장악한 소수 집단에 의한 지배를 뜻하는 oligarchy 등과 대비하여, 단어 그대로 '인민의 지배'를 뜻하는 개념이다. 하지만 이후 링컨의 유명한 "인민의, 인민에 의한, 인민을 위한 정부(government of the people, by the people, for the people)"라는 표현과 마찬가지로 '인민의 지배'라는 어원 자체가 아테네 민주주의에 대해서 많은 것을 말해주지는 않는다. 짧게나마 그 중심적인 제도와 운영 원리를 살펴볼 필요가 있다.

아테네 민주주의의 중심적인 세 기관은 민회(ecclesia), 법원(dikasteria), 500인회(boule)이다. 이 중에서도 가장 중심이 되는 의결기관은 민회였다고 볼 수 있는데, 주요 공무원의 선출, 선전포고의 문제, 외국인에 대한 시민권 부여의 문제, 법안의 통과 등 굵직한 국사가 이곳에서 논의, 결정되었다. 민회에 참석할 권리는 군사복무를 마친 20세 이상의 성인 남성에게 평등하게 주어졌는데, 정족수는 6,000명에 달했고 경우에 따라 연간 40여 회가 개최되기도 하였다. 한편 법원에서의 재판은 일반적으로 500~600명 규모에 이르는 배심원단의 결정에 의해 진행되었는데, 배심원들은 30세 이상의 남성 시민 중에서 추첨에 의해 선출되었다. 민회와 법원에서의 의사결정은 연설과 반론을 거친 이후의 투표에 의해 이루어졌다. 시민들은 지위고하를 막론하고 이러한 집합적 의사결정에 평등하게 참여할 수 있는 기회를 부여 받았다. 민회에 상정될 의제나 법안을 설정하고 폴리스의 일상적인 행정업무도 상당부분 담당하였던 500인회의 역할도 중요했다. 앞서 언급한 것처럼 500인회는 각 부족의 시민들 중에서 추첨에 의해 구성되었는데, 재임 기간은 1년이었고 연임이 불가능했으며 평생 두 차례만 봉사할 기회가 주어졌다.

이상의 주요 기구가 운영된 방식에서 이른바 '아마추어에 의한 정치(the politics of

amateur)'와 직접민주주의로서 아테네 민주주의의 특수성이 잘 드러난다. 우선 근대 국가와 비교해 보았을 때 딱히 국가 관료제라고 부를 만한 것도 없었고, 특정한 지역구를 대표하면서 권한을 위임받는 직업정치인들도 없었다는 점이 중요하다. 대신 오늘날의 언어로 표현하자면 입법, 행정, 사법에 해당하는 대부분의 국사가 일반 시민들에 의해 직접 처리되었다. 주요 의사결정은 단순다수결에 의해 이루어졌고, 오늘날과 같은 권력분립이나 견제와 균형 같은 장치도 없었다. 또 장군이나 재정관 등 특수한 경우를 제외한 대부분의 공직은 선거가 아닌 추첨에 의해 채워졌다. 공직의 임기가 대체로 짧았을 뿐만 아니라, 시민들은 다양한 나랏일을 순환하면서 맡을 기회를 부여받았다. 그 결과 대부분의 시민들은 적어도 평생 몇 차례는 다양한 경로를 통해 통치에 직접 참여하였는데, 예컨대 일생에서 500인회에서 한 번이라도 봉사하게 되는 시민의 수가 전체 시민의 절반을 훨씬 넘었다고 한다.

여기서 주목해야 할 점은 이소노미아의 개념이 함축하는 것처럼 아테네의 시민들이 법의 집행 대상 내지는 수신자로서 평등한 대우를 받았다는 점에 더해, 그 법의 제정과 집행 과정에도 평등하게 참여했다는 점이다. 적어도 이 관점에서 보면 근대적 의미의 법치보다 더 적극적인 '민주적 법치' 혹은 정치적 평등을 말할 수 있다. 그러한 정치적 평등을 집약하는 개념이 바로 '이세고리아(isegoria)'인데, 공적 공간에서의 발언의 평등을 뜻하는 말이다. 이 평등은 보다 적극적으로는 토론과 집합적 의사결정이 이루어지는 공론장에 참여할 수 있는 권리가 모든 시민에게 동등하게 보장되었다는 것을 뜻한다. 또 더 적극적으로는 다스리고 다스림 받기를 배울 능력이 모든 시민에게 평등하게 존재한다는 믿음이 전제되어 있다고도 볼 수 있다. 이 관점에서 보면 폴리스로서의 아테네는 '도시국가(city-state)'라기보다는 '시민국가(citizen-state)'였다는 해석이 가능하다(Cartledge, 2016). 시민들의 정치적 역할이 근대에서처럼 선거 등을 통해 정부를 구성하고 통치자들에게 권한과 정당성을 부여하는 것으로 이해된 것이 아니라, 공공의 문제에 대해 직접 결정을 내리고 그 결정의 집행에 몸소 참여하는 것이었기 때문이다. 이렇게 보면 시민들이 곧 폴리스였던 셈인데, 이것은 근대 이후에 우리가 국가를 이해하는 방식과는 질적으로 다르다.

물론 아테네 민주주의의 모든 측면이 우리의 관점에서 보았을 때 모범적이었다고 볼 수는 없다. 우선은 배제성의 문제가 있다. 내적으로 시민권이 상당히 제한되어 있었는데, 단적으로 주민들 중 여성과 노예, 외국인과 혼혈인이 시민의 범주에 들지 못했다. 시민의 비율은 전체 인구의 15% 내외였던 것으로 추정된다. 여성, 노예, 외국인들의 노동이 물질적 삶의 토대를 마련하기 위한 활동에서 일시적으로나마 해방될 수 있는 여력이 있었던 시민들의 정치적 자유와 참여를 가능하게 했던 사회경제적 조건이었던 셈이다. 외적으로는 당시 아테네가 제국으로서 상당수의 폴리스를 복속한 패권의 지위를 누렸다는 점도 언급해야 한다. 물론 아테네의 경우에만 그러했던 것은 아니지만, 침략적이고 호전적인 대외관계가 내부의 민주주의와 상충한다는 인식은 그리 일반적이지 않았던 것으로 보인다.

아테네 민주주의에 대해 널리 제기되는 다른 하나의 비판은 그것이 본질적으로 이른바 '중우정치'를 벗어나지 못했다는 평가이다. 이 비판은 당대에 플라톤의 『국가』에서 이미 신랄하게 제기되었고, 이후의 긴 역사에서도 무수히 반복되었다. 정치에 대한 전문적인 식견이 부족한 일반 시민들이 국사를 직접 담당하였기 때문에 아테네의 정치는 소란스럽고 불안정하며, 충동적이고 비합리적일 뿐만 아니라, 정치꾼들의 대중선동에 취약할 수밖에 없으며, 이 모든 이유 때문에 이른바 '다수의 폭정(tyranny of the majority)'에서 벗어날 수 없었다는 지적이다. 좋은 정치에 필수적인 차분한 숙고과 이성적인 사고, 전문가들의 지혜로운 판단 등과 대척점에 있다는 것인데, 시칠리아 원정이나 소크라테스의 재판 등 극적인 사건들이 그 전거로 자주 활용된다.

이러한 비판들의 타당성에 대해 논하는 것은 그리 간단치 않은 문제이다. 다만 오늘날의 관점과 기준을 역사적인 맥락이 매우 달랐던 고대 아테네 사회에 기계적으로 적용하는 것은 성급한 판단일 수 있다. 정치를 바라보는 우리의 편견과 관념을 재확인하고 증폭하는 데에 그칠 수 있기 때문이다. 이 문제에 대해 좀 더 조심스럽게 접근하기 위해서는 여러 가지를 종합적으로 고려할 필요가 있다. 예컨대 여성과 노예가 시민의 범주에서 원천적으로 제외되었다는 사실은 우리의 입장에서는 용납할 수 없는 부정의이지만, 인류 역사 대부분의 기간 동안 아테네에서처럼 지위 고하를 막론하고 넓게 시민권이 부여된 사례를 찾기는 쉽지 않다는 점도 사실이다. 노예제 또한 당시 매우 일반적인 현상이었을 뿐더러, 아테네의 노예들은 대체로 근대 이후 식민주의 시기 세계 각국에서 매매되고 혹사되었던 노예들처럼 잔혹한 처우를 받지 않았다고 한다. 또 근대적 의미의 '권리' 개념은 존재하지 않았지만, 이것이 곧 개인의 자유가 부재했다는 결론으로 이어지지는 않는다. 실제 세계관, 사고, 표현, 행동, 삶의 방식 등의 영역에서의 자유는 상당히 넓게 향유되었는데, 플라톤이 아테네를 염두에 두고 민주주의를 비판하면서 '방종'과 '무질서'를 전면에 내세운 것이 역설적으로 이러한 개인적 자유의 폭에 대한 방증이라고도 볼 수 있다. 개인의 삶 구석구석을 관할하고 규율하는 근대적인 행정권력 자체가 존재하지 않았던 사회였던 것이다. '국가'에 대항하여 '개인'의 자유를 보장하는 장치로서의 '헌법'이나 '권리체계' 등의 개념을 적용하는 것에 무리가 따를 수밖에 없는 이유다. 또 아테네의 정치 전반이 과연 비판자들의 지적처럼 극단적인 선동정치에 매몰되어 있었는지의 문제에 대해서도 역사적인 평가가 엇갈린다.

인상적인 수준의 정치적 평등과 법 앞에서의 평등을 달성한 아테네 사회였지만, 당시에 인간이 모든 측면에서 평등하다는 관념이 공유되었던 것은 아니다. 실제 아테네 시민들 사이의 사회경제적 불평등은 상당한 수준이었고, 정치과정을 통해 이러한 불평등을 해소하려는 재분배와 같은 적극적인 노력을 발견하기도 쉽지 않다. 하지만 오늘날의 상황과 중요한 대조를 이루는 것은 당시 상당한 수준의 사회경제적 불평등이 시민들 사이의 정치적 평등을 무력화하지 않았다는 사실이다. 사실 이렇게 높은 비율의 시민들이 이렇게 다양한 경로를 통해서 정치과정에 직접 참여하고, 논쟁과 설득, 평등한 투표를 통해 집합적 의사결정을 내렸던 역사적 경험은 매우 드물다. 아테네 시민들의 높은 자부심도 이 지점에서 찾을 수 있다. 군주정, 귀족정, 과두정하에서와는 달리 자신들은 특정 개인이나 집단의 자의적인 지배를 받는 것이 아니라 스스로 만들고 집행하는 법에 의해 지배받는다는 자의식이 강했던 것이다. 그렇다면 그들이 이해한 민주주의는 그저 투표 절차나 다수결로 대변되는 특정한 의사결정 방식으로 환원되지 않는다. 정치에 직접 참여함으로써 집합적 삶의 조건을 스스로, 또 평등하게 만들어나가는 적극적인 정치적 역량이 그 핵심에 자리 잡고 있는 것이다. 이 관점에서 보면 오히려 오늘날 우리가 '민주주의'라고 부르는 정치제도와 과정이 오히려 상당히 과두적으로 보일 수도 있다. 아테네 민주주의를 무비판적으로 옹호하자는 것이 아니라, 우리의 기준과 잣대를 잠시 내려놓음으로써 그 속에서 우리와는 상당히 다른 방식으로 집합적 삶을 구성하고 운영한 원리를 엿볼 수 있고, 이를 통해 우리의 정치적 상상력을 더욱 풍부하게 할 수 있다는 것이다.

2. 고대 로마에서 근대까지

민주주의가 현대를 사는 우리의 정치적 담론에서 아무리 중요한 위치를 차지한다고 하더라도 마치 고대에서 현대까지 면면히 이어지는 민주주의의 전통 같은 것이 존재한다고 생각해서는 곤란하다. 사실 제도나 통치형태의 관점에서 아테네 민주주의가 후대에 미친 영향력은 미약했다고 보는 편이 맞다. 게다가 정치체제로서의 민주주의는 아테네가 쇠락한 기원전 300년경부터 약 19세기에 이르기까지 거의 휴지(休止)상태에 머물렀다고 보아도 과언이 아니다. 일반적으로 정치적 논쟁에서 비중 있게 언급조차 되지 않았고, 설령 언급될 경우에도 경멸과 회피, 혹은 두려움의 대상인 경우가 많았다. 이 기간 동안 민주주의는 대체로 '가난하고 우매한 대중의 지배' 정도로 인식되면서, 다양한 계층 간의 조화를 이룰 수 없는 정치원리, 끊임없는 분란과 갈등에 시달리다 폭력적인 과정을 통해 소멸하기 마련인 정체로 배격되었다.

로마 공화정을 설명하면서 민회의 역할에 주목해 그 민주적 요소를 강조하는 경우가 가끔 있는데, 이러한 해석은 오해의 소지가 크다. 집정관 선출, 법률 통과, 형사재판 등 다양한 권한이 민회에 부여되었지만, 실제 평민들의 정치적 영향력은 미미했다고 보는 것이 옳다. 단적으로 민회에서의 투표 방식이 그러하다. 표결을 위한 행정구역의 배분은 귀족과 부유층의 영향력을 극대화하는 방식으로 이루어졌고, 게다가 각각의 구역이 하나의 단위가 되어 투표하게끔 되어 있어서 개인의 자격으로 의결에 참여할 가능성 자체가 봉쇄되어 있었다. 일반 시민들은 대체로 자신들을 후견하는 지역 유지의 의사를 따를 것으로 기대되었고 실제로도 유·무형의 압력이 도처에서 행사되었다. 이들은 법률을 제안하기는커녕 제안된 법률에 대해 토론할 기회조차 부여받지 못했다. 아테네에서처럼 시민들이 개인의 자격으로 평등하게 정치과정에 참여할 기회가 원천적으로 봉쇄되었던 것이다.

로마의 공화정은 그 공식 표어인 SPQR(Senatus Populusque Romanus; Senate and the People of Rome)이라는 말이 상징하는 것처럼 원로원이 중심이 된 일종의 귀족공화정이었다고 볼 수 있다. 원로원은 명목상으로는 자문기관이었지만 공화정 시기의 많은 부분 동안 핵심적인 통치기능을 실질적으로 장악하면서, 명목적인 최고통치자인 두 명의 집정관보다도 더 막강한 권한을 행사하였다. 정치제도의 측면에서뿐만 아니라 사회, 경제, 문화적으로도 로마는 상당히 엄격한 계층 간의 구분에 의해 운영되었다. 부와 지위, 가문 등에 의한 위계가 뚜렷했고, 남녀 간의 관계도 매우 가부장적이었다. 후대에 마키아벨리 등이 적극적으로 로마의 정치적 유산을 복원하면서 사회 세력 간의 견제와 균형, 또 이를 통한 조화를 추구한 혼합정(mixed constitution)으로서의 레스푸블리카(*res publica*)[2]의 원리에 주목하지만, 이것은 민주주의의 원리나 제도와는 별 관련이 없는 것이었다. 로마는 아테네와는 달리 사회경제적으로 형성된 계층적 질서가 정치적·공적 영역으로 그대로 투영된 사회였다고 볼 수 있다. 상당히 인상적인 수준의 시민권이나 법치의 개념 등을 로마의 정치사에서 관찰할 수 있지만, 결정적으로 부재한 것은 바로 아테네 민주주의의 핵심적 요소였던 정치적 평등이었다. 정치적 논쟁에 관여하고 입법과정에 참여할 수 있는 권한은 소수의 특권층에게만 한정되었다.

정치사적으로도 이념사적으로도 후대의 역사에서 로마 공화정의 영향력이 아테네의 민주정보다 훨씬 강력했다는 사실은 시사하는 바가 크다. 적어도 정치체제의 관점에서 보았을 때 오늘날의 정치담론을 지배하는 가장 큰 구분이 민주주의와 권위주의의 대립이라고 볼 수 있을 텐데, 사실 이는 길게 잡더라도 100년이 채 되지 않은 현상이다. 대신 서양의 역사 대부분의 기간 동안 주된 논쟁은 일인지배 위주의 자의적이고 절대적인 통치체제를 중심으로, 그에 저항하면서 법치와 인민을 위한 통치를 내세우는 공화정 내지는 입헌군주정의 원리가 선회하는 구도로 전개되었다고 볼 수 있다. 민주주의는 애초에 심각한 고려의 대상이 아니었던 것이다.

서양의 긴 중세 동안 제도와 이념으로서의 민주주의는 사실상 수면 아래로 가라앉는다. 이는 보다 근본적으로 '정치'라는 영역의 의미가 매우 좁게 이해되었던 당시의 상황 속에서 이해할 수 있다. 아우구스티누스의 영향력 있는 저작에서 볼 수 있는 것처럼 인간 삶의 진정한 목표가 구원과 영생에 있고, 또 그 목표가 이 땅에서 인간의 노력에 의해 달성될 수 있는 성질의 것이 아니라면 결국 정치가 할 수 있는 일은 비본질적인 영역에 국한된다. 순례자로 잠시 스쳐가는 이곳에서의 삶을 견디게 하는 질서와 안정을 유지하는 것 이상의 의미를 찾기 어려운 것이다. 질서와 안정에 대한 강조는 대체로 정치권력에 대한 복종의 의무로 연결되고, 심지어

---

2 '공공의 것(public thing)' 내지는 '공적 사안(public affairs)'을 뜻하는 라틴어로, '공화정(republic)'이라는 말의 어원이기도 하다.

부정의한 세속권력의 존재 또한 타락한 인간에 대한 신의 처벌로 이해된다. 정치에 대한 관념이 이러하다면 그 속에서 민주주의가 들어설 자리를 발견하기는 어렵다. 집합적 삶의 조건을 스스로 구성한다는 민주주의의 지향은 극도의 교만으로 밖에 보이지 않았을 것이다.

민주주의의 관점에서 상황이 좀 더 흥미로워지는 것은 중세 후반과 근대 초기를 걸쳐 북유럽 일부, 스위스와 이탈리아 일대에서 흥미로운 자치의 전통을 일구어 나간 도시국가들이 성장하면서이다. 그러나 이러한 정치적 경험을 민주주의로 부르기는 어렵고, 그들 스스로도 민주정으로서의 자의식을 가지지는 않았다. 예컨대 피렌체나 베네치아의 사례를 보더라도 시민권이 상대적으로 넓게 부여되었고 일부 행정관들이 시민들에 의해 직접 선출되기도 하였지만, 몇몇 가문이나 집단의 정치적 영향력이 지대했다는 점에서 굳이 따지자면 아테네의 민주주의보다는 로마의 공화정에 훨씬 가까웠다고 볼 수 있다. 마키아벨리의 주된 전거가 로마 공화정이었다는 점도 흥미로운데, 사실 르네상스 시기의 인문주의는 적어도 정치적인 측면에서 보았을 때 그리스가 아니라 로마의 재발견이었던 측면이 크다.

논자에 따라서는 이후 종교개혁의 담론에서 민주주의의 근대적 연원을 발굴해 내기도 하지만 이 또한 무리가 있는 해석이다. 신교도들이 신앙의 영역에서 모두의 평등을 주창한 것은 맞지만, 그러한 평등주의가 정치의 영역으로 흘러들어갔다고 볼 근거는 없기 때문이다. 오히려 종교개혁을 주도한 세력의 정치관은 매우 보수적이고 권위주의적인 경우가 많았다. 설령 참주에 대한 저항의 권리와 의무를 주장한 예외적인 경우에도, 그것이 일반 시민들의 정치적 권리나 투표권 등에 대한 논의로 연결된 흔적을 찾기는 어렵다. 물론 신앙의 영역에서의 평등주의와 개인주의에서 이후 민주주의의 발전에 사후적으로 중요해지는 지성사적 동력을 찾을 수 있을지는 몰라도, 정치적 비전으로서의 민주주의에 대한 관념이 존재했다고 볼 수는 없다.

17세기에 들어서 상황은 다소 달라진다. 유럽 전체를 놓고 보면 제한적이기는 하지만 카탈루냐나 네덜란드 지방 등에서 민주적 요소가 가미된 정치 운동이 감지되고, 영국내전에서도 수평파(Levellers)를 중심으로 토지재분배와 참정권 확대 등의 급진적 평등주의의 세력이 부상한다. 하지만 수평파조차 스스로 민주주의라는 이름을 정치적 구호로 내세우지는 않았다. 민주주의는 곧 아테네 식의 직접민주주의로 이해되었고, 이는 위험하고 무질서한 정체라는 인식이 공유된 상황에서 평등주의자들에게도 민주주의가 현실성 있는 정치적 선택지로 고려되지는 않았던 것이다. 이후 18세기 후반까지의 정치적 논쟁의 보다 현저한 지형은 왕권신수설로 대변되는 절대주의와 자의적이고 절대적인 정치권력으로부터의 자유를 주장하는 세력 간의 싸움이었다. 후자의 비전을 가장 강력하게 내세운 사상가가 바로 로크(John Locke)라고 볼 수 있는데, 흔히 그의 주장은 후대의 의회주권이나 의회민주주의의 효시로 받아들여진다. 하지만 법치와 국민의 동의를 정치적 정당성의 핵심으로 내세운 주장이 반드시 구체적으로 민주적인 함의를 갖는다고 볼 수는 없다. 이 관점에서 보았을 때 국민들의 인신과 재산을 보호해야 한다는 목표에 충실하고 법치의 원리에 의해 운영되는 국가는 그 구체적인 정부형태에 관계없이 정당한 것이기 때문이다. 예컨대 입헌군주정도 로크의 입장에서는 전혀 문제될 것이 없었다. 게다가 로크의 주장을 보다 면밀히 살펴보면 오히려 왕과 의회가 입법권을 분유하는 혼합정과 유사한 정체에 대한 선호를 읽을 수 있다. 마지막으로 심각한 타락과 권력남용의 상황에서 인민들이 혁명을 통해 권력자를 몰아낼 수 있다는 것이 곧 그 정체가 민주주의적 요소를 가졌다는 평가로 이어져서도 곤란하다. 일상적인 정치 과정에서 일반 시민들의 역할은 부재할 수 있기 때문이다. 이러한 상황은 로크에 국한된 것은 아니었다. 이후 대부분의 계몽주의 사상가들도 아테네의 정치적 유산에 대한 관심이 크지 않았는데, 민주주의 이론의 토대를 마련하는 데에 중요한 기여를 한 것으로 널리 평가받는 루소의 경우도 마찬가지였다. 실제 루소는 아테네보다는 스파르타를 동경했고, 로마 공화정의 사례를 자주 전거로 활용했으며, 스스로도 민주주의보다는 오늘날의 대의민주주의와 유사한 형태의 선출귀족정(elective aristocracy)을 선호하였다. 요컨대 이상과 같은 정치적 논쟁의 지형 속에서 민주주의라는 이념과 제도가 심각한 정치적 고려의 대상이었다고 보기는 어렵다.

ı 로크(John Locke)

3. 18세기 후반 이후

특히 한국적 맥락에 익숙한 가치와 제도로서의 민주주의의 발원에 가장 지대한 영향력을 행사한 사건은 미국의 독립과 건국이었다. 하지만 이 부분도 조심스럽게 접근할 필요가 있다. 사실 미국 건국을 주도한 행위자들의 주된 전거는 여전히 키케로를 중심으로 한 로마 공화정의 정치사상과 그 영향을 깊이 받은 몽테스키외와 같은 유럽의 이론가들이었다. 흥미롭게도 1776년에 제정된 미국 헌법의 어디에도 민주주의 내지는 민주적이라는 말은 등장하지 않는다(대신 공화정부(republican government)라는 표현은 등장한다). 하지만 당시 정치적 논쟁에서 민주주의라는 개념은 꽤 여러 차례 언급되는데, 이 또한 역시 피해야 할 대상으로서이다. 매디슨(James Madison)의 경우가 대표적이다. 그는 『연방주의자 논설』의 곳곳에서 민주주의를 언급하면서 그것을 아테네에서처럼 소규모의 시민들이 대표체계 없이 직접 통치하는 정체로 규정하고, 군중의 비합리적인 정념에 쉽게 휘둘리는 이유로 재산권을 비롯한 개인의 권리를 심각하게 침해할 뿐만 아니라 소수를 억압하기 십상이라며 경각심을 불러일으킨다. 대신 견제와 균형을 근간으로 '복합공화정(compound republic)'의 원리에 의해 설계된 미국 헌법은 특히 국민들의 의사가 날것으로 반영될 가능성이 큰 민주적 대표체로서의 하원의 권한을 견제하는 데에 상당한 공을 들인다. 대통령, 상원의원, 연방법관들의 선출방식을 다단계로 간접화하고 이들에게 상대적으로 긴 임기를 부여한 것도 당시 미국 사회의 평등주의적인 에너지의 폭발력을 최대한 희석시켜 보다 안전하고 지속성 있는 제도를 구축하려 한 의도가 강하다.

미국의 초기 역사에서 상당히 흥미로운 점 중 하나는 그들의 헌법 질서 자체가 민주주의라는 개념과 이념에 대한 명시적인 거부 속에서 탄생했음에도 불구하고, 19세기 이후에는 이 질서에 기반한 미국의 사회와 정체가 점차 '민주주의'라는 이름으로 널리 불리기 시작한다는 것이다. 재산에 근거한 투표권 제한이 점차 철폐되고 각종 사회적 구분과 위계질서가 사라져가는 상황을 묘사하면서 '민주주의'라는 용어가 사용되고, 또 이 흐름이 거스를 수 없는 것이라는 인식이 엘리트들에게서도 서서히 확산된 것으로 보인다. 바로 이 흐름을 생생하게 포착해낸 것이 토크빌의 『미국의 민주주의』라고 볼 수 있다. 토크빌은 19세기 초반의 미국을 관찰하면서 그곳에서의 민주주의가 하나의 정부형태이기 이전에 '조건의 평등(equality of conditions)'으로 집약되는 특정한 '사회상태(social state)'라고 보았고, 이 사회상태에서 자라나오고 역으로 이를 뒷받침하는 각종 제도, 관습, 풍습(mores) 등의 총체를 '미국의 민주주의'라는 이름으로 묘사한다. 물론 민주주의의 도래에 대한 토크빌 스스로의 평가는 양가적인 부분이 있지만, 이 시점이 되면 민주주의가 더 이상 낙인의 대상으로 머물러 있지는 않았다는 점은 분명해 보인다. 토크빌의 저술은 민주주의를 정치적 담론의 키워드 목록에서 빠질 수 없게 만드는 데에 큰 기여를 하였다.

하지만 구체적인 정치적 투쟁 속에서 민주주의를 정치적 비전을 집약하는 구호로 사용하기 시작한 것은 대체로 프랑스혁명을 거치면서였다. 프랑스혁명은 이른바 '민주주의의 재림'의 서곡이라 불릴 만한 역사적인 사건이었다(Dunn, 2018). 극도로 부패한 귀족과 성직자들에 대한 분노로부터 출발하여 이전의 권리와 자유를 회복하고자 하였던 혁명은 예기치 못한 정치적 동학을 거치면서 급격히 급진화된다. 이제 로베스피에르의 언술에서 민주주의라는 이름은 당시의 평등주의적 열망을 집약해내는 정치적 충성의 대상으로 분명히 자리매김한다. 민주주의의 구호 아래 성인 남성의 보편 참정권에 대한 요구와 온갖 사회적 차별의 철폐가 요청된다. 프랑스의 혁명가들이 요구한 것이 정치적 권리의 확장에 머무르지 않았다는 점은 이후 민주주의의 역사에서 상당히 중요한 시사점을 갖는다. 그들이 바란 것은 일종의 포괄적인 평등의 상태라고 부를 만한 것인데, 물질적 조건을 포함하여 인간다운 삶을 향유하는 데에 장애가 되는 모든 형태의 차별과 불평등에 대한 급진적인 도전이 그 핵심을 이룬다. 이 관점에서, 이후 맑스가 정식화하듯이, 좁은 의미의 정치적 권리의 평등에만 집중하는 것은 그보다 훨씬 근본적인 물질적, 사회경제적 불평등을 가리는 이데올로기적 도구에 지나지 않는 것으로 인식된다. 고대 아테네의 민주주의가 사회경제적 불평등의 문제를 정치를 통해 직접 해소하려 하지 않았던 것과 대비를 이루는 지점이다.

사회적 문제가 전면에 대두한 근대의 상황에서 평등에 대한 강력한 희구가 민주주의의 구호로 표출되고, 그것이 사회경제적 질서의 혁명적 재구성을 위한 거대한 정치적 힘으로 작용하는 동학은 이후의 정치사에서 계속 되풀이된다. 하지만 유럽과는 달리 애초에 구체제의 굴레에서 자유로웠고, 경제적, 영토적 팽창 속에서 개인주의적인 자조의 전통이 번영으로 이어진 미국에서는 민주주의가 굳이 이러한 혁명적 전환의 구호일 필요가 없었다. 미국에서 민주주의가 그 나름의 방식으로 큰 논란의 여지없이 수용되는 사회적·정치적 질서의 이름으로 자리잡아간 반면에, 유럽에서의 민주주의는 그 비전의 급진성과 함께 여전히 폭발력이 강한 분열적인 이념이었던 셈이다.

이러한 배경을 고려하면 19세기 중반 이후 유럽의 지성사에서 민주주의가 보다 일상적이고 긍정적인 논의의 대상이 되기 시작한 것은 일견 놀라운 일일 수 있다. 하지만 이러한 변화는 민주주의라는 단어에 상당히 새로운 의미와 내용이 주입된 맥락 속에서 이해되어야 한다. 특히 밀(John Stuart Mill)은 아테네 민주주의에 대한 상당한 관심을 보이며 그 함의를 우호적으로 추출하는 작업을 진행하는데, 사실 그가 주목한 것은 아테네 민주주의의 숙의적(deliberative) 측면이었지 인민의 지배(popular rule)의 측면이 아니었다. 오히려 직접민주주의적 요소는 다수의 전제나 순응주의를 불러와 개인의 자유에 대한 억압으로 작용할 수 있다는 우려가 여전히 강하게 자리 잡고 있었다. 밀이 내세운 대안적 비전은 바로 대표체계에 기반한 대의정부(representative government)였다. 이후 '민주주의'는 그 제도적 발현에 있어서 대체로 대의민주주의를 중심으로 하게 되는데, 이는 또한 국가의 권력과 사회의 압력으로부터 개인의 자유를 최대한 보장하는 법, 권리체계 및 사적 영역에서의 이해관계의 충돌과 경쟁에 기반한 자본주의적 사회경제질서와 제도적 친화력을 갖는 것으로 이해된다. 즉 정치체제, 법체계, 사회경제질서 등의 여러 요소가 혼재된 것인데, 흔히 '자유민주주의'로 표현되는 제도와 규범의 이러한 느슨한 집합체가 '민주주의'의 첫 번째 의미로 자리 잡은 것이다. 프랑스 혁명을 거치면서 민주주의가 사회경제 질서 전반의 강한 평등주의를 요청하는 구호로 대두된 것과 비교하면, 짧은 기간 동안 상당히 큰 의미 변화가 발생했다고 할 수 있다. 민주주의의 '재발견'보다는 '재발명'이 이루어졌다고 표현해도 과언이 아닐 것이다.

ı 밀(John Stuart Mill)

이제 우리에게 보다 익숙한 형태의 '자유민주주의' 내지는 '대의민주주의'의 틀이 상당히 갖춰진 셈이다. 하지만 이 민주주의가 20세기를 거치면서 지구적으로 확산된 이유가 그것이 가장 정의롭거나 효율적인 정체였기 때문이라고 생각하는 것은 너무 단순한 이해이다. 이 문제 또한 20세기의 거대한 사회경제적 전환과 정치적 역학관계, 대규모의 전쟁과 그 수습 과정 등의 흐름 속에서 종합적으로 판단해야 한다. 특히 두 차례의 세계대전과 냉전을 거치면서 전체주의 세력과 공산주의 진영에 대항하는 자유세계의 구심점으로서 민주주의라는 깃발이 부각되면서 세계 곳곳으로 이식, 전파된 측면이 크다. 공산권에서 민주주의의 이름과 구호를 일정 부분 점유한 것도 사실이다. 자신들이야 말로 진정한 민주주의의 정신을 실천하고 있다는 주장은 그리 낯선 것이 아니었다. 하지만 체제 경쟁에서 결과적으로 승리한 것은 사회경제적 자유주의와 자본주의 질서와 결합한 형태의 서구식 민주주의였다. 실재하는 민주주의 국가들의 운영원리와 제도설계를 반영하는 방식으로 민주주의의 의미 또한 변천해왔다는 사실이야말로 민주주의가 역사적이고 정치적인 개념이라는 사실을 가장 잘 드러내준다.

제3절 현대 민주주의 이론의 쟁점

위에서는 민주주의라는 개념, 이념, 현상, 제도가 어떤 부침과 변이를 겪어왔는지를 간략히 살펴보았다. 이를 통해 민주주의가 가장 직접적으로는 왕정이나 권위주의 등과 구분되는 정치체제를 가리키지만, 집합적 삶의 전반적인 평등을 달성하고자 하는 이념이나 가치로도 작용해왔음을 보았다. 여기에 더해 일상적인 용례에서는 특정한 법과 권리체계 및 사회경제질서의 기본 원리까지도 포함하는 느슨한 개념으로 통용되기도 한다. 이러한 상황은 20세기 이후 오늘날까지도 크게 다르지 않다. 이처럼 민주주의와 연계되는 내용 및 범주가 다양하고 다층적이라는 점을 염두에 두면서, 아래에서는 최근의 역사에서 비교적 큰 영향력을 행사해 온 민주주의에 대한 이해방식을 몇 선별하여 개괄해보고자 한다.[3] 물론 아래에서 언급되는 이론가들이 가장 영향력 있었다거나, 그들의 관점이 가장 대표성을 지닌다는 뜻은 아니다. 하지만 이들의 논의 속에서 민주주의를 둘러싼 현재의 논쟁에서도 여전히 유효한

3 '이해방식'이라는 느슨한 표현을 쓰는 것은 이들의 주장이 반드시 서로 독립된 형태로 존재하는 '모델'의 형태로 구획되어 제시되지는 않기 때문이다. 아래에서 시도하는 것과 유사한 형태의 개괄을 위해서는 Held(2006), Saward(2003), Tercheck and Conte(2001) 등을 참고할 수 있다. Dahl(1989; 2015)도 유용하다.

문제의식과 논점을 다수 발견할 수 있다.

20세기 이후의 논쟁을 이해하는 하나의 독해법은 민주주의에 대한 최소주의(혹은 현실주의)와 최대주의 사이의 경합의 관점을 취하는 것이다. 최소주의자들은 19세기 이후 서구의 역사적 경험을 통해 형성된 자유민주주의의 기본 원리와 제도를 긍정하면서 민주주의를 통해 그 이상의 실질적인 가치를 달성하려는 시도를 거부한다. 반대로 최대주의자들은 현실에 존재하는 민주주의에서 관찰되는 한계와 문제점을 날카롭게 인식하면서 보다 진정성 있는 정치적 이상으로서의 민주주의를 구현하고자 한다. 여기서 지속적으로 제기되는 중요한 논점 중 하나는 '참여'의 문제이다. 시민들의 참여는 어떠한 형태와 경로를 통해 이루어지는 것이 바람직하며, 이러한 참여가 시민들 스스로와 정체 전반에 갖는 의미는 무엇인가에 대해 다양한 관점이 제기된다.

1. 민주주의에 대한 경제학적 접근

| 슘페터(Joseph A. Schumpeter)

| 다운스(Anthony Downs)

슘페터(Joseph A. Schumpeter)와 다운스(Anthony Downs)는 정치현상으로서의 민주주의를 경제학적 관점에서 분석하는 토대를 마련하는 데에 결정적으로 기여하였다(Schumpeter, 2008; Downs, 1957). 오늘날의 정치 분석이나 민주주의에 대한 논쟁에서 이들의 이름이 항상 언급되는 것은 아니지만, 그 접근방법은 여전히 널리 활용되고 있다. 전후 서구에서 민주주의의 작동방식을 유심히 관찰한 슘페터는 민주주의를 특정한 이념이나 가치체계로 바라보는 관점을 단호히 거부한다. 민주주의라는 말의 어원이 어떻게 되든 간에, '인민에 의한 지배'는 그 의미도 극도로 모호할 뿐만 아니라 현실에서 도저히 실현될 수 없는 허황된 아이디어에 지나지 않는다는 생각이다. 슘페터는 특히 18~19세기 일부 철학자들의 민주주의에 대한 논의를 '민주주의에 대한 고전적 교리'라고 부르며 신랄히 비판하는데, 이들이 '공공선'이나 '일반의지' 등 실체가 불분명한 낭만적인 개념을 내세우며 그것이 마치 사

고과정 속에서 발견, 합의될 수 있는 것이라 순진하게 믿는다고 꼬집는다. 이어서 당시 군중심리학의 연구 결과를 차용하면서 일반인들의 지식수준이나 판단력이 얼마나 형편없는 것인지를 또한 강조한다. 대부분의 사람들이 비합리적인 정념과 선동에 쉽게 휩쓸리고 심지어는 무엇이 자기에게 이득이 되는지도 제대로 판단하지 못하는데, 복잡한 정치적 사안과 갈등적 상황에 대해 합리적이고 성숙한 판단을 내릴 것을 기대하는 것은 어불성설이라는 주장이다.

대신 그는 스스로 현실에 훨씬 부합하다고 믿는 민주주의에 대한 대안적 이론을 제시한다. 민주주의의 핵심을 정치권력을 획득하기 위한 엘리트들 간의 경쟁으로 파악하는 것이 그 핵심이다. 이 과정에서 일반 국민들의 역할은 선거를 통해 지도자들을 선출하고 정부를 구성해내는 것에 국한된다. 이렇게 보면 민주주의의 의미는 '인민에 의한 정부'가 아니라 '인민에 의해 승인된 정부(a government approved by the people)'라고 보아야 할 것이다. 슘페터는 현실에서의 민주주의가 이미 이렇게 작동하고 있을 뿐더러, 그것이 딱히 문제될 것이 없다고 보았다. 정치의 본질이 권력을 위한 투쟁과 이를 위해 동원된 정치적 기법에 있다고 할 때 민주정치도 여기서 예외일 수 없다. 다만 유권자들을 설득해야 하는 이유 때문에 독재와는 다른 기법이 사용될 뿐이다. 슘페터의 이론이 민주주의에 대한 경제학적 이해방식이라고 불릴 수 있는 이유는 그가 유권자들의 표를 얻기 위한 정치인들의 경쟁이 시장에서 소비자들의 선호를 얻기 위한 생산자들의 경쟁과 본질적으로 다를 바 없다고 보기 때문이다. 마치 시장의 소비자들이 상품을 대가로 돈을 지불하는 것처럼, 정치 세계의 유권자들은 정책을 대가로 표를 지불한다는 비유다. 또 시장에서 이윤을 얻기 위한 생산자들의 경쟁을 통해 부차적으로 소비자들에게 다양한 상품과 서비스가 제공되는 것처럼, 민주정치에서도 권력을 얻기 위한 정치인들의 투쟁 와중에 부차적으로 유권자들에게 다양한 법과 행정서비스가 제공된다는 것이다.

다운스가 민주주의를 바라보는 관점도 유사하다. 그 또한 정책, 법, 서비스 등 정부나 정당의 사회적 기능은 권력, 수입, 명예 등을 추구하는 정치 행위자들의 사적인 동기의 부산물이라는 관점에서 민주주의 정치의 독특한 동학을 설명한다. 다운스는 흔히 윤리적, 규범적 판단의 대상이 되는 민주주의 정치과정의 몇몇 일반적인 패턴을 행위자들의 비용-편익 계산의 관점에서 분석한다. 예컨대 유권자들이 정치적인 문제에 대해 무지하고 무관심한 이유는 그들의 시민적인 덕성이 부족하기 때문이 아니라, 한 표를 행사하기 위해 정보를 얻고 처리하는 데에 드는 비용이 투표를 통해 자신의 선호를 표출함으로써 기대할 수 있는 편익을 압도하기 때문에 생기는 '합리적인(rational)' 선택의 결과라는 식의 분석이다. 정치적 판단을 위한 정보가 불완전할 뿐만 아니라 그 정보를 얻기 위해서 시간과 노력을 기울여야 하는 상황은 정치인들과 유권자들에게 공히 적용된다. 이 관점에서 최소한의 비용을 들여 최대한의 편익을 추구하는 정치행위자들의 행동 패턴을 예측해 보면, 유권자들의 정치적 무지와 무관심뿐만 아니라, 왜 정치인들이 뇌물에 취약하며 정부가 일반 시민보다 로비스트들이나 생산자들의 편에 서기 십상인지 등의 문제를 이해할 수 있다는 것이다. 여기서 핵심은 이러한 문제가 발생하는 근본적인 원인을 행위자들의 윤리의식이나 사회의 도덕수준에서 찾아서는 안 된다는 것이다. 주어진 환경에서 비용-편익 계산을 통해 자신에게 유리한 판단을 내리려 하는 것은 지극히 합리적인 선택이고, 그 합리적 선택의 집합적 결과를 개인에게 비난하는 것은 무의미하기 때문이다. 요컨대 정치행위에 대한 설명 또한 경제학의 일반균형이론에 포섭될 수 있다는 것이 다운스의 주장이다.

슘페터와 다운스가 선명하게 기술하고 있는 민주주의하에서의 정치행위에 대한 접근법은 정치학적 분석에서 여전히 중요한 한 축을 차지하고 있다. 굳이 합리적 선택이론(rational choice theory)을 특정하지 않더라도 특정한 상황의 유인 구조(incentive structure)와 그 속에서 정치행위자들의 전략적 선택을 분석하는 것은 구체적인 정치현상에 대한 경험적 분석과 제도설계에 대한 이론적 논의에서 공히 널리 활용되는 접근법이다. 하지만 이 두 사람의 이해방식에 깔려 있는 전제를 들여다보는 것도 중요하다. 여기서 주목해야 할 점은 이들이 정치현상을 경제학적으로 분석하면서 인간행위에 대한 일종의 일반이론을 내세우고 있다는 것이다. 이 관점에서 보면 인간의 행동은 최대의 편익추구라는 관점에서 일관되게 해석될 수 있고, 정치적 행위 또한 여기서 예외가 아니다. 그렇다면 가치, 이념, 이상, 윤리 등 정치 행위자들이 자신의 선택을 설명하기 위해 일인칭적으로 내세우는 비경제적인 동기들은 그 이면에 존재하는 편익추구라는 숨은 동기를 감추는 수사적 장치에 불과하거나, 심지어는 궁극적으로 편익의 다른 한 형태로 (예컨대 심리적 만족이라는 효용) 환원될 수 있는 비본질적인 요소로 분류된다. 이러한 이해방식이 과연 인간의 행위에 대한 '중립적'이고 비규범적인 '사실(fact)'로 받아들여져도 좋은지는 매우 복잡하고 논쟁적인 문제이다. 더 나아가 정치적 선택과 경제적 선택이 같은 논리에 의해 움직인다는 주장은 결국 효율성, 예측가능성, 균형 등의 특정한 정치적 가치를 예컨대 정의, 형평성, 연대 등의 다른 정치적 가치보다 특권화하는 비중립적인 분석틀이라는 비판도 가능하다. 정치행위의 분석이나 제도설계를 위해 상당히 유용한 도구이지만, 자칫 정치 영역의 독특성이나 고유성에 대한 인식이 가로막힐 가능성이 있는 것이다.

한 가지 더 언급할 것은 슘페터와 다운스의 이론이 보여주는 경제학적 접근이 정치 영역의 최소화를 주장하는 이른바 '신자유주의' 정치관과는 결이 다르다는 점이다. 후자의 관점에 대한 철학적 정당화는 하이에크(Friedrich A. Hayek)에 의해 대표적으로 제시된 바 있다(Hayek, 1979). 하이에크는 제도, 질서, 문화를 이해하고 만들어 나가는 인간의 이성과 지성의 힘에 엄연한 한계가 존재한다는 인식론적 명제에서부터 논의를 시작한다. 사회의 질서와 문화는 인간이 의도적으로 고안해낸 것이 아니라 무수한 판단과 행위의 계기들, 시행착오와 우연이 복잡하게 뒤얽힌 불투명한 과정 속에서 자라나온다는 관점이다. 정치질서를 포함하는 사회는 인간의 의도적 개입을 하나의 요인으로 포함하면서도 그것을 훨씬 뛰어넘는 보다 상위의 진화 과정을 통해 생성되는데, 이것을 개념화한 것이 바로 '자생적 질서(spontaneous order)'라는 표현이다. 제도나 규범을 통해 사회를 구성해내려는 시도는 대체로 의도한 결과를 가져오는 데에 실패할 뿐만 아니라, 오랜 세월 동안 누적적으로 형성되어 온 자생적 질서를 교란할 뿐이라는 것이 하이에크의 주장이다.

하이에크(Friedrich A. Hayek)

바로 이 이유 때문에 하이에크는 복지정책 등을 통해 사회정의를 달성하고자 하는 당시 민주주의 국가들의 개입주의를 강하게 비판한다. 그 의도는 선한 것이었을 수 있지만 결국 정부의 권력을 팽창시키는 무책임하고 자의적인 정치적 시도라는 것이다. 이러한 시도는 또 '민주주의'라는 말의 심각한 오염을 초래했다고 한다. 정치인들이 선거에서의 승리를 위해 사회의 특정 계층이나 집단의 부분적 이해관계를 무차별적으로 수용하고 각종 특혜와 자원을 투여하는 것이 곧 '민주적'인 정치로 이해된다는 것이다. 이런 의미의 무차별적인 민주주의는 결국 정치권력의 무한한 팽창을 가져오는 '노예로의 길(road to sefdom)'에 다름 아니다는 것이 그의 주장이다. 대신 하이에크는 민주주의의 원래 의미는 정의, 평등, 연대 등의 실질적 가치와는 무관한, 집합적 결정에 이르는 특정한 방법 이상도 이하도 아니라고 말한다. 민주주의는 참주정의 등장을 막고 평화적인 정권교체를 가능하게 하는 등의 장점이 있지만, 보다 구체적으로 어떠한 가치와 정책을 추구해야 할지를 말해주지는 않는다는 것이다.

하이에크의 초점은 민주적인 과정을 통해 형성된 정부의 권력을 법에 의해 통제하는 것에 있다. 또 그는 헌법을 포함한 법규범을 제정하는 과정은 일반 국민들의 민주적 통제와 그들의 눈치를 보는 정치인들 사이의 흥정에서 자유로운 별도의 독립된 기구에 위임되어야 한다고 주장한다. 이러한 과정을 통해 제정된 일반규범에 의해 다스려질 때 개인의 자유가 부당한 정치권력으로부터 최대한의 자유를 확보할 수 있다고 보는 것이다. 하이에크의 사고는 정치 일반에 대한 회의주의가 민주주의에 대한 최소주의로 연결되는 지점을 잘 보여준다. 만약 정치가 본질적으로 부자연스럽고 인위적인 인간 활동이라면, 집합적 자기결정을 추구하는 민주주의는 그 중에서도 가장 부자연스럽고 인위적인 형태가 될 것이다. 민주주의는 입헌주의와 법치의 원리에 의해 보장되는 개인의 자유라는 지상의 가치에 철저히 부차적인 것으로 이해된다. "무제한적인 민주주의 정부는 비민주적이지만 제한된 정부보다 훨씬 못하다"는 결론은 이렇게 도출된다.

슘페터, 다운스, 하이에크의 이론을 일별해 보면 상당한 유사점과 함께 흥미로운 차이점도 발견된다. 민주주의를 하나의 정치적 이상으로 설정하고 평등, 정의, 공공선, 연대 등의 실질적인 가치와 연동시키는 관점을 배격한다는 점에서는 셋이 일치한다. 그러나 이 지점에 이르는 경로는 상이하다. 슘페터와 다운스가 민주주의 정치과정과 정치행태 일반을 경제학적 분석틀을 이용해 이해하려 했다면, 하이에크는 시장에 대한 개입을 최소화할 것을 주문하면서도 경제학적 분석보다는 인간의 행위와 사회질서의 형성, 변동에 대한 인식론적 회의주의와 연동된 진화론적 관점을 제시한다. 민주주의에 대한 하이에크의 최소주의는 이 지점에서 정치 일반에 대한 회의주의의 자연스러운 파생물이라고 볼 수 있는데, 슘페터와 다운스의 경우 반드시 정치 영역 전반에 대한 회의주의적, 최소주의적 관점을 견지한다고 볼 필요는 없다. 오늘날 민주주의의 위상과 역할에 대한 논쟁에서도 여전히 모두 관찰할 수 있는 주장들이다.

2. 참여로서의 민주주의

위에서 살펴본 세 명의 논자가 공통적으로 민주주의에 대한 최소주의적 이해를 보여준다는 점은 이들이 공히 민주주의를 하나의 결정 방식, 즉 집합적 의사결정에 이르는 특정한 규칙으로 좁혀서 바라보고 있다는 측면에서 이해할 수 있다. 달리 말하자면 민주주의는 일정한 가치나 규범의 집합체가 아니라 권위주의와 구별되는 정치과정의 한 형태로 파악된다. 하지만 많은 논자들은 이처럼 민주주의를 의사결정의 과정이나 제도에 국한해서 이해하는 관점을 단호히 거부한다. '참여민주주의(participatory democracy)'를 주창하는 페이트만(Carole Pateman)의 경우가 대표적인 사례이다(Pateman, 1970).

페이트만은 1970년에 출간된 『참여와 민주주의』라는 저서에서 슘페터 류의 분석에 힘입은 주류적인 민주주의 담론을 강하게 비판한다. 이들은 유권자들이 주기적인 선거를 통해 지도자들을 선출하거나 교체할 수 있는 과정에만 집중하는데, 페이트만은 이런 의미의 형식적인 정치적 평등은 시민들의 참여를 자의적인 권력 행사로부터 자신들의 사적 이해관계를 보호하는 수단적인 의미로 퇴색시킨다고 주장한다. 결국 민주주의에 대한 주류적 이해방식의 한계는 그것이 현실에 존재하는 민주주의 정치과정을 무비판적으로 수용하고 표준화한다는 데에 있다. 그 결과 좁은 의미의 정치과정을 벗어나 사회 곳곳에서 관찰되는 불평등, 차별, 부정의의 문제를 민주주의와 사실상 무관한 것으로 치부하게 되는데, 이러한 한계가 형식적인 정치적 평등조차 무의미한 것으로 만들어 버린다는 주장이다.

페이트만의 주장은 '민주주의의 민주화'라는 명제로 집약될 수 있는데, 그 핵심적인 요소는 바로 참여이다. 보다 구체적으로 그는 루소(Jean-Jacques Rousseau), 밀(John Stuart Mill), 콜(GDH Cole)을 참여의 이론가로 재해석하면서 이들에게서 참여민주주의의 이론적 자원을 끌어온다. 페이트만이 이들에게서 가장 주목하는 부분은 바로 참여의 교육적 기능이다. 즉 민주주의에서 정치참여의 진정한 의미는 참여를 통해 개인의 이해관계를 보호, 관철하는 데에 있는 것이 아니라, 누적된 참여의 경험이 장기적으로 개인과 사회에 가져오는 변화에 있다는 주장이다. 시민들은 정치 참여를 통해 스스로를 사적인 개인을 넘어서는 공적 시민으로 이해하는 방법을 배우고, 지적, 도덕적으로 성장하게 된다. 또 시민들의 활발한 참여를 통해 내려진 정치적 결정은 엘리트들에 의해 일방적으로 정해지고 전달되는 방식에 비해 정당성과 수용성 면에서도 우월하다. 페이트만은 밀과 콜 등의 이론에서 이러한 참여는 좁은 의미의 정치과정에 국한되는 것이 아니라 사회 전반으로 확산되어야 한다는 아이디어를 얻는다. 특히 보통의 시민들이 일과의 대부분을 보내고 또 이들의 인격형성에 지대한 영향을 미치는 일터 또한 사회의 권위구조를 형성하는 핵심적인 부분이기 때문에 참여를 통한 혁신의 대상이 되어야 한다는 주장을 펼친다.

여기서 한 가지 중요한 지점은 페이트만이 '참여'라는 단어를 상당히 강한 의미로 사용하고 있다는 점이다. 그가 말하는 '참여'는 그저 소극적인 의미에서의 의견 표명 같은 활동이 아니라, 특정한 조직의 의사결정 과정에 동등한 구성원으로서 함께 하는 것을 뜻한다. 이러한 강한 의미의 참여는 곧 그 공동체의 상호작용의 조건을 구성하는 권위 구조가 구성원들에 의해 직접 형성된다는 것을 뜻한다. 페이트만은 이러한 과정을 통해 일터를 비롯한 사회 전반의 권위구조가 민주화된 사회를 '참여사회(participatory society)'라고 부르며, "민주적 정체를 실현하기 위한 필수 조건은 바로 참여 사회"라고 주장한다. 참여 사회의 달성을 통한 권위구조의 민주화가 민주주의에 필수적인 이유는 바로 이를 통해서만 시민들이 그들의 삶을 구성하는 조건과 환경을 스스로 결정하고 통제할 수 있기 때문이다. 이것이 곧 민주주의가 추구하는 집합적 자기결정(collective self-determination)의 의미라는 것이다.

페이트만이 내세우는 참여민주주의의 비전은 전간기에 활동한 듀이(John Dewey)에게서도 찾아볼 수 있다(Dewey, 2016). 듀이는 기술의 급속한 발전과 거대 조직의 성장이 전통적인 인간관계와 공동체를 파괴하는 흐름에 주목한다. 이해하지도 통제하지도 못하는 거대한 사회적인 변화를 맞닥뜨리면서 정치적인 무력감과 무관심이 확산되는 상황을 듀이는 '공중의 소멸(the eclipse of the public)'이라 부른다. 제도적인 차원에서 정치적 민주주의가 서구 사회에 빠르게 확산되었지만, 공적인 문제에 관심을 갖고 타인과의 교류 속에서 집합적 문제 해결책을 모색하는 민주적 공중은 형성되지 못했다는 분석이다. 듀이는 이러한 공중을 만들어 나가려는 노력이 곧 '위대한 공동체(the Great Community)'로의 여정이라고 표현한다. 이를 위해서는 민주주의에 대한 최소주의자들이 주장하는 것처럼 법적이고 형식적인 제약을 최대한 제거해서 개인에게 최대치의 사적 자유를 부여하는 것만으로는 절대 불충분하다. 문제의 핵심은 공동체 안에서 사회적 탐구(social inquiry)와 소통(communication)을 활성화하는 것이다. 상호의존이 심화된 상황에서 공통의 문제를 식별하고 이에 대해 함께 논의하고 의견을 교류하면서 해결책을 모색해 나가는 과정과 태도가 사회 전반에 확산되어야 한다는 것이다. 이 관점에서 민주주의는 하나의 정치 문화 내지는 에토스 또는 '삶의 방식(way of life)'이라고 볼 수 있다. 이는 좁은 의미의 정치적 민주주의를 훨씬 넘어서는 것으로, 궁극적으로는 참여의 과정 속에서 시민들의 정치적 역량과 판단력이 길러질 수 있다는 신념에 근거한다. 듀이에게 중요한 것은 개개인의 지적인 역량이 아니라, 구체적인 상황에 대한 관심과 탐구에 기반한 협력적 행동을 통해 길러지는 '사회적 지능(social intelligence)' 내지는 '집합적 지능(collective intelligence)'이다. 다수결과 같은 결정 규칙보다는 결정이 내려지기 전에 어떤 대화, 토론, 설득의 과정이 존재했는지가 더욱 중요한 문제가 되는 것이다.

참여에 대한 유사한 문제의식은 『강한 민주주의』라는 책을 통해 널리 알려진 바버(Benjamin R. Barber)에게서도 찾을 수 있다(Barber, 1984). 바버는 '대의민주주의(representative democracy)'와 '단일제 민주주의(unitary democracy)'에 대한 비판을 통해 강한 민주주의의 비전을 탐색해 나간다. 대의민주주의는 기본적으로 개인의 사적, 소극적 자유에 매몰된 얇은 시민권 개념에 기초해 있는데, 이러한 관념은 기본적으로 시민을 마치 시장에서의 고객과 같은 지위를 가진 존재로 이해한다는 점에서 근본적인 한계가 있다. 선거를 통해 정치권력을 견제하면 정부의 책임성은 어느 정도 달성할 수 있을지 모르지만, 이것만으로 시민들을 진정으로 자유롭다고 부를 수 있는 근거는 없다. 반면에 단일제 민주주의는 공동체과 공공선에 대한 강력한 요청이 시민들의 자율성을 억압하고 순응주의와 강요된 합의를 불러올 위험성이 있다. 이 측면이 강조된 직접민주주의는 자칫 전체주의의 방향으로 흐르기 십상이다. 바버가 내세우는 강한 민주주의는 이 두 극단 사이에서 균형을 찾고자 한다. 강한 민주주의는 자유와 권리의 의미가 전(前)정치적으로 주어진 것이 아니라 정치를 통해 형성된다는 점을 강조한다. 인간이 본성상 상호의존적으로 살 수밖에 없다면, 시민으로서의 삶은 그 관계를 정당한 것으로 만들어내는 데에 필수적이다. 시민권은 의제의 설정에서부터, 입법, 정책의 집행에 이르는 과정에 지속적으로, 또 다양한 방식으로 참여함으로써 확인되고 고양되는 '행사(exercise)'의 개념이다. 바버 스스로도 강한 공동체주의나 참여에 대한 일방적인 강요가 가져오는 억압과 배제의 가능성을 충분히 인식하고 있다. 따라서 그가 말하는 강한 민주주의는 대의제를 제거한 순수한 직접민주주의나, 모든 사안과 모든 수위에서의 참여를 뜻하지는 않는다. 그러나 참여의 통로는 다층적이고 실질적으로 열려 있어야 하며, 특히 중차대한 국사가 결정되고 권력행사가 이루어지는 국면에서는 더욱 그러해야 한다는 것이 바버의 주장이다. 민주주의가 자치와 자율성을 빼놓고 이해될 수 없다면, 참여는 그 필수적인 구성요소이기 때문이다.

이상에서 살펴본 세 논자들은 공히 민주주의가 단순히 의사결정의 방식이나 제도의 집합체로 이해될 수 없다고 주장한다. 대신 이들은 하나의 이상(ideal)으로서 민주주의를 설정하고, 그것을 추동하는 힘으로 시민들의 참여의 가치를 전면에 내세운다. 물론 참여의 의미나 범주를 이해하는 방식에서는 사소하지 않은 차이가 있을 수 있다. 예컨대 듀이나 바버에게서는 직접 참여를 통한 권위구조 전반의 민주화에 대한 문제의식이 페이트만처럼 강하지 않다. 이 부분에서의 차이는 참여민주주의의 문제의식을 제도화할 때 작지 않은 함의를 가질 수 있다. 하지만 이들이 공통적으로 강조하는 바는 비교적 선명하다. 이들은 사적 개인으로서의 삶을 우선시하는 민주주의에 대한 얇은 이해로는 현대사회가 노정하는 여러 난제를 헤쳐 나갈 수 없다고 믿는다. 한 사회의 정치적 역량은 공적인 문제에 관심을 갖는 시민들의 적극적인 관여와 참여를 통해서만 길러질 수 있기 때문이다. 이 관점에서 바버는 "민주주의를 교육하는 가장 좋은 방법은 바로 그것을 실천함으로써이다"고 말한다. 시민들의 정치적 지식의 수준, 관심도, 판단력, 공동체 의식 등등이 갖추어지지 않으면 참여에 기반한 민주주의가 성공할 수 없다는 비관적인 관찰을 자주 듣게 되지만, 거꾸로 생각하면 이러한 덕목과 역량은 진공상태에서 주어지는 것이 아니라 참여를 통해서만 비로소 길러질 수 있다는 주장도 가능하다. 요컨대 참여의 형성적 힘(formative power) 내지는 자기생산적 성격에 대한 강조이다. 이렇게 보면 일반 시민들의 정치적 무지와 무관심을 비판하기만 할 것이 아니라, 과연 이들이 제대로 된 정보를 제공받고 토론을 통해 숙고된 의견을 표출할 수 있는 유의미한 기회를 애당초 제공받았는지를 묻는 것이 중요해진다. 참여민주주의자들은 시민들의 참여에 기반한 강한 민주주의야말로 불일치와 갈등을 공존이 가능한 상호주의로, 사적인 이해관계의 충돌을 공적인 사고와 판단의 밑거름으로 전환하는 유일한 방도라고 믿는다. 물론 오늘날과 같이 복잡하고 분화된 사회의 맥락 속에서 이들의 문제의식을 어떻게 구체적으로 제도화할 것인가는 매우 어려운 문제이다. 또 사적인 삶의 계획을 우선시하는 선택에 대해 규범적인 가치판단을 내리기 쉽지 않은 상황에서 참여의 당위성에 대한 주장이 공허하게 들릴 가능성을 어떻게 극복할 것인가의 문제도 남아있다.

3. 토의민주주의

20세기 후반 민주주의에 대한 담론은 여러 갈래로 분기되지만, 위에서 다소 정형화된 형태로 제시한 두 상반된 이해방식의 변주인 측면이 크다. 마지막으로 간략히 살펴볼 하나의 큰 흐름은 우리 사회를 비롯해 1990년대 중반 이후 학계 안팎에서 많은 주목을 받아온 '토의민주주의(deliberative democracy)'이다. 토의민주주의자들의 주장은 민주주의에 대한 최소주의적 접근과 시민권에 대한 얇은 이해를 반대한다는 측면에서 익숙하게 들리는 부분이 많지만, 이들의 문제의식과 이념적, 제도적 지향은 참여민주주의자들과 흥미로운 차이를 보이기도 한다. 토의민주주의의 담론이 등장한 것에는 1980년대 후반 이후 서구 국가들에서 대의민주주의의 위기에 대한 진단과 분석이 빠르게 확산된 배경이 있다. 투표율과 정당가입률이 하락하고, 정치권에 대한 신뢰가 바닥을 치며, 이것이 시민들의 정치에 대한 무관심과 혐오를 넘어 이른바 사회적 자본의 소실로까지 이어지고 있다는 위기의식이 상당히 널리 공유되기 시작하였다. 이에 대한 대응을 모색하는 과정에서 기존의 '제도권 정치'에서 벗어나고자 하는 다양한 시도가 전개되는데, 앞서 소개한 바버의 '강한 민주주의'도 이와 궤를 함께 한다고 볼 수 있다. 하지만 토의민주주의자들은 시민들의 참여의 중요성을 인지하면서도 참여의 성격, 내용, 의미를 다소 다르게 이해한다.

토의민주주의에 대한 논쟁은 여전히 진행되고 있고 그 내부적 다양성도 상당하기 때문에 토의민주주의가 무엇인지에 대해 명쾌하게 정식화하기는 쉽지 않다. 하지만 대체로 공유하는 문제의식 정도는 추출해볼 수 있다(Gutmann and Thompson, 2004). 토의민주주의자들은 서구 자유민주주의의 기틀을 형성한 대의제 중심의 민주주의 정치과정의 한계를 두 측면에서 진단한다. 첫 번째는 참여의 측면에서 정치가 시민들로부터 점점 더 멀게만 느껴지고, 그 결과 정치적 무관심과 냉소주의가 팽배해 있다는 점이다. 두 번째는 보다 중요하게 기존의 대의제가 단순히 개인의 선호를 집약(aggregation)하는 방식에만 몰두하면서 정작 그 선호나 의견이 어떻게 형성되었고, 그것이 얼마나 사실에 기반하고 숙고된 견해인지의 문제를 도외시해왔다는 점이다. 이 지점에서 토의민주주의자들은, 이전에 듀이가 그러했던 것처럼, 투표 등 선호 집약을 통해 집합적 결정이 이루어지기 이전에 해당 사안에 대한 정보 및 의견 교환과 상호설득의 과정이 얼마나 충실하게 이루어졌는지의 문제에 관심을 가진다. '민주주의의 질'에 대한 관심이라고 표현할 수도 있겠다.

이 연장선상에서 토의민주주의자들은 공적 사안에 대한 결정은 반드시 열린 토론과 의견 교환을 통한 상호정당화의 과정을 거쳐야 한다고 주장한다. 이것이 가능하려면 상호존중, 공개성, 진실성 등의 원칙이 지켜져야 한다. 이 과정을 통해 시민들은 사안에 대해 보다 균형 잡히고 숙고된 견해를 형성하게 되고, 그 결과 개인적으로도 집합적으로도 질적으로 향상된 정치적 판단이 가능해진다는 기대이다. 물론 집단적 숙의가 논쟁적인 사안에 대해 반드시 의견일치로 연결되리라는 기대는 아니다. 대신 충분한 의견 교환과 설득을 거친다면 합의에 이를 가능성도 높아지겠지만, 구체적인 합의에 실패하는 경우에도 보다 높은 정당성을 기대할 수 있을 것이다. 상호 수용 가능한 결론이 도출될 가능성이 커지는 것이다. 토의민주주의자들은 공적 결정의 영역에서 강제나 강압, 조작이나 선동, 무분별한 추종이나 무원칙한 협상 등의 병리적인 요소를 최대한 제거하려 한다. '나에게 불리하니까 이 정책에는 반대한다'거나 '내가 힘이 세니까 이 결정에 따르지 않겠다'는 식의 주장이 공적 토의의 공간에서 발화될 수 있는 근거로 작용할 수는 없기 때문이다.

한 가지 주목할 점은 토의민주주의에 대한 담론이 이론적인 논쟁에 그치지 않고 구체적인 제도화의 실험과 연계되어 발전해왔다는 사실이다. 공론조사, 숙의의 날,

시민배심원제, 시민의회, 합의회의 등 여러 형태가 시도되어왔다. 이들 중 일부는 정부 주도로 이루어지지만 다른 경우에는 대학이나 정당, 시민단체와 같은 비정부, 비영리기관에 의해 조직되고, 경우에 따라서는 자발적인 시민 그룹에 의해 시도되기도 한다. 또 참가단에 직접적인 이해당사자를 포함시킬 것인지, 무작위 선별 방식을 취할 것인지 아니면 자발적 참여를 원칙으로 할 것인지 등의 문제에 있어서도 다양한 방식이 존재한다. 지금까지 다루어진 사안도 마을 단위의 치안이나 환경 정비의 문제에서부터 선거제도나 헌법 개정에 이르기까지 매우 폭이 넓다. 다양한 시도 중에서 가장 널리 알려진 것은 몇 차례 진행된 한국의 공론화위원회에서도 시행된 바 있는 미니공중(mini-publics)에 의한 공론조사(deliberative poll)이다. 인구집단을 대표하는 시민참여단을 추출하여 상당한 기간에 걸쳐 주어진 사안에 대해 학습하고 토론할 기회를 제공한 다음 이들의 견해가 어떻게 변화하는지, 또 집단적으로 어떤 결론에 도달하는지를 추적하는 방식이다.

오랫동안 세계 각지에서 공론조사를 주도하고 전파해 온 피시킨(James Fishkin)은 공론조사가 시민들에게 공적인 사안에 대해 충분히 고려할 시간과 환경을 조성하였을 때 그들이 어떠한 결론에 도달할지를 알 수 있는 가장 좋은 방법이라고 주장한다(Fishkin, 2009). 블랙박스 속에서 형성된 선호를 그저 산술적으로 취합하기만 하는 것보다 정당성, 판단의 질, 수용성 등 모든 측면에서 훨씬 우월하다는 것이다. 결과적으로 민주주의에 대한 논의의 전통에서 결합 불가능한 것으로 항상 여겨져 왔던 시민들의 참여(inclusiveness)와 사려 깊음(thoughtfulness)의 두 목표를 동시에 달성할 수 있다는 주장이다. 특히 결정의 질과 사려 깊음에 대한 강조가 핵심적으로 부각되면서 토의민주주의의 문제의식은 일부 참여민주주의자들의 비전과 경쟁관계에 놓이기도 한다. 시민들에게 참여와 결정권을 부여하는 데에만 몰두할 경우 숙의의 결핍이 발생할 수 있기 때문이다. 마찬가지로 숙의의 질에 너무 초점을 맞출 경우 시민참여단이 외부의 일반 대중들과는 유리된 또 다른 엘리트집단처럼 기능할 가능성이 생긴다.

| 피시킨(James Fishkin)

토의민주주의는 현대 민주주의의 위기에 대한 진지한 진단에 기반하고 있고, 이

론적인 측면에서의 논의와 제도적인 측면에서의 구체적인 제안과 분석이라는 두 궤도를 병행하며 민주주의의 의미와 개선 방향에 대한 담론에 큰 기여를 하고 있다. 물론 여러 방향에서의 비판과 문제제기가 계속되고 있는데, 상당수의 논점은 아직 해소되지 않고 있다. 대표적으로 몇 가지를 언급하자면 다음과 같다. 집단적인 숙의를 통해 논쟁적인 사안에 대해 상호 수용 가능한 결론이 도출된다고 볼 근거가 충분한가? 오히려 기존의 선호나 선입견이 증폭되어 의견의 극화(polarization)가 일어나는 것은 아닌가? 공적 공간에서의 근거 제시와 설득을 강조할 경우 결국 특정한 말투, 외모, 복장, 피부색, 직업군 등의 토론 외적인 요인이 크게 작용할 가능성이 크지 않은가? 그리고 이 측면에서의 영향력 불평등이 결국 교육수준 등으로 대변되는 근저의 사회경제적 불평등의 반영이지 않은가? 공식적인 숙의에 부쳐지는 사안의 범주가 애초에 관련된 문제에 대한 보다 근본적이고 급진적인 문제제기의 가능성을 차단할 가능성이 크지 않은가? 만약 이상의 비판이 설득력 있다면 집합적 숙의의 결과물이 사실관계에 보다 충실하고 사려 깊은 판단이라고 볼 근거가 상당부분 훼손된다고 볼 수 있다. 숙의의 과정 속에서 기존의 편견이나 선입견이 증폭되면서 유의미한 견해 변화가 발생하지 않거나, 설령 의견의 변화가 관찰되더라도 그것이 사회적 압력과 권력관계, 불평등이라는 비숙의적 요인에 의한 것일 수 있기 때문이다. 피시킨을 비롯한 토의민주주의자들은 이러한 비판의 대부분이 이론적, 경험적 근거가 취약하다는 재반론을 펼치는데, 유사한 논쟁은 앞으로도 계속될 것이라 예상된다. 또 이상의 문제에 대한 정교한 대응이 가능하더라도 현재까지 미니공중을 중심으로 특정한 논쟁적인 사안에 대해 간헐적으로만 진행되는 집단적 숙의의 실험을 어떻게 사회 전반의 숙의 역량(deliberative capacity) 제고로 이어지게 할 것인가의 어려운 문제도 여전히 남는다. 이는 곧 시민참여단의 대표성과 책임성을 어떻게 확보할 것인지, 또 보다 크게는 이러한 숙의의 실험과 기존 대의제의 제도와 과정의 관계를 어떻게 설정할 것인지의 문제로 연결된다.

제4절 결론

최근의 민주주의에 대한 담론에서는 기대와 희망보다도 위기와 한계에 대한 인식이 더 강한 것으로 보인다. 20세기 후반을 풍미했던 민주화와 민주주의의 공고화에 대한 기대가 반권위주의 상태에서 정체하거나 심지어 권위주의로 퇴행하는 다수의 사례를 마주하면서 사그라진 경향이 있고, 선진 민주주의로 간주되는 미국이나 유럽의 여러 국가에서도 정치적 극단주의와 포퓰리즘에 대한 우려가 상당한 위기감 속에서 표출되고 있다. 이에 더해 점점 심화되는 구조적 불평등의 문제, 지구화가 노정하는 여러 차원의 도전, 환경파괴와 지구온난화의 위협, 사회문화적 민주화에 대한 근본주의적 저항 등의 난제들에 기존의 민주주의가 성공적으로 대응하지 못하고 있다는 인식도 대체로 공유되는 듯하다. 앞서 소개한 토의민주주의를 비롯해 변화한 환경 속에서 민주주의의 의미를 적극적으로 재구성해내고 그 동력을 재활성화하려는 다양한 민주적 혁신(democratic innovations)의 실험이 전개되고 있지만, 그 향방을 예측하기는 아직 이르다.

서두에서 민주주의라는 개념과 현상에 대해 분명한 규정을 시도하기보다는 그 역사적 전개와 의미의 다양성을 추적하면서 논의를 풍부하게 하는 방식을 택할 것을 제안하였다. 민주주의의 '진정한' 혹은 '원래의' 의미를 묻기보다는 경합하는 민주주의에 대한 이해방식을 시대적 맥락 속에서 읽어보자는 것이다. 물론 위의 개괄은 여러 면에서 불충한 것이었지만, 최소한 민주주의에 대한 담론의 역사적, 정치적 성격과 민주주의에 대한 현대의 논쟁을 추동하는 중요한 논점의 일부는 소개하였다고 본다. 현대사회가 직면한 다차원적인 도전 속에서 민주주의가 어떻게 변모해갈지, 또 보다 적극적으로는 민주주의를 통해 이러한 도전에 정치적인 대응을 모색하는 것이 어떻게 가능할지를 탐구하는 것은 매우 시급한 과제가 되었다.

참고문헌

- Arblaster, Anthony. 2002. Democracy. 3rd ed. Buckingham: Open University Press.
- Barber, Benjamin. 1984. *Strong Democracy: Participatory Politics for a New Age*. Berkeley: University of California Press.
- Cartledge, Paul. 2016. *Democracy: A Life*. Oxford: Oxford University Press.
- Dahl. Robert A. 1989. *Democracy and Its Critics*. New Haven: Yale University Press.
- Dahl, Robert A. 2015. *On Democarcy*. 2nd ed. New Haven: Yale University Press.
- Dewey, John. 2016. *The Public and Its Problems: An Essay in Political Inquiry*. Athens: Ohio University Press.
- Downs, Anthony. 1957. *An Economic Theory of Democracy*. New York: Harper and Row.
- Dunn, John. 2018. *Setting the People Free: The Story of Democracy*. 2nd ed. Princeton: Princeton University Press.
- Fishkin, James S. 2009. *When the People Speak: Deliberative Democracy and Public Consultation*. Oxford: Oxford University Press.
- Gutmann, Amy and Dennis Thompson. 2004. *Why Deliberative Democracy?* Princeton: Princeton University Press.
- Hayek, Friedrich A. 1979. *Law, Legislation, and Liberty: Vol 3*. Chicago: The University of Chicago Press.
- Held, David. 2006. *Models of Democracy*. 3rd ed. Stanford: Stanford University Press.
- Keane, John. 2010. *The Life and Death of Democracy*. New York: Norton.
- Ober, Josiah. 1989. *Mass and Elite in Democratic Athens: Rhetoric, Ideology, and the Power of the People*. Princeton: Princeton University Press.
- Pateman, Carole. 1970. *Participation and Democratic Theory*. Cambridge: Cambridge University Press.

- Saward, Michael. 2003. *Democracy.* Cambridge: Polity.
- Schumpetper, Joseph A. 2008. *Capitalism, Socialism, and Democracy.* 3rd ed. New York: HarperCollins
- Terchek, Ronald J. and Thomas C. Conte. 2001. *Theories of Democracy: A Reader.* Lanham: Rowman & Littlefield.

02

서양 정치사상

Understanding Politics

서양 정치사상

정치현실을 온전하게 이해하기 위해서는 정치세계를 구성하는, 정치현실의 배후에 전제로서 존재하는 '상징의 세계'—신념, 기대, 목적, 의미 등—를 파악해야 한다. 인간의 조건, 사회의 목적, 자연의 의미, 역사의 방향 등에 대한 관념 및 가정들은 정치세계 내에서 '진리'의 위상을 부여받아 정치적 삶의 기초를 형성한다. 그리고 이러한 기본 전제들은 일상적인 삶의 과정 속에서 의문의 대상이 되거나 공적 담론의 주제로 부상되지는 않는다. 그러나 정치공동체의 위기는 근본적으로 공동체를 지탱하는 기본 전제나 신념의 와해와 깊은 연관성을 갖는다. 정치사상 또는 정치철학에 대한 관심과 교육은 정치공동체의 유지뿐만 아니라 위기의 상황에 처한 정치공동체의 정신적 토대를 새롭게 구축하는 데 필요한 종합적 사유와 판단 능력의 함양에 기여한다.

제1절 고전 정치철학

서구에서 정치에 대한 체계적 탐구는 고대 그리스에서 비롯되었다. 신화적 세계관에서 벗어나 인간 중심의 사고방식인 '계몽'이 이루어진 시기는 부족사회에서 도시국가로의 역사적 이행기와 일치한다. 고대 그리스의 폴리스(polis)는 그 당시 철학자들과 정치가, 시민들에게 인간의 완전한 자아실현을 가능케 하는 집단적 삶의 형태로 인식되었다. 정치(politika)는 폴리스와 관련된 것 또는 폴리스 내에서의 행위를 의미하며, 시민(polites)과 정치가(politikos), 정체(politeia) 등의 개념들도 폴리스로부터 파생되었다. 폴리스는 한편으로 다양한 요소들을 포함하면서 동시에 많은 삶의 영역을 공유하는 자치 공동체이다. 인간의 잠재력을 발휘하는 데 필요한 모든 것을 포함하고 있다는 의미에서 폴리스는 가장 완전하고 자연적인 사회조직으로 인정되었다.

그리스 문명의 정치적 중요성은 모든 고대의 문명들과 달리 그리스에서 최초로 왕정이나 신정체제가 아닌 공화국이 출현했다는 사실에서 발견된다. 이 공화국들은 군주정, 참주정, 귀족정, 과두정, 민주정 등의 형태로 다양하게 나타났다. 대체로 B.C. 5세기 동안에는 과두정과 민주정의 정치형태가 지배적이었으며, 페르시아 전쟁 이후 아테네를 중심으로 민주정이 확립되기에 이르렀다. 이른바 '포럼형태(Forum-type)'의 정부형태인 아테네의 민주정은 개방된 아고라(agora)에서 시민들이 토론을 통해 의사결정을 수행하는 정치 형태이다. 플라톤과 아리스토텔레스로 대표되는 고전 정치철학은 폴리스적 정치공동체가 붕괴되고 있던 B.C. 4세기의 상황에서 아테네와 스파르타를 포함한 그리스 도시국가들의 역사적 경험을 배경으로 이상적인 정치공동체의 기초를 마련하려는 노력에 의해 수립되었다.

1. 플라톤과 정치철학의 수립

플라톤(Plato, B.C. 427-346)의 대화편들은 우주론으로부터 에로스에 이르기까지 다양한 주제들을 다루고 있다. 그러나 그의 저작들을 관통하는 문제의식은 '정치철학'의 수립이라 할 수 있다. 아테네 시민들의 판결에 의한 소크라테스의 죽음은 플라톤으로 하여금 정치와 철학, 도시와 철학자간의 갈등에 대한 깊은 성찰을 하도록 만든

계기가 되었다. 소크라테스와 플라톤에게 있어 그 당시의 아테네는 심각한 '위기'를 경험하고 있던 상태였다. 『고르기아스(*Gorgias*)』에서 소크라테스가 아테네의 정치적 영웅들(밀티아데스 Miltiades, 테미스토클레스 Themistocles, 키몬 Cimon, 페리클레스 Pericles)을 비판한 이유는 그들이 달성한 전쟁에서의 승리와 찬란한 업적이 아테네 시민들의 정체성의 중심을 '절제(sophrosyne)'로부터 '오만(hybris)'으로 전환시켰기 때문이다. 아테네는 상업과 전쟁의 중심지로 탈바꿈되어 제국주의적 심성이 대내외적으로 무절제하게 표출되기에 이르렀다. 진정한 의미의 폴리스가 와해되면서 이제 아테네 시민들은 권력정치와 물질적 욕구의 논리를 통해 그들의 삶을 이해하고 행동하게 되었으며, 그 극단적인 결과가 '좋은 인간(good man)'이자 '좋은 시민(good citizen)'이었던 철학자 소크라테스의 죽음으로 나타나게 되었다.

플라톤(Plato)

이러한 상황에 처한 플라톤의 실존적 과제는 도시(정치세계)의 정의와 행복이 철학에 의해 가능하게 된다는 것을 규명하고 설득하는 것이었다. 그는 아테네가 처한 위기의 본질이 정신적 병폐에 있다고 진단하였으며, 따라서 영혼의 '방향전환(conversion)'을 위한 철학적 방책을 모색하였다. 그리고 그 과정에서 인간의 본성과 잠재적 가능성, 이성의 기능과 에로스의 승화, 덕(*arete*)의 함양,[1] 최선의 정치체제, 지식(episteme)과 의견(doxa), 정치 변동과 안정, 정치와 교육, 철학과 수사학, 지혜와 법치 등의 문제에 대한 심오한 사상을 전개해 갔다. 플라톤 정치철학의 강렬한 힘과 지속적인 매력은 이러한 문제들에 대해 철학적 비판정신과 감수성을 토대로 끊임없이 사고하고 재성찰하는 그의 진지함에서 비롯된다.

플라톤은 현실로부터 초연한 철학을 '도시 속의 철학'으로 새롭게 개념화한다. 플라톤에 의해 철학(philosophia)은 '지혜에 대한 사랑(love of wisdom)'이면서, 동시에 '지혜의 추구하는 동료들 간의 우애(friendship in wisdom)'를 의미하게 된다(Seung, 1996: 40-42). 필리아(*philia*)는 인간의 사회적 삶 속에 다양한 형태로 존재한다. 필리아는 가족과

1 호머(Homer)시대 그리스의 덕(*arete*) 개념은 일반적으로 기능의 탁월함(excellence) 또는 성공(success)의 의미를 가졌다. 그러나 이후 플라톤과 아리스토텔레스에 의해 도덕적으로 재해석되었으며, 로마시대에 arete는 virtus로 번역되어 사용되었다.

친족을 구성하는 기본적인 힘으로서 그것이 확대되는 경우 이상적인 공동체를 가능케 하는 원천이 되기도 한다. 부족공동체를 지탱하는 가장 기본적인 필리아의 형태는 부부, 부모와 자식, 주인과 노예 관계로 나타난다. 그러나 이러한 형태의 필리아는 이상적인 정치공동체를 형성하기에는 한계가 있다. 플라톤이 구상한 이상적인 정치공동체의 원형은 그가 '아카데미(Academy)'에 수립한 학당에서 발견된다. 아카데미는 스승과 제자로 구성되는 철학 탐구와 교육의 장이면서, 동시에 '지혜라는 공공선의 추구를 통해 형성되는 자유롭고 평등한 자들 간의 유대'를 상징하기도 한다.[2] 그리고 이러한 이상적 공동체는 '자유롭고 평등한 시민들의 자치(self-rule)'라는 '공화주의적 이상'으로 발전하게 된다. 플라톤에 의해 철학은 '정치철학'으로 재구성된다.

철학과 도시의 공존과 조화는 '(시민적) 덕의 함양'과 밀접하게 연관된다. 플라톤은 많은 대화편들에서 덕과 덕의 교육을 주제로 한 논의들을 다룬다. 대표적으로 『프로타고라스(*Protagoras*)』와 『메논(*Meno*)』에서 덕은 무엇이며, 덕이 어떻게 교육될 수 있는가라는 문제가 다루어진다. 그리고 『국가(*Republic*)』에서 제시되는 교육과정은 이러한 논의와 고민을 통해 체계화된 플라톤의 교육론이자 정치이론이다. 플라톤에게 있어 국가의 운영(statecraft)은 영혼을 다스리는 기술(soul-craft)이며, 훌륭한 정치가는 동료 시민들의 영혼 속에 정의와 절제의 덕을 심어주고 함양시키는 교육자이다. 이러한 관점에서 그 당시 시민 교육을 담당하는 교육자로 자처하던 소피스트와 정치가, 시인들은 인간과 덕의 본질에 대한 지식을 결여한 채 대중적 의견과 인기에 영합하는 사이비 교육자들로 평가된다. 소피스트들은 전통과 관습을 순수한 인위적 산물로 간주하여 윤리적 상대주의를 부추기고, 주관적 만족의 극대화를 행복의 기준으로 삼아 '인간이 만물의 척도'라는 교리를 정당화하였다. 그리고 이러한 소피스트의 주장은 권력정치의 논리인 '힘이 정의를 만들고(Might makes Right)' 따라서 '정의는 강자의 이익(the advantage of the stronger)'이라는 현실주의와 친화력을 갖는다. 아울러 시인들은 이성적 판단보다는 감정의 분출에 호소하여 공동체적 삶의 합리적 기초를 약해시키는 결과를 초래했다.

플라톤은 현실 정치의 타락 가능성을 인정한다. 권력 갈등과 사적인 이익의 추구,

---

2 이와 관련된 플라톤의 대화편은 『뤼시스(*Lysis*)』이다. 여기에서 플라톤은 서로의 덕과 지혜의 증진을 위한 철학적 우애의 원형을 제시한다.

그리고 지식보다는 이데올로기적 정당화가 중요시되는 현실은 정치세계 속에서의 개선 가능성에 대한 끊임없는 회의를 낳는다. 그러나 플라톤은 현실의 타락에 대응하기 위한 철학적 노력을 최선의 정체에 대한 논의를 통해 구체화한다. 물론 플라톤의 이상 국가는 불변의 이념으로서 고정된 것은 아니며, 그 형태와 내용은 『국가』에서 『법률』에 이르기까지의 지속적인 사고의 심화과정 속에서 변화되어 간다.

플라톤과 그의 사상을 계승한 아리스토텔레스가 지향하는 이상적인 정치는 '덕의 정치(the politics of virtue)'이다. 그리고 정치적 덕목들의 함양을 통해 이루어지는 이상적인 정치공동체의 모습은 자연적 질서와 위계에 기초한 공동체이다. 그리고 이러한 질서와 위계는 '시민의 덕(civic virtues)'과 '지혜(wisdom)'를 통해 가능하게 된다. 『국가』에서 논의되는 정치공동체의 제일의 덕으로서의 정의(justice)는 플라톤에게 있어 영혼의 구성과 질서의 문제로 이해된다. 희랍어 폴리테이아(politeia; constitution)는 국가 조직의 원리이자 영혼(the soul of the city)을 의미한다. 개인과 정치공동체 모두에게 있어 옳음 또는 정의는 영혼의 구성요소들 간의 조화와 질서에 의해 실현된다. 한 개인은 감정과 욕망이 이성에 의해 규율될 때 정의로운 상태에 이르게 된다. 나아가 폴리스 차원에서는 철학적 능력과 실천적 지혜를 갖춘 통치자의 존재가 도시의 정의를 위해 무엇보다 중요한 조건이 된다. 지혜와 용기, 그리고 절제의 덕은 폴리스를 구성하는 각각의 계층에게 요구되는 덕들로서 이들 간의 조화에 의해 이성의 지배가 확립될 수 있다. 그리고 이러한 이성의 지배체제는 철저한 교육과정을 필요로 한다. 정의로운 이상국가의 타락은 공동체를 지배하는 영혼의 변화와 밀접하게 연관된다. 명예정(timocracy)은 기개와 명예를 중요시하는 군인계층이 지배력을 확보하게 됨으로써 등장하게 되고, 이어서 보다 타락한 정치체제들—과두정(oligarchy), 민주정(democracy), 참주정(tyranny)—은 욕망의 지배가 심화되는 과정에서 출현하게 된다.

『국가』에서 플라톤은 철인왕(philosopher-king)이라는 불가능하지는 않지만 그 실현이 매우 어려운 목적을 지향한다. 동굴의 비유와 선분의 비유를 통해 제시되는 정치현실과 이데아 세계, 의견(doxa)과 지식(episteme)의 괴리는 현실세계에서의 개선의 여지와 노력을 무의미하게 만든다. 현상에 대한 지식이 불가능하다면 지식을 추구하는 철학자는 동굴 안에서 무용한 존재로 남게 되며, 이는 결국 정치와 철학이 상호배반의 관계를 유지할 수밖에 없는 상황에 처함을 의미하게 된다. 따라서 플라톤은 이후의 대화편들에서 현상에 대한 지식의 가능성과 현실적으로 실현 가능한 정치체제의 형태를 추구하게 된다.[3]

『법률』에서 구상되는 정치공동체의 모습은 보다 현실적이다. '현실 속에 존재하는 이성(logos in reality)'으로서의 법(nomos)은 비인격화된 합리적 권력이다. 그리고 이러한 법은 그 정당성이 신성한 권위로부터 비롯되며, 그 범위는 유아 교육으로부터 권력의 배분과 관련된 정치제도의 수립에까지 이른다. 물론 이러한 법치는 탁월한 지혜, 특히 인간 영혼의 본성과 습관에 대한 지식을 갖춘 훌륭한 입법가(Legislator)를 필요로 한다. 그러나 입법가는 철인왕과는 달리 직접적으로 통치를 담당하지는 않는다. 그리고 『법률』에서의 교육론은 철학 교육보다는 일반적인 시민 교육에 치중된다. 지혜보다는 절제가 우선적인 덕으로서 강조되며, 실제적인 정치는 주어진 법의 틀에 준거해서 이루어지게 된다. 관직을 포함한 모든 정치제도는 권력의 합리적 행사를 보장할 수 있도록 구상되며, 그 관직을 담당하는 사람들은 관직의 기능과 성격에 따라 선출과 추첨의 방법을 통해 결정된다. 법은 기본적으로 설득과 강제, 정당성과 사실성의 양 측면을 모두 가지며, 집행과정에서의 미비점은 '야간위원회(Nocturnal Council)'에서의 토론을 통한 지혜의 수렴에 의해 보완된다.

2. 아리스토텔레스와 공화주의 전통

아리스토텔레스(Aristotle)

혼합정체와 법치에 대한 관심이 등장하게 된 배후에는 지혜(wisdom)와 합의(consent)의 조화를 통해 안정적인 정치공동체의 질서를 창출하고 유지하려는 관심이 존재한다. 아리스토텔레스(Aristotle, B.C. 384-322)로부터 시작되는 '고전적 공화주의(classical republicanism)' 전통은 정치공동체와 인간 본성의 필연적 연관성을 전제로 한 정치사상으로서 이후 서구 정치사상의 큰 줄기를 형성한다. 아리스토텔레스는 윤리학과 정치학을 '실천적 학문'으로 분류하면서, 그것을 한편으

3 『테아이테투스(*Theaetetus*)』, 『소피스트(*Sophist*)』, 『정치가(*Statesman*)』, 『법률(*Laws*)』 등의 대화편을 참조하라.

로는 형이상학과 수학 등의 '이론적 학문'과 그리고 다른 한편으로는 생산과 제작에 관련되는 '기술적 학문'과 엄격히 구분한다. 아리스토텔레스는 이러한 구분을 통해 정치의 영역이 가지는 독자성과 중요성을 확보하려 했다.

공화주의 전통에서 '자유'와 '통치'는 불가분의 관계로 파악된다. 여기에서 통치는 타자에 의한 지배가 아닌 '자치(self-rule)'를 의미하며, 자유롭게 된다는 것은 독립된 개인이 아닌 정치공동체 내의 공적 활동에 참여하는 시민이 됨을 의미한다. 그러나 이러한 기본적인 공화주의 정치 이상은 정치 현실 속에서 많은 문제들을 파생시키며, 이러한 문제들에 대한 숙고를 통해 공화주의 전통은 점차로 체계화된다. 현실적으로 가장 큰 문제는 모든 사람이 항상 동시에 통치행위에 가담할 수 없다는 사실이다. 따라서 현실적으로 통치행위는 자유 시민들이 교대로 담당할 수밖에 없게 된다. 이 경우 각 시민은 통치의 능력뿐만 아니라 자발적인 복종의 능력도 갖추어야 한다. 즉, 통치 담당자는 피치자를 동료 시민으로 취급해야 하며, 이러한 능력은 피치자의 경험을 통해 습득되어야 하는 것이다. 아리스토텔레스는 정치적 통치를 다음과 같이 규정한다.

> [예속된 사람들에 대한 통치 이외에] 통치자와 같은 출생지위를 갖는 자유인에 대해 행사되는 통치의 형태가 있다. 이러한 종류의 통치를 '정치적 통치'라 부르며, 이를 위해서 통치자는 우선 피치와 복종을 통해 능력을 함양해야 한다. … 이러한 정치적 통치체제 하에서는 통치자와 피치자는 상이한 능력(덕)을 가지며 … 시민의 능력(덕)은 통치자와 피치자의 양 관점으로부터 자유인에 대한 통치의 방법과 지식을 터득하는 것이라 할 수 있다(『정치학(Politics)』, 1277b).

이러한 시민의 능력을 기준으로 시민집단 내부의 계서화가 이루어진다. 공화주의적 관점에 따르면 진정으로 자유롭고 평등한 정치공동체에서는 통치의 능력이 있는 시민이 통치를 담당해야 한다. 아리스토텔레스는 모든 시민에게 요구되는 일반적인 덕(능력)의 내용으로 수치심, 공경심, 용기, 절제, 정직, 정의, 준법정신 등을, 그리고 통치자에게 필요로 되는 덕목으로 관용과 공명심, 온정주의적 정의감, 자긍심 등의 도덕적 덕목과 특히 지적 덕목 중의 하나인 실천적 지혜(*phronesis*)로서의 신중함을 중요시한다. 그의 비유에 따르면, "피치자는 피리를 만드는 사람이고, 통치자는 피리를 연주하는 사람"인 것이다. 이러한 관점에서 바람직한 공화국은 덕과 능력에 의거하여 관직이 배분되고, 시민들이 그들의 역량을 최대한 발휘할 수 있는 기회가 자유롭고 완전하게 보장되는 정치공동체이다.

그러나 현실적으로 지혜와 덕을 갖춘 자에 의한 통치는 일반적 합의의 원칙, 즉 다수결의 원칙에 의해 제약된다. 이에 따라 덕 위주의 귀족정의 원리는 정치적 안정성 확보를 위해 민주주의의 원리와 '혼합'되어야 할 필요에 직면하게 된다. 여기에서 '지혜'와 '합의'를 결합시키기 위한 혼합정체는 '법치'와 연결된다. 소수에 의한 덕과 지혜의 지배가 초래할 수 있는 다수의 불만을 완화하기 위해 우선 '권력의 비인격화'가 필요하게 되며, 나아가 시민의 덕(능력)을 함양하기 위한 일반적인 규율(규범) 체계가 요구됨에 따라 '입법'은 공화주의 정치사상의 중심 주제가 된다. 특히 덕이 본성적인 것이 아니라는 문제 때문에 플라톤과 아리스토텔레스는 유년기로부터의 훈육에 지침이 되는 성문화된 또는 관습 형태의 법률이 필요함을 역설한다. 실제로 강제성과 경외심으로부터 기인하는 법의 권위에 의존한 덕의 '습관화(habituation)'는 유년기뿐만 아니라 평생 동안 모든 시민에게 요구된다. 플라톤의 『법률』 제1권에서 법과 덕의 상관성, 즉 법의 성격에 따라 시민이 갖게 되는 덕의 내용이 규정된다는 사실에 대한 논의는 이러한 관심을 단적으로 반영하고 있다. 따라서 현실적인 공화제적 정치공동체의 형성과 유지는 '지혜'와 '합의'를 결합시키는 법의 존재 여부에 의존하게 되며, 이러한 면에서 고전적 공화주의는 ―덕치 또는 인치에 비해 하위의 통치 형태로 이해되기는 하지만― 법치의 중요성을 인정하게 된다.

정치공동체의 기초가 되는 법의 근원 또는 정당성은 매우 중요한 문제이다. 플라톤의 『법률』이 법의 근원에 대한 질문으로부터 시작되고, 이에 대한 답변이 '신(God)'으로 이어지는 것은 우연이 아니다. 모든 인간법의 근원으로서의 신성법(Divine Law)에 대한 믿음은 공화주의 전통의 기저에 존재한다. 팽글(Thomas Pangle)의 견해에 의하면 "역사상으로 또는 문헌상으로 시민종교(civil religion)의 수립에 기초하지 않았던 고대의 공화국 또는 진정한 공화주의 정치이론은 없었다(Pangle, 1992: 114)." 시민종교는 초인간적인 지력과 권위의 존재에 대한 신념과 그로부터 법이 도출되거나 승인되어야 한다는 신념에 의해 성립 가능하게 된다. 이러한 신념은 스토아학파의 자연법사상의 기초가 되었으며, 정치공동체가 신의 섭리가 내재하는 거대한 우주 질서 속에 위치한다는 관념으로 발전되었다.

제2절 중세 정치사상

역사의 지평이 도시국가로부터 제국의 시대로 변화되면서 고전 정치철학이 추구하던 철학(지혜)과 정치(권력)의 결합은 더욱 어렵게 되었다. 아리스토텔레스 이후 나타난 철학 사조들은 정치적 관심과 괴리되어 주관주의적 내면화의 경향을 강하게 띠게 되었고, 철학자는 자신들만의 '상상의 보편세계'를 추구하게 되었다. 물론 스토아학파에 의해 로마의 발전에 상응하는 보편적 세계시민사상이 널리 세력을 확보했고, 키케로(Marcus Tullius Cicero, B.C. 106-43)는 로마의 제국화에 대항하여 전통적인 귀족 정치적 공화제의 이상을 제시하기도 했다. 그러나 B.C. 1세기 이후 로마 제국의 정치는 군사력과 행정조직의 효율성, 그리고 법체계의 정교화에 전적으로 의존하게 되었다. 조직적 효율성에 기인하는 로마 제국의 성공적인 팽창은 이른바 보편세계의 출현을 가능하게 했으나, 그 정신적인 토대는 오히려 빈약해져 갔다. 이러한 상황에서 보편세계를 지향하는 로마 제국은 보편주의적인 기독교를 공식적인 국교(시민종교)로 수용하게 된다. 그러나 로마(정치)와 기독교(신학)의 관계는 근본적인 갈등을 내포하고 있었으며, 이에 따라 정치와 신학의 조화, 나아가 정치에 대한 기독교적인 이해가 정치사상의 중요한 주제가 되었다.

1. 아우구스티누스: 기독교와 정치

아우구스티누스(St. Augustine, 354-430)는 철학자가 아닌 신학자의 관점에서 저술 활동을 전개했다. 그의 저작들은 로마의 쇠퇴가 기독교의 수용에 기인한다는 주장에 대한 반박이라 할 수 있을 정도로 호교론적이고 논쟁적인 성격을 띤다. 그러나 아우구스티누스가 신앙과 계시, 신의 은총과 성서를 모든 질서의 절대적 근거로 제시한다고 해서 그의 사상이 고전 정치철학과의 단절을 의미하는 것은 아니다. 아우구스티누스는 인간의 진정한 행복은 이성이 아닌 신앙을 통해 가능하다고 믿었지만,

ı 아우구스티누스(St. Augustine)

동시에 철학과 이성이 계시를 이해하고 보충하는 도구로서의 효용성을 갖는다고 생각했다. 그의 개종이 신플라톤주의의 영향 하에 이루어졌고, 고전적인 정치적 주제들에 대한 깊은 성찰을 토대로 그에 대한 새로운 해석을 시도한다는 점에서 서구 정치사상 전통의 형성과정에서 그의 사상이 차지하는 비중은 매우 크다. 특히 정치에 대한 그의 이해는 현대에 이르기까지 지속적인 생명력을 유지하고 있다.[4]

아우구스티누스는 『신국론(*The City of God*)』에서 이교도적인 세계관을 비판한다. 사랑의 대상, 즉 영혼의 정향에 따라 신국(the heavenly city)과 지상국가(the earthly city)를 구분하는 아우구스티누스는 시민의 덕과 정치적 삶을 통해 행복이 달성될 수 있다는 아리스토텔레스와 키케로의 정치세계관을 비판한다. 정신적 공동체로서의 신국과 지상국가의 시민권은 각 개인이 신을 사랑하는가(*amor dei*) 아니면 자기 자신을 사랑하는가(*amor sui*)에 따라 결정된다. 그리고 진정한 구원과 행복은 신으로부터의 사랑, 즉 은총(grace)이라는 조건에 의해 가능하게 된다. 한 개인의 정체성이 전적으로 영혼의 정향에 의해 결정된다는 주장은 현실 세계에서 형성되는 모든 관계들을 부차적인 것으로 만들며, 따라서 개인과 정치공동체의 유대를 약화시키는 의미를 갖는다.

아우구스티누스는 국가와 정치의 기원을 원죄(original sin)로부터 찾는다. 인간의 근본적인 취약성에 의해 신의 질서로부터 벗어나게 된 인류는 혼돈의 상태에서 스스로 탈피하기 위해 지배－피지배의 인위적 제도와 사유재산, 그리고 국가를 만들게 된다. 이러한 인위적 제도들은 한편으로 인간의 원죄의 결과이면서 다른 한편으로는 그에 대한 치유책이기도 하다. 즉, 국가 권력은 '필요악(a necessary evil)'인 것이다. 국가의 본질과 목적은 형벌과 치료에 의해 규정된다. 국가의 역할은 소극적이며, 폭력의 사용에 의해 범죄자를 징계하고 인간사회에 존재하는 악을 제지하는 것이다. 국가는 강압적인 수단을 수반하는 권위적 통제에 의존하여 최소한의 질서와 평화를 유지함으로써 인류의 멸망을 막는 기능을 수행한다. 그리고 세속 권력에 의해 유지

4 "국가의 제한적 역할; 인간의 열망과 가치관의 형성이 아닌 외적인 평화와 인간들 사이의 질서의 유지에 대한 국가의 주된 관심; 현실 국가와 정치가 제공하는 평화와 정의의 결함과 불완전성에 대한 강조; 그리고 교육과 도덕적 훈육 대신 법과 처벌을 중요시하는 국가－기독교 정치사상 속에서 배태되고 아우구스티누스에 의해 체계화된 이 모든 주제들은 이후 현대에 이르기까지 서구 정치사상의 주요 특징들이다(Deane, 1973: 425)."

되는 질서와 평화는 기독교적 신앙생활을 가능케 하는 도구적 유용성도 갖는다.

아우구스티누스는 국가와 정치에 대한 이러한 이해를 토대로 로마의 공화정을 최선의 정체로 규정하려는 키케로의 노력을 정면으로 비판한다. 아우구스티누스는 어떠한 역사상의 국가도 진정한 정의와 행복을 실현시킬 수 없다고 단언한다. 세계의 지배자였던 로마는 정복욕에 의해 지배받았다. 인위적인 정의와 영광보다는 신의 은총이 사회의 결속력이며, 행복의 진정한 근원인 것이다. 물론 세속 국가들 사이의 우열을 판가름하거나 세속 국가를 개선하려는 노력이 무의미한 것은 아니다. 완전한 정치공동체의 수립은 불가능한 과제이지만, 기독교적 미덕과 원리를 적용함으로써 보다 나은 상태로 만들 수 있는 가능성은 존재한다. 그리고 그 구체적인 대안은 플라톤의 철인왕(Philosopher King)에 대비되는 '기독교 군주(Christian Prince)'의 이상으로 제시된다. 아울러 아우구스티누스는 교회가 신국과 동일한 것은 아니지만 신국의 대변자로서 기독교적 원리와 미덕의 정치적 적실성을 널리 설득시키기 위해 적극적인 역할을 담당해야 한다고 주장한다.

2. 아퀴나스와 자연법사상

아우구스티누스 이후 교황 겔라시우스 1세(Pope Gelasius I, 492-496)는 이른바 양검론(the doctrine of two swords)을 통해 세속권력과 교황권의 영역 분할을 통한 조화를 도모하였다. 그러나 신성로마제국의 수립 직후부터 양검론은 많은 도전에 직면하였으며, 13세기에 이르러서는 하나의 기독교왕국이라는 유럽의 중세적 정체성과 질서가 와해되고, 지역적 분열이 가속화되는 양상이 두드러지게 나타났다. 아이러니는 바로 이러한 정체성의 위기와 분열의 시기에 중세 기독교의 가장 탁월한 지적 체계화가 아퀴나스(St. Thomas Aquinas, 1225-1274)에 의해 이루어졌다는 사실이다.

ı 아퀴나스(St. Thomas Aquinas)

아퀴나스는 기독교적 아리스토텔레스주의자로서 계시의 관점에서 아리스토텔레스의 정치철학을 재해석하여 그리스 철학과 기독교를 결합시키는 데 공헌하였다. 아퀴나스는 이교도를 상대로 한 설교의 경험을 통해 인간의 이성이 신과 초월성의 인식을 위한 중요한 수단임을 깨닫게 되었다. 아퀴나스는 신이 인간과 자연의 창조자라는 가정하에 계시와 이성, 경험적 지식 사이의 상호 예정과 조화를 인정한다. 물론 자연과 인간 이성은 그 자체의 수단에 의해서는 완성에 도달할 수 없는 한계를 지니며, 또한 계시와는 엄연히 구분된다. 그러나 이들 간에 구분이 존재한다는 것이 절대적인 불일치와 대립을 의미하는 것은 아니다. 즉, 계시가 초이성적(supra-rational) 일지언정 비이성적(irrational)인 것은 아니라는 것이다.

아퀴나스는 『신학대전(*Summa Theologica*)』에서 신학적인 주제들뿐만 아니라 아리스토텔레스의 덕과 행복에 대한 논의를 상세하게 다룬다. 나아가 정치적 저술들에서 아리스토텔레스의 전통을 계승하여 아우구스티누스와는 달리 정치적 삶의 자연성을 강조한다. 인간은 이성적 존재이기 때문에 정치적 삶을 통해 이성을 발전시킬 수 있으며, 원죄가 없는 상황에서도 정치적 권위는 협동과 분업을 위해 필요하다. 인간의 사회성을 본성으로 인정하는 아퀴나스는 모든 형태의 인간 조직이 덕의 함양에 긍정적으로 기여할 수 있다고 본다. 이러한 맥락에서 국가 또한 필요악이 아니라 실제적이고 긍정적인 선으로 개념화된다. 물론 아퀴나스는 실낙원 이후의 인간세계의 한계를 인식하고 있었으며, 따라서 현실 정치권력은 법을 제정하고 처벌의 위협과 강제를 통해 안정과 질서를 유지할 수밖에 없음을 인정한다. 그러나 아퀴나스는 현실 정치권력이 정당하게 획득되고 공공선을 위해 행사되는 경우에만 정당성을 부여받을 수 있으며, 그 정당성에 대한 판단의 최종적인 권위는 신에게 있음을 강조한다.

아퀴나스의 신학에 따르면 신은 인간에게 은총과 함께 법의 가르침을 부여한다. 여기에서 법은 신의 의도가 실현되는 방향으로 인간의 행위를 인도하는 것을 목적으로 한다. 법은 기본적으로 제재의 수단이 아니라 행복의 실현을 위한 원리이자 지침이다. 신의 이성과 법의 도덕적 권위를 연관시킨다는 점에서 아퀴나스의 주장은 자연법 전통을 계승한다. 아퀴나스는 법 일반에 대한 논의와 함께 『신학대전』에서 네 가지 형태의 법을 구분하고, 그들 간의 연관성을 체계적으로 설명한다. 영원법(eternal law)은 신의 이성(Divine Reason)이며, 자연법(natural law)은 이성적 존재로서의 인간이 참여를 통해 부분적으로 포착하게 되는 신의 이성이다. 인간법(human laws)은 자연법의 보편적 원리를 구체적이고 특수한 상황에 적용하기 위해 제정된 법이다.

마지막으로 신법(divine law)은 자연법을 보완하여 영원법에 대한 보다 완전한 이해를 돕는 구약과 신약의 계시를 말한다. 물론 이러한 법체계에서 인간의 영역과 신의 영역을 연결하는 가장 중요한 매개는 자연법이다.

아퀴나스에 의해 체계화된 자연법사상은 고전적 공화주의와 기독교 신학의 종합이라는 성격을 갖는다. 고전적 공화주의에서 법과 종교가 가지는 연관성을 고려하면, 기독교적 정치관과 고전적 공화주의 정치사상 사이의 친화력을 이해할 수 있다. 정치의 궁극적인 목적과 위상에 대한 상이한 평가에도 불구하고, 현실적 통치 형태로서의 법치에 대한 이해에 있어서 양자는 공통성을 보인다. 특히 법의 정당성의 근원이 되는 자연법에 대한 아퀴나스의 사상은 고전적 공화주의의 완성으로 평가될 수 있다. 그의 자연법사상의 핵심적 논지는 종교개혁에 의해서도 변모되지 않고 계승되었으며, 근대 자유주의적 법치주의의 형성에도 큰 영향을 미쳤다.

자연법은 인간의 합리적인 능력과 양심을 통해 인간에게 주어진 신의 도덕법이다. 자연법은 자기보존과 가족생활을 영위하고자 하는 인간의 본성을 충족시키며, 나아가 공적 삶에의 참여와 정신적 삶을 통해 이성적 자아의 완성을 추구하는 인간의 본성과 상호 조응의 관계를 갖는다. 이러한 자연법이 인위적인 제도와 절차를 통해 제정되는 실정법의 기준과 지침이 되어야 한다는 자연법사상에 내포된 주장에 의해 정치 현실에 대한 비판의 관점이 제공된다. 그러나 다른 한편 자연법적 규범은 역사적이고 가변적인 상황에 대한 신중한 판단에 상당 부분 의존한다. 이러한 면에서 자연법은 불변의 초역사적이고 초문화적인, 그러나 또한 합리적 융통성을 허용하는 기준을 제공함으로써 인간법의 정당성과 합법성에 대한 평가를 가능케 한다. 이와 같이 아퀴나스에 의해 체계화된 자연법사상은 인간법과 자연법, 입법과 계시 등을 결합시킴으로써 '지혜'와 '합의'를 조화시키기 위한 견고한 토대를 마련했다.

제3절 근대 정치사상

중세적 질서가 점차로 붕괴됨에 따라 새로운 질서의 수립과 연관된 많은 문제들이 제기되었다. 위계적 신분제도와 종교적 세계관을 토대로 한 중세적 질서는 11세기에서 14세기에 걸친 변화과정을 통해 민족국가를 근간으로 하는 근대적 질서로 재편되어 갔다. 이에 따라 가족과 영주, 교회에 대한 충성과 신념을 대체할 수 있는 새로운 정치적 유대와 권위의 창출은 근대 정치사상의 주요 과제로 부상되었다. 아울러 상업의 활성화에 따른 도시의 발흥과 르네상스의 인문주의는 근대적 윤리와 정치 규범의 출발점이 되는 '자유로운 개인'과 인간중심주의적 사고의 확산을 초래하였다. 이제 정치공동체는 자연적 결사체가 아니라 인간의 의지와 구성에 의해 형성되는 인위적 산물이라는 인식이 보편화되기 시작했으며, 따라서 정치적 권위와 주권은 탈신화화되어 정치적 투쟁의 산물로 이해되기에 이르렀다.

근대 정치사상이 배태되기 시작한 역사적 배경은 르네상스와 종교개혁이다. 마키아벨리와 이탈리아의 인문주의자들이 "정치를 탈신학화하려고(to de-theologize politics)" 노력했다면, 루터와 초기 종교개혁가들은 "종교를 탈정치화하려고(to de-politicize religion)" 노력했다(Wolin, 1960: 142-3). 정치와 종교의 분리는 정치의 목적을 세속적 가치에 국한시켰으며, 종교는 개인의 진정한 종교적 체험(religious authenticity)의 추구 활동으로 위상이 재정립되었다. 이러한 변화는 공적 영역과 사적 영역, 국가와 시민사회 등의 구분을 정당화하는 논리를 낳게 되었고, 특히 정치는 세속적 가치추구 활동인 경제와의 관련 속에서 도구적으로 인식되기 시작했다. 나아가 17세기의 자연과학의 발달에 따른 지적 혁명(intellectual revolution), 이후 19세기에 이르기까지의 시민혁명과 산업혁명의 '이중혁명(dual revolution)'은 본격적인 근대적 정치사상을 형성시킨 역사적 배경이다.

근대 정치사상 내부에는 다양하고 상충된 관념과 시각들이 존재한다. 이성에 대한 신념, 개인의 자유와 자연권, 합리적 원리에 근거한 제도의 수립, 진보적 역사관 등이 주류로서 주장되는 한편, 감성과 공동체적 유대감, 근대 문명에 대한 회의, 그리스의 정치적 이상에 대한 찬미, 덕의 정치담론의 부활 등을 강조하는 조류도 존재한다. 아울러 자본주의의 발전에 따른 새로운 계급의 형성과 분화는 19세기에 이르러 상충하는 계급이해를 대변하는 이데올로기의 갈등을 초래하게 된다. 근대 정치사상은 이러한 대립적인 관점과 문제의식의 갈등, 그리고 양자를 조화시키려는 노력 속에서 역동적으로 전개되어 왔다.

1. 근대 민족국가의 형성과 마키아벨리

11세기 이후 지속되어온 상업의 발전은 도시와 상인계급의 역할과 비중을 증대시켰고, 상비군과 관료조직을 갖춘 영토국가의 등장을 촉진시켰다. 영국과 프랑스의 경우 백년전쟁(1339-1453)을 거치면서 중세 봉건제도들이 붕괴되었고, 그 결과 왕권이 강화되면서 15세기 후반에 이르러서는 절대주의 국가체제가 형성되었다. 이러한 상황은 스페인에서도 전개되고 있었다. 그러나 이탈리아 반도에서는 중앙집권적 국가체제가 형성되지 못하고 계속적인 분열의 양상만이 거듭되고 있었다. 도시국가들 간의 갈등과 경합에 의해 외국 군대와 용병들이 이탈리아 정치의 주역으로 등장하고, 반복되는 외침과 전란 속에 정치적 불안정이 극대화되던 상황이 당시의 이탈리아의 형편이었다. 이러한 현실을 배경으로 새로운 근대적 정치질서를 추구한 마키아벨리(Nicolo Machiavelli, 1469-1527)의 정치사상이 나타나게 되었다.

마키아벨리는 『군주론(*The Prince*)』 제15장에서 과거의 정치사상가들이 "상상의 국가"에 매달려 현실 정치에 유용한 지침을 제공하는 데 실패했다고 비판한다. 플라톤과 아리스토텔레스와 같은 고전 정치철학자들은 정치적 삶의 본질을 형이상학적 전제에 기초한 '최신의 국가'에서 발견하려 했기 때문에 실재해 온 '역사'를 등한시하는 한계를 갖는다는 것이다. 마키아벨리에 따르면 우리가 지식과 지혜를 얻을 수 있는 유일한 현실은 역사적 현실뿐이다. 과거의 역사적 경험만이 현실에 유용한 지침을 줄 수 있다는 믿음이 마키아벨리가 추구하는 새로운 정치학의 대전제이다. 특히 마키아벨리는 건국과 개혁의 주체가 되는 군주에게 가르침을 주는 지식은 위대한 역사적 인물들의 행위에 대한 깊은 이해로부터 얻어질 수 있다고 생각했다. 따라서 그는 모세와 키루스, 로물루스, 테세우스 등의 역사적 인물들의 행적을 본받을 것을 권고한다.

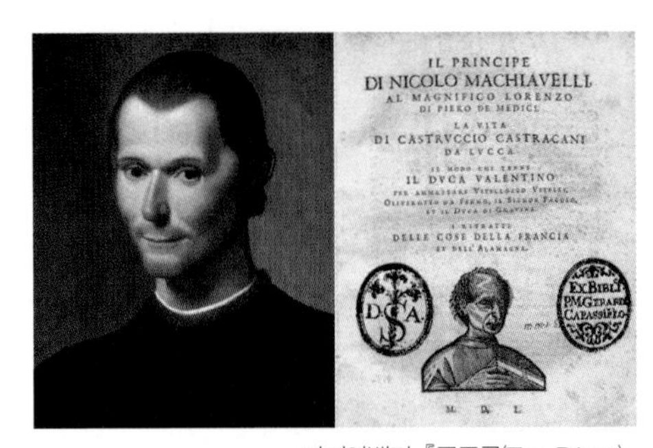

마키아벨리 『군주론(The Prince)』

아울러 마키아벨리는 현실주의적 관점에서 법과 군사력이 훌륭한 통치를 위한 기초임을 역설한다. 특히 그가 군사 문제에 대해 많은 관심을 기울이는 것은 대내외적 질서와 안정이 지고의 가치라고 믿기 때문이다. 모든 인간 활동 중에서 정치를 최우위적인 것으로 가치 부여하는 마키아벨리는 이러한 점에서 정치의 역할을 평가절하하는 중세적 세계관으로부터 크게 탈피하고 있다. 마키아벨리가 경험한 이탈리아의 정치는 혼돈과 무정부상태로 전락될 위험성을 항상 내포하고 있었다. 이러한 상황에서 문명 자체는 정치 질서와 안정에 절대적으로 의존할 수밖에 없다는 인식이 첨예하게 대두된다.

마키아벨리는 『군주론』에서 '비르투(*virtu*)'를 정치의 핵심 개념으로 제시한다. 물론 그의 비르투 개념은 전통적인 덕에 대한 이해와 사뭇 다른 의미를 갖는다. 마키아벨리에게 있어 정치적 의미를 갖는 행위는 '역사적 실효성(historical efficacy)'의 기준에 의해 평가된다. 물론 정치 현실 속에서의 행위는 '운(Fortuna)'의 여신에 의해 좌우되는 불확실성을 내포한다. 그러나 마키아벨리는 이러한 불확실성을 적극적으로 극복하고자 하는 노력과 역량, 신중한 판단력이 정치적 행위자에게 절대적으로 중요함을 강조한다. 비르투는 혼돈 속에서 질서를 창조하는 능력이다. 그리고 이러한 질서는 시민들의 행복을 보장해 주는 기초가 된다.

마키아벨리가 역사 연구를 통해 이해한 정치세계는 순환적인 과정을 겪는다. 『로마사논고』에서 마키아벨리는 한 국가의 순환을 왕정에서 무정부상태에 이르는 과정으로 설명한다. 한 국가가 운이 좋은 경우 탁월한 군주의 비르투에 의해 이 과정이 다시금 반복될 수 있는 기회를 가지게 된다. 마키아벨리는 모든 정치체제가 필연적인 결함을 가짐에 따라 궁극적으로는 불안정한 것으로 파악한다. 마키아벨리에게 있어 공화정은 이러한 불안정을 최소화하고 안정을 최대한 유지할 수 있는 정치체제이다. 그러나 이러한 공화정이 수립되기 위해서는 탁월한 군주의 역량이 요구되며, 이후 공화정이 '부패(corruption)'되는 경우 공공성을 회복하기 위한 개혁 또한 강력한 지도자에 의해 수행되어야 하는 것이다.

마키아벨리는 우리에게 지식을 제공하는 유일한 현실은 역사임을 강조한다. 그리고 그가 현실의 역사 속에서 발견한 '정치적 지식'의 내용은 세속적 가치와 질서의 중요성, 정치 윤리와 상식적 윤리의 차이, 정치 현실에서 힘의 의미, 강력한 민족국가 수립의 조건 등이다. 이러한 마키아벨리의 현실주의적 정치사상은 이후 많은 비난의 대상이 되었지만, 다른 한편 정치의 본질과 정치세계에 대한 '유효한 진리'와 깊이 있는 통찰력을 제공했다.

2. 홉스와 로크의 사회계약론

17세기는 자연과학의 발달에 따른 세계관의 전환이 이루어진 시기이다. 베이컨(Francis Bacon, 1561-1626)과 데카르트(Rene Descartes, 1596-1650)에 의해 진리의 문제는 '방법'의 문제로 대체되었다. 이들에게 있어 과학의 기능은 편견과 미신으로부터 인간의 정신을 해방시키는 것이다. 과거의 철학은 진리의 정당성을 인식 주체의 능력과 자질에 의존하였다. 그러나 근대 과학은 인식론적 평등주의(epistemological egalitarianism)에 입각하여 모든 개인이 과학적 '방법'에 의존한다면 동일한 지식을 얻을 수 있다는 믿음을 확산시켰다. 과학적 방법은 이성적 합의를 가능하게 함으로써 개인 또는 집단들 간의 의견의 불일치와 갈등을 해소시킬 것으로 기대되었다. 나아가 자연에 대한 자연과학적 이해는 인류에게 새로운 가능성을 열어주는 획기적 의미를 가지게 된다. 이제 자연은 신의 섭리와 분리되어 인간의 계획과 작용에 의해 지배될 수 있는 물리적 세계로 전환되었다.

홉스(Thomas Hobbes, 1588-1679)는 청교도혁명의 와중에서 혼란을 거듭하던 영국의 정치적 상황을 배경으로 정치적 권위와 복종에 대한 과학적 이론을 제시하려 했다. 그는 근대 과학의 영향하에 진정한 지식에 의해 사람들 간의 합의가 도출될 수 있다고 확신했다. 그는 '수학적' 지식과 '교조적' 지식을 구분하면서, 전자의 방법이 인간의 본성과 정치사회에 대한 접근에도 적용되어야 한다고 주장한다. 과거 정치철학의 실패는 분쟁의 여지를 남기지 않는 과학적 방법을 개발하지 못했다는 사실에서 확연하게 드러난다. 『리바이어던(*Leviathan*)』에서 홉스는 그의 저작을 플라톤의 『국가』와 비교하면서, 이상국가를 실현하지 못한 플라톤의 정치적 실패는 이론과 방법의 실패에 기인한다고 말한다. 또한 그 당시 영국 혁명을 진정한 정치적 지식의 결여에 의해 초래된 혼돈의 결과라고 파악한 홉스는 정치 질서의 과학적 기초에 대한 탐구를 그의 학문적 목표로 설정한다.

| 홉스(Thomas Hobbes)

고전 철학자들과 마찬가지로 홉스도 정치 질서의 기초로서 자연에 관심을 기울인다. 그러나 홉스가 과학적 이론의 기초로 삼는 자연은 단지 운동하는 물질세계이며,

따라서 고대적인 형상적 또는 목적론적 인과율에 의해 설명되는 질서 잡힌 우주적 총체가 아니다. 또한 철저하게 환원주의적 방법에 의존하는 홉스의 과학적 체계에 의하면, 전체는 그것을 구성하는 부분의 집합이다. 자연이 원자론적으로 파악될 수 있듯이, 사회 또한 그 구성원인 개인으로부터 출발하여 설명되어야 한다. 그리고 개인에 대한 이해는 인간 본성에 대한 객관적이고 경험적인 접근에 의해 가능하다. 홉스는 자연에 대한 목적론적 개념을 부정한 것과 마찬가지로 인간 본성에 대한 목적론적 개념도 거부한다. 인간 본성은 정치적 삶을 통해 그 완성이 보장되는 잠재태가 아니고, 자연 상태에서 나타나는 보편적인 인간의 특징이다. 자연 상태에서 인간은 자기 보전의 가능성과 행복을 극대화하려는 이기적 동기를 갖는 존재이다. 쾌락 획득의 수단이 되는 권력을 끊임없이 추구하는 인간은 이성과 언어 능력을 도구로 삼아 자기 보전의 목표를 실현하고자 한다. 이제 이성은 궁극적 목적과 절대자를 인식할 수 있는 능력이 아니고, 욕망과 열정의 지배를 보조하는 수단적 능력으로 제한된다.

자연 상태에서의 인간은 본성상 사회성을 결여한 고립적인 존재로 묘사된다. 그리고 자연 상태는 철저하게 평등한 상태이다. 자기 보전을 추구할 권리가 자연권으로 모든 이기적 개인에게 평등하게 주어진 자연 상태의 자명한 귀결은 '만인의 만인에 대한 투쟁'의 상태이다. 이익과 안전, 명예를 추구하는 인간은 물질적 풍요가 보장되는 상황에서도 투쟁을 멈추지 않는다. 그리고 이러한 자연 상태에서 인간은 항상 죽음의 공포에 시달리게 되며, 외롭고 비참하며 단명에 그치는 삶을 영위하게 된다. 자연 상태에서의 불안과 부담에서 벗어나려는 열정에 복종하는 인간의 이성은 합리적 계산에 근거한 실용적인 지침을 자연법으로 제시하게 된다. 이성은 모든 개인이 자연권을 포기할 것을 요청한다. 만일 모든 개인이 제3의 주권자에게 자연권을 자발적으로 양도할 것을 합의하고, 그 주권자로 하여금 강제적 권력을 사용하여 사회계약의 파기를 막고 질서를 유지하도록 한다면, 자연 상태에서 불가능했던 평화가 이루어질 수 있는 것이다. 이와 같이 사회계약에 의해 인위적으로 구성되는 주권자는 효율성의 극대화를 위해 절대군주의 형태를 띠며, 그 권력의 정당성은 정치사회 구성원의 자발적 의지 행위로부터 도출된다. 즉, 정치적 복종은 자유로운 개인의 자발적 동의에서 발생하는 도덕적 힘에 의존하게 된다.

홉스에게 있어 중요한 정치적 과제는 어떠한 자질과 능력을 갖춘 사람이 권력을 행사하는가의 문제가 아니고, 단지 강제력을 행사하는 권력의 소재인 주권자를 창출하는 문제이다. 인간의 본성과 자연 상태에 대한 비관적 견해에 입각할 때, 정치의 목적은 최고선(summum bonum)의 실현이 아닌 최대악(summum malum)으로부터의 탈피로 규정된다. 그리고 강력한 주권자의 창출이라는 최종적인 해결책이 달성된 이후 시민들은 정치로부터 해방되어 사적인 관심, 즉 개인의 세속적 행복을 극대화하기 위한 경제활동에 전념할 수 있게 된다(『리바이어던』, 13장). 이러한 맥락에서 홉스는 "소유적 시장사회(a possessive market society)"의 옹호자로 이해될 수도 있다(Macpherson, 1962: 106). 자연 상태에서의 공포와 위협을 해소하기 위한 정치적 노력이 달성된 이후, 정치는 결국 질서 유지를 위한 주권자의 권력 행사로 국한된다. 홉스의 사회계약론에 내포된 이와 같은 탈정치적 성향은 근대에 이르러 시장과 경제의 비중이 증대되는 상황과 친화력을 갖는다.

| 리바이던

로크(John Locke, 1632-1704)의 사회계약론 또한 자연권의 절대성을 강조하며, 경제와 시민사회의 발전을 반영하는 정치사상이다. 로크는 홉스와 마찬가지로 근대 과학의 경험론적 방법에 의거하여 인간과 정치사회에 대한 탐구를 시도한다. 그러나 로크는 이성과 계시, 국가와 교회, 공적 영역과 사적 영역의 분리를 통해 각 영역의 자율성 확보와 동시에 양자의 조화를 추구한다. 로크의 사상으로 대변되는 자유주의의 "분리의 기술(the art of separation)"은 국가와 교회, 국가와 시민사회, 국가와 대학, 국가와 가족 등의 분리를 통해 개인들로 하여금 종교와 양심의 자유, 경제활동의 자유, 표현의 자유, 학문의 자유, 프라이버시 등의 권리를 향유할 수 있게 했다(Walzer, 1984). 로크는 이러한 권리의 확보를 통해 보다 관용적인 사회의 실현이 가능하다고 보았다.

로크는 『통치론(*Second Treatise of Government*)』에서 개인의 자발적 동의에 기초하는 제한 정부론을 전개한다. 정치권력을 여타의 권력 형태들과 분리하여 개념화하는 로크는 정치권력의 본질이 그 기원을 고찰함으로써 밝혀질 수 있다고 본다. 따라서 홉스와 같이 자연 상태와 자연법, 그리고 자연권 등을 분석한다. 로크에게 있어 자연 상태는 신에 의해 제정된 자연법이 존재하는 상태이다. 인간은 기본적으로 자유롭고 평등한 존재이며, 동시에 어느 정도의 사회성을 가지고 있다. 따라서 로크의 자연 상태는 홉스의 경우와는 달리 전쟁상태가 아니며, 다소의 "불편요인들(inconveniences)"이 존재하기는 하지만 자연법에 의해 지배되는 평화로운 상태로 묘사된다. 노동의 결과물에 대한 소유와 향유가 인정되는 자연 상태에서 인간이 가지는 자연권의 핵심은 사적 소유권이다. 정치사회로의 이행은 자연 상태 속에서 소유권의 유지가 항상적으로 확보되기에 어려움이 있다는 사실로부터 비롯된다. 즉, 생명과 자유, 그리고 재산에 대한 권리를 보다 확고하게 보장받기 위해 모든 사람들이 명시적으로 또는 암묵적으로 사회계약에 동의하여 정치사회를 구성한다. 그리고 이 계약에 의해 정치사회에서의 모든 결정은 다수결의 원칙에 의해 이루어지게 된다.

로크에게 있어 정치사회의 형성과 정부의 구성은 별개의 방법에 의존한다. 사회계약에 의해 정치사회가 형성된 이후 이차적으로 조직되는 정부는 전체사회에 대해 계약이 아닌 신탁의 관계를 갖는다. 즉, 정부의 권력은 신탁 권력(fiduciary power)으로서 특정 정부가 주어진 기능과 임무를 제대로 수행하지 못하는 경우 사회구성원 다수에 의해 정부가 다시 구성될 수 있다는 것이다. 이러한 논리에 의해 로크는 정부에 대한 시민들의 저항권을 인정한다. 로크는 시민사회와 정부를 구분함으로써 홉스와는 달리 정치권력을 제약할 수 있는 가능성을 이론적으로 확보한다. 따라서 정부의 권력에 대한 저항이 자연 상태로의 회귀를 초래하지는 않으며, 나아가 정부에 대한 신임을 철회하는 행위는 정치사회를 탄생시킨 원래의 계약에 담긴 의도와 정신을 재확인하는 의미를 갖는다. 로크는 정부의 조직에 있어서도 권력의 자의적 행사를 막기 위해 입법권과 집행권의 분리를 주장하며, 또한 사회구성원들의 의사를 대변하는 입법부의 우위성을 강변한다.

홉스에서 로크에 이르는 사회계약론에서 발견되는 논리는 "무정부상태 → 현실주의 → 최소주의"의 연관성이다(Barber, 1984: chap. 1). 무정부적 자연상태가 야기하는 공포 또는 불편함을 극복하기 위해서는 강력한 권력에 의한 질서 유지(홉스적 현실주의)가 요구된다. 그러나 이후 강력한 주권자의 자의적 권력 행사를 어떻게 막아야 하는가의 문제가 제기되면, 결국 제한정부론 또는 최소정부론의 대안(최소주의)이 모색되어야 하는 것이다. 또한 홉스와 로크의 사회계약론은 정치사상의 중심 주제를 '덕'으로부터 '자유'의 문제로 전환시키는 결과를 낳았다. 이제 정치의 문제는 정치권력을 담당하는 지도자나 시민들의 자질과 역량을 향상시키려는 노력과 연관되기보다는 개인의 자유, 특히 세속적 가치를 추구하는 경제활동의 자유를 어떻게 효율적으로 보장할 수 있는가의 문제로 이해되기에 이르렀다.

3. 루소와 민주적 공화주의

18세기에는 인간의 이성과 진보에 대한 신념을 바탕으로 하는 계몽주의가 주요 사조로 등장했다. 영국과 스코틀랜드, 독일 등지에서도 중요한 계몽주의 사상가들이 활약했지만, 계몽주의의 진정한 고향은 18세기 프랑스라고 할 수 있다. 17세기 영국의 자연과학과 경험철학의 발전에 자극을 받은 프랑스의 계몽주의자들은 특히 로크와 뉴턴의 영향을 강하게 받았다. 뉴턴의 원자론적, 기계론적 자연관은 편견과 미신으로부터 해방된 진정한 과학적 지식을 가능케 하는 세계관으로 이해되었다. 또한 로크의 경험론적 인식론은 교육을 통한 인간의 계몽과 진보를 보장하는 이론적 기초가 되었다.

근대성에 대한 믿음이 지배력을 확보해가던 계몽주의의 전성기에 근대 문명의 한계와 인간 소외의 문제를 제기하면서, 계몽주의에 내재하는 엘리트주의를 비판하고 민주적 공화주의의 가능성을 추구한 사상가가 루소(Jean Jacques Rousseau, 1712-1778)이다.

| 루소(Jean Jacques Rousseau)

루소는 『학문예술론』에서 그 당시 계몽주의의 근대과학에 대한 신념을 정면으로 비판한다. 루소는 고대정치철학의 문제의식을 수용하여 '도시'와 '진리' 사이의 긴장을 신중하게 고려한다. 루소는 근대 과학이 추구하는 진리가 결국에는 시민들을 타락시켜 도시의 건전한 유지에 치명적인 해를 초래한다고 본다. 고대의 철학자

들은 시민들에게 애국심, 자기희생, 의무와 시민으로서의 덕을 가르치고자 노력했음에 비해, 근대 철학 및 과학자들은 원자적 개인주의와 자기 보존(self-preservation)의 원리, 이기주의를 과학적 '진리'로 절대화했다. 루소는 시민의 관점에서 공동체와 유기적으로 통합된 고대의 '시민'과 근대문명의 산물인 근대적 '개인', 즉 공동체적 유대로부터 벗어나 소외를 경험하는 고립된 개인을 대비시킨다. 루소에 따르면 근대인은 인간으로서의 참된 정체성과 도덕성, 자아실현의 가능성, 즉 진정성(authenticity)을 상실한 허위와 허영에 가득 찬 인간이다. 계몽주의자들의 신념과는 달리 근대학문과 예술은 도덕의 발전을 가져오지 못하고 오히려 개인의 이익만을 추구하는 타락한 근대인을 출현시켰다는 것이다. 그리고 홉스와 로크 등의 근대 정치이론의 한계는 공적 질서의 기초를 사적 이익으로 환원하고, 소외된 개인을 정치사회의 기본적인 단위로 수용했다는 점에서 발견된다.

루소의 근대 문명 비판은『인간불평등기원론』에서도 계속된다. 그러나 자연 상태와 인간의 본성에 대한 논의에 있어 루소는 고전 정치철학의 입장에서 탈피하여 근대적 견해를 오히려 극단화시킨다. 고전 사상가들과는 달리 루소는 인간이 본질적으로 정치적 존재라고 생각하지 않는다. 루소는 홉스, 로크와 마찬가지로 인간의 본성이 사회이전의 자연 상태에서 가장 잘 이해될 수 있다고 본다. 자연 상태의 시원인은 여타의 동물과 같이 자기보존의 본능을 갖는다. 그러나 다른 동물과 달리 인간은 자유로운 선택의 능력과 자기완성을 추구할 수 있는 능력을 갖는다. 특히 자기완성의 능력에 의해 인간은 변화와 적응과정을 경험하는 역사적 존재로 규정된다. 그리고 자연 상태에서의 인간은 평등하며, 자기애와 타인에 대한 동정과 연민의 감성을 가지고 있다. 루소의 시원인은 자연 상태에서의 자유를 향유하며, 자족적이고 독립적인 삶을 영위한다. 루소는 홉스, 로크와 달리 자연 상태의 인간이 이성의 능력을 가지고 있지 않다고 본다. 그 이유는 이성의 능력은 사회적 삶의 산물이기 때문이다.

자연 상태의 평등은 인간이 자기완성을 추구하는 과정에서 사회적 불평등으로 변환된다. 분업과 가족, 사유재산의 도입을 포함하는 일련의 발전과정에 의해 자연 상태에서의 능력과 자질의 자연적 불평등은 시민사회의 형성과 더불어 경제적 불평등으로 전화된다. 시민사회의 기초가 되는 사유재산제는 합의에 의해 성립되었지만,

경제적 불평등이 심화되어 빈부의 격차가 계급 갈등의 양상으로까지 전개되면 시민사회는 붕괴의 위기에 직면하게 된다. 이러한 상황에서 수립되는 국가권력에 의해 경제적 불평등은 정치적 불평등으로 전환된다. 루소는 국가가 공공의 이익에 봉사하는 것처럼 보이지만 실제로는 부유층의 이익을 위한 제도적 장치라고 본다. 근대국가에 의해 경제적 불평등과 정치적 불평등이 제도화되었으며, 이러한 상황에서 자기애는 세속적 허영심으로, 자족성은 의존성으로, 동정심은 법으로 변질되어 인간소외가 극단화된다는 것이다.

그러나 루소의 근대 문명에 대한 비관주의는 결정론적이지 않다. 자유 선택의 능력에 의해 인간이 소외와 불평등을 극복할 수 있는 가능성은 항상 존재한다. 필연과 인과율을 넘어선 자유의 영역에 대한 강한 신념에서 루소 사상의 혁명성이 발견된다. 『사회계약론』에서 루소는 자연 상태로의 회귀라는 복고적 해결책이 아닌 미래지향적인 정치적 대안을 적극적으로 모색한다. 루소는 민주적 자치(democratic self-government)를 자유와 정치적 의무를 결합시킬 수 있는 궁극적 해결책으로 제시한다. 모든 시민이 자기 입법(self-legislation)의 원칙에 따라 제정한 법을 준수한다면, 자유와 정치적 복종은 상호 대립적인 관계로부터 상보적인 관계로 재구성될 수 있는 것이다.

루소의 사회계약론에서 가장 중요한 개념인 '일반의지'는 이런 맥락에서 이해될 수 있다. 모든 사회구성원이 정치적 소외와 불평등으로부터 벗어나 진정한 자유를 획득하기 위해서는 모두가 참여하는 의사형성과정이 수립되어야 한다. 그리고 그 과정을 통해 공공선에 대한 인식과 공공정신이 자발적으로 형성되어야 한다. 루소는 그리스적인 폴리스를 정치적 이상으로 삼아 정치공동체의 규모, 공동체 내부의 동질성과 경제적 형평성 등이 일반의지의 형성에 중요한 조건들임을 밝힌다. 나아가 고전적 공화주의의 전통을 계승하여 시민 교육을 통한 덕성의 함양, 입법가의 자질, 시민 종교의 기능에 대해서도 세심한 관심을 기울인다. 루소는 모든 사회구성원이 시민으로서의 자유를 향유할 수 있다는 민주적 공화주의의 이론적 기초를 제시함으로써 고전적 공화주의에 내재한 배타성과 강제성을 극복하고자 시도했다. 루소의 민주적 자치의 이념에 의해 자유와 도덕, 자연권과 정치적 의무가 결합됨에 따라 그 당시 정치사상의 주류인 정치 현실주의에 대한 비판과 극복의 가능성이 열리게 되었다.

4. 칸트의 정치철학: 도덕과 정치의 재결합

ㅣ칸트(Immanuel Kant)

칸트(Immanuel Kant, 1724-1804)의 정치철학의 출발점은 근대적 개인성에 있다. 근대적 개인성의 의미를 자유, 자율, 평등, 존엄성 등의 개념을 통해 철학적으로 구명하려한 칸트의 노력은 근대적 현상인 가치영역(value spheres)의 분리(과학, 도덕, 예술 등)에 철학적 토대를 제공한다는 보다 광범위한 철학적 과제와 연관되어 있다. 근대적 가치영역의 분리를 인간 이성의 발현의 결과로 이해한 칸트는 고대로부터 중세에 걸쳐 지배적이었던 형이상학적 또는 신학적 목적론과는 달리 다원적 영역 각각의 독자성 확보와 그 의미 규명을 자신의 철학, 나아가 근대철학의 주요한 과제 중의 하나로 본다. 물론 보다 직접적인 칸트의 철학적 동기는 경험주의 철학의 한계에 대한 인식에서 찾을 수 있다. 흄(David Hume)에 이르러 경험론은 과학적 지식의 가능성에 대한 회의와 윤리적 규범의 상대주의화를 초래함으로써 이성에 근거한 세계관의 확립이라는 근대적 신념은 위기를 맞게 되었다. 따라서 칸트는 자신의 철학적 과제를 선험적 기초의 마련을 통한 근대적 과학과 도덕적 이상의 정당화에서 찾는다. 이러한 맥락에서 법치에 근거한 공화주의와 세계평화의 이념을 골간으로 한 칸트의 정치철학은 그의 도덕철학의 연장이자 귀결로 이해될 수 있다.

칸트에게 있어 도덕과 정치는 상호 대립적이거나 양립할 수 없는 것이 아니었다. 이는 바로 그가 정치를 도덕률의 실천이라는 이상주의적 견지에서 개념화하기 때문이다. 따라서 칸트는 근대 시민혁명의 과정을 근대 정치의 본질적 모습으로 이해하며, 이의 정당화는 실천이성의 원리를 보편화하기 위한 철학적 토대의 정립을 통해 가능하다고 본다. 칸트에게 있어 정치는 권력의 획득이나 이해의 조정을 의미하지 않는다. 이러한 그의 현실주의 및 경험주의적 정치세계관에 대한 부정적 시각은 정치현실의 몰이해에 의해서 초래된 것은 아니다. 이상과 현실, 당위와 사실의 괴리는 실천이성이 처한 세계의 본질적 모습이며, 칸트 철학의 임무는 이상과 당위의 내용을 규정하고 절대적 기초 위에서 이를 정당화함으로써 현실을 비판적으로 평가하기 위한 기준을 설정하는 것이기 때문이다. 이러한 점에서 그의 순수철학 또는 순수윤리학의 필요성에 대한 강조는 중요한 정치적 의미를 갖게 된다. 칸트가 이분법적 논리구조에 기초한 그의 철학을 비판철학이라고 본질을 규정한 것은 칸트 철학의 정치적 의미를 이해하는 데 중요한 열쇠가 된다. 정치현실을 이상주의와 현실주의의 대립의 장으로 이해할 때, 칸트 철학은 이상주의의 현실적 존립을 정당화하는 사고체계로서의 의미를 갖는다.

칸트에게 있어 개인성(인간성)의 본질은 이성에서 발견된다. 인간 본성에 대한 탐구에 있어 욕망, 특히 물질적 욕구와 이기적 본능, 그리고 감성적 요소인 동정과 연민 등에 초점을 두는 모든 견해에 비판적인 칸트는 인간의 자유 및 자유 의지의 근거를 이성에서 찾는다. 칸트에게 있어 인간은 자유롭고 평등한 도덕적 존재로 규정되며, 이는 경험적(현상적) 자아와 선험적(본질적) 자아의 이원론에 기초한다. 경험적 자아는 인과적 필연성의 세계 내에 존재하며, 물질적 이해의 주체이고, 각 개인의 특수성의 근거가 된다. 이에 반해 선험적 자아는 인과성의 제약으로부터 벗어난 보편적 자유의 표상으로 규정된다. 칸트는 경험적 자아에 근거하여서는 보편적 도덕률의 철학적 정당화가 불가능함을 강조한다. 그가 순수 윤리학, 즉 '이성의 실천영역에의 적용'에 의해 상정되는 도덕적 자아의 이념에 근거한 규범론의 필요성을 강조하는 이유는 경험적 자아에 근거해서는 사회적·문화적 전통과 관습에 의해 조건지어지는 상대주의적 규범론을 극복할 수 없기 때문이다. 요컨대 칸트는 인간의 본질을 이성으로 규정하고 자유와 자율성을 이성의 이념으로 전제함으로써 절대적 도덕률인 지상명령을 정당화할 수 있는 토대를 마련했다.

물론 칸트의 철학적 작업이 근대사회의 출현과 발전과정이라고 하는 역사적 특수성으로부터 벗어나 이루어진 것은 아니다. 그러나 역사의 진보라는 이념에 입각해 볼 때, 근대성은 이성의 자각에 의해 지식과 윤리규범의 보편화 가능성을 열어 준다는 획기적 의미를 갖는다. 칸트에 있어 이성에 의한 계몽은 인류의 성숙(Mündigkeit, maturity)을 의미하며, 나아가 근대철학의 과제는 이성의 원리에 기초하여 근대적 이념을 정당화하는 것이다. 칸트가 그의 도덕의 형이상학을 구상함에 있어 근대사회 내에 보편적으로 인정되는 도덕률의 발견으로부터 출발한다는 사실은 근대적 이상이 역사적으로 실현되고 있다는 그의 신념을 반영하는 것이다. 그러나 그의 철학이 현실정당화의 논리로 이해될 수 없는 근거는 존재와 당위의 괴리를 극복 가능한 역사적 모순이 아닌 인간 존재의 절대적 모순으로 규정함에 있다. 이로부터 규범의 정당화의 문제는 경험세계와 분리되어 취급되며, 당위의 도덕률은 현실에서의 도덕적 판단과 행위의 정당성을 평가하는 절대적 기준으로 자리잡게 된다. 따라서 칸트의 철학이 근대사회와 갖는 관계는 양면적이다. 한편으로 근대성에 대한 신념을 반영하지만, 다른 한편으로 이성의 이념을 절대화함으로써 근대사회 내에서 현실적으로 전개되는 제도화 과정과 사회적 관행을 평가할 수 있는 비판의 기준을 제공하기 때문이다.

칸트가 이해하는 자유민주주의는 보편적 도덕률의 실현과정 및 제도적 요건을 의미한다. 물론 경험적인 현실에서 정치와 도덕률은 대립의 관계로 나타난다. 그리고 이러한 현실을 이론화의 기초로 하는 다양한 형태의 현실주의적 자유민주주의이론들이 존재한다. 이해의 조정과 타협, 개인의 경제적 이윤추구 활동의 보장, 그리고 이를 위한 제도적 장치 등, 현실주의적 자유민주주의이론들은 근대적 자유 및 자율의 이념을 경제적 측면—칸트에 있어 타율성의 세계—에 치중하여 해석한다. 또한 현실주의의 입장에서 볼 때 자유민주주의적 규범의 문제는 자유민주주의사회 내의 구성원들이 공유하는 전통 및 관습화된 의식으로 이해되며, 따라서 문화적 상대주의에 입각한 윤리적 상대주의를 방법론적으로 인정하게 된다. 물론 현실주의적 입장에서 자유민주주의적 규범의 선진성과 보편화 가능성을 주장할 수 있지만, 이 경우 방법론적 전제인 경험주의를 철저하게 고수할 수 없는 딜레마에 처하게 된다. 이는 바로 선진성의 '기준'과 보편화 가능성의 '척도'의 문제가 철학적 논증에 근거하지 않고는 해결될 수 없기 때문이다. 이러한 면에서 자유민주주의의 도덕철학적 기초에 대한 탐구는 정치적 현실주의에 대한 비판으로서의 의미를 갖는다.

5. 니체의 근대성 비판

ı 니체(Friedrich Nietzsche)

니체(Friedrich Nietzsche, 1844-1900)는 플라톤에서 칸트에 이르는 서구 철학의 한계에 정면으로 대응하기 위해 누가 진리를 추구하는가, 그리고 그 진리를 추구하는 사람들이 무엇을 원하는가라는 질문을 제기한다. 니체는 '본질'과 '현상' 세계를 구분하는 모든 철학은 생명력이 쇠락한 징후에 불과하다고 본다. 니체는 칸트의 인간 이성의 능력에 대한 회의주의를 인정하면서도, 그의 이원론이 종교적 신념의 개입 여지를 남기는 오류를 범했다고 비판한다. 또한 니체는 헤겔(G. W. F. Hegel, 1770-1831) 역시 현상계와 대립된 보편적 이념의 세계를 상정함에 있어서는 칸트와 마찬가지로 플라톤주의자라고 주장한다. 니체는 헤겔의 '형이상학적 범신론'에 반대하여 현실을 유일한 세계로 확신하는 자연주의적 가치관을 수용한다.

니체가 근대 유럽은 "병들었고" 따라서 "치유되어야" 한다고 말할 때, 그 병의 근원은 가치 평가(valuation)의 정향에서 찾아진다. 니체는 생에 대한 태도와 관련하여 대립적인 두 개의 가치 정향을 구별한다. 자기 긍정과 적극성에 근거한 행위(action)와 자기 부정과 소극성에 근거하는 반작용적 행위(reaction)는 각각 상응하는 가치를 창출한다. 즉, 소수의 귀족적 강자의 가치 정향은 '우열'의 가치관을, 다수의 평범한 약자들의 가치 정향은 '선악'의 노예도덕(slave morality)을 낳게 된다. 니체는 『도덕계보학』에서 가치 평가의 근거로서 칸트적인 보편성의 원리와 공리주의적 원리들을 거부하고 '차별의 파토스(pathos of distance)'를 주장한다. 그러나 소크라테스 이후 서구 문명은 약자의 반작용적 행위에 근거하는 "가치정향의 전도"에 의해 지배되어 왔다. 따라서 니체는 서구 문명의 발전과정을 데까당적인 쇠약화의 과정으로 이해하고, 그의 시대에 이르러서 서구 문명의 정신적 종말을 맞게 되었다고 주장한다. 그리고 이러한 종말은 자기부정의 극단화된 형태인 '진리에의 의지'에 의해 초래된 것으로 본다.

니체는 본능의 내면화가 양심과 나아가 도덕이 등장할 잠재적 가능성을 제공한다고 본다. 그리고 이러한 잠재성이 실현되기 위한 조건으로 '국가'를 중요시한다. 그는 인간이 국가라는 틀에 갇히게 되면서 "양심의 발명자가 되었다"고 주장한다. 이와 같이 반작용적 가치정향은 역사적 제도의 발전과 밀접한 연관을 가진다. 니체는 자유주의적 제도들이 본능과 권력 의지의 약화를 가속화시킴에 따라 근대 유럽인들은 건강한 제도의 기초가 되는 모든 본능과 의지를 상실하게 되었다고 본다. 니체는 정치적, 사회적 제도들을 평가함에 있어 그 제도가 인간의 의지를 강화시키는가 아니면 약화시키는가를 중요한 척도로 삼는다. 이러한 척도에 비추어 볼 때 근대적 민주주의는 권력에의 의지와 본능이 극도로 위축된 상태에서 나타난 제도이며, 동시에 모든 정치적, 사회적 제도의 와해를 조장하는 제도로 인식된다.

니체는 근대적 위기의 근원이 정신문화적 차원에 있다고 보기 때문에 제도 개혁의 시도를 근본적인 해결책으로 수용하지 않는다. 그는 오히려 이러한 노력들이 공허하며, 문제를 '사회'의 차원으로 환원시킴에 의해 문제의 핵심에 대한 정면 대결을 회피하는 것이라 비판한다. 니체는 극복되고 치유되어야 할 병리적 현상은 진정한 대안의 '창조'를 기피한 채 기존 질서의 확대 또는 변혁을 주창하는 정치 및 사회이론들과 그 이론가들 내에 존재한다고 주장한다. 니체는 민주주의자와 사회주의자 모두를 비판한다. 그들의 원한의 심리는 그들이 공격하는 질서의 반영이며, 그들은 결국 노예도덕의 사회를 다른 제도적 형태를 통해 지속시키려 한다고 혹평한다. 그는 근대적인 평등의 원리가 비교와 원한의 심리에 의해 초래되었다고 보고, "민주주의"와 "권리의 평등," "약자에의 동정," "다수의 행복" 등의 관념 대신에 귀족적 탁월성의 정치를 주장한다. 니체에 따르면 인류는 문화와 문명을 이끌어 가는 창조적 개인들과 자신의 무력함을 도덕적 규율을 통해 정당화하려는 평범한 속인들로 구분된다. 따라서 니체는 보편성을 거부하면서, 위대한 창조적 개인의 등장을 위해서는 소수 엘리트의 속성과 자질이 대중화되어서는 안 된다고 역설한다.

니체는 근대사회에서 나타나는 인간의 원자화를 비판하면서 근대를 "원자론적 혼돈"의 시대로 규정한다. 또한 니체는 인격의 일면만을 과대 발달시키는 분업체계에 회의적이며, 재화와 생산의 극대화만을 지향하는 사회를 부정한다. 이러한 맥락에서 볼 때 경제적 이해와 제도의 정치를 이론화하는 자유주의는 근대 정신과 문화가 처한 위기의 본질과 근본을 파악하지 못하며, 오히려 근대 인류의 이성을 통한 자기 합리화만을 강화할 뿐이다. 아울러 근대 철학과 과학이 "진리에의 의지"에 지배되는 한 인류는 점점 더 진리와 가치의 실재에 대해 필연적으로 회의하게 된다. 그러나 니체는 서구 문명의 기저에 존재하는 "진리에의 의지"는 극복될 수 있으며, 그 방법은 니힐리즘을 극단까지 밀고 나가는 것이라고 본다. 외부로부터 주어지는 객관적인 생의 의미가 존재하지 않으며, 모든 진리주장이 관점상대적이고, '고상한 거짓말들'이 진리로 주장되는 이유는 그것이 인간의 필요를 충족시키기 때문이라는 사실이 보편적으로 수용되면 객관주의적 세계관 전체가 와해될 수 있다. 모든 지식이 관점상대적임을 인정하는 '진솔함(truthfulness)'은 니체에게 새로운 가능성의 출발을 의미한다. 니체에게 있어 현실에 대한 '해석'의 작업은 권력 의지의 표현으로서

'위대한 정치'의 과제이다.

이러한 점에서 니체의 진리에 관한 견해는 '정치적인 것'의 범위 설정이라는 중심적 문제와 직접적으로 연관된다. 니체에게 있어 정치는 사회적 가치의 분배와 조직화와 같은 실제적 문제들에 국한되지 않는다. 니체는 생에 대한 해석 자체를 정치로 인식하며, 이러한 해석의 정치가 보다 구체적인 정치적 결정의 성격을 규정한다는 점에서 우위성을 가지고 있음을 시사한다. 니체가 말하는 "자유인들(free spirits)"은 외재하는 존재론적 질서로부터 가치를 도출하려는 어떠한 시도도 거부하며, 그들 자신들을 의지의 주체이자 대상으로 삼는다. 이러한 자기주장과 자기 긍정, 강함과 아름다움, 그리고 고귀함을 추구하는 "자유인들"은 민주주의적 제도, 법과 권위에의 복종을 초월하여 생에 대한 해석의 새로운 지평을 여는 창조적 개인들로서 니힐리즘의 극치 상황에서 미래를 여는 주체들이다. 이들은 "영원 회귀"를 하나의 정치적 교의로 수용하여 새로운 가치관을 창조하는 "미래의 철학자들"인 것이다. 니체는 자신을 이러한 "선구자들" 중의 한 명으로 인식하며, 자신의 철학은 '대항적 이상'을 제시함으로써 객관적으로 의미를 상실한 세계에 새로운 의미를 부여한다고 본다. 그러나 여기에서 새로운 의미는 인위적으로 도덕화된 외재적 질서에의 복종이 아닌 자연, 권력에의 의지, 차별화, 고귀함, 강함, 아름다움의 복귀를 통해 확인되어야 한다는 것이 니체의 주장이다. 이러한 면에서 니체는 전통적인 철학에 반대하여 '철학의 정치학'을 제시하면서, 비교주의(esotericism)적 진리의 과감한 정치화를 시도한다고 할 수 있다. 즉, 정치사회의 유지와 안정에 '치명적인' 철학적 진리를 폭로함으로써 충격을 가하고, 이러한 자각을 위한 충격을 통해 새로운 인간과 사회의 출현을 의도한 것이다.

제4절 현대 정치사상의 조류들

근대 이후의 역사 과정 속에서 그 내포와 외연의 심화와 확대를 통해 지속적으로 변화되어온 자유민주주의는 하나의 역사적 현상으로서 다양하고 때로는 상충되는 이념과 가치들을 포함하고 있다. 근대의 대표적인 정치이론으로서의 자유민주주의는 자유와 평등이라는 가치의 실현과 관련된 정치, 경제, 사회문화적 차원의 문제들을 특수한 역사적·사회적 배경을 토대로 해결하려고 노력했던 많은 이론가와 실천가들의 사상들을 포괄하는 '느슨한' 전통이라 할 수 있다. 이렇게 규정되는 자유민주주의 전통은 내부의 긴장과 외부로부터의 도전을 포함하는 끊임없는 변화의 과정 속에서 그 생명력과 호소력을 확보해 왔다. 현대의 자유민주주의 이론들은 개인의 자유와 공동체적 의무를 어떻게 조화 또는 결합시킬 것인가라는 문제를 해결하고자 한다. 따라서 입헌주의와 법치의 중요성에 대한 인식을 이론적으로 정당화함과 동시에, 시민교육을 통한 시민권의 강화를 주장한다. 또한 공론장의 활성화를 통한 정치적 참여를 강조함으로써 현대사회에 있어 정치의 의미와 기능의 중요성을 새롭게 인식시키려 하며, 사회 각 영역의 자율성을 확보하기 위한 다원주의적 패러다임의 정교화를 추구한다.

자유민주주의는 '사적 자율성(private autonomy)'의 실현을 위한 경제적 자유주의와 다른 한편으로 '공적 자율성(public autonomy)'의 확보를 위한 정치적 민주주의 사이의 긴장을 내포한다. 자유민주주의의 내적 긴장 또는 이중성은 근대사회가 '이중 혁명'을 거치면서 형성되었다는 사실에서 기인한다. 산업혁명 또는 자본주의 혁명에 의해 생산과 분배의 효율성 및 소유권의 문제의식이 지배하는 '시장(market)'은 경제적 자유주의의 이론적 토대가 된다. 그러나 다른 한편 시민혁명은 보편적 이상으로서의 자유, 평등, 박애의 실현을 추구하면서, 정의와 정당성의 문제의식이 지배하는 '포럼(forum)'을 이론적 토대로 하는 정치적 민주주의 사상을 출현시켰다. 여기에서 '사적 자율성'과 '공적 자율성'은 "근원을 공유하고(co-original)" "순환적(circular)" 관계를 가지며, 양자 사이에는 지속적인 긴장과 갈등이 존재한다(Habermas, 1996: chap. 3). 그리고 근대 사회의 과제는 이러한 긴장을 어느 한 쪽으로의 환원을 통해 해결하는 것이 아니라 양자를 병존시킴으로써 '사적 자율성'과 '공적 자율성'을 동시에 실현하는 것이다. 이러한 과제를 달성하기 위한 노력은 정치와 경제의 영역별 자율성을 보장하는 형태로 나타나며, 자유민주주의는 이러한 과정을 통해 형성되는 것으로 이해될 수 있다.

1. 경제적 자유주의와 정치적 자유주의

경제적 자유주의(economic liberalism)는 시장 자본주의의 한 형태인 개인주의적 자유주의를 지칭하는 범주적 개념이다. 경제적 자유주의는 기본적으로 개인들 사이의 상호작용과 관련된 문제들에 관심을 두며, 종교적 갈등과 같은 집단적인 문제에 대한 집단적인 해결에 관심을 두는 정치적 자유주의와는 사상적인 기반을 달리한다. 경제적 자유주의의 이론적 배경은 맨드빌(Bernard Mandeville)과 스미스(Adam Smith)에서 발견된다. 맨드빌은 도덕과 경제활동의 엄격한 구분을 전제로 시장 메커니즘의 자율적 조정능력을 신뢰했다. 그에게 있어서 사회적 규범은 사적인 이해를 지양하고 공공선을 위한 희생을 강요하는 억압의 수단이다. 나아가 그는 도덕적 계몽을 강조하는 '고전적 공화주의'는 위선의 산물로서 진보보다는 반동의 이념이라고 주장한다. 스미스는 맨드빌의 도덕과 경제의 엄격한 분리를 그의 도덕 감성론을 통해 다소 완화시켰다. 맨드빌이 도덕을 자기희생으로 편협하게 이해한 데 비해, 스미스는 경제활동에 필요한 정직과 정의감 등의 덕목이 가지는 중요성을 인정한다. 스미스는 '자연적인' 도덕 감성이 원활한 경제활동의 기반이 된다고 주장함으로써 시장체계의 효율성에 대한 신념과 윤리적 상식을 조화시키려 했다. 그러나 스미스에게 있어 정의는 정치권력에 의한 재화의 재분배를 의미하지 않으며, 재산권 및 계약의 존중을 의미한다. 이와 같이 맨드빌이 공공선에 대한 전통적 이해를 거부하고, 스미스가 개인의 경제활동이 '보이지 않는 손'의 기제를 통해 공공선에 긍정적으로 기여한다고 주장하는 배후에는 정치권력을 통한 사회전체의 복지 향상이 불가능하다는 그들의 '정치에 대한 회의주의'가 존재한다.

따라서 경제적 자유주의에 대한 일반적인 비판은 도덕적 차원에서 제기된다. 물론 스미스적인 최소주의적 도덕을 경제적 동기로부터 도출하고 정당화시키려는 시도가 있어왔지만 비판에 대한 충분한 대응이 되지는 못했다. 여전히 경제적 자유주의는 공동체의 관념을 결여하고 있으며, 결국 경제적 자유주의 질서 속에서 사는 사람들은 익명의 행위자들로서 본질적으로 추상적인 규칙과 화폐를 통한 거래 관계에 의해서만 묶여있게 된다. 이러한 한계는 대부분의 경제적 자유주의자들이 경제학의 개인주의적 방법론을 통해 정치와 국가의 문제에 접근하기 때문이다. 경제적 자유주의의 시각에서는 정치적 행위와 경제적 행위의 합리성은 동일한 것으로서 효용의 극대화라는 원리에 의해 지배된다. 따라서 하이에크(F.A. Hayek), 프리드만(Milton Friedman), 뷰캐넌(James Buchanan) 등의 경제적 자유주의자들은 정치의 가치에 대해 회의적이며, 개인적 이익 추구가 사회적 질서를 창출한다는 강한 신념을 표방한다. 물론 경제적 자유주의도 공리주의, 진화론, 무정부주의 등의 이념과 결합되어 다양한 형태로 전개된다. 그러나 다양성에도 불구하고 경제적 자유주의는 개인과 국가의 관계, 자유와 평등의 의미와 관련된 전통적인 문제들에 대한 나름대로의 대답을 제시하는 하나의 독립적인 사회이론이라 할 수 있다. 그리고 그 이론은 현실적인 공공정책의 선택과 밀접한 연관성을 가지고 있는 것도 사실이다.

경제적 자유주의의 현대적 형태인 신우파 자유주의(New Right liberalism)는 1970년대 이후 복지국가 모델에 대한 비판을 전개하면서 형성된 신우파 이론의 핵심 사상이다. 신우파란 영국의 대처, 그리고 미국의 레이건 정부의 등장 및 그 정책노선의 정당화와 관련하여 대두된 사조로서 경제적 자유주의와 도덕적 보수주의의 결합을 특징으로 한다. 그러나 신우파의 핵심적 주장은 시장 메커니즘의 효율성을 강조하는 경제정책의 기반이 되는 신자유주의라 할 수 있다. 이러한 신우파 자유주의자들은 케인즈적인 복지국가 모델을 비판함에 있어 기존의 경제정책의 실패와 개인의 권리 침해에 초점을 둔다. 신우파 자유주의자들은 '사회적 시민권'의 확대에 반대하면서, 정부의 과도한 개입이 시장의 효율성을 저해하고 개인의 자유를 억압한다고 본다. 이러한 면에서 그들의 주장은 개인주의적 자유주의 원리와 제한적 입헌정부, 그리고 시장의 원리를 정당화한 하이에크와 '경제적 자유'가 '정치적 자유'의 필연적 기초임을 강조한 프리드만의 이론을 기초로 한다.

경제적 자유주의와 구분되는 정치적 자유주의(political liberalism)의 핵심 이념은 '중립성(neutrality)'으로 규정된다. 행복한 삶에 대한 다양한 견해들의 출현에서 비롯되는 "이성적인 불일치(reasonable disagreement)"의 상황에서 정치적 결사체를 구성하고 공존과 안정을 유지할 수 있는 조건을 제시하려는 것이 정치적 자유주의의 목표이다. 자유주의 정치질서의 원칙은 행복에 대한 논쟁적인 관념들에 대하여 정치권력이 중립을 유지할 것을 요구한다. 그러나 중립성의 이념은 "자유주의가 하나의 도덕관념이 아니라는 것으로 오해될 수도 있다. 즉, 자유주의가 도덕 자체로부터 중립적인 것으로 오해될 수 있다. … [그러나] 중립성의 추구는 [다원주의적 상황에서] 합의 가능한 정치적 결사의 조건을 찾고자 하는 도덕적 의지의 표현이다(Larmore, 1996: 125)."

정치적 자유주의는 개인주의적이며 원자론적인 자유주의에 대한 낭만주의자들의 비판에 대응하기 위해 자유주의를 새롭게 개조하려는 노력의 한 형태이다. 정치적 자유주의는 자유주의가 어떻게 포괄적인 도덕적 교리가 아니라 엄격한 정치적 교리로서 기능할 수 있는지를 보여주려는 시도이다. 그러나 정치적 중립성의 원칙은 여전히 도덕적 정당화의 틀로부터 자유로운 것은 아니다. 따라서 정치적 자유주의는 최소한의 공통된 도덕관에 의존하여야 하며, 그 정당화의 규범적 기반은 "합리적 대화(rational dialogue)"와 "평등한 존중(equal respect)"이다. 이 두 규범은 최소주의적인 특징을 가지며, 따라서 개인성을 강조하는 사람들이나 전통을 옹호하는 사람들 모두가 수용할 수 있다는 것이다. 즉, 공적인 토론이 합리적 대화와 평등한 존중의 규범에 따라 이루어지는 경우 정치적 중립성의 원칙에 대한 이해가 보편화될 수 있다는 것이다. 정치적 자유주의가 비록 최소적인 규범의 원칙에 의존하지만 '최소적(minimal)'인 것이 '사소한(trivial)' 것을 의미하지는 않는다.

정치적 자유주의의 관심 문제는 "자유롭고 평등한 시민들이 양립 불가능한 종교적, 철학적, 그리고 도덕적 교의들에 의해 나누어진 경우, 지속적인 안정과 정의가 유지되는 사회가 어떻게 가능할 수 있는가? 다시 말해, 합당하긴 하나 상호 대립적인 포괄적 교의들이 공존하면서 이들 모두가 입헌정부체제라는 정치적 개념의 정당성을 인정하는 것이 어떻게 가능한가? 그러한 중첩적 합의를 통한 지지를 얻어낼 수 있는 정치적 개념의 구조와 내용이 무엇인가?"라는 질문이나(Rawls, 1993: xviii). 이에 대한 대답으로 롤즈(John Rawls)는 세 가지의 충분조건을 제시한다. 첫째, 사회의 기본구조는 "정의에 관한 정치적 개념"(사적 이해관계나 "포괄적 교의"에 의해 편향되지 않은 따라서 보편적으로 수용될 수 있는 정의의 원리)에 의해 통제되어야 한다. 둘째, 이러한 정의 개념은 사회적으로 수용할 만한 포괄적 교의들 간의 "중첩적 합의(overlapping consensus)"의 중심내용이어야 하며, 셋째로 헌법체계의 골간을 이루는 기본적 정의와 관련된 공적 토론은 정의에 관한 정치적 개념의 틀 내에서 전개되어야 한다.

정치적 자유주의가 지향하는 "질서 정연한 사회(a well-ordered society)"는 정의에 대한 합리적 견해를 모든 개인이 자발적으로 합의를 통해 수용하고, 이러한 정의의 원리가 공적 기본구조에 실현되는 사회이다. 이러한 민주적 원리에 기초하는 질서 정연한 사회는 공동체(community)나 결사체(association)와 구분된다. 민주적 정치사회는 자기완결적 체계이며, 또한 어떠한 구체적인 궁극적 목적이나 목표를 가지지 않는다는 면에서 결사체와 구분된다. 나아가 이상적 민주사회는 '포괄적인 종교적, 철학적, 도덕적 교의'에 의해 지배되는 공동체와는 달리 전체적 통합에의 열망에 의해 지배되지 않는다. 감성에 의존하는 공동체적 귀속감과 통합은 자유민주주의적 원리에 근거하는 입헌주의적 통합과는 다르며, 공동체적 통합은 기본적 민주주의의 원리에 의해 정당화될 수 없다. 이러한 견지에서 정치적 자유주의는 공동체주의에 내포된 정치적 낭만주의를 경계하고, 이러한 정치적 낭만주의가 근대 민주주의사회에 내재하는 민주 문화의 중심 원리와 상치되며, 공적 이성(public reason)에 의해서도 정당화될 수 없음을 강조한다.

민주사회 내에서 공유될 수 있는 합리적 원리는 보편화 가능성의 척도에 의해 논리적으로 정당화되어야 한다. 정의의 원리가 현실적으로 평등한 시민들의 자발적 참여에 의한 합의의 결과라고 이해하더라도 이러한 합의가 과연 정당한 합의인가를 판단하기 위한 기준은 여전히 요구되며, 특히 '기본구조(basic structure)'와 관련해서는 공정한 합의를 가능케 하는 '정치적' 관점이 필수적으로 정립되어야 한다.

2. 공동체주의

근대 이후의 '정치의 조건'은 많은 긴장과 대립의 요소들을 내포하고 있다. 서로 상충되는 요소들, 즉 전통과 근대성, 공동체적 유대와 개인의 자율성, 공적 자율성과 사적 자율성, 해석과 철학적 정당화, 행복과 정의, 특수성과 보편성 등을 매개함으로써 이들 간의 긴장을 완화시키려는 이론적 노력은 현대에 이르기까지 지속되고 있다.

공동체주의(communitarianism)는 근대 개인주의의 보편화에 따른 윤리적 토대의 상실, 즉 정치적 공동체의 와해와 이기적 개인주의의 팽배에 의한 원자화 등의 현상에 대한 불만의 이론적 표출이다. 공동체주의 사상가들은 정치적, 문화적 공동체를 보다 통합된, 보다 상호의존적인, 그리고 개인의 삶에 의미를 부여하는, 정서적으로 풍요로운 장으로서 재개념화하고, 이를 이론 및 정치 영역 모두에서 복원시키려 한다. 공동체주의는 인간의 행복한 삶을 위한 제도적 틀로서 '강한 공동체'라는 개념을 우선시하고 "우애적 감성"과 "자아 정체성의 공동체적 이해"를 강조하여(Sandel, 1982: 150), 귀속감이라는 공동체적 삶에 대한 정서적 갈망에 호소함으로써 많은 반향을 불러일으켰다.

공동체주의 이론가들은 윤리적 규범의 사회성과 역사성을 강조한다. 그리고 실천적 제안으로서 전통의 재활성화 또는 공동체적 유대의 강화를 위한 제도적 기반의 조성을 촉구한다. 또한 윤리적 논의의 언어를 개인의 자율성, 권리, 중립성, 사회 정의 등으로부터 전통, 시민의 덕, 공동체적 유대, 사회적 의미, 행복 등으로 바꿀 것을 제안한다. 즉, 공동체주의는 자유주의의 한계가 인간 생활의 기반으로서의 '공동체성(communality)'을 이론과 실천의 영역에서 모두 무시한다는 점에서 발견된다고 인식하기 때문에, 자유주의의 대안을 제시하는 경우 공동체적 의식, 보다 현실적으로는 '공공 의식'의 함양과 개발이라는 관점을 견지하게 된다. 이러한 실천적 문제의식은 공동체주의의 사상적 기반이 고대로부터 이어지는 "시민 공화주의(civic republicanism)"의 전통에 있다는 사실을 염두에 둘 때 쉽게 이해될 수 있다. 시민 공화주의의 기본 명제는 진정한 인간의 자기실현과 자유의 확보는 자치적 정치공동체의 '시민'으로서 행위할 때 가능하다는 것이다. 따라서 시민 공화주의에서 강조되는 개념들은 '공공선', '시민 덕목', '애국심', '정치 참여' 등이며, 이러한 정치언어들은 자유주의적 개념들과의 대비를 통해 이해되고 있다.

공동체적 유대와 가치관의 중요성 및 권리와 책임의 균형적 조화의 필요성에 대한 인식과 논의는 오랜 역사를 가지고 있다. 모든 사람은 여러 형태의 공동체들(가족; 이웃; 사회적, 종교적, 직업적 결사체들; 그리고 정치공동체 등)의 구성원으로서 존재하며, 개인의 자유도 상호의존적인 공동체들의 틀을 벗어나서는 지속적으로 유지될 수 없다. 공동체는 또한 그 구성원들의 관심과 헌신적 기여가 없이는 유지될 수 없다. 배타적인 사리의 추구는 사회적 관계망을 침해하며, 모두가 실현하고자 하는 '민주적 자치(democratic self-government)'에 폐해적인 결과를 초래한다. 따라서 개인의 권리는 공동체주의적 관점에 의거하지 않고는 오래 유지될 수 없다(Etzioni, 1995).

이러한 맥락에서 자치의 실현을 위한 정치적 참여를 강조하는 '공화주의적 자유(republican freedom)'의 관념은 큰 의미를 갖는다. 자치에의 참여는 공공선과 공동체의 방향성에 대한 동료시민들과의 토의를 의미하며, 이를 위해서는 개인적 차원에서의 선택 능력과 타인의 권리에 대한 존중을 넘어서는 보다 포괄적인 능력의 함양이 요구된다. 따라서 '공화주의적 자유'의 실현은 시민들로 하여금 "공공의 일에 대한 지식과 귀속감, 전체에 대한 관심, 공동체와의 도덕적 유대를 필요로 한다(Sandel, 1996: 5)." 이러한 능력과 자질이 이른바 '시민적 덕목(civic virtues)'을 구성하며, '공화주의적 자유'는 이러한 시민적 덕목을 함양하는 '인격 형성의 정치(a formative politics)'를 필요로 한다. 그리고 '인격 형성의 정치'는 자유주의가 옹호하는 정치와는 달리 시민들이 주장하는 가치관과 목적에 대해 중립적일 수 없는 특징을 갖는다.

시민의 자질과 자격이 일부의 사람들에 국한된다는 주장이 공화주의 정치이론의 본질은 아니다. 루소로 대표되는 계몽주의 시대의 민주적 공화주의는 공동체의 전체 구성원을 포함시키는 '인격 형성의 기획'을 통해 아리스토텔레스적 공화주의의 배타성을 극복했다. 물론 이러한 민주적 공화주의는 다수의 상이한 구성원들을 통일된 시민으로 만들기 위한 강제적 교육프로그램으로 이해되기도 한다. 루소의 위대한 입법가의 역할에 대한 규정이나 일반의지와 공화국의 부패에 대한 논의는 민주적 공화주의의 강제성을 입증하는 논거가 된다. 그러나 "설득과 습관화"를 강조하고, 공공선에 대한 획일적 규정과 합의에 대한 지나친 기대를 포기한다면 공화주의의 정치는 강압적일 필요가 없다. 따라서 민주적이며 다원주의적인 형태의 공화주의가 가능하다는 주장은 충분한 설득력을 갖는다.

민주주의적 조류의 공동체주의와 관련하여 바버(Benjamin Barber)가 주장하는 "강한 민주주의(strong democracy)"는 많은 시사점을 제공한다. 참여적 공동체주의의 정치를 대변하는 '강한 민주주의'는 정치를 "살아가는 방식(a way of living)"으로 이해하며, 사적인 것을 공적인 것으로, 의존성을 상호의존성으로, 갈등을 협력으로, 강제를 자유로 "변형(transformation)"시키려 한다(Barber, 1984: 117ff.). 강한 민주주의는 "정치의 조건"에 대응하는 민주주의의 한 유형으로서 현대 정치의 딜레마에 적절한 대응책을 제시할 수 있는 유일한 형태의 민주주의이다. 여기에서 "정치의 조건"이란 "갈등이 존재하고, 사적인 혹은 독립적인 판단의 근거가 없는 상태에서 합리적인 공공 선택을 하여야 하는 상황"으로 묘사된다.

정치적 조건에 대한 대응의 한 형태로서의 강한 민주주의는 "독립적인 판단 근거가 부재한 상태에서 지속적인 자기입법에의 참여과정과, 의존적이고 사적인 개인들을 자유로운 시민으로, 또 부분적이고 사적인 이해관계들을 공공선으로 변형시킬 수 있는 정치공동체의 창출을 통하여 갈등이 해결되는 참여적 형태의 정치"로 정의된다(Barber, 1984: 132). 강한 민주주의는 대중민주주의의 수동성을 지양하고, 시민들의 적극적인 참여 활동을 정치의 주요 덕목으로 강조한다. 강한 민주주의는 원자적 개인들이 무에서 사회적 유대를 창출한다는 허구를 거부하며, 동시에 개인에 우선한 추상적 공동체로부터 개인들의 존재 의의와 목적을 도출하는 집단주의도 반대한다. 강한 민주주의는 공동체, 공공선, 시민정신을 민주주의적 순환과정의 상호의존적인 세 축으로 확립시키기 위하여 합리적인 공적 토의와 결정 과정에 참여할 수 있는 시민들의 집합인 공민을 창출하고자 한다.

3. 토의민주주의

'토의민주주의(deliberative democracy)' 이념은 "자유롭고 평등한 시민들 간의 토론을 통한 의사결정"이라는 관념을 핵심으로 한다(Elster, 1998). 토의민주주의는 개인들이 가지고 있는 이해와 선호의 단순한 "집약(aggregation)"보다는 "변환(transformation)"을 추구하며, 정치적 선택이 정당성을 인정받기 위해서는 그것이 자유롭고 평등한 합리적 행위자들 사이에 이루어지는 목적에 대한 토의의 결과여야 한다는 주장을 중심으로 한다. 물론 자유롭고 평등한 개인들에 의한 공적 의사 결정의 형태가 토의만이 있는 것은 아니다. 일반적으로 근대 사회에서 공적인 합의와 결정에 이르는 방법은 "논쟁(arguing)과 협상(bargaining), 그리고 투표(voting)"가 있으며, 여기에서 논쟁과 협상은 투표와 달리 '의사소통' 또는 언어행위의 형태들이다. 이들 중 '논쟁'의 특징은 목적 자체 및 목적과 수단의 관계에 대한 '선호와 신념의 변환'을 목적으로 한다는 점이다. 그리고 토의민주주의는 이러한 '논쟁'의 특징을 공적 영역에서 최대한 확보하려는 시도라 할 수 있다.

하버마스(Jürgen Habermas)는 자유주의와 공화주의의 민주주의론을 비판적으로 검토하면서 두 모델이 가지는 한계를 극복하기 위한 대안으로서 절차주의적 민주주의론을 제시한다(Habermas, 1996b). 절차주의적 관점은 공화주의에서 강조되는 공공영역을 비판적으로 재구성하고, 자유주의적인 입헌주의와 보편주의를 의사소통의 구조에 근거하여 재해석하는 작업을 통해 정립된다. 절차적 민주주의는 "토의정치(deliberative politics)" 또는 "토의민주주의"의 이념과 실천을 토대로 하며, 개방적 참여가 보장되는 의사소통 구조의 확보를 통해 사적 자율성과 공적 자율성이 동시에 보장되는 민주주의의 형태이다. 나아가 이러한 절차적 민주주의는 자유주의적으로 해석되는 중립적 절차주의보다는 넓은 의미를 함축하며, 체계적 목적합리성과 생활세계적 합리성 사이의 불균형을 해소하기 위한 적극적 대안으로서의 성격을 갖는다.

자유주의와 공화주의는 시민과 정치에 대한 개념화에 있어 커다란 차이를 보인다. 자유주의적 관점은 사적 이익을 추구하는 개인을 논의의 출발점으로 삼으며, 시민의 지위는 그들이 국가와 다른 시민에 대하여 갖는 소극적 자유와 권리에 근거해서 규정된다. 이에 따라 자유주의적 정치과정은 사회의 다양한 이익의 수렴과 공적인 행정기구를 통한 중재를 주축으로 한다. 자유민주주의의 과정은 경쟁하는 이익 사이의 타협이라는 형태로 전개되며, 공정성은 일반적이고 평등한 투표권, 의회라는 대의기구, 결정규칙 등에 의해 제공된다. 또한 자유주의적 관점에서 보면, 공론의 장과 의회에서의 의사형성과정은 권력의 획득과 유지를 위해 전략적으로 행동하는 집단들 간의 경쟁으로 나타나며, 그 결과는 자신의 선호를 표현하는 유권자들의 선택에 의존한다. 여기에서 투표를 통한 유권자들의 결정은 시장에서의 선택행위와 동일한 구조를 갖는다. 즉, 자유주의적 모델은 토론하는 시민들의 자율적인 결정에 기초하는 것이 아니라, 개인적인 선호를 충족시킴으로써 본질적으로 비정치적인 공동선을 보장하는 경제사회의 법적 제도화에 의존한다.

이에 비해 공화주의 모델은 자율적인 시민들이 공동으로 행하는 이성의 공적 사용을 제도화함으로써 민주주의 본연의 의미를 보전한다는 장점을 가지고 있다. 공화주의적 관점은 정치를 중재기능에 국한시키지 않고, 전체로서의 사회를 형성하고 통합하는 과정에서 중추적 역할을 담당하는 실체적인 윤리적 삶의 형식으로 이해한다. 시민들의 지위와 정치적 권리는 그들이 사적 개인으로서 주장할 수 있는 소극적 자유에 의해 규정된다기보다는 정치적 참여와 의사소통의 권리를 포함하는 적극적 자유에 의해 규정된다. 이러한 정치적 권리는 외적 강제로부터 자유를 보장하는 것이 아니라 공동의 실천에 참여할 수 있는 가능성을 보장한다. 이에 따라 공론장과 의회에서의 정치적 의사형성은 시장의 원리와 구조가 아니라 상호이해를 지향하는 공적 의사소통에 내재하는 원리와 구조를 기반으로 한다. 시민들에 의한 자기입법의 실천으로 이해되는 공화주의적 정치의 기반은 개인의 선호가 경쟁하는 시장이 아니라 윤리적 가치문제가 경쟁하는 대화의 장이며, 따라서 민주주의는 사회전체의 정치적 자기조직화로 이해된다. 그러므로 공화주의적 관점에서 정치적 공론장은 시민사회와 더불어 전략적 중요성을 갖게 된다.

하버마스는 이상의 두 관점들에 대한 비판을 통해 새로운 절차주의적 민주주의의 규범적 모델을 제시한다. 하버마스에 따르면, 자유주의 모델은 다소간 현실적이지만 규범적 내용이 약하고, 공동체주의적으로 해석되는 공화주의적 모델은 민주주의에 대한 강한 열망을 반영하지만 "과도한 윤리적 부담"에 의해 지나치게 이상주의적인 한계를 갖는다. 하버마스는 대안으로서의 절차주의적 민주주의 모델의 기초가 되는 토의정치의 관점은 공화주의적 관점보다는 현실적이면서, 동시에 자유주의적 관점보다는 민주주의의 규범적 이상을 실질적으로 보장할 수 있다는 장점을 갖는다고 주장한다. 토의정치에 근거한 민주주의에 대한 절차주의적 개념은 자유주의적 공정성(입헌주의적 원리)과 공화주의적 의사형성(민주주의적 공론장)의 요소들을 수용하여 이들을 토론 및 의사결정을 위한 이상적 절차라는 개념 속에 통합함으로써 구성된다. 이러한 절차주의적 관점에 의해 실천이성은 보편적 인권이나 특수한 공동체의 구체적인 윤리적 실체로부터 벗어나 담론의 규칙과 논증의 형식 속에 자리잡게 된다. 이에 따라 궁극적으로 사회를 규율하는 규범의 내용은 바로 의사소통 행위의 구조에서 도출되고 정당화된다.

공화주의와 마찬가지로 절차주의적 토의정치는 정치적 의사형성이 이루어지는 공론장을 민주주의의 중심 무대로 설정한다. 그러나 토의정치는 입헌국가의 원리들을 민주적 의사형성에 요구되는 의사소통 형태의 제도화라는 차원에서 중요시한다. 즉, 토의정치는 집단적으로 행동하는 시민에 의해서가 아니라 의사소통의 절차와 조건의 제도화에 의해 그 성공 여부가 좌우된다고 본다. 특히 절차화된 국민주권이나 정치적 공론장의 연계망에 기초하는 절차주의적 민주주의 개념은 '탈중심화된 사회'관과 친화력을 가지며, 따라서 국가를 중심으로 하는 목적지향적 거대주체로서의 사회적 전체라는 개념을 필요로 하지 않는다. 또한 이 개념은 시장을 모델로 삼아 권력과 이익의 상호작용을 기계적으로 규제하는 자유주의적 헌법 규범에만 전적으로 의존하지 않는다.

토의정치는 실천적 관점에서 주체 또는 의식철학의 전제들을 거부한다. 자유주의와 공화주의의 경우에서 볼 수 있듯이, 주체 철학적 전제들로부터 탈피하지 않으면, 시민적 자기결정의 실천을 하나의 집합적 주체로 귀속시키거나, 법치를 다수의 고립된 개인적 주체들에게 적용하게 된다. 이에 비해 토의정치의 관점은 의회와 비공식적 공론장의 연계망 모두를 관류하는 의사소통 과정의 '상호주관성'을 이론화의 토대로 한다. 즉, 상호주관적 의사소통 형식들이 공식/비공식적 공론장에서 어느 정도 합리적인 의사형성의 가능성을 확보해 준다는 것이다. 그 구체적 과정을 살펴보면, 우선 비공식적 여론형성은 '영향력(influence)'을 산출하며, 이 영향력은 법적으로 제도화된 의사형성의 채널과 문화적으로 동원된 공중 —이러한 공중은 국가와 경제 모두와 구별되는 시민사회의 연합체들 속에서 그 토대를 발견한다— 사이의 상호작용을 통해 '의사소통적 권력(communicative power)'으로 변형되고, 이 권력은 다시 입법을 통하여 '행정권력(administrative power)'으로 변형된다. 민주주의적 절차를 통하여 의사소통적 권력으로 변형되는 공론은 스스로 지배할 수 없고, 행정권력의 사용에 있어 특정한 방향성을 부여하는 기능을 담당한다.

절차주의적 민주주의 모델에서도 '국가'와 '사회'간의 경계는 존중된다. 그러나 이 경우 시민사회는 경제체계와 행정체계로부터 구별되는 자율적인 공론장의 사회적 토대이며, 근대사회에서 사회통합의 필요를 충족시키기 위해 사용되는 화폐, 행정권력, 연대성이라는 세 가지 자원 중 연대성의 새로운 원천으로 기능한다. 이와 관련하여 하버마스는 연대성이 사회통합의 다른 두 메커니즘인 화폐와 행정권력을 견제함으로써 이들 간의 균형이 유지되어야 한다고 주장한다. 여기에서 하버마스가 강조하는 점은 연대성의 사회통합력은 공유하는 문화적 전통과 윤리적 합의에만 의존하는 것이 아니라 오히려 폭넓게 확장되고 분화된 공론장을 통해, 그리고 법적으로 제도화된 민주적 토론과 의사결정의 제도적 절차를 통해 형성되고 발전되어야 한다는 것이다.

참고문헌

- Barber, Benjamin. 1984. *Strong Democracy: Participatory Politics for a New Age*. Berkeley & Los Angeles: University of California Press.
- Deane, Herbert. 1973. "Classical and Christian Political Thought," *Political Theory* 1.
- Elster, Jon, ed. 1998. *Deliberative Democracy*. Cambridge: Cambridge University Press.
- Etzioni, Amitai, ed. 1995. *Rights and the Common Good*. New York: St. Martin's.
- Habermas, Jürgen. 1996a. *Between Facts and Norms: Contributions to a Discourse Theory of Law and Democracy*. Cambridge: The MIT Press.
- Habermas, Jürgen. 1996b. "Three Normative Models of Democracy," in S. Benhabib, ed., *Democracy and Difference*. Princeton: Princeton University Press.
- Larmore, Charles. 1996. *The Morals of Modernity*. Cambridge: Cambridge University Press.
- Macpherson, C. B. 1962. *The Political Theory of Possessive Individualism*. Oxford: Oxford University Press.
- Pangle, Thomas. 1992. *The Ennobling of Democracy: The Challenge of the Postmodern Age*. Baltimore: The Johns Hopkins University Press.
- Rawls, John. 1993. *Political Liberalism*. New York: Columbia University Press.
- Sabine, George H. & Thomas L. Thorson. 1973. *A History of Political Theory*, 4th ed. Fort Worth: Holt, Rinehart and Winston.
- Sandel, Michael. 1982. *Liberalism and the Limits of Justice*. Cambridge: Cambridge University Press.
- Sandel, Michael. 1996. *Democracy's Discontent*. Cambridge: The Belknap Press of Harvard University Press.
- Seung, T. K. 1996. *Plato Rediscovered: Human Value and Social Order*. Lanham: Rowman & Littlefield Publishers.

• Strauss, Leo & Joseph Cropsey, eds. 1973. *History of Political Philosophy,* 2nd edition. Chicago: The University of Chicago Press.
• Walzer, Michael. 1984. "Liberalism and the Art of Separation," *Political Theory* 12(3).
• Wiser, James L. 1983. *Political Philosophy: A History of the Search for Order.* Englewood Cliffs, N.J.: Prentice-Hall, Inc.
• Wolin, Sheldon S. 1960. *Politics and Vision: Continuity and Innovation in Western Political Thought.* Boston: Little, Brown and Company.

03

한국 정치사상 서설

Understanding Politics

한국 정치사상 서설

제1절 서론

20세기 이래 한국의 현대 학문은 서양에서 발달한 학제를 대체로 따르고 있다. 서양의 학제에서 한동안 정치사상(사)이란 곧 유럽의 정치사상(사)을 의미했다. 그러나 20세기를 거치면서 미국의 대학들은 정치학과의 커리큘럼에 자국(즉 미국)의 정치사상(사)를 포함시키는 데 성공했고, 이후 미국의 정치사상 역시 서양 정치사상의 자연스러운 일부가 되었다. 동아시아의 경우에도 그와 유사한 과정을 밟았다고 할 수 있다. 이를테면 동경대학에서 한때 정치사상이란 곧 서양 정치사상을 의미했다고 해도 과언이 아니다, 그러나 마루야마 마사오(丸山眞男)와 같은 학자에 의해서 일본 정치사상 역시 (동경대학이나 그와 유사한 전통을 지닌 대학에서) 정치학 내 정치사상 커리큘럼의 일부로 자리 잡았다. 이후 21세기에 들어 세계화가 한층 가속화되면서 비서구권 정치사상 전통에 대한 세계 학계의 관심이 상대적으로 고조되고 있다. 이러한 환경 속에서 관련 연구자와 교육자들은 새삼 한국 정치사상의 정체성에 대해 질문해 볼 계기를 맞게 되었다.

현대 학문으로서 한국 정치사상은 태생적으로 그 정체성에 비교의 차원을 가지고 있다. 이 말은 사카이 나오키(酒井直樹)가 "일본 사상은 처음부터 비교 연구의 과제로 설정되었던 것이다"라고 했을 때 그의 말이 가졌던 함의와 유사한 함의를 갖는다(사카이 나오키, 2005: 117).[1] 사카이 나오키의 지적에 따르면, "일본 사상"이라는 것은 서양에 사상이 있었다면 일본에도 그와 같은 것이 있어야 한다는 대칭성 혹은 평등에 대한 요청에 의해 성립되었다. 이러한 규범적 문제의식은 19세기 후반 이래 제국주의 국가들의 침략을 경험하면서, 민족주의를 통해 공동체 구성원의 에너지를 동원하고자 했던 동아시아의 여러 나라에서 공통적으로 발견되는 종류의 것이다. 제국주의 국가들의 학문에 준하는 어떤 등가물이 우리에게도 존재할 것이라는 혹은 존재해야 한다는 규범적 문제의식이, 서양에서 유래한 현대 학문 틀에 맞추어 기존의 학(學) 전통이 재규정되고 재구성되는 과정에서 작동했던 것이다. 다시 말해서, "한국 사상"이라는 담론은, 그리고 그 하위 범주로서 "한국 정치사상"이라는 담론은, 19세기 후반 이후 제국주의에 대한 대응 기제로서 가속화된 민족주의가 정치사상의 영역에서 표출된 것이라고 할 수 있다.

이러한 담론 배경을 염두에 두고 볼 때, 한국 정치사상이란 서양의 특정 국가, 중국, 혹은 일본의 정치사상과 대등한 동시에 그것들과는 구별되는 고유성을 지닌 어떤 것이어야만 했다고 할 수 있다. 그리고 이러한 규범적 문제의식이 한국 정치사상이라는 정체성을 좌우하고, 그 영역 속에 포함될 경험적 대상의 범위를 규정하였다. 따라서 한국 정치사상이라는 범주하에서 연구되는 대상들은 대체로 서양의 정치 사상사에서 발견되는 종류의 이론적 사유에 상응하는 것들이거나, 서양 정치사상이나 중국 정치사상과는 구별되는 독자적인 내용을 담고 있다고 판단되는 사상들이었다. 다시 말해서, 한국 정치사상 연구는 연구 대상을 설정함에 있어 다음 두 가지 질문을 던지게 되었다.

지금 연구하고자 하는 이 사상은 (서양의 사상 전통에서 운위되는 정도의) "사상"이라는 말에 값할 정도로 충분히 이론적인가? 지금 연구하고자 하는 대상은 다른 나라

1 원제는 Naoki, Sakai. 1997. *Translation and Subjectivity: On "Japan" and Cultural Nationalism*. Minnesota: University of Minnesota Press. 그렇다고 해서 필자가 사카이 나오키의 연구와 주장 전반에 동의하는 것은 아니다.

(이를테면 중국 사상)의 사상과는 충분히 다른 독자적인 내용을 갖추고 있는가?

필자는 첫 번째 질문의 타당성에 대해서 이미 다른 기회에 비판적으로 검토한 바 있다.[2] 이번에는 두 번째 질문이 한국 정치사상의 연구 질문으로서 타당한지 여부를 검토하고자 한다. 그리고 검토 과정을 통해 한국 정치사상이 가질 수 있는 정체성, 역사성, 그리고 현대성에 대해 고려해보고자 한다. 이와 같은 작업은 기존 한국 정치사상 연구가 노정해 온 불충분한 역사성와 비현대성에 대한 비판적 인식에 기초해 있다. 그러니만큼 한국 정치사상 연구가 보다 역사적이어야 하며, 때로는 보다 현대적이어야 한다는 입장을 표명해 온 일각의 비판적 연구자들과 입장을 같이 한다. 그러나 이 글이 새삼 천명하고자 하는 것은 한국 정치사상 연구에 요구되는 역사성과 현대성이, 규범적 호소를 넘어서, 한국 정치사상의 정체성 자체로부터 이론적으로 도출될 수 있다는 점이다.

한국 정치사상은 정치학의 하위 범주일 뿐 아니라 한국학 보다 구체적으로는 한국 사상의 하위 범주라고 할 수 있으므로, 일단 이 글 전반부에서는 한국 사상이라는 범주를 통해 논의를 전개한 뒤, 후반부에서 그 논의가 광의의 정치 영역과 어떻게 연결되는지 고려하고자 한다.

제2절 한국 정치사상의 정체성[3]

"지금 연구하고자 하는 대상이 다른 나라의 사상과는 충분히 다른 독자적인 내용을 갖추고 있는가"라는 질문은 곧 한국 사상의 정체성에 관한 질문이다. 과연 무엇이 특정 사상을 "한국" 사상으로 만드는가? 조선 시대 이기심성론(理氣心性論)이야말로 한국 사상의 깊이를 대표한다고 보는 연구자는 조선 시대 이기심성론이 갖는 어

2 김영민, 2012, "철학의 역사의 의미의 역사: 이기론 연구방법론 재검토." 계명대 한국학연구원 편. 『근대전환기의 학문적 단절잇기』. 대구: 계명대학교출판부.

3 이하 본문의 논의의 이론적 맥락은 필자가 중국 정치사상사를 대상으로 행한 이론적 맥락과 대동소이하다. 중국 정치사상사를 대상으로 한 필자의 논의는, Kim, Youngmin. 2018. *A History of Chinese Political Thought*, Introduction. Cambridge: Polity. 참조.

떤 특질이야말로 한국 사상의 정체성의 핵심을 형성한다고 주장할지 모른다.[4] 조선 시대의 성리학(性理學)이 중국 성리학의 압도적인 영향 아래 있었다고 판단하는 이들은 조선 시대의 이기심성론은 그것이 갖는 중국 성리학과의 유사성 때문에라도 한국 사상의 정체성의 핵심이 될 수 없고, 오히려 중국 사상이 본격적으로 전파되기 이전의 한국 사상이 갖는 어떤 특질이야말로 한국 사상의 고유성을 담보한다고 주장할지 모른다.[5] 혹은 조선 후기에 성리학과 나름의 긴장을 이루며 등장한 (학자들이 종종 "실학"(實學)이라고 부르곤 하는) 새로운 사조가 갖는 특질이야말로 중국 성리학과는 뚜렷이 구별되는 한국 고유의 사상이라고 주장할 사람도 있을 것이다.[6]

그런데 이 중 과연 어느 것이 한국 사상을 한국 사상이게끔 하는 그 핵심 특질을 가지고 있든, 정체성에 관한 질문에 답하기 위해서는 두 가지 시험대를 통과해야 한다:[7] 내적 다양성의 시험대와 외적 중복의 시험대. 내적 다양성의 시험대란, 한국 사상의 정체성을 어떤 식으로든 내용적으로 규정하고 나면, 그 규정은 한국 사상 일반에 적용될 수 있어야 하며, 따라서 그 규정으로부터 벗어나는 한국 사상이 발견되면 안 된다는 시험대이다. 한국 사상의 정체성을 규정하는 내용에서 크게 벗어나는 다양함이 존재하게 되면, 그 정체성을 규정한 내용은 한국 사상의 핵심 내용을 오롯이 포착하지 못했다는 점에서 부적절한 것으로 판명된다. 전술한 예를 들자면, 고려 시대의 사상, 조선 성리학, 조선 후기의 다양한 새로운 사조 등을 모두 한국 사상에 포함시키고자 한다면, 그 다양한 사상을 관통하는 어떤 특질을 지적해야 할 필요가 있다. 그러한 특질을 포착하여 한국 사상의 정체성으로 삼았는데, 그와

---

4 현대 한국 철학연구의 초석을 놓았다고 운위되곤 하는 박종홍의 견해가 대체로 이에 속한다. 이에 대한 비판적 논의로는 이병수, 2009, "문화적 민족주의와 현대 한국철학." 『통일인문학논총』 47집, 97. 그리고 한형조는 "'한국철학'이 주자성리학을 유일하고 배타적인 모델로 채택한 데 대해 부정적 평가가 내려지고 있지만 그 장점 또한 놓쳐서는 안 된다고 생각한다. 주자학의 패러다임을 고수함으로써 중국에서처럼 철학적 다양성은 놓쳤을지 모르나 대신 유례없는 철저성으로 인해 한국철학사는 '긴밀히 구성된 다이나믹한 드라마'를 형성해나갈 수 있었던 것이다."(한형조, 1993: 9)

5 이를테면, 안호상, 1967, "배달민족의 고유한 종교와 철학에 대한 연구." 『건국학술지』 제8집, 69−91. 보다 세련된 형태로는 Deuchler, Martina. 1992. *The Confucian transformation of Korea: a study of society and ideology*. MA: Harvard University.에서 성리학 도입 이전을 다루는 부분 참조.

6 유사한 맥락에서 유인희는 "한국의 실학은 중국의 영향이 아니라 오히려 그들보다도 먼저 성숙한 철학의 자기 반성으로 이룩한 창조적 사색의 결과이다"라고 말한 바 있다(유인희, 1991: 216).

7 이 두 가지 이론적 시험대에 대해서는 Patten, Allan. 2011. "Rethinking Culture: The Social Lineage Account." American Political Science Review 105(4): 735−749. 참조.

같은 특질을 공유하고 있지 않으면서 한국 사상이라고 간주되는 어떠한 사상이 존재한다면, 그 특질이 한국 사상의 정체성을 포착하는 데 실패한 것이거나, 그 특질을 공유하지 않은 사상은 한국 사상이라고 간주되어서는 안 되는 것이다. 즉 양자는 양립할 수 없다. 요컨대 한국 사상의 정체성을 정의할 수 있는 특질은 한국 사상 내에 존재하는 다양성을 관통할 수 있는 어떤 것이어야 한다.

그런데 우리가 한국 사상이라는 범위 속에 포함시키는 사유의 결과물들은 실로 다양하다. 우리가 한국 사상의 정체성을 무엇이라고 정의하든 성리학 도입 이전과 이후의 사상 내용은 큰 차이를 보인다는 것이 정설이다. 그리고 한국 사상의 내용을 전근대 시기로 국한시키지 않고 이른바 한국 현대로까지 확장하면 이러한 현상은 더욱 심화된다. "일본인의 생활에서 보면 과거에 존재한 소위 일본 사상이야말로 오히려 더 이국적"이라는(사카이 나오키, 2005: 110) 역설과 마찬가지로 현재 한국인의 생활에서 보면 과거의 한국 사상이야말로 이국적으로 느껴지는 역설을 느끼는 사람도 있을 것이다. 이러한 역설 자체가 한국 사상의 통시적, 공시적 장(場) 속에 존재하는 광범위한 다양성을 증명한다고 할 수 있다. 그리고 자료의 발굴에 의해서 새로운 내용이 등장할 경우, 지금껏 규정했던 한국 사상의 내용적 정체성은 매번 재고되어야 하는 난제에 봉착하게 된다.

외적 중복의 시험대란, 한국 사상이 가지고 있는 고유의 특질이라고 판단된 것이 다른 국적을 가진 사상에서도 발견되면, 애초에 고유의 내용으로 규정된 그 부분은 한국 사상의 정체성을 정의할 수 없다는 시험대이다. 그 내용이 무엇이든, 그것이 한국 사상의 영역을 넘어 다른 시공간에서도 익히 발견된다면, 그것은 더 이상 우리가 기대하는 고유성을 충족시키기 어렵다고 할 것이다. 이를테면 고형곤은 심미적이기조차 한 특유의 민족 감수성을 고유의 특징으로 논하는데(고형곤, 1997: 323-328), 만약 그와 같은 감수성이 다른 문화나 사상에서도 발견되면, 결국 외적 중복의 시험대를 통과하지 못한다고 할 수 있다. 마찬가지로 박종홍은 유교의 천명(天命) 사상을 한민족의 근본정신으로 이해하는데, 만약 다른 나라의 철학에서 그러한 요소가 발견되면 그 역시 외적 중복의 시험대를 통과하지 못한다고 할 수 있다(이병수, 2005: 419-420). 그렇지 않으면, 우리는 중국에서 발견되는 천명사상을 일러 한국 사상이라고 불러야 하는 난처한 처지에 놓이게 된다.

외적 중복이 생기는 계기는 두 가지로 설명할 수 있다. 첫째, 인류가 산출한 사상은 실로 다양하여, 우리가 한국 사상의 특질이라고 판단한 요소가 사실은 외국의 사상 전통 어딘가에서 발견될 경우, 둘째, 인간의 상상력이란 결국 어느 한도를 넘지 않는 경향이 있다고 할 때, 결국 우리가 특이하다고 생각했던 한국 사상이라는 것도 인류가 대체로 생각하는 범주 내에 속하는 것으로 판명될 경우. 마크 블로흐(Marc Bloch)는 유사한 취지에서 "인간 지력이 갖는 단조로움"에 대해서 논하고, 그것이 오히려 비교사를 가능케 하는 공통 토대가 된다고 이야기한 바 있다(Marc Bloch, 1928: 19). 이 둘 중 어느 계기가 작동하든 그로 인해 중복의 사례가 발견되면, 현재 관습적으로 한국 사상의 특질이라고 간주되는 상당 부분이 한국 사상의 영역에서 배제되는 결과를 빚을 수 있다.

요컨대 이 두 가지 잣대를 엄격히 적용할 경우, 한국 사상은 (그리고 다른 국적을 가진 많은 사상들도) 그 정체성을 심각하게 위협받는다. 그렇다면, 이 이론적 곤경을 어떻게 타개할 것인가? 쉽게 생각해 볼 수 있는 대안은 다음과 같다. 한국 사상의 정체성은 어떤 내용적 특질로서 해명될 문제가 아니라 "한국"에서 발생한 사상을 의미한달지, "한국인"이 생산한 사상이라고 정의함을 통해 해명된다고 생각해보는 것이다.[8] 이러할 경우, 내용의 차원에서 한국 사상의 정체성을 접근했을 때 넘을 수 없었던 두 가지 시험대를 우회할 수 있는 것처럼 보인다. "한국"이라는 지리적 공간에서는 간단히 규정하기 어려울 정도로 다양한 사상이 나타날 수 있고, 그것은 때로 외국 사상으로부터 영향을 받을 수도 있고, 중복될 수도 있는 것이다. 마찬가지로 "한국인"은 규정하기 어려울 정도로 다양한 사상을 산출할 수 있고, 그것은 때로 외국 사상으로부터 영향을 받을 수도 있고, 중복될 수도 있는 것이다.

그러나 우선 첫 번째 대안인, 지리적으로 한국 사상의 정체성을 규정하는 일은 즉각적인 반론에 부딪히게 된다. 우선 한국이라고 지칭되는 국가의 지리적 경계는

8 김형찬은 "어떤 철학이 한국철학인가 아닌가를 판단하기 위해서…하나의 기준은 그 철학이 한반도라는 일정 지역에서 살아온 사람들이 전통적으로 사용해온 개념과 논리를 가지고 그 사유를 전개하는가 하는 것이다. 광복 이후 분과학문으로서의 한국철학 분야에서 주력해 온 이른바 전통철학에 관한 연구는 바로 이 기준에 따라 '한국철학'이 정체성을 규정하고 그렇게 규정된 한국철학을 연구해 온 것이라고 할 수 있다"라고 지적한 바 있다(김형찬, 2006: 198). 즉 기존 학계에서는 내용(개념과 논리), 한국인, 지리적 공간으로서의 한국이라는 세 가지 기준을 선택적으로 활용해왔다고 볼 수 있다.

역사적으로 변화했기 때문에, 또 오늘날의 관점에서 불분명한 부분이 있을 수 있기 때문에, 그 경계 자체를 정의하기 용이하지 않다. 오늘날 우리는 흔히 조선 시대의 지리적 경계와 현대 한국의 지리적 경계와 한반도와 그 부속도서라는 점에서 거의 같다고 생각하기 쉽다. 그러나 그러한 인식은 조선 후기의 영토 인식을 계승한 것일 뿐, 조선 전기의 지리적 경계는 조선 후기와는 현격히 다르다. 그리고 어떤 사상가가 잠시 해외에 체류하면서 생산한 그 사상이 곧 그 체류지의 사상이 된다고 보기는 어렵다. 마찬가지로 외국의 어떤 사상가가 잠시 한국을 여행하는 와중에 생산한 사상이 곧 한국 사상이 된다고 보기도 어렵다. 이와 같은 이유로 일단 첫 번째 대안은 즉각적으로 논의에서 배제할 수 있다.

그렇다면 두 번째 대안은 어떠한가? "한국인"이라는 주체가 한국 사상의 정체성을 규정하는가? 이 두 번째 대안은, 한국 사상의 정체성 문제를 진정으로 해결한다기보다는 문제를 다른 차원으로 연기한 것에 불과하다. 왜냐하면, "한국 사상"의 정체성이 통과해야만 했던 이론적 시험대를 이번에는 "한국인"의 정체성이 통과해야만 하기 때문이다. 법적인 정체성의 문제를 넘어서 있는 이론적 문제로서의 "한국인"의 정체성 문제는 직관적으로 느껴지는 것보다 복잡한 차원이 개재되어 있다. 과연 무엇이 한국인의 정체성을 규정하는가?

한국인의 정체성에 관련하여 가장 빈번히 제기되는 대답들은 대개 지리적, 생물학적, 문화적 요인을 선택적으로 활용하는 것들이다. 그러나 지리적 요소는 한국인의 정체성을 규정할 수 없음은 전술한 바 대로이다. 지리적 요소가 한국인의 정체성을 규정할 수 있는 경우는 시민권의 법적 자격으로서 속지주의(屬地主義)를 선택하는 경우에 국한된다. 과연 한국인을 한국인으로 만드는 이론적 근거는 무엇인가? 생물학적 근거 역시 한국인의 정체성을 규정할 수 없다. 어떤 혈통만이 한국인으로 간주될 수 있다는 주장이 갖는 인종적·정치적 문제는 차치하더라도 혈통의 문제는 과학적으로 검증되기 어려운 사안이다. 그리고 가계에 약간이라고 "순혈" 한국인이 아닌 사람이 존재한다면, 그 가계에서 산출된 사상은 모두 한국 사상의 영역에서 배제되어야 하는가? 문화가 한국인을 정체성을 규정할 수 있다고 보는 주장 역시 위에서 이미 거론한 내용에 의해 지지될 수 없다. 문화 역시 사상과 마찬가지로 내적 다양성의 시험대와 외적 중복의 시험대를 통과해야 하는데, 사상에서와 마찬가지 이유로 통과할 수 없기 때문이다.

이처럼 "한국인"이라는 범주를 통해서도 한국 사상의 정체성을 규정하기 어렵다면, 한국 사상이든, 한국문화든, 심지어 한국인이든, 그들을 "한국"의 무엇인가로 만들게 하는 정체성은 이론적으로 불가해한 상태에 처한 것으로 보인다. 와쓰지 데쓰로(和辻哲郎)는 일찍이, "누가 일본정신이란 무엇이냐고 묻지 않으면 그것은 누구나 다 알고 있다. 그러나 한번 묻기 시작하면 점점 알지 못하게 된다. 결국에는 아무도 모른다는 것을 알게 될 것 같다"라고 말한 적이 있는데(와쓰지 데쓰로, 1962: 281), 그와 같은 곤경은 한국 사상의 경우에도 마찬가지인 듯 보인다.

필자는 이러한 곤경의 원인이 한국 사상이나 일본 사상과 같은 특정 국가의 사상에 있다기보다는, 정체성 문제를 접근하는 방법 자체에 있다고 본다. 요컨대, 지리적 요인을 통해서든, 문화적 요인을 통해서든, 생물학적 요인을 통해서든, 본질론적 접근법(essentialist approach)이나 정초주의적 접근법(foundational approach)에 의지해서는 한국 사상의 정체성 문제를 해결할 수 없다. 내적 다양성의 시험대와 외적 중복의 시험대를 거치면서 드러난 파편성은 탈근대주의자들이 행한 본질주의나 정초주의 비판에 의해 지적된 혼종성이나 불확정성에 의해 잘 표현될 수 있다.

만약 본질주의나 정초주의에 대한 비판자들이 주장하는 것처럼, 우리가 의지하고 있는 많은 범주들이 내적인 균열이나 혼종 상태에 처해있고, 궁극적인 기반을 결여한 것이라면, 우리에게 남은 선택지는 해당 범주들을 해체하는 것뿐일까? 이를테면, 한국 사상이라는 범주가 이론적으로 정당화되기 어려우므로 그 범주는 폐기되어야만 하는 것일까? 그렇지는 않다. 불변의 본질이나 기초가 없음에도 불구하고 한국 사상이라는 담론이 꾸준히 존재해 온 양상은, 한국 사상이라는 것이 부재한다기 보다는, 하나의 사회적 구성물(social construction)로서 존재해왔음을 말해줄 뿐이다. 즉 한국 사상이라는 것을 창조하고, 재창조하고, 전유하고, 재전유하는 개별 주체들의 의식적인 행위의 결과로서 한국 사상은 비로소 존재해 온 것이다.

이렇게 특정 문화나 사상의 정체성이 사회적 구성물이라면, 그것은 기본적으로 어떤 의미도 없는 것일까? 그것이 본질론적인 입장에서 기대하는 본체론적 지위는 없다고 할지라도, 그것은 현실의 무시할 수 없는 일부를 이룬다. 이를테면 스튜어트 홀(Stuart Hall)과 같은 학자는 인종이란 과학적으로 근거가 희박한 개념임에도 불구하고, 그것이 하나의 사회적 사실로서 작용하는 현상을 추적한 바 있다(Hall, 1997: 60). 마찬가지로 한국 사상이라는 것은 그것이 본질론적 의미의 토대를 가진 것은 아니라고 해도 하나의 강력한 사회적 힘을 발휘할 수 있으며, 그러는 한에서 그것은 유의미한 범주로서 논의 대상이 될 수 있다.[9]

그러면 한국 사상이라는 범주의 폐기 여부를 논하는 대신, 먼저 정체성을 이해하는 대안적인 방법을 생각해보자. 필자는 정체성을 이해하는 대안적인 방법으로서 사회적 계보 설명(social lineage account)을 지지한다. 앨런 패튼(Allan Patten)에 따르면, 문화란 일련의 사람들이 개인을 넘어선 공동의 어떤 것을 형성하고자 함께 귀의할 때, 그들이 공유하고 있다고 판단되는 것에 불과하다(Patten, 2011). 다시 말하면, 누군가 어떤 이유에서인가 특정 문화의 이름하에 관련된 해석을 공유하고자 하고 그것을 사회화하고자 할 때, 우리는 그들이 공유하는 바를 해당 문화의 이름으로 지칭할 뿐이다. 그리고 그 다음 세대가 역시 같은 이름하에 (반드시 앞 세대의 해석과 동일할 필요는 없지만) 나름의 해석을 또다시 공유하여 그것을 사회화하게 되면, 이제 그것은 일종의 계보를 형성하게 된다. 그 계보를 통해서 해당 문화는 지속된다, 혹은 지속되는 것으로 사람들에 의해 생각된다. 그러한 계보가 만들어질 때, 어떤 세대가 공유하는 문화의 내용이 그 전 세대나 그 다음 세대와 같을 필요나 보장은 없다. 그것이 하나의 계보로서 이어졌다는 것은, 관련 당사자들이 일련의 해석 과정을 거쳐서 해당 문화의 내용을 같은 기의(signifer)하에 사회화시키는 데 성공했다는 것을 의미할 뿐이다. 관건은 관련자들에게 일정한 수위 이상으로 그 해석이 받아들여졌다는 것이 중요한 것이지, 즉 사회화에 성공했다는 것이 중요한 것이지, 그 내용이 동일한지 아닌지는 부차적이다. 이러한 의식적인 정체성 형성은 대체로 해당 사회의 엘리트의 전유물로 여겨져 온 만큼, 사회적 계보 설명은 일정 정도 엘리트주의의 속성을 가지고 있음을 부인하기 어려울 것이다. 그러나 현재 설명하고자 하는 대상이 "사상"이라는 대체로 엘리트들에 의해 주도되고 향유되어온 현상이므로 그러한 엘리트주의는 결점이라기보다는 당연한 속성이라고 할 것이다.

---

9 그와 같은 입장에서 조선후기의 소중화론을 검토한 논문으로는, 김영민, 2013, "조선중화주의의 재검토: 이론적 접근."『한국사연구』 제162호, 211~252.

이러한 입장에 서서 예컨대 (한국사상사를 설명하는 과정에서 흔히 동원되어 온) "유교"라는 것을 생각해보자. 유교란 결국 유교를 정의할 수 있다고 믿는 사람들(이를테면 유학자나 유교 연구자)이 유교라는 이름 하에 지칭하는 것, 그리고 그것이 사회적으로 받아들여진 내용에 불과하게 된다(Kim, 2013: 204-212). 그 이상으로 변치 않는 유교의 핵심이란 존재하지 않는다. 그리고 유교처럼 세대별 전승 기간이 길고, 관련 당사자가 많을 경우에는 더욱이 해당 문화의 기의가 지시하는 내용이 시공간적으로 높은 수준의 동일성을 유지할 가능성은 상대적으로 희박하게 된다. 그 내용은 시공간적으로 많은 해석 과정이 개재되면서, 관련자들의 인식 지평 속에서 끊임없이 굴절되어 왔을 가능성이 높다. 이러한 상황 아래서는 특정 내용으로 유교 문화의 정체성을 정의하고자 하는 시도는, 앞서 말한 바의 내적 다양성의 시험대와 외적 중복의 시험대를 통과하기 어렵다.

그렇다고 해서 이른바 유교 전통 창조자 및 전승자들이 자기 이해관계에 맞게끔 제멋대로 전통을 창조할 수 있다는 것은 아니다. 그들이 자신의 생각과 행동의 공적인 성격이나 영향력을 고려하는 만큼, 그들은 당대에 통용되는 가치와 맥락에 대해서 고려할 수밖에 없다. 따라서 그들은 전통을 무에서 창조한다기보다는 전승된 자원을 활용하여 선택적으로 전통을 재창조한다.

제3절 한국 사상의 역사성

요컨대, 어떤 문화의 정체성이란 선험적으로 존재할 수 없고, 그 문화에 대해 발언할 수 있는 위치에 있다고 믿는 이들에 의해서 구성되는 것이다. 이른바 해석적 정치학(interpretive political science)의 표현을 빌리자면, 그 문화는 해석행위를 하는 개개인들의 소산이 모여서 형성되는 것에 불과하다(Bevir, 2010: Introduction). 중요한 것은 그 개인들이 집단을 이루고 세대를 이루어 특정 집단적 계기를 만들어내느냐 여부일 뿐이다. 따라서 특정 내용으로서 해당 문화의 정체성을 정의할 수 없다.[10] 그러

10 내용에 의해서 한국철학의 정체성을 규정하고자 한 사례로는 이기동, 1993, "한국철학과 중국철학의 차이점은 무엇인가?" 『정신문화연구』 16권 3호(통권52호), 23－39.

나 이것이 곧 아무 내용으로나 그 문화의 정체성을 정의할 수 있다는 뜻은 아니다. 해석적 정치학자들이 암시하는 정도로 그 개개인이 전적으로 우연 속에서 활동하는 것은 아니기 때문이다. 개개인이 마주하여 조율해야만 하는 다양한 맥락들이 그 개개인들의 반응을 일정하게 조건 짓는다. 이러한 관점에서 보자면, 다양한 논자들이 사상 형성에서 강한 구속력을 발휘한다고 믿었던 제반요소들은 – 이를테면 퀜틴 스키너(Quentin Skinner)가 말하는 "언어적 맥락"(linguistic context)이나(Skinner, 2009), 존 포콕(J. G. A. Pocock)이 말하는 정치적 언어(political languages)나(Pocock, 2009), 심지어 마르크시스트들이 말하는 경제적 토대—해석하는 개개인이 직면하는 맥락의 서로 다른 층위로 간주될 수 있다.

특히 한국 사상을 거론할 때, 우리가 대개 염두에 두는 사상가들은 고독한 실험자들이 아니다. 그들이 지적 작업의 무대는 실험실을 방불케 하는 절연된 공간이 아니라, 일정한 사회적 공간이다. 따라서 그들은 스스로가 미친 사람으로 고독하게 살다가 죽기를 원하기보다는 자신들의 견해가 사회 속에서 어느 정도 공적 타당성을 얻기를 바라는 의도를 가지고 발언하게 된다. 더욱이 이것이 그들이 속한 공동체 성원에게 이해되기를 바랄 때는, 그들의 이해 지평과 공통된 지점에까지 나아가서 말할 수밖에 없다. 그렇지 않다면, 극단적인 경우에는 의사소통조차 가능하지 않을 것이다. 한 걸음 더 나아가 현실에서 영향력을 얻기를 꾀할 때는 더욱 자신의 사상을 현실 수용성이라는 기준에 맞추어 조율할 필요가 생긴다. 따라서 그들은 어떤 식으로든 사람들이 가지고 있는 기존 인식과 일정한 관계를 맺지 않을 수 없다. 심지어 기존 인식을 바꾸려고 할 때조차도, 기존 인식이라는 배경하에 새로운 증거나 시각을 조율하게 된다. 즉 특정 문화의 정체성은 전적으로 상상에 의존하거나 전적으로 자의적으로 부여할 수 있는 일은 아니다. 바로 이러한 점 때문에, 특정 문화나 사상의 내용은 세대가 거듭할수록 그 동일성이 위협받을지라도 일종의 가족 유사성(family resemblance)을 유지할 공산이 크다. 나중에 논자들이 특정 문화의 본질로 거론하는 것들은, 종종 그러한 가족 유사성을 특정 목적에 의해 과장한 것에 불과한 경우가 많다.

이와 같은 입장을 단순화시켜 표현하면, 결국 한국 사상이란 일련의 사람들이 무엇인가를 한국 사상이라고 공적으로 부르는 데 성공한 결과(와 그것의 세대 간 누적)에 불과하다. 그 "활동"이 한국 사상의 정체성을 결정하지, 내용이 결정하는 것이 아니다. 그 활동을 떠나서는 한국 사상의 정체성이란 없다. 따라서 원칙적으로 그 어떤 것도 한국 사상이 될 수 있다. 마치 어떤 말이든 그것이 충분한 사회화를 거치는 데 성공하기만 하다면 표준어가 될 자격이 있는 것처럼.[11]

이렇게 본다면, 한국 사상이라는 범주를 학문적으로 흥미롭게 만드는 것은, 한국 사상이 어떤 특정한—사람에 따라서는 시공을 초월한 높은 진리값 혹은 깊이 있는 이론적 사유—내용을 가지고 있다는 점이라기보다는, 역사 속에서 일군의 사람들이 오늘날 한국이라고 불리는 정치공동체의 문제에 적극적이고 자의식을 가지고 반응하였고, 그것이 유의미한 공적 존재감을 지닌 청중들로부터 반향을 일으켰다는 사실이다.[12] 전자의 의미에서가 아니라 후자의 의미에서 그 사상은 한국이라는 특정 공동체의 각인이 명료히 찍힌 어떤 것이 된다. 후자의 요소가 결여되어 있다면, 해당 내용의 사상을 다른 프레임워크 속에서—이를테면 주제별 연구 혹은 국적 정체성을 탈각한 코스모폴리탄적 사유의 일부로서—접근해도 충분하다. 그리고 후자의 요소가 엄존함에도 불구하고, 해당 사상이 담긴 텍스트 "내"의 내용 분석에만 그칠 경우, 혹은 그것을 당대의 정치공동체가 아닌 초시공적인 "유교" "불교" "도교"와 같은 범주 안에서 주된 의미를 확정하는 데 그칠 경우, 그것이 원래 지니고 있었던 특정 정치공동체의 각인은 드러나지 않는다. 그러한 연구 태도 속에서는, 이론적으로 엄밀한 의미에서 한국 사상은 성립되기 어렵다. 그뿐 아니라, 이러한 관점에서 보자면, 한국 사상을 연구하는 가장 유력한 관점 중의 하나는 그것을 정치사상으로 간주하는 것이라는 주장도 가능하다. 자신의 연구 대상과 자신의 연구 활동에 대해 "한국"이라는 접두어를 붙인다는 것 자체가, 특정 정치공동체를 환기하는 것이고, 그렇다면 그 사상의 이해가 정치적인 차원과 불가분의 것이 될 것임을 쉽게 상상할 수 있다.

결국 특정 사상을 특정 정치 공동체의 각인이 찍힌 어떤 것—이 경우는 한국 사상—으로 연구하기 위해서는, 해당 텍스트를 포함하되 그 텍스트를 넘어 있는 보다

11 그러나 사상사의 영역에 들어오는 자격이 한국의 표준어처럼 국가가 독점적으로 관계하느냐 여부는 별개의 문제이다.

12 이에 관련된 연구로는 야기 다케시 저·박걸순 역, 2015, 『한국사의 계보－한국인의 민족의식과 영토인식은 어떻게 변해왔는가』. 서울: 소와당; 원저는 矢木毅. 2012. 『韓国・朝鮮史の系譜――民族意識・領域意識の変遷をたどる』. 東京: 塙書房. 참조.

넓은 역사적 맥락으로 나아가야 한다. 그러나 그보다 넓은 맥락은 연구자가 자의적으로 설정할 수 있는 것이 아니라, 당대의 텍스트가 발화 대상으로 삼은 청중이 향유했던 그 의미의 맥락이다. 퀜틴 스키너가 역설한 바 있듯이, 그러한 발화의 수행적(performative) 차원을 음미하기 위해서는 맥락에 대한 재구성이 필요하다(Tully 1988). "얼음이 얇다"라는 내용의 텍스트 내부에 머물러서는, 그 발화의 수행적 의미가 (얼음을 두껍게 하기 위해) 온도를 낮추라는 이야기인지, (얼음이 깨지기 쉬우니) 강을 건너지 말라는 이야기인지를 판별할 수 없다. 그 수행적 의미를 재구성하는 일을 생략하는 연구자는, 의도하든 의도하지 않든, 그 텍스트의 내용의 자의적으로 전용될 가능성을 열어놓는 것이 된다. 그러지 않고 연구자가 해당 사상 텍스트의 수행성이 성립하는 그 맥락에 주목하는 순간, 그 연구자는 그 사상이 갖는 의미의 주된 자장이었던 해당 정치 공동체 속으로 이동하게 된다. 이러한 과정을 통해서 그 사상은 탈역사적 철학으로서 현현하기를 그치고, 엄밀한 의미에서의 지성사(intellectual history)가 된다.

제4절 한국 사상의 현대성

위의 논의가 타당하다면, 한국 사상 연구가 보다 엄밀한 의미에서 "한국"이라는 정치공동체의 각인이 새겨진 "한국" 사상 연구가 되기 위해서는 역사적 전회(historical turn)를 해야 함을 알 수 있다. 한국 사상의 내용을 본질론적으로 규정하거나, 철학 범주를 통해 재구성하는 일에 그치거나, 유교, 불교, 도교 사상의 발전사와 같은 초국적 범주의 맥락에 놓을 경우는, 그 나름의 차원에서 의미 있는 작업일 수는 있겠지만, 앞에서 거론한 이론적 의미에서의 한국 사상은 아니다.

이제 끝으로 필자는 한국 사상 연구가 요청하는 이 역사성에도 불구하고 혹은 바로 그 역사성 때문에, 한국 사상은 현대성을 가질 수 있다고 주장하고자 한다. 사카이 나오키는 일본 사상을 연구하는 연구자는 일본 사상을 자기의 문제로 말하느냐 남의 문제로 말하느냐 하는 발화자의 위치에 관련된 선택의 기로에 놓이게 된다고 말한 바 있다(사카이 나오키, 2005: 110-111). 실로 우리는 한국 사상의 경우에도, 한국 사상이라는 전통을 계승하는 내부자(insider)의 입장에서 접근하는 연구자와, 전통의 외부자(outsider)의 입장에서 접근하는 연구자를 대비해 볼 수 있다. 사카이 나오키에 의하면, 연속적인 위치에서 말하는 연구자(내부자)는 대상에 공감하면서 긍정적으로 접근하는 반면, 비연속적인 입장에 자기를 봉합하는 연구자(외부자)는 십중팔구 반감을 갖고 대상에 접근한다.

그러나 전술한 바에 의거하여 한국 사상의 전통을 이해하면, 그러한 이분법을 넘어서 제3의 가능성을 상상할 수 있다. 한국 사상이라는 것을 내용적 동일성이나 연속성의 차원에서 규정하지 않는다면, 우리는 특정 내용 자체에 대해 반드시 공감하거나 반감을 가질 이유가 없다. 우리가 과거에 존재했던 "한국" 사상에 대해서 평가를 내려야 한다면, 그것은 그 사상이 수행적 의미를 베풀었던 당대의 공동체와의 관련 속에서이다. 과연 그 사상은 당대의 어떤 문제에 대한 대응이었으며, 수행적인 차원에서 어떠한 의미를 이루어냈는가? 즉 해당 사상에 대한 평가는 이러한 역사적 맥락 속에서나 가능하므로, 그러한 맥락의 재구성이 이루어지지 않는 한 평가는 유보되어야 한다. 그리고 마침내 평가가 이루어질 때조차도 그것은 당대의 맥락에서의 평가일 뿐이다. 현대의 연구자는 그 역사적 맥락의 즉각적인 일부가 아니라는 점에서 일단 "외부자"이다. 외부자인만큼 연구 대상이 어떻게 평가되든 그에 대해 과도한 감정적 반응을 보일 필요는 없다.[13]

동시에, 그 당시 역사적 맥락으로부터의 외부자임에도 불구하고, 그 연구자는 "한국 사상"이라는 담론으로부터의 외부자는 아니다. 한국이라고 지칭되는 특정 정치공동체의 역사적 맥락 속에서 당시에 산출된 과거의 사상을 역사적으로 탐구하는 것과 마찬가지로, 자신의 연구 활동을 진공 속에서 이루어지는 일로 인식하기보다는 한국이라고 칭하여지는 특정 정치공동체의 의미 자장 속에서 연구를 생산되고 소비한다는 점에서 그는 "한국 사상"의 내부자이다. 해당 연구자들이 과거의 한국 사상이 내용이 오늘날의 한국에 무엇을 줄 수 있느냐고 묻거나, 그것이 시공을 떠나 얼마나 뛰어난 사상인지를 평가하기를 그치고, 자신이 속한 당대 사회와 자신의 연구가 맺는 관계에 대한 자의식을 심화하고, 가능한 수행적 의미의 범위를 고려하

---

13 그리고 한국 사상의 정체성을 "한국인"이라는 생물학적 차원에서 확보하는 일이 이론적으로 가능하지 않다면, 연구자의 국적이 연구 대상에 대한 태도를 좌우할 이유도 없다.

고, 일정한 사회화를 거침에 의해 비로소 그 연구자의 활동도 엄밀한 의미에서 현대 한국 사상의 일부가 된다.[14]

그리고 그러한 연구 활동을 통해 산출되는 "내용"이 과거 한국 사상의 내용과(심지어 급진적으로) 다르다고 할지라도 상관없다. 현재 공동체 구성원들이 자신이 속한 공동체의 집단 정체성과 그 전에 존재했던 정치 공동체(이를테면 선행하는 왕조)의 집단 정체성과 어떤 식으로 연속성을 상상해내는 한, 그 연구자는 그 연속성의 맥락에 있게 된다. 그와 같이 계승하는 공동체의 정체성을 매개로, 공동의 지평에 귀의한다는 사회적 사실 자체가 해당 연구자를 한국 사상의 내부자로 만드는 것이지, 그가 산출한 연구 결과의 내용이—그것이 과거 사상의 내용과 유사하다고 해서 혹은 과거 사상을 좋아한다고 해서—그를 내부자로 만드는 것은 아니다. 마찬가지 이유에서 어떤 이가 한국인이라는 국적을 가지고 있다고 해도, 그가 수행한 연구나 사상의 활동이 한국이라는 정치공동체의 맥락과 무관한 어떤 것이라면, 그것은 엄밀한 의미에서 한국 사상이라고 할 수 없다. 한국의 국적을 가진 학자에 의해 수행되었으나 한국이라는 정치공동체의 문제와는 무관한 수학 연구가 한국 수학이라는 이름으로 불릴 필요가 없는 것도 그러한 이유에서이다. 그것은 원칙적으로 초국적인 활동이다.[15]

이렇게 볼 때, 한국 사상이란 한국이라는 정치공동체의 문제에 반응하는 사상가-학자의 활동이 존재함에 이에 비로소 생성 유지되는 분야라고 할 수 있다. 이러한 한국 사상 연구자는 자신이 기존에 존재하는 한국 사상이라는 담론 속으로 뛰어든다는 점에서 구조 속의 행위자를 닮았지만, 그러한 행위 자체가 한국 사상의 담론을 형성하고 유지시킨다는 점에서 안소니 기든스(Anthony Giddens)가 말하는 구조와 행위자를 지양하는 구조화(structuration)와 유사한 상황 속에 있다(Giddens, 1984).[16]

---

14 유사한 맥락에서 김형찬은 한국철학의 정체성에 관한 "또 하나의 기준은 한반도라는 지역에 사는 다수의 사람이 당면한 문제를 해결하려는 노력을 얼마나 담고 있으며, 당면한 그 문제들을 해결하는 데 얼마나 유효한 직·간접적 기여를 했는가 하는 것이다"라고 말한 바 있다(김형찬, 2006: 198).

15 김재권은 한국사 속의 과거 철학 전통을 지칭하는 경우 말고는 한국철학이라는 표현을 사용할 수 없다고 말한다. 그의 주장에 따르면, 그것은 "민족적 문화적 역사적 한계"에 갇히는 일이 된다(김재권, 1986: 83-96). 이에 대한 정반대의 입장으로는 Rorty, Richard. 1998. *Achieving Our Country: leftist thought in twentieth-century America*. MA: Harvard University Press.

16 물론 그러한 계보적 연속성의 창출은 사상의 영역만 독립적으로 진행되는 것은 아니다. 해당 공동체가 그보다

한국 사상에 깃든 이와 같은 수행적인 차원은, 한국 사상 연구자들에게 결국 두 가지 요청을 하게 된다. 하나는 과거 한국 사상의 내용 분석에 그치지 않고, 그 사상의 수행성을 이해하기 위하여 해당 사상의 역사적 맥락을 재구성해야 한다는 것이다. 다른 하나는 자신의 한국 사상 연구에 깃든 수행성을 이해하기 위하여 자신이 처한 당대적 맥락을 재구성하고, 한 걸음 더 나아가 자신의 연구가 당대의 정치공동체에 하나의 실천적 발언이 될 가능성에 대해 자의식을 갖는 것이다. 후자는 곧 한국 사상의 연구가 곧 현대 한국 사상의 일부가 될 가능성을 이론적으로 열어놓는 일이다. 그 수행적인 차원에 대해 충분한 자의식을 갖기 위해서는 자신의 연구가 베풀어지는 사회적·언어적 맥락에 대한 이해가 불가피하다는 점에서, 한국 사상 연구자는 자신이 속한 당대 사회의 관련된 맥락에 대하여 예민한 비평가가 되어야 한다. 그리고 그 연구자가 참여하여 결과적으로 만들게 되는 한국사상사라는 서사는 한국이라는 정치공동체 각 측면의 궤적을 다루는 여러 가지 서사와 공존하고 길항하는 관계를 맺게 된다.

한국 사상 연구가 해당 정치공동체에서 소구력을 잃는다면, (그 사상이 해당 공동체와 소통을 이루는 과정이 훼손되지 않았다는 전제하에) 그것은 그 연구의 특정 내용 그 자체 때문에 소구력을 상실했다기보다는 그 사상이 한국 사상이기를 실패했기에—한국이라는 공동체가 향유하는 의미의 맥락에 충분히 민감하지 않았기 때문에—소구력을 잃었을 가능성이 크다. 마찬가지로 한국 사상 및 관련 연구가 해당 정치공동체에서 심오한 소구력을 획득하다면, 원칙적으로 말해서, 그것은 그 사상의 수행성이 한국이라는 정치공동체의 맥락과 맺는 긴밀한 적실성(relevance) 때문이다.

이렇게 보았을 때, 한국 사상의 현대성은 과거의 사상이 갖는 특정한 내용 그 자체에서 오지 않는다. 현대적 환경 문제에 대한 답으로 제출된 적이 없는 조선 성리학의 자연관에서 느닷없이 현대 한국의 환경 문제에 대한 해답을 찾아낸다고 해서 조선 성리학의 자연관이 현대적인 한국 사상으로 돌변하는 것은 아니다. 한국이라는 특정한 정치공동체 내의 문제와 의미의 생산 소비에 대해 관심 있는 청중들에게, 과거에 한국 사상이라고 지칭된 어떤 대상에 대해 사회적 계보성을 유지한 채

앞선 공동체의 후계임을 천명하고 정당화하는 제 방면의 일부로서 그 활동은 존재한다.

로, 자신들의 연구가 현대 한국의 문제에 반응성이 있음(responsive)을 보여주는 순간, 그 연구는 비로소 현대성 혹은 동시대성(contemporaneity)을 얻는다. 반복하자면, 한국 사상의 연구자는 과거의 사상이 당시에 어떤 수행적 의미를 가졌는지를 이해하는 동시에 자신이 사는 당대 사회에 대한 민감한 이해자와 비평자가 될 필요가 있다. 그리고 그 양자가 결합함에 의해, 해당 공동체에서 다양한 자원으로 기능할 수 있는 양질의 서사가 가능하게 된다. 그 서사 속에서 한국 사상은 곧 한국 정치사상과 동의어이다.

제5절 결론

하나의 학문 영역이 존재하는 이유와 원인은 다양하다. 국가 시책에 의해서 존재할 수도 있고, 화급한 정치적 이유에 의해서 존재할 수도 있고, 관련 이해 당사자들의 경제적 이유에 의해서 존재할 수도 있고, 사회의 폭넓은 규범적 필요에 부응하고자 하는 도덕적 이유에 의해서 존재할 수도 있고, 특정 집단의 재원 투자로 인해 존재할 수도 있고, 존재 이유를 망실했지만 관습적으로 존재할 수도 있다. 그리고 마찬가지 이유와 원인으로 해서 사라질 수도 있다.

연구자들은 보통의 경우 자신이 속한 학문 영역에서 시행되고 있는 현행 방식에 의거해서 연구 결과물을 산출하는 데 주력한다. 각별한 이유가 없는 한 그 해당 학문의 정체성을 새삼 재고하지는 않는다. 그러나 간혹 급격한 환경 변화에 의해서 정체성에 대한 질문이 제기되었을 때는, 정체성과 존재 이유에 대해 이론적 정당화가 요청된다. 이 글은, 탈역사적·탈사회적 한국 사상 연구에 대한 비판적 문제 의식 속에서, 소략한 방식으로나마 그러한 이론적 정당화의 일단을 제시하고자 한 것이다.[17] 한국 사상 연구의 역사성과 현대성의 필요가, 단지 규범적 호소로부터가 아니라, 재정의된 한국 사상의 정체성 자체로부터 이론적으로 도출되기를 필자는 희망한다. 그리고 (한국 사상이라는 범주를 유지, 재생산하고자 한다면) 역사성과 현대성의 요

17 김종명은 한국 철학계의 동향과 특성을 일별하면서, "철학자들이 제시한 추상적인 관념 체계와 이론을 그대로 답습하려고 할 뿐, 그런 사상이 나오게 된 배경을 설명하지 않는다"고 정리한 바 있다(김종명, 2010: 398; 406).

구를 충족시킬 수 있도록 한국 사상 연구와 교육 방향이 선회할 필요가 있다고 생각한다.

한국 사상 연구라는 국적성을 표방하고서 다루어진 대상을 사실 여러 가지 다른 방식으로 조직화할 수도 있다. 같은 자료나 대상이라고 하더라도 동아시아 혹은 동양이라는 보다 넓은 지역성 아래서 연구될 수도 있고,[18] 소위 유교-불교-도교와 같은 학파적 기준을 중심으로 재조직할 수도 있고, 철저히 사상가 개개인의 전기(傳記)적 차원에서 연구할 수도 있고, 국적성을 아예 탈각하고 주제별로 연구를 조직할 수도 있다. 이처럼 잠재적으로 경쟁적인 조직 방식이 있음에도 구태여 국적에 기초해서 해당 자료를 연구하고 가르쳐야 하는 이유는 무엇인가? 그동안 대체로 당연시되어온 방식에 대해 이와 같은 질문을 던지고 대답을 시도하는 과정에서 보다 나은 대안적 연구 방식이 구체화될 수 있기를 희망한다. 같은 대상을 향해서도 그 연구와 교육을 어떻게 조직화하느냐에 따라, 해당 지식이 재생산되는 방식도 다르고, 그 재생산을 위해서 배분되는 직업의 종류와 인원도 다르고, 그와 같은 재생산을 위해 동원되는 유무형의 자원의 양과 흐름도 달라지고, 그에 따라서 지식의 궁극적 소비자, 생산자, 수혜자, 피해자의 삶도 달라진다.[19] 따라서 한국 사상의 정체성과 그 이론적 기초를 묻는 일은 단지 관념상의 유희만은 아니다.

---

18 홍원식이 "한국철학 연구자들은 지역이 담도 쉽게 넘나들지 못하고 있다. 중국철학, 한국철학, 또는 일본철학이니 하면서 지역의 담을 쌓아 안주한 결과 그들에게서 동아시아적 지평에 선 연구를 기대하기 어려운 실정이다"라고 말했을 때, 그는 한국 사상을 보다 넓은 지역적 맥락 안에서 재조직할 것을 촉구하는 것으로 보인다(홍원식, 2007: 217).

19 이에 관련된 기초 자료는 김남두. 1999. "현대 한국철학의 연구와 제도." 『철학사상』 9권호, 169-465; 김남두. 2000. "현대 한국철학의 연구와 제도 (II)" 『철학사상』 10권호, 145-247.

참고문헌

- 고형곤. 1997. 『하늘과 땅과 인간』. 서울: 운주사.
- 김남두. 1999. "현대 한국철학의 연구와 제도." 『철학사상』 9권호, 169-465.
- 김남두. 2000. "현대 한국철학의 연구와 제도(II)." 『철학사상』 10권호, 145-247.
- 김영민. 2012. "철학의 역사의 의미의 역사: 이기론 연구방법론 재검토." 계명대 한국학연구원 편. 『근대전환기의 학문적 단절잇기』. 대구: 계명대학교출판부.
- 김종명. 2010. "한국철학계의 동향과 특성." 『철학사상』 38권호, 379-420.
- 김재권. 1986. "한국철학이란 가능한가?" 『한국에서 철학하는 자세들』. 서울: 집문당.
- 김형찬, 2006, "동아시아공동체와 한국철학의 정체성." 『오늘의 동양사상』 14권, 187-204.
- 사카이 나오키 저·후지이 다케시 역. 2005. 『번역과 주체』. 서울: 이산.
- 안호상. 1967. "배달민족의 고유한 종교와 철학에 대한 연구." 『건국학술지』 제8집, 69-91.
- 야기 다케시 저·박걸순 역. 2015. 『한국사의 계보-한국인의 민족의식과 영토인식은 어떻게 변해왔는가』. 서울: 소와당.
- 유인희. 1991. "한국철학의 형성과 지성사의 의미." 『철학과 현실』 10, 203-219.
- 이기동. 1993. "한국철학과 중국철학의 차이점은 무엇인가?" 『정신문화연구』 16권3호(통권52호), 23-39.
- 이병수. 2009. "문화적 민족주의와 현대 한국철학." 『통일인문학논총』 47, 95-115.
- 이병수. 2005. 『열암 박종홍의 철학사상』. 파주: 한국학술정보.
- 한형조. 1993. "한국철학, 그 학문적 성립은 가능한가." 『정신문화연구』 16권3호(통권52호), 3-21.
- 홍원식. 2007. "인문학의 위기와 한국철학의 새로운 길 찾기." 『한국학논집』 제35집, 119-136.

- Bevir, Mark(ed). 2010. *Interpretive Political Science.* California: SAGE.
- Bloch, Marc. 1928. *Pour une histoire comparée des sociétés européennes.* Paris: Revue de synthèse historique.
- Deuchler, Martina. 1992. *The Confucian transformation of Korea: a study of*

society and ideology. MA: Harvard University.

- Giddens, Anthony. 1984. *The Constitution of Society: Outline of the theory of structuration.* Berkeley: University of California Press.
- Hall, Stuart. 1997. "What is this black in black popular culture." In *Stuart Hall: Critical Dialogues in Cultural Studies*, edited by David Morley and Huan-Hsing Chen. London: Routledge, 468–478.
- Kim, Youngmin. 2013. "Toward a Theoretical Foundation for the History of Chinese Political Philosophy: Beyond Cultural Essentialism and Its Critique." Philosophy Today(summer issue): 204–212.
- Kim, Youngmin. 2018. *A History of Chinese Political Thought.* Cambridge: Polity.
- Patten, Allan. 2011. "Rethinking Culture: The Social Lineage Account." American Political Science Review 105(4): 735–749.
- Pocock, J. G. A.. 2009. *Political Thought and History: Essays on Theory and Method.* Cambridge: Cambridge University Press.
- Rorty, Richard. 1998. *Achieving Our Country: leftist thought in twentieth-century America.* MA: Harvard University Press.
- Skinner, Quentin. 2002. *Visions of Politics: Regarding Method(Volume 1).* Cambridage: Cambridge University Press.
- Tully, James(ed). 1988. *Meaning and Context: Quentin Skinner and his Critics.* Cambridge: Polity Press and Princeton University Press.
- 矢木毅(야기 다케시). 2012.『韓国・朝鮮史の系譜――民族意識・領域意識の変遷をたどる』. 東京: 塙書房.
- 和辻哲郎(와쓰지 데쓰로). 1962.『續日本精神史研究』和辻哲郎全集제4권. 東京: 岩波書店.

04
국가론

Understanding Politics

국가론

제1절 왜 국가 연구가 중요한가?

오늘날 지구의 모든 영역은 나라(countries) 혹은 국가(states)로 나누어져 있다. 나누어진 나라들 내에서 사람들은 중앙집중화된 권위를 중심으로 교육·문화·경제생활을 공유한다. 옆의 다른 나라에서는 또 다른 정치적 결정체의 권위를 중심으로 유사한 관계를 공유하고, 이들 국가들은 서로 경쟁하고 협력한다. 오늘날 국가는 모든 사람들의 생활 전반을 직간접적으로 규정하고 있다. 왜냐하면 국가는 각각의 나라를 다스리는 가장 큰 정치조직체로서 영토 내부의 다른 모든 개인과 조직들—예를 들면, 종교단체, 대학, 정당, 기업과 산업협회들 등—에 대해 공식적으로 우월적 지위(supremacy)를 가지기 때문이다. 즉 국가 내부의 개인이나 조직들은 국가가 정한 규칙에 따라 행동해야 한다.

이 장에서 다루고자 하는 국가는 단순한 지리적 영역을 의미하는 나라가 아니라 그 나라를 다스리는 최고의 정치조직체를 의미한다. 한국의 대통령과 중국의 주석은 흔히 국가라고 하는 정치조직체의 수장이며 정부는 국가 자체가 아니라 국가의 여러 기관들 중에 하나이다.

이 장에서는 우선 국가란 무엇인가를 알기 위해 국가와 정부, 그리고 국가와 민족 등 주요 개념들 간의 차이와 그들 간의 관계를 역사와 이론을 통해서 살펴볼 것이다. 국가는 다른 정치조직체들인 도시국가(city-states), 제국(empires), 봉건체제(feudalism) 등과 구별된다. 특히 오늘날의 근대국가는 이러한 유형의 정치조직체들과 경쟁하면서 지배적인 형태를 수립해왔다. 국가형성의 역사적 과정 속에서, 국가와 다른 정치조직체들과의 구별을 통해 국가의 정의에 보다 풍부하게 접근하고자 한다. 둘째, 이 장에서는 국가연구에 대한 문헌들의 역사적 전개 과정을 다룰 것이다. 고전연구들에서부터 제2차 세계대전 이후 3차에 걸친 국가연구의 물결들(three waves of thinking about the state)을 살펴볼 것이다. 그중 세 번째 물결은 바로 오늘날 우리가 목도하는, 세계화 그리고 새로운 과학정보기술의 발달로 인해 발생하는 근대국가에의 도전들과 이에 대한 국가연구들로 독립된 절(section)로 보다 구체적으로 살펴보고자 한다.

제2절 국가란 무엇인가?

1. 국가와 정부

국가에 대한 정의는 유사한 연관 개념들과의 비교를 통해 보다 잘 파악할 수 있다. 우선 국가와 가장 혼동되는 개념은 정부이다. 그러나 국가와 정부는 개념상 구별할 필요가 있다. 대한민국의 국가는 구성원인 국민과 영토, 주권을 기본구성요소로 형성(formed)되지만, 선택(selected)되지는 않는다. 반대로 이명박 정부나 문재인 정부와 같이 정부는 선택된다. 정부는 국가권력을 위임받아 실제 집행하는 공적 강제력의 조직이며(홍성방, 2007: 10; 전종익, 2014), 종종 국가의 가장 주요한 엔진이다. 왜냐하면 합법적으로 전쟁을 수행하고, 정의를 관장하고, 세금을 거둬들이고, 국가의 공식적 서비스를 제공하는 것이 바로 정부이기 때문이다. 또한 국가는 국민, 영토, 주권이 있는 한 변함없이 지속되지만 그동안에도 정부의 인력이나 정책 혹은 정부의 형태는 크게 변화할 수 있다(Levi, 2002: 41).

국가에 대한 정의는 학자마다 다소 다르지만, 학자들이 대체로 공유하는 베버(Max

Weber)의 국가 정의부터 출발하는 것이 국가를 이해하는 좋은 방법일 수 있다. 베버에 의하면, "강제적인 정치 조직은 그것을 담당하는 행정 요원들이 질서의 강제 집행에서 물리적 폭력의 정당한 사용을 독점하는 한 국가라고 부를 수 있다"(Weber, 1978 [1956]: 54)고 국가를 정의한다. 이러한 베버의 국가 정의는 국가의 몇 가지 주요한 측면들을 포착하고 있다.

ı 베버(Max Weber)

첫째, 국가는 영토적 독점권을 가진다. 국가는 일정한 영토에 대해서 배타적 소유권을 가지고 자체의 규칙을 체계적으로 적용한다. 만약 그 영토를 벗어나 규칙을 적용하려 한다면 원칙적으로 다른 국가를 침해하는 것으로서 이는 흔히 전쟁을 의미한다.

둘째, 국가의 권력은 폭력(violence)에 기반을 둔다. 비록 항상 직접적인 물리적 폭력에 의존하는 것은 아니지만 궁극적인 지배는 물리적 폭력에 기초한다.

셋째, 영토 내부의 폭력 사용에 대한 독점권은 정당성을 가진다. 영토 내부에 다른 행위자들—예컨대, 강도 등—도 폭력을 사용하지만 정당하다고 할 수 없으며 이를 통제할 정당한 권한은 국가에게만 있다. 국가는 경찰과 군대를 통해서 범인을 검거하고 범죄자들을 처벌하며 폭동을 진압하고 외적으로는 다른 나라와 전쟁을 수행한다. 일반적으로 국가에 의해 인정되지 않는 어떤 폭력도 비합법으로 간주된다(Parsons, 2017: 94).

이러한 국가에 대한 정의는 흔히 국가 주권(sovereignty)의 원칙으로 언급된다. 주권의 원칙에 따라 국가들은 지구의 모든 영토를 나누고, 각 국가는 자신의 영토 내부에서 최고결정권(supremacy)을 가진다. 그리고 외적으로 국가들은 다른 국가들의 주권을 인정하고, 서로의 영토를 침범하지 않기로 동의한다고 가정한다.

베버의 정의는 국가의 강제성, 물리적 폭력에의 의존, 행정 관료의 존재, 영토 내 폭력의 독점과 절대적 우위권 등을 잘 포착하고 있다. 이런 점에서 베버의 국가 정의는 근대영토국가를 과거 다른 국가유사체들—도시국가, 제국, 봉건지배체제 등—과 분명하게 구별지어준다. 그러나 베버의 국가 정의는 그 유용성과 함께 한계도 존재한다. 우선 최근의 많은 경험 연구들은 국가의 물리적 폭력 사용이 과연 정당한지에 대해서 많은 의문을 제기하고 있다(Levi, 2002: 40). 무엇보다 근대 국가를 이해하는 데 있어서 베버의 정의가 가지는 가장 큰 약점은, 베버의 정의에는 정체성의 측면이 부재하다는 것이다. 근대 국가의 가장 큰 특징은 시민들과 지배자들이 부여하는 정체성(identity)이다. 근대 국가에서는 특정 정부에 반대하는 시민들도 국가 자체에 대해서는 충성심을 가지고 있다. 실제로 근대국민국가를 제국(empires)과 구별하는 가장 큰 요소는 주체들의 통합된 정체성이다(Migdal, 1988). 대표적으로 애국심과 민족주의가 그런 정체성이 취하는 형태들이다. 오늘날 "국가의 부재"(statelessness)라는 것은 영토나 정부가 없는 경우도 해당되지만, 인민들이 어떤 주어진 국가에 전혀 일체감을 가지지 못하는 경우도 포함한다. 국가의 정체성은 바로 민족과 국가의 관계를 어떻게 이해하는가의 문제이기도 하다.

2. 국가(state), 민족(nation), 그리고 국민국가(nation-states)

흔히 사람들은 "민족"(nation)과 "국가"(state)를 혼동하거나 이를 단순히 "나라"(country)를 지칭하기 위해 쓰기도 한다. 왜냐하면 오늘날 대부분의 국가는 국민국가(nation-state)의 체계로 이루어져 있기 때문이다. 그러나 민족과 국가는 서로 다른 개념이다. 근대 초기에 국가들은 그 영토 내부의 보통 주민들(inhabitants)과 거의 관련이 없는 안전보장의 조직(security organizations)이었다. 예를 들면, 프랑스 지역의 주민들은 프랑스 국가를 다스리는 귀족들과 자신을 동일한 부류라고 일치시켜 생각하지도 않았고, 그럴 이유도 없었다. 1800년경만 하더라도 지금의 프랑스 지역에 사는 사람들의 단지 절반만이 프랑스어를 사용했다(Parsons, 2017: 98). 이와 달리 오늘날 프랑스 국가는 통일된 언어, 문화 그리고 프랑스 정체성을 가지는 것으로 유명하다. 일단의 거주민들이 하나의 민족(a nation)이 되는 것은 그 사람들이 특정한 정치적 정체성을 공유하고, 자신들이 스스로 독립해서 자치할 수 있는 하나의 단위라고 생각할 때이다(Barrington, 1997: 712-716). 국가는 민족과 다르고, 각각은 독자적 형성과 상호 결합의 과정을 거쳐 오늘날의 국민국가로 탄생한다. 그러므로 우선 국가의 형성을 살핀 후, 국가와 민족의 결합을 살펴보자.

(1) 국가의 형성

오늘날의 국가는 기본적으로 영토에 기초한 거주민들의 집합체를 전제로 한다는 점에서 고대부터 내려오는 친족(kin), 부족집단(tribal affiliation) 혹은 종교집단과 다르다. 특히 국가는 다른 유사 정치조직체들—예를 들면, 제국(empires), 도시국가(city-states), 도시국가연합, 그리고 종교조직들과 봉건조직체들—과 구별되며, 이들과 경쟁하면서 수립되었다(Tilly, 1990; Spruyt, 1994). 오늘날 국가는 어떻게 수립되었는가? 국가는 다른 정치조직체들과는 어떻게 다른가?

고대에서부터 17세기경까지, 가장 거대하고 가장 널리 퍼져있던 정치조직의 형태는 제국(empire)이었다. 제국은 사실 국가와 유사하다. 제국은 소위 황제(emperor)나 왕(king)이라 불리는 중앙권력에 의해 지배되는 영토이다. 그러나 제국은 명확히 구별되는 고정된 영토를 가지지 않았고 각각의 영토에 대해 체계적인 규칙들도 가지고 있지 않았다. 대신 제국들은 그들이 직접 지배하는 중앙영토(a central territory)와 간접적 지배를 하는 먼 변방들로 나누어져 있었다. 그중 먼 변방의 지역들에 사는 사람들은 제국 중앙으로부터 분리된 사람들로 간주되었다. 변방은 중앙과 달리 제국에서 파견된 관리들(imperial personnel)과 지방 지도자들로 구성된 복잡하고 다양한 지배체제를 가지고 있었다. 예를 들면 로마제국(Roman Empire), 중국제국(Chinese Empire), 페르시아제국(Persian Empire)에서 제국의 중심부는 변방지역의 특별한 정부를 인정하고, 이들과 지속적으로 어떻게 통치할지를 두고 협상을 하였다. 이것은 20세기까지 다양한 식민지 지배체제들에서도 나타난다(Spruyt, 1994: 51-55).

근대국가와 경쟁할 또 다른 정치조직으로는 종교조직이 있다. 중세에 종교조직들과 제국은 서로 경쟁했다. 로마 카톨릭의 교황은 모든 기독교인들에 대해 정신적 권위를 주장하였다. 교황에 맞서는 정치지배자들은 교회로부터 추방되거나 그들의 지배 자체가 위기에 처하게 될 수도 있었다. 이는 이슬람 세계에서도 유사했다. 따라서 세속적 지배자들은 종교 권위체들과 상호 관계에 대해 협상해야 했다. 그러나 종교조직들은 어떤 영토에 대해 명확한 관계를 가지지는 않았다. 그들은 신도가 있는 곳이면 어디든지 정신적 권위를 행사하였던 것이다(Parsons, 2017: 95; Spruyt, 1994: 42-51).

중세 유럽의 또 다른 주요 정치조직체로는 봉건조직(feudal organization)이 있다. 중세 장원제(manorial relations)는 어떤 의미에서는 국가와 유사하다. 특정 지역에 거주하는 주민은 영주의 관할권에 복종해야 하기 때문이다. 그러나 좀 더 넓은 시각에서 보면, 그 영지를 관할하는 영주는 영토 내의 공식적 관계가 아니라 특별한 개인적 관계(specific personal relations)에 종속된다. 봉건주의는 사회 거의 모든 층위의 사람들을—가족 간에 뿐만 아니라 일단의 그룹들 간에—"충성서약(fealty)"의 위계적 관계로 조직하였다. 흔히 봉지(封地 fief)라고 불리는 영토는 왕이나 황제라고 불리는 지배자(overlord)에 의해 하위 가신들(vassals)에게 주어졌다. 하위 가신들은 봉지를 받는 대가로 상위 지배자에게 필요시 군대와 무기를 보내는 특별한 서비스를 제공한다. 유사한 개인적 관계는 영주와 거주민에게도 적용된다. 다만 봉건조직에는 오늘날의 국가와 달리 주권, 즉 권위와 관할권의 최상권이 부재하다. 개인적 관계에서 충성서약으로써 가신관계를 맺은 상대방에게 봉사와 복종의 의무가 주어진다. 그러나 가신은 여러 영주들에게서 토지를 받을 수 있기 때문에 여러 영주가 동시에 복종을 요구할 수 있다. 다시 말해, 한 사람이 동시에 독일 황제, 프랑스 왕, 그리고 많은 다른 백작들의 가신이 될 수 있다. 이런 의미에서 봉건조직은 권위의 체계가 중첩되어 있는 것이며, 영토도 명확하지 않았던 것이다(Spruyt, 1994: 38-42; Anderson, 1974: 147-172; Critchley, 1978).

한편 도시국가(city-states)도 주요한 정치조직체라고 할 수 있다. 1000년경부터 생산과 교통의 발달로 상업이 발전하게 되었고 이와 더불어 보다 부유한 도시들이 등장하게 되었다. 흔히 도시국가라 불리는 새로운 권력의 중심이 생기게 된 것이다. 특히 이탈리아의 베니스(Venice)와 제노바(Genoa) 같은 부유한 도시들은 자치권을 행사하고 용병을 고용하였다. 또한 몇몇 지역에서는 도시국가들이 연합을 형성하였는데, 대표적인 것이 북유럽의 한자동맹(the Hanseatic League)이다. 14세기 후반 경에 한자동맹은 약 100여 도시들의 연합으로 발전하였고 거대한 군대를 육성하여 그 힘도 막강하였다. 이러한 도시연합은 먼 거리의 상업적 네트워크로 맺어진 느슨한 위계관계와 상업적 영향력에 의해 부침했다. 근대 국가는 영토의 경계를 명확히 하고 강제력에 기초하여 그 내부를 체계적으로 지배하려고 한 반면, 도시국가들은 주위 영지들(lands)과의 느슨한 무역, 그리고 자본의 힘에 기초하여 비체계적인 영향력의 관계를 이루었던 것이다(Parsons, 2017: 96; Tilly, 1990: 41-54).

1500년경의 중세유럽은 전형적으로 권위가 중첩되어 있는 복잡한 구조를 보여준다. 봉건 지배자들의 복잡한 봉건 연계(ties)에 기초해 지배 영토가 축소되거나 확장되었고, 교회는 거의 모든 차원의 권위체들에 개입하였다. 그리고 도시국가들과 무역연합들은 자신들의 자치권을 주장하였다. 그러나 이후 약 200년을 거치면서 유럽은 국민국가로 정리되어 갔다. 종교개혁, 무역, 전쟁의 변화를 거치면서 서서히 명확한 영토에 기반을 두고 최고 권위를 주장하는 근대국가가 탄생한 것이다.

근대 국가 탄생 원인을 설명하는 데는 학자들마다 강조점이 다르지만 대체로 종교개혁, 전쟁, 그리고 자본주의의 발전 등을 들기도 한다. 1517년 프로테스탄트 종교개혁은 유럽에서 카톨릭 교황의 패권을 무너트리면서 단순히 프로테스탄트 지도자들뿐 아니라 세속적인 왕들도 교회의 권위로부터 독립할 기회를 부여하였다(Spruyt, 1994: 69-73). 그리고 종교전쟁을 위시한 수많은 전쟁과 전쟁기술의 발전은 거대한 훈련된 부대를 등장시켰는데, 이는 주요 군주들이 영토를 통합하는 데 도움을 줌으로써 근대국가의 창출에 기여했다. 프랑스와 영국 왕들이 주위의 작은 영토들을 합병하면서 거대한 영토의 지배를 공고화한 첫 번째 지배자가 되었다. 그래서 찰스 틸리(Charles Tilly)는 "전쟁이 국가를 만들고, 국가는 전쟁을 만든다"는 유명한 말로 이 상황을 요약했던 것이다(Tilly, 1975: 42; Tilly, 1990: 67-95). 그리고 자본주의 발전도 근대국가 발전에 큰 몫을 했다. 프랑스와 영국의 왕들이 막강한 군주가 될 수 있었던 이유는 성장하는 신흥 상인계급들과 연합하는 데 성공했기 때문이다. 왕들은 전쟁 수행을 위한 세금 징수의 대가로 상인계급에게는 거대 경제권의 안정과 보호를 제공하고 때론 자신의 영토 내에서 특정 상품에 대한 독점권을 부여하였다. 중앙정부의 강화로 왕들은 점점 봉건지역들에 대해 직접 통치체제를 수립하였다(Tilly, 1990: 96-117; Spruyt, 1994: 77-108).

이러한 근대국가 형성과정은 1600년대 중반 이후 국가체계의 공식적 수립으로 절정에 이르렀다. 1648년 베스트팔렌조약(The Treaty of Westphalia)을 통해 장기간의 종교전쟁을 끝내고, 유럽 지도자들이 자신과 자기 인민들의 종교를 스스로 선택할 권리를 상호 인정하기로 합의한 것이다. 보다 일반적으로 말하면 이 조약은 각각의 영토 내에서 세속적이든 종교적이든 모든 문제들에 대해 국가지배자가 독립주권을 가진다는 원칙을 수립한 것이다. 즉 내적으로 최고의 권위를 인정하였다. 또한 베스트팔렌조약 이후 서로의 주권을 인정하고, 물리적인 힘이 있더라도 서로의 영토를 침범하지 않겠다고 약속함으로써 근대적 의미의 국가체계가 수립된 것이다. 이처럼 영토에 기초한 주권국가와 국가체계의 수립은 오늘날까지 국가의 핵심적인 요소로 남아있다(Parsons, 2017: 97; Tilly, 1990: 165-170).

(2) 국가와 민족의 융합: 국민국가의 탄생

민족주의(nationalism)는 대체로 국가의 수립에 관심을 가진다. 왜냐하면 민족주의는 보통 인종적 경계와 정치적 국가의 영토가 일치하기를 원하는 정치 운동이기 때문이다(Gellner, 1983; Hobsbawm, 1992). 그러나 민족주의가 반드시 국가를 원하는 것은 아니다. 민족의 정체성은 시간에 따라 변하며, 때에 따라서는 독립된 국가의 형태를 원하기도 하고 또는 원하지 않기도 한다.

예를 들면 스코틀랜드(Scotland) 사람들의 정체성은 다양한 형태를 띠면서 변해왔다. 스코틀랜드는 1707년 잉글랜드(England)와 헌법적으로 통합했으나 여전히 독자적 정체성을 가지고 있었다. 스코틀랜드 지역의 정체성은 처음 북부 브리튼(North Britain)에서 칼레도니아(Caledonia)로, 그리고 칼레도니아에서 다시 대브리튼(Greater Britain), 그런 다음에 다시 스코틀랜드로 돌아왔다(Lynch, 1992). 스코틀랜드 사람들이 보다 배타적인 스코틀랜드 정체성을 위한 정치적 요구를 시작한 것은 바로 19세기가 되어서였으며, 그들은 20세기가 훨씬 지날 때까지 주권 국가를 요구하는 민족주의 형태를 취하지는 않았다. 그러나 최근 브리튼연방(Great Britain)이 스코틀랜드에게 더 많은 자율권을 주었음에도 불구하고 여전히 스코틀랜드 민족주의의 독립 요구는 계속되고 있다(Kahler, 2003: 70).

역사적으로 국가와 민족은 다소 독자적으로 발전해오다가 근대에 와서 결합되었다고 할 수 있다. 따라서 둘 간의 조합을 고려해보면, 우선 현재 우리가 흔히 볼 수 있듯 민족이 정치적 영토국가를 만드는 데 성공하거나 혹은 실패하는 경우가 있다. 반대로 특정 국가가 통합된 민족정체성을 형성하는 데 성공할 수도 있고 실패할 수도 있다.

국가와 민족이 결합하는 방식을 역사적 사례에서 조금 더 살펴보자.

우선 프랑스나 영국처럼 국가가 먼저 생긴 다음에 민족을 형성하는 사례이다. 프랑스와 영국을 위시한 몇몇 사례에서는 국가가 거주민의 충성을 조장하고, 저항을 진압하고, 보다 쉽게 군대를 만들고, 세금을 징수하고, 영토를 다스릴 목적으로 민족을 발전시켰다. 국가는 다른 언어들과 하위문화들을 축출하고, 사람들이 동의하는 민족의 상징과 전설을 창출한다. 예를 들면, 19세기와 20세기 공립학교들은 국어를 확립하고, 문화 및 정체성을 창출하는 기본적인 수단이 되었다. 이로써 국가는 하나의 국민국가가 되었다. 또한 구성원들이 민족을 위해 봉사하고 희생하는 데 자부심을 가짐으로써 국가는 보다 강력한 힘과 사회를 형성할 능력을 가지게 되었다(Parsons, 2017: 98; Tilly, 1990: 115-117, 122-123).

두 번째로는 민족이 먼저 결합하고 그 다음에 국가가 수립되는 경우이다. 독일, 일본이 대표적 사례라고 할 수 있다. 일단의 사람들이 자신들 스스로를 현재 지배하고 있는 국가와는 다른 독립된 집단이라고 간주하는 경우 그들은 일반적으로 자신들의 민족국가를 요구한다. 예를 들면, 오늘날 독일 지역은 19세기 초만 하더라도 여러 조그만 봉건영주국들로 나누어져 있었다. 그러나 인쇄술의 발전과 문자보급, 그리고 상업과 종교의 확산을 배경으로 이 지역의 게르만인들은 동일한 언어를 사용하게 되었다. 그 사이 강력한 프랑스 국가의 침공, 특히 1800년대 초기 나폴레옹 황제의 침공은 의도치 않게 이 지역 게르만족들로 하여금 프랑스와 같이 자신들도 하나의 민족이라고 생각하도록 만들게 되었다. 민족주의적 노래, 시 그리고 문학들이 꽃피기 시작했다. 조각조각난 작은 공국들을 하나의 국가로 만드는 데 결정적인 역할을 하였던 인물은 비스마르크(Otto von Bismarck, 1815-1898)였다. 대부분의 게르만들은 통일 독일을 환영했다. 유사한 상황이 유사한 시기에 이탈리아에서도 발생했다. 일본의 경우에도 민족이 먼저 생성되었고 국가가 그 뒤를 따랐다. 1800년대 후반 미국과 유럽 국가들에 의한 군사적 압력이 있기 수백 년 전부터 일본은 이미 공유된 정체성과 문화를 가지고 있었다. 이후 일본의 근대 지도자들은 서양의 정치 조직적 혁신을 모방해야 한다고 생각하고 근대 국민국가를 건설하기 시작했다(Greenfeld, 2001: 154-221, 228-360).

세 번째로는 민족의 정체성과 별개로 국가가 외부에서 부과되는 경우이다. 제2차 세계대전 이후 수립된 대부분의 신생독립국들이 대표적이다. 유럽 이외의 지역에서 근대주권국가 모델이 확산되는 주요한 메커니즘은 식민주의(colonialism)이다. 18세기와 19세기 유럽 국가들이 식민지를 건설할 때, 그들은 식민지역의 언어, 종교, 문화의 경계들을 무시한 채 자신들의 행정적 편의에 따라 식민지의 경계선을 만들었다. 식민지 경계들은 남아메리카, 아프리카, 중동 그리고 많은 아시아 지역에서 서로 다른 인종적 그룹들을 한 영토 내로 묶거나 혹은 동일한 인종적, 문화적 집단의 사람들을 서로 분리시켜 놓기도 했다. 결국 식민 지배는, 프랑스 지배에 대한 독일의 반발과 마찬가지로 이 지역들에서 민족주의를 촉발시켰다. 그럼에도 불구하고 제2차 세계대전 이후 탈식민화(decolonization) 과정을 거쳐 새로 탄생한 많은 신생독립국들은 대부분 과거 식민지 시대의 국경을 그대로 계승했다. 식민지 이전의 정치적 단위나 지역적 정체성을 포기하고 식민지시대에 물려받은 경계를 그대로 받아들인 것이다. 이유는 다양하지만 오늘날 대다수 아프리카 신생국에서 볼 수 있듯 신생독립국의 대부분은 국민국가 건설에 실패했다(Herbst, 2000; Badie, 2000). 예를 들면, 이라크와 아프가니스탄 등에서 보듯이 영토 내의 다양한 인종과 종교 집단들의 갈등으로 인해 통일된 민족정체성을 수립하는 데 실패함으로써 끝없는 내전에 휘말리고 있다(Parsons, 2017: 100-101).

중앙정부가 전 영토 내부를 통제할 수 없어서 다양한 집단들 간의 내전과 분쟁이 지속되는 혼란 상황을 흔히 "실패한 국가"(Failed State)라고 한다. 실패한 국가에는 효과적인 중앙 권위가 부재하다. 근대국가는 기본적으로 영토 내부의 시민들로부터 일정 정도의 충성을 기초로 한다. 즉 시민들 간에 분쟁을 조정할 중앙 권력을 인정하고, 중앙 정부에 군대와 경찰을 유지하기 위한 재원을 제공하는 것을 전제로 하는데, 실패한 국가는 이러한 근대국가의 기본 조건이 부재한 경우를 의미한다.

제3절 정치학에서 국가연구

국가에 대한 문제는 대체로 국가가 무엇인지, 무엇을 해야 하는지, 그리고 무엇을 할 수 있는지와 관련된다. 여기서는 먼저 국가에 대한 고전연구(classics)에서 시작하여 제2차 세계대전 이후 정치학에서 국가와 관련된 연구의 흐름을 주로 살펴보고자 한다.

1. 국가에 대한 고전연구

국가에 대한 연구는 고대 플라톤의 국가(*The Republic*)에서부터 시작되어 오늘에 이르기까지 정치학 문헌에서 이루 헤아릴 수 없을 정도로 많이 찾아볼 수 있다. 그러나 이 절에서는 오늘날 근대국가의 분석에 직접적인 시각을 제공하고 있는 고전에 대해서만 간략히 개괄하고자 한다.

보댕(Jean Bodin)이나 홉스(Thomas Hobbes)에서부터 근대 서양정치이론에서 국가 개념은 정치학의 핵심개념으로 자리잡아왔다. 칼 맑스(Karl Marx)와 막스 베버(Max Weber)의 국가 개념은 오늘날 비교정치와 사회학에서 국가 분석의 토대를 제공하고 있다. 근대 초기의 국가 이론가들은 "어떻게 갈등을 해결하고 평화로운 사회질서를 수립할 것인가" 하는 문제에 관심을 기울였다. 대표적인 이론가들로는 홉스, 로크(John Locke), 루소(Jean-Jacques Rousseau) 등이 있다. 이들은 사회질서를 어떻게 수립할 수 있는가를 보여주기 위해 "자연상태"(the state of nature)를 전제로 하여 자신들의 이론을 전개한다.

홉스(Hobbes, 1994 [1668])의 자연상태는 자신의 안전을 누구도 보장해주지 못하는, 그래서 서로를 불신하는 상태로 "만인에 대한 만인의 투쟁"(all against all)의 상태라고 할 수 있다. 이러한 자연상태는 오늘날 "죄수의 딜레마"(Prinsoners' dilemma) 혹은 국제정치의 "안보 딜레마"(Security dilemma) 상황과 유사하게 모두가 안전하고 평화롭고자 하나 자신이 평화를 택하였을 때 상대가 공격해올 두려움 때문에 지속적으로 전쟁 준비를 해야 하는 상태이다. 비록 서로 간에 합의와 계약을 통해 모두가 원하는 평화를 정착시키고자 하지만 이를 보장할 장치가 부재하기 때문에 오직 자신의 힘만으로 자신의 안전을 지키려 하고 이는 다시 상대로 하여금 전쟁 준비를 부추기는 악순환으로 빠지게 되는 것이다. 결국 모두가 원하는 평화를 위해서는 합의 혹은 상호계약의 준수를 보장할 제3의 권력으로서 국가 혹은 리바이어던이 필요하게 된다. 홉스의 리바이어던은 절대권력으로서 시민들은 이에 저항할 수 없다. 왜냐하면 리바이어던에 대한 반대는 곧장 "만인에 대한 만인의 투쟁"상태인 자연상태로 돌아간다고 홉스는 전제하기 때문이다. 홉스의 자연상태와 리바이어던은 국가의 부재라는 가상적 상황과 국가의 존재 상황을 대비시킴으로써, 자유로운 개인들로 구성된 사회에서 봉착하는 집단행동의 문제 혹은 갈등의 해결을 위해서는 최종 판결과 집행자로 국가가 반드시 필요함을 보여준다.

ㅣ리바이어던

로크와 루소는 홉스의 리바이어던이 지나치게 권위적이기 때문에 일반 시민들에게 오히려 위협적일 수 있다—예를 들어, '여우를 피하려다 사자를 만난 격'—는 점을 고려하여 새로운 해결책을 모색하려고 시도했다. 로크와 루소는 리바이어던이 자의적이거나 오류를 범할 가능성으로부터 이를 제어할 수 있는 또 다른 준거를 찾았던 것이다. 로크(Locke, 1960)에게 정부는 철저하게 개인들의 자발적 동의에 의한 것이며 정부의 존재이유는 신의 의지와 법에 준거하여 존재하는 개인의 자유와 권리를 보장하는 것이다. 로크는 이에 기초하여 리바이어던의 자의적 행동을 제한하고자 하였다. 정부를 구성하는 두 번째 사회계약 이전에 이미 사회에 존재하는 사람들 사이의 암묵적 계약 혹은 규범을 제약의 준거로 한다. 따라서 로크는 홉스의 리바이어던과 같은 국가 지도자가 자의적인 폭력을 행사할 때에 대비한 저항권을 두고 있다.

루소(Rousseau, 1994)에게 국가의 자의성을 제약할 수 있는 준거는 공공선 혹은 일반의지(general will)이다. 루소에 따르면 일반의지는 심지어 타락한 사람이라도 가슴으로써 쉽게 알 수 있는 것이다. 그러나 문제는 개인들이 사적 이익을 앞세워 그것을 잘 실행하지 않는다는 것이다. 그래서 루소에 의하면, 일반의지는 모든 개인들의 총합의 의지이지만 사람들이 사적 이익의 관점에 설 경우는 의지의 총합이라도 일반의지가 될 수 없다고 한다. 예를 들어 오늘날 부동산 투기에 대해 모든 사람들은 부동산 투기가 없는 사회가 자신의 선호라고 말하지만 사적 이익의 관점에서 각 개인은 투기에 참여하고 결국 사회 전체가 투기사회가 되는 경우, 일반의지는 결국 모든 개인들의 사적 이익의 총합이 아니다. 일반의지는 공적인 일에 대한 "올바른" 인민들의 의지이다. 결국 루소에게 있어 홉스의 리바이어던과 다른 해결책으로서의 사회계약은 서로를 믿고 의지하는, 따라서 국가 전체를 사랑하는 인민의 탄생을 전제로 한다. 오늘날로 치면 올바른 애국심 혹은 민족애와 같은 확장된 자아(expanded self)—예컨대 월드컵 경기에서 나와 한국 팀을 자신과 동일시하여 리바이어던이 없이도 함께 함께 협력하고 응원하는 것—를 전제로 한다. 이것은 오늘날 사회과학에서도 국가와 같은 제3의 강제적 힘이나 혹은 홉스식의 리바이어던 없이도 사회에서 자발적으로 협력하는 방안을 찾는 데 도움을 준다.

한편 사회계약론자들의 자연상태 개념은 사실 비현실적이고 가설적인 상황이다. 그러나 19세기 이후 인류학자들은 '국가부재의 사회'(stateless society) 혹은 '지도자 부재의 사회'(acephalous society)에 대해 경험적으로 연구하기도 하였다. 비록 초기 사회계약론자들의 자연상태 개념이 가설적, 이론적 도구라는 사실을 무시한 채 경험적 현실과 대비하는 것은 다소 부당하지만, 인류학자들이 수행한 경험적 연구는 국가가 부재한 상태에서도 어떻게 협력과 공공재를 생산할 수 있는지를 보여준다. 이것은 오늘날 집단행동의 문제에 대해 국가의 직접적인 영향이 없는 상태에서도 협력의 방법을 찾으려는 사회과학자들(예, Taylor, 1987; Ostrom, 1990; Putnam, 1993)에게 많은 시사점을 주고 있다.

오늘날 신자유주의자들이 신봉하는 고전 경제학자들(the classical economists) 혹은 고전적 자유주의자들, 예를 들면 아담 스미스(Adam Smith), 데이비드 리카르도(David Ricardo), 그리고 자유주의 정치철학자로서는 흄(David Hume), 벤담(Jeremy Bentham) 그리고 존 스튜어트 밀(John Stuart Mill) 등은 국가의 역할을 최소로 상정하고 있다. 그들에 의하면 국가의 역할은 자유로운 계약을 보장하고, 개인들이 제공하기 어려운 공적 서비스를 제공하는 일에 제한된다. 먼저 고전 경제학자들은 주요 목표로서 자유로운 교환과 계약관계를 가로막는 국가의 규제 및 독점을 없애는 데 초점을 두고 있다. 그리고 자유주의 정치이론가들은 개인의 자유를 신장하는 동시에 국가의 개입에 의해 개인의 자유가 침해되는 것을 막는 데 주안점을 두고 있다.

ㅣ아담 스미스(Adam Smith)

ㅣ데이비드 리카르도(David Ricardo)

고전적 자유주의와 반대로 좌파나 진보적 사회민주주의자들의 경우는 국가의 적극적 역할을 강조한다. 자유주의에 대한 가장 대표적인 비판가는 칼 맑스와 프리드리히 엥겔스이다. 맑스와 엥겔스는 국가의 역할을 경제성장과 인간 조건의 향상에 두었다. 불황, 불평등, 제국주의, 혁명과 이후 사회건설 등의 이론들에서 보이듯, 맑스의 입장은 국가를 통한 적극적 개입과 해결을 추구하는 것이다. 레닌과 그 이후 맑스주의자들도 혁명 이후 사회주의 건설을 위해 국가의 적극적 역할을 강조한다. 케인즈주의나 사회민주주의 정부, 그리고 미국 뉴딜정부의 정치와 경제도 개인들의 삶을 향상시키기 위해 실질적인 사회의 조건을 개조하는 데 국가의 적극적인 개입을 강조한다. 물론 하이에크와 같이 자유주의적 시각에서 보면, 불평등이나 저성장 등 여러 사회적 문제들에 대한 국가의 적극적 개입과 해결책의 제시는 다양한 개인들의 관점과 이익을 무시하고 국가 지도자들이 일방적으로 규정한 공동선(common goods)을 추구하는 것이기 때문에 독재로 흐를 수 있다고 비판될 수 있다(Hayek, 1976 [1944]).

| 흄(David Hume)

이러한 자유주의와 진보적 사회민주주의적 시각은 국가의 역할을 두고 오늘날에도 여전히 대립적인 주장들의 기본 관점을 제공하고 있다.

2. 현대 국가론 연구의 흐름

제2차 세계대전 이후 정치학에서 국가에 대한 연구의 흐름은 크게 세 시기(three waves of thinking about the state)로 나눌 수 있다(Levy, et al., 2015). 첫 번째는 제2차 세계대전 이후 1970년대 이전까지 전후 사회과학의 전성기라고 할 수 있는 시기이다. 이때 다양한 거대 이론들—다원주의, 맑스주의, 근대화이론, 행태주의이론—이 제기되었으나 이들은 국가분석을 다소 경시하는 양태를 보여주었다.

국가를 둘러싼 논쟁의 두 번째 시기는 대체로 1970년대와 1980년대 "Bringing the State Back In"으로 대표되는 역사제도주의자들이 주도한 시기였다. 역사적 제도주의자들은 정치적, 경제적 도전들에 대해 국가별로 상이한 대응을 한 이유를 국가의 상이한 구조와 능력들로 설명하고자 하였다. 같은 시기 영미권에서는 주로 합리적 선택이론에 기초하여, 역사적 제도주의에 기초한 국가주의적 설명을 비판하였다.

국가론 연구의 세 번째 시기는 국제정치경제의 변화, 특히 세계화와 IT혁명으로 대표되는 새로운 기술의 발전을 배경으로 국가가 더 이상 힘 있는 조직이 아니며 정치(학)에서 유의미한 단위가 되지도 못한다는 믿음이 확산된 시기이다. 신자유주의자들과 국제관계 학자들이 공격적으로 국가쇠퇴론을 주장한 반면, 역사적 제도주의는 수세적인 양태를 보여주고 있다. 이 절에서는 우선 앞의 두 시기를 살펴보고, 마지막 최근의 세계화와 국가의 위기, 그리고 이와 관련된 이론적 논쟁은 절을 바꾸어 설명하기로 한다.

(1) 국가 연구의 첫 번째 물결(First Wave)

전후 정치학, 특히 미국 정치학에서는 역설적이게도 가장 중요한 단위인 국가를 주변화해 왔다. 전후 수십 년간 정치학자들과 사회과학자들은 정치적 과정의 결과를 설명하는 데 있어서 국가를 수동적 역할에 국한시켜 왔다. 마르크스주의뿐만 아니라 다원주의 이론들은 국가를 단순히 사회세력들의 권력관계를 반영하는 것으로 간주하였다. 마르크스가 공산당 선언에서 "근대국가는 부르주아 계급의 공동 사무를 관장하는 위원회에 불과하다"(Marx and Engels, 2008 [1848]: 5)고 언급한 이래 줄곧 정통 맑스주의자들에게 국가는 "부르주아 계급의 행정위원회" 혹은 경제적 지배계급의 도구에 불과했다. 다만 맑스의 *The Eighteenth Brumaire of Louis Bonaparte* 에서 보이듯이, 전쟁하는 계급들 간의 교착상태(deadlock)라는 예외 상황에서만 일시적으로 국가는 자율성을 획득할 뿐이었다.

대조적으로 다원주의자들은 국가를 단순한 하나의 계급이나 집단에 의한 지배를 위한 수단으로 보는 것에 반대하고, 경쟁하는 여러 집단들이 자신들의 이익을 추구하여 협상과 타협을 통해 특정 결론에 도달하는 중립적 장소(a neutral arena)로서 국가를 파악한다(Dahl, 1961: 1971). 결국 맑스주의와 다원주의 양자 모두 정치의 본질을 국가의 독자적 행동보다는 사회세력에 의해 결정되는 것으로 파악한 것이다.

당시 또 다른 주요한 이론이라고 할 수 있는 근대화 이론도 국가를 주변화하였다. 근대화 이론은 후진국이 산업화함에 따라 선진국에서 발전된 가치와 규범, 지식이 확산됨을 강조한다. 경제사회의 발전, 다시 말해 사회적 부와 교육의 확산에 의해 엘리트 중간계급과 대중의 태도가 온건한 시민적 태도로 변화하고, 이에 따라 안정적인 민주화에 이를 것으로 기대한다(Lipset, 1960). 결국 중요한 것은 국가가 아니라 경제사회의 근대화이다. 이와 관련하여 행태주의(Behavioralism)는 시민들이 어떠한 태도를 가지고 있는가로서 정치적, 경제적 결과를 설명할 뿐이다(Almond and Verba, 1963).

결국 전후 정치학을 풍미했던 다원주의, 맑스주의, 근대화 이론, 행태주의에서는 국가가 독자적 행위자라기보다 사회세력들에게 영향을 받는 존재였다. 다만 모든 정치학이 그랬던 것은 아니었다. 대표적으로 유럽 대륙과 북유럽의 정치학 전통에는 국가중심적 전통이 남아있었다. 국가중심의 유럽정치사상 전통에서 국가는 단일하며 사회보다 위계상 우위에 존재하는 것으로 간주되었다. 게다가 전후 유럽의 주요 국가들에서는 재건과 산업화의 과정에서 국가의 개입과 "하향식" 근대화가 목도되었다(Shonfield, 1965). 이론적으로 명시되지는 않았지만 사회과학에서 새로운 국가주의적 접근의 요소들이 1960년대 이미 유럽에 존재하고 있었던 것이다.

(2) 국가 연구의 두 번째 물결(Second Wave)

1960년대 말부터 유럽 네오맑스주의자들의 국가 연구를 필두로, 영미권에서도 국가를 연구의 중심에 두고자 하는 구조적 접근들이 득세하기 시작했다. 그야말로 국가연구의 새로운 전성기라고도 할 수 있다. 1960년대 말부터 프랑스의 뿔란차(Poulantzas, 1968)와 알뛰세(Althusser, 1971)는 자본주의 국가에 대한 전세계적인 논쟁을 촉발시켰다. 미국에서는 오코너(O'Connor, 1973)가 "국가의 재정위기" 문제를 제기하였고, 독일에서는 오페(Offe, 1973a, b)와 하버마스(Habermas, 1975)가 자본주의 국가의 "정당화 위기"(legitimation crisis) 논쟁을 불러일으켰다.

네오맑스주의자들에 의해 촉발된 국가론 논쟁은 이후 국가를 역사 속에 위치시키고 국가 형태의 구조적 분석과 경제체제의 본질을 연계하는 수많은 연구들로 발전한다. 페리 앤더슨(Anderson, 1974a; 1974b), 찰스 틸리(Tilly, 1975, 1990), 테다 스카치폴(Skocpol, 1979), 마이클 만(Mann, 1986; 1993) 등을 비롯해서 많은 국가중심적 구조주의자들(state-centered structuralists)은 국가 구조와 시민 사회, 특히 계급구성과의 상관관계에 초점을 두었다. 정치학과 사회학에서 특히 개입주의적 국가의 능력을 분석하기 시작했던 것이다.

이들은 거시적 변수들을 중심으로 다루었고, 국가를 단일한 행위자로 취급했다. 이들을 대표하는 캐치프레이즈는 대표적 저작의 이름인 *Bringing the State Back In*(Evans et al., 1985)이었다. 이 흐름은 당시 "역사비교연구"(Comparative Historical Analysis)라 스스로를 칭하다가 이후에 자신의 정체성에 대한 명칭을 역사제도주의로 변경하였다(Thelen, 1999; Pierson and Skocpol, 2002).

당시 국가에 대한 관심은 군사적 개입, "위로부터의 혁명," 사회혁명, 경제성장모델, 그리고 1970년대 경제위기에 대한 선진 국가들의 상이한 대응들을 연구하는 것이었다. 예를 들면, 라틴아메리카의 브라질, 아르헨티나, 칠레, 우루과이 등에서 군사 정권이 들어서자 이를 분석하는 이론으로 관료적 권위주의 국가이론(Bureaucratic Authoritarianism)이 등장했다(O'Donnell, 1973). 이 이론에서는 관료적, 강제적 기구들이 상대적으로 독립적인 행위자로서 움직이는 것을 보여준다. 한편, 사회혁명을 연구하는 학자들은 사회를 근본적으로 바꾸는 데 있어서 국가의 독자적 역할에 주목했다(Skocpol, 1979).

국가연구의 또 다른 흐름은 국가별로 경제적 성과가 상이한 이유를 분석하는 것이었다. 1970년대와 1980년대 일본과 프랑스 사례에서 영감을 받은 초기 국가 연구가들은 경제적 후진성을 극복하는 데 있어서 혹은 산업화를 추동하는 데 있어서 국가의 결정적 역할을 강조했다(Gerschenkron, 1962; Shonfield, 1965; Johnson, 1982; Zysman, 1983; Hall, 1986). 유사하게 1970년대와 1980년대 오일쇼크와 함께 스태그플레이션이 시작되자 학자들은 선진 국가들 중 뛰어난 대응을 한 국가들을 비교 분석하기 시작했다. 당시 연구가들은 유럽 국가들에서 코포라티즘적 조정이 어떻게 인플레이션을 완화하고, 실업률을 낮출 수 있었는지 분석했다(Lehmbruch and Schmitter, 1982; Goldthrope, 1984; Katzenstein, 1984). 끝으로 일본의 국가주의적 모델을 성공적으로 모방했다고 평가되는 동아시아 호랑이들(Asian Tigers), 즉 한국과 대만의 성공 사례들은 국가주의적 관점을 더욱 강화했다(Amsden, 1989; Wade, 1990).

물론 당시의 국가연구가들이 도전을 받지 않은 것은 아니었다. 가장 중요하고 오래 지속된 비판은 신자유주의자들로부터 나왔다. 신자유주의자들은 국가가 주요한 행위자라는 데는 동의하나 국가주의적 이론가들과 달리 국가의 영향을 부정적으로 평가하였다. 국가를 경제 근대화의 견인차로 묘사하기보다 사회집단들, 대표적으로는 거대 자본과 조직된 노동 등에 포획된 존재로 파악하였다(Stigler, 1975). 신자유주의자들은 국가 관료를 공적 이익에 봉사하는 존재가 아니라 사적 이익의 추구자 혹은 지대추구자(rent-seekers)로 간주하였다(Niskanen, 1971; Tullock, 1967). 이들에게 국가의 개입은 시장의 효율적 운영을 방해하는 존재이다. 한편 정치적 관점에서도 신자유주의자들이 보기에 개입주의적 국가들은 자유와 민주주의에 악영향을 미치는 존재였다(Hayek, 1976; Friedman and Friedman, 1990). 요컨대 신자유주의자들에게 국가는 경제적 문제를 유발할 뿐만 아니라 민주주의를 위협하는 존재로 평가되었던 것이다.

1980년대 중반이후, 1990년대의 정치경제적 상황은 신자유주의자들에 유리하게 전개되었다. 1979년 영국의 마가렛 대처 수상의 선출과 1980년 미국의 로날드 레이건 대통령 당선을 기점으로 하여, 기존에 케인즈주의적 사고가 지배하던 정책결정자들의 서클에서는 거대한 변화가 일기 시작했다. 그들은 케인즈주의를 거부하며 정부의 규제를 철회하고, 조직적 노동운동에 강력하게 맞섰다. 이러한 변화와 함께 1980년대까지 오랫동안 침체를 면치 못하던 영국과 미국의 경제가 살아나기 시작하자 신자유주의자들의 사상은 신뢰를 받기 시작하였고 유럽에서도 경쟁적으로 모방하기 시작했다. 게다가 국가주의적 모델로 당시까지 각광을 받던 프랑스, 일본, 동아시아 국가들의 경제가 침체 일로에 놓이자 신자유주의의 영향력은 더욱 강화되었다. 이에 더하여 1990년을 전후로 구소련과 동유럽 공산주의가 붕괴되자 '시장이 국가보다 낫다'는 신자유주의적 사고가 더욱 힘을 얻게 되었다. 그리고 1980년대 라틴아메리카와 1990년대 아시아의 국가부채 위기를 틈타, 국제금융기구인 World Bank와 IMF는 신자유주의적 처방을 통해 개발도상국들에게도 신자유주의적 모델을 확산시켰다. 동유럽에서도 경제발전을 위해 국제적 투자자들을 끌어들이는 것이 반드시 필요하다는 판단 아래 신자유주의적 모델을 적극적으로 받아들이기 시작했다. 1990년대 중반 "워싱턴 컨센서스"가 등장한 것은 신자유주의적 모델이 지배적이게 되었음을 잘 보여준다(Levy et al., 2015: 38-40).

(3) 국가이론에 대한 네 가지 주요 접근들

세계화 시대 국가에 대한 도전과 이를 배경으로 최근의 여러 연구들을 살펴보기 이전에 이 절에서는 간단하게 국가에 대한 주요 접근들을 잠시 정리하고 넘어가기로 하자. 국가에 대한 대표적 접근법으로 크게 네 가지 분류를 제시할 수 있다: 계급적 분석(class-analytic theory), 자유주의 이론(liberal theory), 신베버주의(neo-Weberian), 그리고 문화주의(Cultural theory)가 그것이다(Hau, 2015). 국가에 대한 네 가지 주요 접근들은 무엇보다 국가를 개념화하고 국가와 비국가 행위자들과의 경계를 설정하는 것에 대해 상이한 입장을 보여준다.

1) 계급적 접근(The Class-Analytic Approach)[1]

계급적 접근들은 주로 1960년대와 1970년대 맑스주의적 국가 논쟁과 결부되지만, 모두 맑스주의인 것은 아니다. 계급적 접근의 분석들은 내부의 다양성에도 불구하고 공통적으로 '국가는 경제적 관계에 뿌리를 둔다' 그리고 '계급 갈등이 경제적·정치적 변화의 핵심적 추동력이다'고 가정한다. 계급 접근법은 국가가 어떻게 행동하는지를 이해하기 위해서 사회계급들과 자본주의가 어떻게 형성되어 있는지를 살펴보아야 한다는 점을 강조한다(Moore, 1966; Jessop, 1990).

그런데 국가가 계급 및 자본주의 양식과 관련된다는 것이 곧 '국가는 단지 지배계급의 도구'라든지 혹은 '국가는 자본주의 재생산을 위한 기능적 전제조건'임을 의미하는 것은 아니다. 최근의 많은 연구들은 초기의 도구주의나 구조주의를 벗어나 보다 관계적인 개념을 강조한다(Barrow, 1993). 관계적 접근은 국가-사회의 양방향적 영향을 의미한다. 국가는 단순히 계급관계를 반영하는 것이 아니라 반대로 계급관계를 구성하기도 하는 것이다. 예를 들어 헤이(Hay, 2006)에 의하면, 국가는 "불공평한 경기장"(uneven playing fields)을 구성함으로써 현존하는 계급관계를 강화하는 경향이 있다고 한다.

계급접근법이 모두 맑스주의적이지는 않다. 예를 들어 계급접근법의 한 분파인 권력자원이론(power resources theory)은 자본주의에서 부르주아 헤게모니를 선험적으로 가정하지 않는다. 대신 조직된 노동이 자본주의에서도 유의미한 성과를 거둘 수 있는 있음을 강조한다. 권력자원 이론가들은 노동의 정치적 힘이 재분배적인 복지정

1 계급적 접근에 대한 문헌연구로는 Aronowitz and Bratsis(2002)와 Hay(2006)를 참조.

책의 추동력이라고 주장한다(Korpi, 1983; Esping-Andersen, 1985).

한편 국가는 단순히 강제에 의해서만 지배를 행할 수 없다. 따라서 계급적 접근 연구들은 어떻게 시민들이 국가권력에 동의하는지를 이해하기 위한 다양한 개념들을 발전시켰다. 대표적인 개념이 허위의식(false consciousness)과 헤게모니(hegemony)이다. 허위의식 개념에 의하면, 피지배계급들은 계급관계에 대한 왜곡된 경험과 이해를 가지기 때문에 피지배 계급들은 자신을 억압하는 정치적 지배에 순종하게 된다(Elster, 1985). 또 다른 설명은 헤게모니 개념에 기초한다. 헤게모니는 그람시에 의해 도입된 다소 논쟁적인 개념이다. 헤게모니 개념에 의하면, 지배계급은 단순히 물리적 강제에 의해 지배하기보다 사회 전체의 가치체계(value system)와 관습(mores)을 조작함으로써 지배계급의 관점이 사회 전체의 가치관이 되도록 만들고, 이로 인해 피지배계급은 자발적으로 지배계급의 지배를 받아들이게 된다. 결국 일상생활 속 시민들의 믿음과 실천들에 분석적 초점을 둠으로써 허위의식과 헤게모니 개념은 앞에서 언급한 국가의 관계적 개념화와 결합된다.

2) 자유주의적 접근(The Liberal Approach)[2]

자유주의 접근은 정치적 근대화이론(Huntington, 1968)과 다원주의 이론(Dahl, 1971) 그리고 공공선택이론(Niskanen 1971) 등 다양한 변이를 보여준다. 우선 규범적으로 자유주의 전통에 있는 연구들은 개인의 자유를 위한다는 명분이든 혹은 집단(groups)의 다양성이나 이익 극대화를 위한다는 명분이든, 국가에 대해서 불신하는 편이다. 자유주의 연구자들은 국가 권력의 제한과 분산을 주장한다. 이러한 자유주의 연구자들의 분석적 측면에서의 공통점은 국가를 자유로운 계약관계라는 관점에서 파악한다는 것이다. 국가는 개인과 집단이 전략적 상호작용을 하는 장소이며, 국가의 제도적 구성을 결정하는 것은 궁극적으로 자유로운 행위자들이라는 것이다. 자유주의 이론가들은 계급이론가들과 유사하게 국가를 독립된 정치권력의 근원으로 보지 않고 대신에 광범위한 사회 발전과 변화를 반영하는 것이라 가정한다.

자유주의 이론가들은 시민들의 복종(compliance) 문제를 종종 "집단행동의 문제"로

---

2 자유주의적 접근에 대한 문헌연구로는 Levi(2002), Smith(2006)을 참조.

파악한다. 예를 들면, 시민들은 일반적으로 세금회피와 같이 무임승차(free-riding)를 할 유혹을 가지게 되는데, 이를 막기 위해서 홉스의 리바이어던과 같이 국가는 신뢰할 말한 강제집행 메커니즘을 필요로 한다는 것이다.

그러나 강제는 시민들의 복종을 획득하는 가장 효과적인 수단은 아니다. 자유주의 이론가들은 이에 대해 정당성(legitimacy) 개념을 도입한다. 자유주의 이론가들은 국가의 정당성을 '시민들의 불복종에 대한 제재가 부재할 경우에도 시민들이 자발적으로 국가의 정책을 존중하는 경우'라고 개념화한다(Hau, 2015: 135). 특히 자유주의 전통은 이러한 국가의 정당성이 어디서 나오는지에 대해 크게 두 가지 입장을 제시하고 있다(Hetcher, 2009). 하나는 국가 정책의 결과에 초점을 두어, 정책 결과의 효용 증대를 강조하는 것이고, 다른 하나는 절차적 정당성에 초점을 두는 것이다(Tyler, 2006). 절차적 정당성은 정책 결정과정에서 최소한의 공정성이 유지되면 비록 자신들이 바라는 공공재를 생산하지 못하더라도 시민들은 국가가 정당하다고 간주하는 것을 의미한다. 자유주의 이론은 계급적 접근이론들과 같이 강제나 물질적 이득만으로는 정치적 지배를 유지할 수 없다는 것에 동의한다. 그러나 자유주의자들이 제시하는 국가정당성 개념은 자신들의 선호에 기초한 의식적인 전략적 계산(strategic calculation)을 강조한다는 점에서 계급접근이론이 제시하는 "허위의식"이나 "헤게모니" 혹은 "일상적인 습관적 복종과 동의"와는 다르다.

3) 신베버주의적 접근(The Neo-Weberian Approach)[3]

국가에 대한 베버의 저작들은 사실 다양한 측면을 가지고 있고 다양한 국가이론의 전통들과 연계되어 있다(Migdal and Schlichte, 2005; Gorski, 2003). 다만 여기서 신베버주의라고 하는 것은 1970년대 말 이후 두드러진 이론들의 흐름으로 베버 국가 연구 중 조직론적 측면을 강조하는 연구를 지칭한다. 신베버주의 국가이론의 대표적인 사례는 스카치폴의 역사 제도주의(Skocpol, 1979), 미그달의 "사회 속의 국가"이론(Migdal, 1988), 그리고 마이클 만(Mann, 1986)의 조직적 유물론이 있다.

신베버주의적 접근은 국가를 특정한 영토 내에서 정당한 폭력을 독점하는 행정적,

---

3 신베버주의적 접근에 대한 문헌연구로는 Lachmann(2010), Vu(2010) 참조.

강제적 조직으로 간주한다(Anter, 2014; Evans et al., 1985; Tilly, 1990). 신베버주의의 이러한 논리는 계급이론이나 자유주의와 달리, 국가는 단순히 사회 세력의 반영이 아니며 국가 자체가 근원적으로(*sui generis*) 독자적인 권력을 가진 정치 세력임을 전제한다.

신베버주의는 기본적으로 국가-사회 관계, 그리고 국가의 능력에 일차적으로 관심을 가진다. 신베버주의는 흔히 국가가 사회적 행위자들로부터 누리는 자율성의 정도와 유형에 따라 국가유형을 구별한다. 신베버주의는 국가의 능력을 한편으로는 관계적으로, 다른 한편으로는 국가제도의 조직적 속성으로부터 찾는다. 즉 신베버주의는 국가의 능력을 (a) 국가자체가 직접 다룰 수 있는 재원들(예, 유능한 관료제, 재정적 자원, 물리적 하부구조)과 (b) 시민사회의 동원 및 비국가행위자들과의 협력에서 찾는다. 예를 들면, 에반스(Evans, 1995)는 "사회와 연계된 자율성"(embedded autonomy)이라는 개념을 효율적 국가능력을 위한 개념으로 제시한다. 이것은 한편으로는 사회에 포획되지 않는 국가의 독자성을 강조하면서도 동시에 사회로부터 정보와 지원을 받을 수 있는 구조에서 나오는 능력을 의미하는 것이다.

신베버주의도 자유주의와 같이 국가의 업무 수행의 실질적 효율성으로서 국가의 정당성을 이해한다. 그러나 신베버주의는 자유주의와 달리, 국가의 업무 수행과 절차적 공정성에다 국가가 수행하는 이데올로기 및 문화적 작업에 관심을 더한다. 국가는 단순히 업무 수행이나 절차적 공정성뿐만 아니라 민족주의적 호소와 국위 선양의 활동 그리고 시민들의 사회화를 통해서도 정당성을 획득한다는 것이다(Gellner, 1986).

4) 문화적 접근(The Cultural Approach)[4]

문화적 접근은 1970년대와 1980년대 "문화적 전환"(cultural turn)을 배경으로 문화와 담론을 강조하는 국가연구의 흐름이다. 문화적 접근 중의 한 분파는 미셸 푸코(Michel Foucault)의 *governmentality*(정부의 정책을 수행하기에 가장 잘 맞는 시민들을 양산하려는 정부의 활동 방식) 개념으로부터 영감을 받아서 문화와 비문화의 구분을 거부하고, 국가를 다양한 제도적 배열과 정치적 실천들 속에 일관성을 투사하려는 이데올로기적 가공물로 간주한다(Foucault et al., 1991; Mitchell, 1991; Lemke, 2007). 문화주의의 또

4 문화적 접근에 대한 문헌연구로는 Steinmetz(1999), Sharma and Gupta(2006) 참조.

다른 한 연구는 전략적 행동과 조직적 실천들을 지탱하는 대본(scripts), 규칙, 그리고 의미를 제공하는 맥락으로서 문화를 강조하는 흐름이 있다(Meyer et al., 1997).

이들 연구의 공통점은 문화가 국가형성과 국가능력에 주요한 인과적 역할을 한다는 것이다. 예를 들어 클리포드 기어츠(Geertz, 1980)의 "극장 국가"(theatre state) 개념에 의하면 국가는 일반적으로 생각되듯이 시민들에게 공공복지를 제공함으로써 정당성을 얻고 권력을 형성하기보다, 국경일 혹은 기자회견 같은 공식적 의례(rituals)를 통해서 국가권력을 형성하고 만들어간다. 기어츠에 의하면, 식민지 시대 이전의 발리 국가는 "강력한 관료제"도 아니고 "동양적 전제주의"도 아니지만, 단지 의례들을 통해서 권력을 효과적으로 드러낸다. 국가의 파워는 조직적, 물리적인 것에 의존하기보다 의례의 과정에서 드러나고 확인된다는 것이다. 그리고 의례의 과정은 국가 내부의 다른 이해와 임무를 가진 사람들을 하나로 묶는 역할도 한다. 이러한 공식적 의례의 기능은 왜 국가 행위자들이 공통의 목표를 추구하고, 왜 일상적 시민들이 국가 권위를 받아들이게 되는지를 이해하는 데 도움을 준다. 기어츠와 유사한 연구로는 미첼(Mitchell, 1991)과 스콧(Scott, 1998)의 연구가 있다.

또 다른 연구의 흐름은 국가 능력을 문화적 측면에서 분석하는 것이다. 예를 들면, 고르스키(Gorski, 2003)의 연구는 찰스 틸리 같은 신베버주의적 접근들이 국가의 능력을 파악할 때 주로 강제적 측면과 조직적 측면만을 고려하는 것과 달리, 사실 국가능력에서 가장 중요한 것은 시민들이 스스로 규율에 따르도록 하는 것이라는 점을 미시적 차원에서 잘 보여준다. 그에 의하면, 칼빈주의(Calvinism)는 근대 초기 네덜란드와 프러시아에서 국가의 능력을 향상시키는 데 크게 기여하였다. 프러시아가 "위로부터의 규율"이라면, 네덜란드는 미약한 강제적 조직에도 불구하고 "아래로부터" 미시적으로 시민들을 규율함으로써 강한 국가로 능력을 향상시킬 수 있었다는 것이다. 이런 점에서 고르스키는 근대 국가의 형성과 관련하여 기존의 베버주의적 학자들이 군사적 혁명이나 부르주아 혁명에만 초점을 두면서 정작 가장 중요한 개인들의 행동규율(personal conduct) 차원에서 혁명을 간과하고 있다고 주장한다.

문화적 접근은 신베버주의 조직론과 달리 사람들의 일상적 실천 속에서 발생하는 의미의 해석에 초점을 맞춘다. 이런 관점에서 본다면 국가는 동일한 제도적 배열에도 불구하고, 시민들에게 각자 다른 의미를 가질 수 있다. 사실 궁극적으로 국가의 능력은 시민들이 국가의 권력에 보내는 동의를 어떻게 창출하고 유지하느냐에 따라 결정될 수 있다. 이것은 물리적 조직이 아니라 문화와 해석의 문제이다. 이런 의미에서 문화주의자들의 의례나 일상적 실천들에 대한 관심은 계급적 접근법의 헤게모니에 상응한다고 할 수 있다.

제4절 세계화시대 국가변형 그리고 관련 논쟁들

국가 연구의 세 번째 물결은 20세기 말에 시작된 국제정치경제 질서의 변화—냉전의 종식, 새로운 과학기술혁명, 경제적 세계화, 국제기구와 NGOs의 다층적 거버넌스—에 따라 기존의 국가가 심대하게 도전을 받게 되면서 발생하였다. 국제정치경제 질서의 변화를 배경으로 '국가는 정치에서 유의미성을 잃어가고 있다'는 신자유주의적 주장이 힘을 얻기 시작하면서 국가논쟁이 다시 점화되었다. 세계화를 배경으로 신자유주의적 "국가쇠퇴론"이 득세하자 기존의 국가중심적 접근들은 수세적이지만 다양한 대응을 하고 있다. 이 절에서는 세계화에 따른 국가쇠퇴론을 둘러싼 논쟁을 살펴보고자 한다.

1. 세계화와 신자유주의 국가쇠퇴론

근대 국가는 봉건시대 마을의 수준을 벗어나지 못하던 주민들의 삶이 보다 넓은 국가영토로 확장되는 것과 관련이 깊다. 국가가 근대의 기술과 경제사회적 발전 수준을 어느 정도 반영해서 생성된 것이라고 한다면, 이제 정보 자본 인력이 국경을 넘어 자유롭게 유동하는 세계화의 흐름은 자연히 근대 국민국가에게 커다란 도전이 되고 있다고 할 수 있다. 그래서 세계화와 더불어 가장 널리 풍미되는 생각은 국민국가가 쇠퇴하고 있다는 것이다.

세계화에 따른 국가의 약화는 단순히 신자유주의자들의 '이데올로기 공세'로 치부할 수만은 없다. 세계화에 따라 실제로 기존의 국민국가가 사용하던 많은 정책과 전략들이 유효성을 잃어갔다. 예를 들면, 기존의 케인즈주의적 유효수요 정책은 국가들끼리 서로 협력하고 조정하지 않거나 거대한 무역지역을 관장하는 국제기구에 의해 조정되지 않으면 효과가 제한되었다. 왜냐하면 유효수요를 창출하기 위해 한 국가가 사용하는 지출의 많은 부분이 나라 밖으로 새어나가기 일쑤이고, 세계화로 인해 국내 생산자보다 외국 생산자에게 이익을 안겨주기 십상이다. 즉 유효수요 정책에 의해 국내 경기가 활성화되어 국내 수지가 균형을 이루기보다, 국내 경제는 여전히 침체되어 있는 상태에서 재정적자와 공적 부채만 증가할 가능성이 커졌기 때문이다(Keohane and Milner, 1996; Strange, 1996).

또한 세계화로 인해 기존에 국가가 사용하던 산업정책들 혹은 발전주의적 정책의 많은 부분이 약화되었다. 예를 들면, 자유무역의 공평성을 위해 기존의 발전주의 국가들이 사용하던 보조금은 금지되었으며 그것의 실효성에 대해서도 의문이 제기되었다(Levy et al., 2015: 41). 그리고 정보통신 혁명으로 인해 글로벌 무역업자들과 투자자들은 하루에도 수십조의 달러를 전 세계로 보내는 상황에서 기존의 국가처럼 고정환율제를 채택하거나 정통 금융논리와 배치되는 정책을 사용하기란 쉽지 않다. 또한 정부가 세금회피와 돈세탁을 막는 것은 여간 어려운 일이 아니다. 무엇보다 자본과 기업은 세계화를 바탕으로 "레짐 쇼핑"(regime shopping)을 할 수 있게 되면서 국가로부터 더 많은 양보를 얻을 수 있게 되었다. 결과적으로 많은 사람들은 사회보장과 임금에서뿐만 아니라 국가의 경제 개입이라는 측면에서도 "하향평준화"(a race to the bottom) 경향이 일어난다고 믿게 되었다.

마지막으로 세계화뿐만 아니라 환경문제와 같이 더 이상 한 국가만의 힘으로는 다룰 수 없는 문제들이 등장함에 따라 초국가적 기구들과 지방정부, 국내외 NGOs 등 정부 이외의 행위자들이 힘을 얻기 시작했다. 이에 비해, 국내 주권 개념에 기초하여 절대적 권위를 향유하며 일방적으로 행동하던 국가의 권위는 더 이상 작동하기 어렵게 되었다.

이상과 같은 국제정치경제 차원에서 발생한 새로운 현상들을 배경으로 국가의 관할권, 자율권, 그리고 정책능력은 상당히 제한되었다. 특히 국가쇠퇴론(the decline or demise of the state)은 신자유주의와 글로벌주의자들에 의해 제기되었고, 몇몇 역사제도주의자들도 이에 동조하였다. 그러나 많은 국가중심 연구자들은 국가쇠퇴론의 주장에 대해서 대단히 회의적이다. 그들은 국가쇠퇴론에 대해 대체로 두 가지 서로 다른 대응을 제시하고 있는데, 하나는 지속론(persistence)이고 다른 하나는 변형론(transformation)이다.

2. 국가쇠퇴론에 대한 국가주의의 대응들

(1) 국가 지속론

세계화와 새로운 과학기술의 등장을 배경으로 강화된 신자유주의적 "국가쇠퇴론"에 대한 국가주의 연구자들의 첫 번째 대응은 지속론이다. 즉 세계화의 도전이 국가 개입이나 능력에 심대한 위협이 될 만큼 거대하지는 않다는 것이다. 같은 지속론의 입장 내부에서도 지속의 근거와 이유를 두고 매우 다양한 논거들이 제기되고 있다.

지속론의 첫 번째 주장은, '세계가 실제로 그렇게 많이 변화하지 않았다'는 것이다. 예를 들면, 오늘날 무역통합의 정도는 제1차 세계대전 이전의 수준을 넘어서지 않는다는 것이다(Hirst and Thompson, 1996).

둘째로는 '일반 여론에서 (복지)국가후퇴의 요구는 생각보다 약하다'는 입장이다. 폴 피어슨(Pierson, 1994)에 의하면, 심지어 신자유주의의 아성이라고 할 수 있는 미국과 영국에서조차 복지국가에 대한 일반사람들의 지지는 굳건하다는 것이다. 또한 몇몇 학자들은 심지어 고용주들조차 항상 복지 축소를 지지하는 것은 아님을 보여준다. 예를 들면 독일의 고용주들, 특히 거대 수출기업들은 독일 복지체계가 주는 이점들—노동과의 협력관계 유지, 높은 기술훈련, 정부의 비용으로 노령 근로자들의 이른 퇴직—을 향유하기 때문에 1980년대와 1990년대 좌우 정부의 교체에도 불구하고 독일 고용주들은 영국과 같은 탈규제를 강하게 요구하지 않았다고 한다(Thelen, 1999; 2014; Hall and Soskice, 2001).

지속론의 세 번째 주장은, '세상은 아마 변했을지 모르나 이 정도 변화와 제약들은 국가가 다룰 수 있다'는 것이다(Garret, 1998). 예를 들면, 변화된 금융시장이 정부의 재정적자에 제약을 가할 수는 있지만 정부는 세입을 높임으로써 높은 (복지)지출에도 불구하고 예산균형을 맞출 수 있다. 또한 세계화로 인해 기업들에게 세금을 부과하는 것이 점점 어렵다고 하지만 사실 법인세는 정부 예산에서 큰 비중을 차지하지 않을 수도 있고(보통 7~8%) 대부분의 국가들은 단순 세금회피 금지조치와 세금 면제 조항 축소, 그리고 세입기반의 확대를 통해서 보완할 수 있다(Steinmo and Swank, 2002; Genschel and Schwarz, 2011).

지속론의 네 번째 주장은 경로의존성(path dependence)에 기초한 주장으로서 제도가 쉽게 변화하지 않는다는 것이다. 국가 변화를 위한 개혁들은 진공상태에서 결정되는 것이 아니라 선행하는 정책과 물려받은 제도들의 맥락 위에서 그 결정이 이루어진다. 따라서 기존의 국가의 행동 패턴이 약화되기보다는 지속된다. 예를 들면, 기존 복지정책은 이에 혜택을 받는 유권자들의 기득권을 강화하기 때문에, 정치가들은 복지국가를 축소하는 개혁을 단행하기가 대단히 어렵다는 것이다(Pierson, 1994; 2000).

국가쇠퇴론에 대한 제도주의의 주장은 국가쇠퇴의 과장에 대한 일종의 교정 역할을 할 수 있다. 그러나 제도주의의 지속론은 기본적으로 '현재의 변화는 국가개입의 축소라는 단일한 방향으로 진행될 것이다'는 신자유주의 쇠퇴론의 기본적 가정을 그대로 답습하는 약점이 있다. 이러한 지속론에게 남은 선택은 변화에 저항하거나 변화를 연장하는 것밖에 없는, 대단히 수세적이고 '승산 없는 싸움'을 전개하고 있는 형국이다.

(2) 국가변형론(The thesis of state transformations)

국가쇠퇴론에 대한 국가주의의 두 번째 대응은 국가변형론이다. 즉 세계화와 새로운 과학기술에 따른 변화는 단순히 국가의 쇠퇴를 부추기거나 혹은 변화를 지연하는 것이 아니라, 국가 개입의 새로운 가능성도 열어두고 있다는 것이다. 국가는 단순히 쇠퇴하는 것이 아니라 변화된 상황에 적응하고 적극적으로 새로운 역할로 전환함으로써 오히려 강화될 수 있다(Weiss, 2003).

변화론의 첫 번째 주장은 칼 폴라니(Karl Polanyi)의 통찰력에 의존하고 있다. 즉 '더 많은 시장은 더 많은 국가의 전개를 요구한다'(the more market, the more rules)는 것이다. 폴라니에 의하면, 근대 자유시장의 창출은 단순히 국가의 후퇴가 아니라 국가 개입의 산물이다(Polanyi, 1957 [1944]). 시장 만들기는 국가의 '이중적 운동'으로서, 한편으로 기존 사회로부터 분리시켜 시장을 만드는 동시에 다른 한편으로는 시장을 사회적 관계와 규범에 안착(embedded)시키는 것이다. 후자의 운동에 초점을 맞춘 대표적인 이론이 "국내 보상" 문헌들이다(Katzsenstein, 1984; Rodrik, 1997). 국내보상론이란 국가가 개방을 할수록 그 보상으로서 사회보장과 복지를 증가시킨다는 주장이다.

경제학자들도 폴라니의 통찰력을 받아들여 세계화는 국가의 후퇴가 아니라 국가의 새로운 역할을 요구하고 있는 것임을 역설한다(Stiglitz, 2002; 2010). 대표적 학자인 스티글리츠(Stiglitz)에 의하면, 최근 정책입안자들은 폴라니의 통찰력을 받아들이지 못하고 있다. 스티글리츠는 탈공산국가에서의 충격요법, 1997년 아시아 금융위기, 그리고 2008년 금융위기, 이 모든 것들은 자유시장에 대한 지나친 믿음과 국가의 역할을 무시한 데에 기인한다고 주장한다. 탈공산국가의 경우에서 보듯이 억압적 국가의 해체가 곧 자유시장경제를 창출하는 것은 아니다. 소유권을 보장하고, 시장을 감독하고, 분쟁을 해결하는 국가의 적극적 역할이 없다면, 타락한 과두제 자본주의(oligarchic capitalism)의 정글로 떨어지고 말 것이라고 경고한다. 그러므로 스티글리츠를 위시한 많은 학자들은 자유무역과 세계화가 진행될수록 국가는 후퇴할 것이 아니라 시장을 감독하고 환경과 노동의 보호와 같은 국가의 새로운 책임과 임무를 위해 사회적 지출도 늘리고 능력도 강화해야 한다고 주장한다(Barton, et al., 2006; Steinberg, 2006).

국가변화론을 제안하는 두 번째 주장은, '심지어 세계화로 변화된 환경에서도 신자유주의와는 다른 새로운 대안적 전략들은 여전히 존재한다'는 것이다. 이 주장은 주로 세계화에 따른 제약에도 불구하고 진보적 정부가 취할 선택지가 여전히 열려 있음을 의미한다. 예를 들면 북유럽 정부들은 과거 전통적인 케인즈주의적 복지정책을 고수하기보다, 유효수요창출을 위한 지나친 지출을 삼가는 대신 컴퓨터교육 강화, 인터넷 접속확대, 높은 교육과 연구비 지출에 건설적 투자를 함으로써 사회민주주의를 다시 부활시킬 수 있었다. 국가 재정의 재조정을 통해서 북유럽 국가들은 혁신에 기초한 경쟁력을 확보하고 이에 따라 하이텍(high-tech)에 기반을 둔 경제적 성공을 거두었다. 이러한 새로운 전략은 저임금, 저복지로의 신자유주의적 하향평준화가 아니라 첨단 기술에 기초한 고임금 및 사회평등이라는 사회민주적 대안을 창출할 수 있었던 것이다(Pontusson, 2011; Steinmo, 2010; Ornston, 2012).

제5절 결론

오늘날의 영토적 주권국가는 유럽의 근대적 상황에서 만들어진 후에 전 세계적으로 국가체계를 이루면서 거의 모든 사람들에게 직간접적으로 영향을 미쳐왔다. 이에 따라 정치학에서 국가는 핵심적 연구 주제로 자리잡아왔다. 그러나 최근 세계화 및 새로운 과학 기술의 발전과 함께 국가 개념들도 새롭게 조명되고 있다. 어느 방향으로 얼마나 재조정될 것인지는 알 수 없다. 그럼에도 불구하고 당분간은 여전히 기존의 국가체계가 기본적인 정치를 규정하리라는 것은 의심하기 어렵다.

다만 최근 2008년 미국에서 촉발된 금융위기의 경험들이 신자유주의의 "국가쇠퇴론"과 역사제도주의에 기초한 국가 연구들에 던지는 문제들을 생각하면서 글을 마치고자 한다. 2008년 금융위기는 자유금융시장의 핵심부라고 할 수 있는 미국과 영국에서 발생했다. 이 사례는 국가의 후퇴와 지나친 탈규제가 신자유주의의 낙관적 전망과 달리 오히려 커다란 재앙을 몰고 올 수 있음을 보여준다. 이런 상황에서 신자유주의가 제시하는 새로운 해결책은 무엇인가? 국가의 더 많은 후퇴인가? 신자유주의의 해법들이 궁색해질 수 있다. 반대로 제도주의 또한 이론적 어려움에 봉착한 것이 사실이다. 2008년 위기에서 흔히 "자유주의 국가"라고 할 수 있는 미국과 영국은 정부에 의한 구제금융, 국유화, 유효수요창출 정책 등 가장 적극적으로 국가 개입조치들을 취했었다. 반면, 전통적으로 국가주의적이라고 할 수 있는 프랑스는 상당히 미온적 대응에 그쳤다(Bermeo and Pontusson, 2012; Levy, 2013). 제도주의에 의한 기존의 국가별 분류와 모델의 지속론은 다시금 고려해야 할 시점에 와 있을지 모른다.

참고문헌

- 전종익. 2014. "공동체로서의 국가와 정부." 『법학』 Vol. 55, no. 4, 273－312.
- 홍성방. 2007. 『헌법학』. 서울: 현암사.

- Abrams, Philip. 1988. "Notes on the Difficulty of Studying the State (1977)." *Journal of Historical Sociology* 1(1): 58－89.
- Almond, Gabriel, and Sidney Verba. 1963. *The Civic Culture: Political Attitudes and Democracy in Five Nations. An Analytical Study*. Princeton: Princeton University Press.
- Althusser, Louis. 1971. "Ideology and Ideological State Apparatuses." In *Lenin and Philosophy and Other Essays,* edited by Louis Althusser. London: New Left.
- Amsden, Alice H. 1989. *Aisa's Next Giant: South Korea and Late Industrialization*. New York: Oxford University Press.
- Anderson, Perry. 1974. *Passages From Antiquity*. London: Verso.
- Anter, Andreas. 2014. *Max Weber's Theory of the Modern State. Origins, Structure and Significance*. New York: Palgrave Macmillan.
- Aronowitz, Stanley, and Peter Bratsis. 2002. *Paradigm Lost: State Theory Reconsidered*. Minneapolis, MN: University of Minnesota Press.
- Badie, Bertrand. 2000. *The Imported State: The Westernization of the Political Order*. Stanford: Stanford University Press.
- Barrington, Lowell. 1997. "'Nation' and 'Nationalism': The Misuse of Key Concepts in Political Science." *PS: Political Science and Politics* 30(4): 712－716.
- Barrow, Clyde. 1993. *Critical Theories of the State: Marxist, Neomarxist, Postmarxist*. Madison, WI: University of Wisconsin Press.
- Barton, Johns, Judith L. Glodstein, Timothy E. Josling, and Richard H. Steinberg. 2006. *The Evolution of the Trade Regime: Politics, Law, and Economics of the GATT and the WTO*. Princeton: Princeton University

Press.
- Bermeo, Nancy, and Jonas Pontusson. 2012. *Coping with Crisis: Government Reactions to the Great Depression*. New York: Russell Sage Foundation.
- Critchley, J. S. 1978. *Feudalism*. London: George Allen & Unwin.
- Dahl, Robert A. 1971. *Polyarchy: Participation and Opposition*. New Haven, CT: Yale University Press.
- Elster, Jon. 1985. *Making Sense of Marx*. New York: Cambridge University Press.
- Esping-Andersen, Gøsta. 1985. *Politics against Markets: The Social Democratic Road to Power*. Princeton: Princeton University Press.
- Evans, Peter B. 1995. *Embedded Autonomy: States and Industrial Transformation*. Princeton: Princeton University Press.
- Evans, Peter B., Dietrich Rueschmeyer, and Theda Skocpol. 1985. *Bringing the State Back In*. New York: Cambridge University Press.
- Foucault, Michel, Graham Burchell, Colin Gordon, and Peter Miller. 1991. *The Foucault Effect: Studies in Governmentality, with two Lectures by and an Interview with Michel Foucault*. Chicago: University of Chicago Press.
- Friedman, Milton, and Rose Friedman. 1990. *Free to Choose: A Personal Statement*. Chicago: University of Chicago Press.
- Garret, Geoffrey. 1998a. *Partisan Politics in the Global Economy*. Cambridge: Cambridge University Press.
- Geertz, Clifford. 1980. *Negara: The Theater State in Nineteenth Century Bali*. Princeton: Princeton University Press.
- Gellner, Ernest. 1983. *Nations and Nationalism*. Ithaca: Cornell University Press.
- Genschel, Philipp, and Peter Schwarz. 2011. "Tax Competition: A Literature Review." *Socio-Economic Review* 9(2): 339−370.
- Gerschenkron, Alexander. 1962. *Economic Backwardness in Historical Perspective*. Cambridge, MA: Harvard University Press.
- Goldthrope, John H.. 1984. *Order and Conflict in Contemporary Capitalism*. New York: Oxford University Press.

- Gorski, Philip S. 2003. *The Disciplinary Revolution: Calvinism and the Rise of the State in Early Modern Europe*. Chicago: University of Chicago Press.
- Greenfeld, Liah. 2001. *The Spirit of Capitalism: Nationalism and Economic Growth*. Cambridge: Harvard University Press.
- Habermas, Jürgen. 1975. *Legitimation Crises*. Boston: Beacon.
- Hall, Peter A. 1986. *Governing the Economy: The Politics of State Intervention in Britain and France*. New York: Oxford University Press.
- Hall, Peter A., and David Soskice. 2001. *Varieties of Capitalism: The Institutional Foundations of Comparative Advantage*. Oxford: Oxford University Press.
- Hau, Matthias von. 2015. "State Theory: Four Analytical Traditions." In *The Oxford Handbook of Transformations of The State,* edited by Stephen Leifried et al. Oxford: Oxford University Press.
- Hay, Colin. 2006. "(What's Marxist About) Marxist State Theory?" In *The State: Theories and Issues,* edited by C. Hay et al, 59－78. New York: Palgrave Macmillan.
- Hayek, Friedrich. 1976 [1944]. *The Road to Serfdom*. Chicago: University of Chicago Press.
- Hechter, Michael. 2009. "Introduction: Legitimation: Legitimacy in the Modern World." *American Behavioral Scientist* 53(3): 279－288.
- Herbst, Jeffrey. 2000. *States and Power in Africa: Comparative Lessons in Authority and Control*. Princeton: Princeton University Press.
- Hirst, Paul, and Grahame Thompson. 1996. *Globalization in Question*. Cambridge, MA: Polity.
- Hobbes, Thomas. 1994 [1668]. *Leviathan*. Indianapolis: Hackett.
- Hobsbawm, E. J. 1992. *Nations and Nationalism since 1780: Programme, Myth, Reality,* 2nd ed. Cambridge: Cambridge University Press.
- Huntington, Samuel P. 1968. *Political Order in Changing Societies*. New Haven, CT: Yale University Press.
- Jessop, Bob. 1990. *State Theory*. Cambridge: Polity.
- Johnson, Chalmers A. 1982. *MITI and the Japanese Miracle: The Growth of*

Industrial Policy, 1925–1975. Stanford: Stanford University Press.

- Kahler, Miles. 2003. "The State of the State in World Politics." In *Political Science: State of the Discipline,* edited by Ira Katznelson and Helen V. Milner. New York: W. W. Norton & Company.
- Katzenstein, Peter J. 1984. *Corporatism and Change*. Ithaca, NY: Cornell University Press.
- Keohane, Robert O., and Helen V. Milner. 1996. *Internationalization and Domestic Politics*. Cambridge: Cambridge University Press.
- Korpi, Walter. 1983. *The Democratic Class Struggle*. Boston, MA: Routledge.
- Lachmann, Richard. 2010. *States and Power*. Cambridge, UK: Polity.
- Lehmbruch, Gerhard, and Philippe C. Schmitter. 1982. *Patterns of Corporatist Policy-Making*. London: Sage.
- Leibfried, Stephan et al.. 2015. *The Oxford Handbook of Transformations of the State*. Oxford: Oxford University Press.
- Lemke, Thomas. 2007. "An Indigestible Meal? Foucault, Governmentality and State Theory." *Distinktion: Scandinavian Journal of Social Theory* 8(2): 43–64.
- Levi, Margaret. 2002. "The State of the Study of the State," In *Political Science: State of the Discipline*, edited by Ira Katznelson and Helen V. Milner, 33–55. New York: W. W. Norton & Company.
- ____________. 1988. *Of Rule and Revenue*. Berkeley: University of California Press.
- Levy, Jonah D. 2013. "Directionless: French Economic Policy in the 21st Century." In *The Third Globalization: Can Wealthy Nations Stay Rich in the Twenty-First Century*, edited by John Zysman and Dan Breznitz, 323–349. Oxford: Oxford University Press.
- Levy, Jonah D., Stephen Leibfried, and Frank Nullmeier. 2015. "Changing Perspectives on the State." In *The Oxford Handbook of Transformations of The State,* edited by Stephen Leifried et al. Oxford: Oxford University Press.
- Lipset, Seymour M. 1960. *Political Man*. Garden City, NY: Anchor Books.
- Locke, John. 1960. *Two Treatises of Government*. Peter Laslett: Cambridge England University Press.

- Lynch, Michael. 1992. *Scotland: A New History*. London: Pimlico.
- Mann, Michael. 1986. *The Sources of Social Power: A History of Power from the Beginning to A.D. 1760*, vol. 1. New York: Cambridge University Press.
- Marx, Karl, and Friedrich Engels. 2008 [1848]. *The Communist Manifesto,* edited by David McLellan. Oxford: Oxford University Press.
- Meyer, John W., John Boli, George Thomas and Francisco O. Ramirez. 1997. "World Society and the Nation-State." *American Journal of Sociology* 103(1): 144-181.
- Migdal, Joel S. 1988. *Strong Societies and Weak States: State-Society Relations and State Capabilities in the Third World*. Princeton: Princeton University Press.
- Migdal, Joel S., and Klaus Schlichte. 2005. "Rethinking the State." In *The Dynamics of States: The Formation and Crises of State Domination,* edited by Klaus Schlichte, 1-40. Aldershot, UK: Ashgate.
- Mitchell, Timothy. 1991. "The Limits of the State: Beyond the Statist Approaches and Their Critics." *The American Political Science Review* 85(1): 77-96.
- Moore, Barrington, Jr. 1966. *Social Origins of Dictatorship and Democracy: Lord and Peasant in the Making of the Modern World*. Boston, MA: Beacon Press.
- Niskanen, William A. 1971. *Bureaucracy and Government*. Chicago: Aldine-Atherton.
- O'Connor, James. 1973. *The Fiscal Crisis of the State*. New York: St. Martin's.
- O'Donnell, Guillermo O. 1973. *Modernization and Bureaucratic-Authoritarianism: Studies in South American Politics*. Berkeley: Institution of International Studies, University of California.
- Offe, Claus. 1973a. "The Abolition of Market Control and the Problem of Legitimacy, Part 1." *Kapitalstate* 1: 109-116.
- __________. 1973b. "The Abolition of Market Control and the Problem of

Legitimacy, Part 2." *Kapitalstate* 2: 73–75.

- Ornston, Darius. 2012. *When Small States Make Big Leaps: Institutional Innovation and High-Tech Competition in Western Europe.* Ithaca: Cornell University Press.
- Ostrom, Elinor. 1990. *Governing the Commons: The Evolution of Institutions for Collective Action.* New York: Cambridge University Press.
- Parsons, Craig. 2017. *Introduction to Political Science: How to Think for Yourself about Politics.* Boston: Pearson.
- Pierson, Paul. 1994. *Dismantling the Welfare State? Regan, Thatcher, and the Politics of Retrenchment.* Cambridge: Cambridge University Press.
- ___________. 2000. "Increasing Returns, Path Dependence, and the Study of Politics." *American Political Science Review* 94(2): 251–267.
- Pierson, Paul, and Theda Skocpol. 2002. "Historical Institutionalism in Contemporary Political Science." In *Political Science: State of the Discipline* edited by Ira Katznelson and Helen V. Milner, 693–721. New York: W. W. Norton & Company.
- Polanyi, Karl. 1957[1944]. *The Great Transformation.* Boston, MA: Beacon Press.
- Pontusson, Jonas G. 2011. "Once Again a Model: Nordic Social Democracy in a Globalized World." In *What's Left of the Left? Democrats and Social Democrats in Challenging Times,* edited by James Cronin, George Ross, and James Shoch, 89–115. Durham, NC: Duke University Press.
- Poulantzas, Nicos. 1968. *Political Power and Social Classes.* London: New Left.
- Putnam, Robert D. 1993. *Making Democracy Work: Civic Traditions in Modern Italy.* Princeton: Princeton University Press.
- Rodrik, Dani. 1997. *Has Globalization Gone Too Far?* Washington, DC: Institute for International Economics.
- Rousseau, Jean-Jacques. 1994. *Social Contract; Discourse on the virtue most necessary for a hero; Political fragments; and, Geneva manuscript.* Hanover: University Press of New England for Dartmouth College.

- Scott, James C. 1998. *Seeing Like A State: How Certain Schemes to Improve the Human Condition Have Failed.* New Haven, CT: Yale University Press.
- Sharma, Aradhana, and Akhil Gupta. 2006. *The Anthropology of the State: A Reader.* Hoboken, NJ: John Wiley & Sons.
- Shonfield, Andrew. 1965. *Modern Capitalism: The Changing Balance of Public and Private Power.* Oxford: Oxford University Press.
- Skocpol, Theda. 1979. *States and Social Revolutions: A Comparative Analysis of France, Russia, and China.* Cambridge: Cambridge University Press.
- Smith, Martin. 2006. "Pluralism." In *The State: Theories and Issues*, edited by C. Hay et al., 21–38. New York: Palgrave Macmillan.
- Spruyt, Hendrik. 1994. *The Sovereign State and Its Competitors.* Princeton: Princeton University Press.
- Steinberg, Richard H. 2006. "The Transformation of European Trading States." In *The State after Statism: New State Activities in the Age of Liberalization,* edited by Jonah D. Levy, 340–365. Cambridge, MA: Harvard University Pres.
- Steinmetz, George. 1999. *State/Culture: State Formation after the Cultural Turn.* Ithaca, NY: Cornell University Press.
- Steinmo, Sven. 2010. *The Evolution of Modern States: Sweden, Japan, and the United States.* New York: Cambridge University Press.
- Steinmo, Sven, and Duane Swank. 2002. "The New Political Economy of Taxation in Advanced Capitalist Democracies." *American Journal of Political Science* 46(3): 642–655.
- Stigler, George. 1975. *The Citizen and the State: Essays on Regulation.* Chicago: University of Chicago Press.
- Stiglitz, Joseph E. 2002. *Globalization and Its Discontents.* New York: W.W. Norton.
- ______________. 2010. *Freefall: America, Free Markets, and the Sinking of the World Economy.* New York: W. W. Norton.
- Strange, Susan. 1996. *The Retreat of the State: The Diffusion of Power in the World Economy.* New York: Cambridge University Press.

- Taylor, Michael. 1987. *The Possibility of Cooperation.* Cambridge: Cambridge University Press.
- Thelen, Kathleen. 1999. "Historical Institutionalism in Comparative Politics." *Annual Review of Political Science* 2: 369－404.
- ______________. 2014. *Varieties of Liberalization and the New Politics of Social Solidarity.* Cambridge: Cambridge University Press.
- Tilly, Charles. 1990. *Coercion, Capital, and European States, AD 990－1990.* Cambridge, MA: Blackwell.
- __________. 1975. "Reflections on the History of European State-Making," In *The Formation of National States in Western Europe,* edited by Charles Tilly. Princeton: Princeton: University Press.
- Tullock, Gordon. 1967. "The Welfare Costs of Tariffs, Monopolies, and Theft." *Economic Inquiry* 5(3): 224－232.
- Tyler, Tom R. 2006. *Why People Obey the Law.* Princeton: Princeton University Press.
- Vu, Tuong. 2010. "Studying the State through State Formation." *World Politics* 62(1): 148－175.
- Wade, Robert H. 1990. *Governing the Market: Economic Theory and the Rise of Government in East Asian Industrialization.* Princeton: Princeton University Press.
- Weber, Max. 1978 [1956]. *Economy and Society,* edited by Guenther Roth and Claus Wittich. Berkeley: University of California Press.
- Weiss, Linda. 2003. *States in the Global Economy: Bringing Democratic Institutions Back In.* Cambridge: Cambridge University Press.
- Zysman, John. 1983. *Governments, Markets, and Growth: Financial Systems and the Politics of Industrial Change.* Ithaca: Cornell University Press.

05

정부 형태

Understanding Politics

정부 형태[1]

제1절 서론

민주주의 체제에서 정치권력은 국민의 뜻에 의해 결정된다고 해도, 정부 형태는 나라마다 각기 다르다. 정부 형태와 관련해서 네 가지 점에 주목할 필요가 있다. 첫째는 최고의 정치적 권위의 부여에 대한 것이다. 정부 형태와 관련해서는 국가 원수(head of state)와 행정 수반(head of government)이라는 두 가지 직책을 구분해 볼 수 있다. 국가 원수는 대외적으로 국가를 대표하고 국가 지속과 국민 통합의 상징이 되는 존재이다. 한편, 행정 수반은 실질적인 국가 정책의 방향을 결정하고 이를 추진해 나가는 권한이 부여된 존재이다. 우리나라나 미국에서는 이 두 가지 직책이 대통령 한 사람에게 주어져 있으나, 내각제 국가에서는 이 두 가지 권한이 분리되어 있다. 두 번째는 권한의 배분에 관한 것이다. 미국 대통령제처럼 입법부, 행정부, 사법부로 권한이 분산된 경우도 있고, 내각제처럼 의회 권력과 행정 권력이 융합된

1 여기서의 논의는 강원택(2006)에 기반해 있음.

체제도 있다. 의회의 권한이 하나의 원(院)에 부여된 경우도 있고, 양원제처럼 둘로 나누어져 있는 경우도 있다. 또한 중앙정부가 최고의 권한을 갖는 경우도 있고, 연방제처럼 연방정부와 주 정부 간 권한이 분산된 경우도 있다. 세 번째는 얼마나 오랜 기간 동안 권력을 부여할 것인가에 대한 것이다. 군주제에서 왕은 평생 임기에 제한을 받지 않는다. 한편, 선거에서 계속 승리하면 계속해서 권력을 유지할 수 있는 경우도 있다. 내각제 국가가 그런 경우이다. 또한 미국처럼 4년씩 두 번만 대통령을 할 수 있는 나라도 있고 우리나라처럼 5년 단임만을 규정하고 있는 나라도 있다. 네 번째는 어떤 방식을 통해 권력을 위임할 것인가 하는 점이다. 국민의 직접 선거를 통해 최고 권력자를 선출할 수 있고, 의회를 통해 간접적으로 선출할 수도 있고, 선거와 무관하게 혈통에 의해 승계할 수도 있다. 각기 어떤 방식을 취하느냐에 따라 그 나라의 정치적 특성이 달라진다. 각 정부 형태가 갖는 고유한 속성으로 인해 한 나라의 정부 형태를 알면 그 나라의 정치 구조와 운영의 특성을 이해하는 데 도움을 준다.

이런 점을 고려하여 보다 구체적으로 각 나라의 정부 형태는 몇 개의 유형으로 분류해 볼 수 있다. 첫째, 국왕의 유무에 따라 군주제(monarchy)와 공화제(republic)로 나누어볼 수 있다. 군주제는 국왕 1인이 국가의 주권을 소유하는 형태이며, 공화제는 국민에게 주권이 부여된 통치형태이다. 우리 헌법에는 '대한민국은 민주공화국'이며 '대한민국의 주권은 국민에게 있고, 모든 권력은 국민으로부터 나온다'고 우리 체제가 공화제임을 명기하고 있다. 군주제에서는 국왕이 직접 국가를 통치하지만, 오늘날에는 브루나이, 부탄, 오만, 사우디아라비아 등 일부 국가들을 제외하면 국왕이 직접 통치에 나서는 경우는 많지 않다. 대다수 국가에서는 국왕이 '군림(reign)하지만 통치(rule)하지 않고' 국민의 선거를 통해 선출된 총리가 국정을 담당하는 입헌군주제(constitutional monarchy)를 취하고 있다. 영국, 일본, 네덜란드, 노르웨이, 덴마크, 스페인, 스웨덴, 벨기에 등이 모두 이러한 통치형태를 취하고 있다.

이처럼 정부 형태는 군주제, 대통령제, 내각제, 이원정부제 등 크게 네 종류로 나누어 볼 수 있다. 이 중 군주제는 우리에게 주는 의미가 크지 않기 때문에 나머지 세 정부 형태를 중심으로 기본적인 특성과 운영 방식, 그리고 그에 따른 정치적 효과에 대해 논의하기로 한다.

제2절 대통령제

대통령제는 우리나라에서 매우 익숙한 정부 형태이다. 1960년 4.19 혁명 이후 내각제가 채택되었던 짧은 시기를 제외하면 1948년 이후 오늘날까지 우리나라는 항상 대통령제를 채택해 왔다. 그런데 대통령이라는 직책을 갖는 나라는 많지만, 정부 형태가 대통령제로 간주되기 위해서는 대통령이 명목상의 최고 지도자에 머물지 않고 국가 통치의 핵심적 권한을 지니고 있어야 한다.

내각제와 구분되는 대통령제의 일반적 특성은 다음과 같이 정리해 볼 수 있다(Lijphart, 1992: 92-94). 첫째, 대통령제에서 대통령은 헌법에 규정된 임기를 보장받으며 탄핵 등 예외적인 경우를 제외하면 의회에 의해 사임을 강요받지 않는다. 내각제와 달리 정해진 임기 동안 안정적으로 국정을 운영할 수 있고 정치 일정이 예측가능하다는 점이 대통령제의 특징이다.

두 번째, 대통령제에서는 대통령과 의회 모두 국민들이 직접 선출하지만, 내각제에서 국민들은 의회 선거만을 치르며 행정 수반인 총리는 의회가 선출한다. 이 때문에 내각제에서 총리는 의회의 신임에 구속된다. 대통령제에서는 대통령이 의회의 불신임에서 자유로운 것처럼 대통령 역시 의회를 해산할 권한을 갖지 않는다.

세 번째, 대통령제에서 권한의 위임은 대통령 개인에게 부여되어 있는 반면, 내각제는 정당이라는 집단의 지배이다. 대통령제에서는 대통령에게만 독점적인 통치의 권한을 위임해 주고 있어서 승자가 권력을 독점하게 되며, 선거에서의 2등은 의미가 없다. 따라서 대통령제에서는 내각제에서 나타나는 것과 같은 권력 공유나 연합의 가능성은 높지 않다.

1. 미국 대통령제

미국은 대통령제의 가장 대표적인 국가일 뿐만 아니라, 대통령제라는 통치형태를 고안한 나라이다. 미국의 대통령제는 1787년 헌법 제정과 함께 도입된 이래 지금까지 근본적인 틀의 변화 없이 유지되어 오고 있다. 미국 대통령제를 고안해 낸 이들의 관심은 법과 질서를 유지하면서도 동시에 권력 집중으로 인해 독재로 변질될 가능성을 피할 수 있는 정부를 어떻게 만들어낼까 하는 것이었다. 그것을 위한 가장 좋은 방법은 권력을 엄격하게 분리시키는 것이었다. 이를 위해서는 대통령, 의회, 사법부 중 어느 한 기구의 독주와 전횡을 허용해서는 안 되며 기구 간의 상호 의존성이 중요하다고 보았다.

특히 의회를 장악한 다수의 지배하에서 소수파의 권리와 자유가 침해될 수 있는 가능성에 대해 우려했다. 이 때문에 의회를 상원과 하원으로 양분하고 두 원(院)이 동일한 권한을 갖도록 분리했다. 또한 양원의 선출방식이나 임기를 각기 다르게 했다. 하원은 인구 비례에 따라 2년마다 선출하도록 했고, 상원은 주 전체를 선거구로 하며 임기는 6년으로 했다. 또한 대통령과 사법부 역시 각각 의회가 제정한 법률에 대한 거부권(veto)과 위헌 심사권(judicial review)을 통해 의회의 권한을 견제하도록 했다. 또한 대통령을 선거인단에 의해 간선으로 선출하도록 한 것도 입법부로부터 독립적인 정치적 지지 기반을 대통령에게 제공해 주고자 한 것이었다(최선근, 1998: 129). 한편, 3권 분립을 위해 입법부, 사법부, 행정부 중 한 곳에 직책을 갖고 있다면 다른 곳에서 동시에 직책을 수행할 수 없도록 규정하고 있다.

의회뿐만 아니라 대통령 역시 제도적으로 견제를 받는다. 미국에서는 우리나라와는 달리 의회만이 법안 제출권을 갖고 있다. 따라서 대통령이 원하는 법안을 법제화시키기 위해서는 처음부터 의회의 긴밀한 협조와 동의를 구해야만 한다. 예산 역시 예산 편성 과정의 초기 단계부터 의회가 개입하는 데, 예산 결의를 통해 국가재정의 기본 방향을 결정하고 지출 승인법(appropriation bills)을 통해 행정 각부가 지출할 예산의 구체적인 내용과 액수를 의회가 결정한다(박찬표, 2002: 78-79).

대통령은 행정부와 사법부 주요 직책에 대한 인사권을 갖지만 의회는 이에 대한 견제의 권한을 갖는다. 대법관, 연방법관, 장관을 비롯한 행정부 고위 관리, 대사 등은 임명 전에 의회가 인사 청문회를 통해 자격을 심사하고 상원의 인준을 받아야 한다. 외국과의 조약 체결도 상원의 동의가 필요하다. 그러나 행정부 각 부서의 장관들은 일단 임명에 대한 승인을 받고 나면 대통령에게만 책임을 지며, 내각제에서처럼 의회로부터 불신임되지 않는다.

의회는 또한 대통령, 부통령 그리고 장관 등의 고위 공무원이 중요한 범죄를 범했을 때 탄핵할 수 있는 권한을 갖고 있다. 하원이 탄핵 소추권을 가지며 최종적인 탄핵 심판의 권한은 상원이 갖는다. 탄핵 이외에도 의회는 조사청문회(oversight hearings)나 특별조사(special investigations) 등을 통해 대통령과 행정부를 감시, 감독한다. 한편, 대통령이 의회를 통과한 법률에 대해 행사하는 법률안 거부권(veto)에 대해서도 의회는 이를 무력화할 수 있는 권한을 갖고 있다. 대통령이 거부권을 행사한 법안을 상원과 하원이 각각 2/3의 지지로 재의결하게 되면 대통령의 거부권은 무력화되고 그 법안은 법적인 효력을 갖게 된다.

입법부뿐만 아니라 사법부 역시 입법부나 대통령을 견제할 수 있는 권한이 있다. 사법부에 제도적으로 주어진 견제 권한은 위헌 결정이다. 의회를 통과한 법률이라도 대법원이 그 법안에 대해서 위헌 판결을 내리게 되면 법적 효력을 상실하게 된다. 주 의회가 통과시킨 법률안도 대법원의 위헌 심사의 대상이 된다.

그러나 사법부는 대통령과 의회에 의해 견제 받는다. 대법원과 연방법원 판사는 대통령이 임명하며, 대통령은 일종의 사법권이라 할 수 있는 사면권(赦免權)도 갖는다. 한편, 대통령이 임명한 연방 판사는 의회의 비준을 필요로 하며 대법원 판사들은 의회의 탄핵 소추의 대상이 된다. 또한 의회는 사법부의 규모나 예산 및 구조에 관한 결정을 내릴 수 있으며, 하급법원의 항고에 대한 대법원의 재심 관할권(appellate jurisdiction)을 의회가 변경하거나 삭제할 수 있는 권한도 있다. 그리고 법원이 어떤 법률에 대해서 위헌 판결을 내리거나 헌법에 없는 사항에 대하여 판결하는 경우 의회는 새로운 법률을 제정함으로써 이에 대항할 수 있다.

이처럼 미국형 대통령제의 가장 큰 특징은 권력을 행사할 수 있는 주체를 입법, 사법, 행정으로 나누고 이들 기구들이 권력을 공유하면서 상호 견제함으로써 어느 한 기구의 독주를 막는 형태라고 요약할 수 있다.

2. 대통령제의 운영상의 특성

(1) 임기의 고정성

대통령제의 장점 가운데 하나는 일단 대통령에 당선되고 나면 정해진 임기 동안 국정을 이끌어 갈 수 있다는 점이다. 탄핵과 같은 예외적인 상황이 생겨나지 않을 경우, 한번 당선되고 나면 정해진 임기 동안 통치할 수 있는 대통령제는 그만큼 정치적 안정성을 보장할 수 있다.

그러나 이러한 장점은 상황에 따라서는 오히려 단점으로 바뀔 수도 있다. 예컨대 임기 중반 대통령의 무능이 부각되었거나 혹은 급격한 상황의 변화로 다른 자질을 갖춘 지도자가 요구되는 상황이라면 이러한 임기의 고정성은 단점이 될 수 있다. 내각제하에서라면 이러한 문제가 발생했다면 의회의 신임투표나 총리의 교체, 혹은 의회 해산과 총선을 통한 내각의 변화를 통해 보다 쉽게 그 위기를 극복할 수 있다. 이에 비해 대통령제에서는 급격하게 변화하는 상황에서 유연하고 탄력적인 대응이 이뤄지기 어렵다.

그런데 대통령제에서의 임기의 고정성은 정치적 책임성(political accountability)과 관련해서도 문제를 낳을 수 있다. 선거는 공직을 담당할 인물을 선출할 뿐만 아니라, 선출된 공직자의 업무 성과를 평가하고 그에 대한 정치적 책임을 묻는다는 의미도 갖는다. 그런데 우리나라와 같은 단임제에서 대통령은 한번 선출되고 나면 정치적 평가의 대상이 되지 않는다. 대통령에게 두 번의 임기를 허용하면 단임제보다는 나을 수 있지만, 두 번째 임기에서는 단임제와 마찬가지의 문제점을 피할 수 없다. 이로 인해 대통령이 임기 중 선거를 의식하지 않고 소신껏 일할 수 있다는 장점도 있지만 국민의 정치적 평가의 대상이 되지 않기 때문에 자의적이고 독단적인 정책 추진의 가능성도 높다. 즉, 정치적 반응성(responsiveness)과 관련된 문제점도 생겨난다.

대통령제의 임기 고정성과 관련된 또 다른 문제점은 임기 후반기로 가면 갈수록 대통령의 통치력과 정책 추진력이 약화되어 간다는 점이다. 레임덕(lame duck) 현상이 바로 그것이다. 제한된 임기를 갖는 대통령제에서는 단임이든 중임이든 그로 인한 레임덕의 문제는 마찬가지로 존재한다. 임기 말에 가까워질수록 대통령의 권한은 급속도로 약화된다. 의회가 야당에 의해 장악되어 있는 여소야대의 경우 레임덕 현상은 더욱 가속화된다. 사실 대통령의 통치력은 여론의 지지도에 따라 큰 영향을 받는다. 대통령에 대한 여론의 지지도가 높다면 이를 기반으로 의회를 압박하여 의회가 주저하는 사안에 대해서도 동의를 이끌어 낼 수 있는 반면, 대통령의 인기가 낮아지게 되면 대통령이 의지를 관철하기가 쉽지 않다. 그런데 임기 후반으로 갈수록 대통령에 대한 기대감은 줄어들 수밖에 없고 지지율도 낮아지는 것이 일반적이다. 이처럼 임기의 고정성으로 인해 대통령은 "오늘은 신의 뜻에 의해 나타난 인물로 칭송을 받지만, 내일은 마치 추락한 신들처럼 저주를 받게 되는"(Linz and Valenzuela, 1994: 29) 경우가 종종 생겨난다.

대통령제하에서 임기의 고정성은 안정적 통치와 소신에 따른 정책 추진, 그리고 권력의 집중과 1인 장기독재라는 위험성을 배제할 수 있게 한다는 점에서 장점을 갖지만, 동시에 경직성에서 비롯되는 문제, 정치적 책임성과 반응성의 약화, 임기 말 통치력의 누수를 불가피하게 한다는 점에서 문제점도 동시에 지니고 있다.

(2) 이원적 정통성(dual legitimacy)

대통령제의 원활한 작동과 관련하여 가장 중요하고 심각한 영향을 미칠 수 있는 것이 '이원적 정통성(dual legitimacy)'의 문제이다. 대통령제에서는 국민들의 직접 선거를 통해 대통령을 선출하고 또 별도의 선거를 통해 의회도 구성하는 만큼 대통령과 의회의 두 기구가 모두 국민들로부터 직접적으로 권한을 위임받은 구조를 갖고 있다. 이를 이원적 정통성이라고 한다.

그런데 대통령과 의회가 서로 대립하는 적대적인 관계가 되면 이 두 기구간의 정치적 갈등과 마찰로 인해 안정적이고 효과적인 통치에 부정적인 영향을 미칠 수 있다. 대통령이 소속된 정당이 의회 내 다수당인 경우, 즉 여대야소(與大野少) 혹은 단점정부(unified government)인 경우에는 의회와 대통령간의 갈등이나 마찰은 그리 크지 않을 수 있다. 그러나 의회를 야당이 장악하는 여소야대(與少野大), 곧 분점 정부(divided government)의 상황이 되면 대통령과 의회 간 갈등이 발생할 수 있다. 즉 정통성을 부여받은 두 기구를 서로 다른 정당이 장악할 때, 이들 간의 정치적 대립이 대통령과 의회간의 갈등이라는 기구간의 마찰과 갈등으로 발전되어 갈 수 있다.

그런데 과거 미국에서는 분점정부의 출현에도 불구하고 그것이 대통령과 의회 간 심각한 정치적 교착 상태로 이어지는 경우가 많지 않았다. 이는 미국 정당의 약화와 관련이 있다. 미국에서는 조직으로서의 정당이 약한 편이라서 의원들은 당의 통제나 지시로부터 자유로운 편이다. 선거 운동 역시 후보자 중심으로 행해진다. 더욱이 후보자의 선정이나 정치 자금의 마련도 예비 선거나 개인 후원회와 같이 후보자 개인을 중심으로 이뤄지고 있기 때문에 정당 조직에 대한 의존도는 낮다. 또한 의회에서는 중요한 사안에 대해서는 당론에 따르는 것이 아니라 호명 투표(roll-call voting)를 행하기 때문에 개별 의원의 투표 결과가 그대로 유권자들에게 공개된다.

이런 상황하에서는 의회와 대통령간의 갈등이 대통령의 이니셔티브에 의해 해소될 수 있다(이하 논의는 강원택, 2005: 339-341). 과거 미국에서는 대통령과 의회 간의 갈등을 대통령이 정책 사안별로 의회 내 개별 의원들을 접촉하여 설득함으로써 적극적으로 정책에 대한 지지를 이끌어 내는 방식으로 해결했다. 그런데 이러한 방식의 갈등 해결이 가능하기 위해서는 대통령이나 의회 의원들 모두 정당의 정책적 혹은 이념적 입장으로부터 어느 정도 자유로워야 한다. 의원들은 소속 정당의 통제에서 비교적 자유롭기 때문에 의원 자신의 소신이나 정치적 이해관계에 따라 표결 시 자신의 입장을 결정할 수 있다. 한편 대통령은 의회 의원의 해당 선거구의 주민들이 원하는 것을 들어주는 대신 자신이 원하는 법안에 대한 지지를 이끌어 낼 수 있다. 따라서 대통령을 중심으로 문제를 해결하려는 미국형 대통령제의 갈등 해소 방식은 무엇보다 약한 정당의 존재를 전제로 하고 있다. 두 기구간의 갈등 해소를 위한 대통령의 이니셔티브가 가능했던 까닭도 약한 당 규율로 인해 소속 정당과 무관하게 개별 의원들과 설득, 타협, 거래를 통해 지지를 이끌어 낼 수 있었기 때문이다. 그러나 최근 미국 사회의 정파적 양극화 현상은 정당 정치를 강화시켰고 이는 또다시 대통령과 의회라고 하는 정통성을 갖는 두 기구간의 갈등으로 비화되고 있다.

이원적 정통성으로 인한 대통령과 의회간의 갈등은 또 다른 한편으로는 포퓰리즘(populism)의 문제와도 관련된다. 대통령의 포퓰리즘에 대한 유혹은 이원적 정통성으로 인한 대통령과 의회간의 갈등이 쉽게 해결되지 않는다는 사실과 관련이 있다. 비협조적이거나 비타협적인 야당이 주도하는 의회와의 대립 상황에서 의원들에 대한 설득을 통해 교착 상태를 풀어낼 수 없다고 판단된다면 대통령은 의회를 우회하여 국민들을 직접 상대하며 자신이 추구하는 정책의 타당성과 정당함을 알리는 방식으로 자신의 뜻을 관철하고자 하는 시도를 할 수 있다.

이처럼 대통령제에서는 이원적 정통성으로 인한 갈등이 적절히 해소되지 않는다면 대통령과 의회 간 극단적인 대립으로 정치적 불안정이 생겨날 수 있다. 의회가 정국을 주도한다면 대통령을 탄핵할 수 있고, 대통령이 인기가 높다면 포퓰리즘에 의존할 수 있고, 장기간 정국의 불안정이 이어진다면 과거 남미에서처럼 군부 쿠데타가 발생할 수도 있다. 그런 점에서 안정적 대통령제의 운영을 위해서는 이원적 정통성으로 인한 제도적 갈등을 원만히 해결하는 것이 매우 중요하다.

(3) 국가 원수와 행정 수반: 직책 간의 갈등

대통령제에서 대통령의 지위는 기능적으로 두 가지로 나누어 살펴볼 수 있다. 하나는 행정부의 수반(head of government)으로서의 역할이며 또 다른 하나는 국가 원수(head of state)로서의 역할이다. 전자는 내각을 이끌면서 국가의 주요 정책을 수립하고 집행하는 기능의 최고 책임자로서의 역할을 말하는 것이며, 후자는 대외적으로 국가를 대표하고 대내적으로 국가 통합의 상징으로서의 최고 권위의 역할을 의미하는 것이다. 이와 달리 내각제에서는 총리는 행정부의 수반이며, 국가원수의 권한은 국왕, 대통령 혹은 총독에게 부여되어 있다.

그런데 우리나라와 같은 대통령제에서 나타나는 한 가지 문제는 이러한 행정부 수반으로서의 역할과 국가 원수로서의 역할이 서로 충돌할 수 있다는 사실이다. 그 원인은 두 역할이 대표하는 정치적 대상이 다르기 때문이다. 국가 원수로서 대통령은 국가 통합의 상징으로 전 국민을 대표하는 역할이 기대되는 반면, 행정수반으로서 대통령의 역할은 정파적인 특성에서 완전히 벗어나기 어렵다.

이러한 문제점은 특히 선거라는 대통령의 선출 절차를 고려할 때 더욱 분명하게 드러난다. 대통령 선거에서는 각 정당은 자기 정당을 대표하는 후보자를 공천한다. 그런데 선거운동 과정에서 각 후보가 제시하는 선거 공약은 근본적으로 '국민 모두'를 만족시킬 수 있는 성격의 것은 아니다. 정치가 사회적인 가치의 권위적 배분이라는 고전적인 정의를 생각해 볼 때, 희소한 가치에 대한 배분 방식이나 우선순위의 설정은 기본적으로 갈등적일 수밖에 없기 때문이다. 저소득층이나 사회적인 약자를 우선시하면 그만큼 부자들의 부담은 커질 것이고 국방을 강조하게 된다면 복지나 교육에 부여되는 예산액은 줄어들게 된다.

그런데 문제는 일단 대통령으로 선출되고 나면 선출 과정에서의 정파적 지지 호소와 무관하게 '모두의 대통령'으로 국정을 이끌어 주기를 기대하게 된다는 점이다. 이는 대통령이 지닌 국가원수로서의 역할을 강조하는 것이다. 선거라는 정파적 경쟁의 과정이 끝이 난 만큼 이제는 국민 모두를 위한 통치를 하라는 것이다. 이는 당연한 요구인 것 같지만, 대통령 선거에서 정파적 지지에 호소하여 대통령이 되었고, 통치 과정에서도 특정 정파적 성향의 국민의 지지도에 의존하게 되는 만큼 정파적 특성에서 완전히 벗어나는 일은 현실적으로 가능하지 않다. 따라서 정파적 특성을 갖는 행정 수반이라는 직책과 통합적 측면이 강조되는 국가원수라는 직책은 근본적으로 갈등적이다.

그런데 미국에서 이와 같은 두 직책 간의 역할 갈등이 그리 심각하게 나타나지 않는다. 그 이유는 세 가지로 정리해 볼 수 있다. 첫째, 대통령은 국가 원수이지만 동시에 정파적 속성을 지니고 있다는 점이 용납된다는 것이다. 실제로 미국 대통령은 자기 정당의 주요 후보에 대한 지원 유세를 다닐 수 있으며 그들의 정치 자금 마련을 위한 후원 행사도 지원한다. 즉 대통령에게 정치적 중립성이나 불편부당한 입장을 강요하지 않는다. 두 번째는 미국이 연방제 국가라는 사실이다. 주 정부와 연방정부간의 권한의 분배로 인해 대부분의 국민들에게 일상생활에서 중요한 행정적 결정은 주 단위에서 내려지게 된다. 따라서 대통령은 행정부의 수반이기는 하지만 대외 관계나 거시 경제 관리에 보다 중요한 역할을 담당하게 된다. 주 수준에서 결정되는 일상적인 정책과 관련된 정치적 갈등에서 벗어나 있게 되어 국가 원수로서의 역할이 보다 강조될 수 있다. 세 번째는 미국의 대통령은 정당을 이끄는 정당의 당수나 지도자가 아니며 대통령의 집권 역시 같은 당 의원들이 정부에 참여하는 정당 정부의 출현을 의미하는 것은 아니라는 점이다. 삼권의 엄격한 분립하에서 대통령의 참모진은 대통령 개인의 참모들일 뿐 '집권당'으로부터 충원되는 것은 아니다. 대통령의 내각은 의회 내의 정당 간 다툼과는 무관하게 존재한다.

(4) 평가

한국 대통령제는 외형상 미국과 비슷해 보이지만, 기원과 제도적 특성에서 미국 대통령제와 많은 점에서 차이를 보인다. 1948년 제헌국회 헌법기초위원회에서는 애당초 내각제를 근간으로 한 헌법을 기초했지만, 이승만의 고집에 의해 대통령제로 갑작스레 바뀌었다. 그 결과 내각제와 대통령제가 혼합된 형태의 정부 형태가 만들어졌다. 제헌헌법에서 만든 대통령제는 대통령과 부통령을 각각 따로 국회에서 간선으로 선출하도록 했고 임기는 4년으로 했다. 그러나 국무총리를 남겨 두었고 총리는 대통령이 지명하고 국회의 승인을 얻도록 했다. 또한 행정부가 법안 제출권과 예산안 제출권을 갖도록 했다. 또한 국회의원이 그 직을 유지하면서 행정부의 장관직을 맡을 수 있도록 했다. 이와 같은 내각제적인 요소는 여러 번의 헌법 개정에도 불구하고 오늘날까지도 변함없이 유지되고 있다.

한국의 대통령제는 외형상으로 미국과 비슷한 대통령제의 형태를 갖고 있다고 하더라도 그 제도적 특성과 운영 방식은 미국과 다른 고유한 특성을 갖고 있다.

제3절 내각제

내각제는 미국 대통령제처럼 특정한 시기에 정치 대표자들이 한자리에 모여 제도를 창안해 낸 결과로 생겨난 것이 아니라, 국왕과 의회 간 갈등과 타협이라는 역사적인 과정을 거쳐 점진적으로 형성되어 왔다. 국왕이 행사해 오던 권력을 민주주의의 발전과 함께 국민의 대표 기관인 의회가 넘겨받게 된 과정이 내각제가 출현한 역사이다.

내각제(cabinet system)는 의원내각제 혹은 의회제(parliamentary system, parliamentarism)라고도 부르는데, 영국, 독일, 스페인, 이탈리아 등 대부분의 유럽 국가, 호주, 뉴질랜드와 같은 오세아니아 국가, 그리고 일본, 인도, 말레이시아 등 아시아 국가, 그리고 북미 지역의 캐나다 등 세계적으로 폭넓게 채택되고 있다. 대통령제에서는 대통령과 의회 선거가 각각 별도로 치러지는 것과는 달리, 내각제에서는 의회를 구성하기 위한 단 한 번의 선거만으로 입법부뿐만 아니라 행정부도 구성한다. 따라서 내각제에서는 의회가 유일한 민주적 정통성을 가지며, 대통령제에서 분점정부로 인한 의회 권력과 행정 권력 간의 갈등이나 마찰은 생겨나지 않는다.

내각제에서는 내각을 이끄는 총리(prime minister)가 실질적인 통치의 중심인데, 미국형 대통령제가 권력의 분산이라는 특성을 갖는다면 내각제는 권력의 융합(fusion of powers)이라는 특성을 갖는다. 의회 권력을 장악해야 행정 권력도 차지할 수 있다는 점에서 내각제는 권력 융합의 특성을 갖는다. 즉 행정 권력은 의회로부터 나오며 의회에 대해서 책임을 진다. 의회를 기반으로 행정 권력을 장악하게 되므로 총리와 각료들은 의회의 의원직을 유지하면서 행정부의 직책을 맡는 것이 보통이다. 또한 총리가 이끄는 행정부와 의회의 집권당은 서로 일체감을 갖고 있으며 의회 내 입법 과정에서 내각을 지원하는 역할을 한다. 이처럼 내각제에서는 행정 권력이 의회 내

다수 의석에 기초해 있기 때문에 정당 내부의 반발만 크지 않다면 행정부에서 의회에 제출한 법안은 대부분 큰 어려움 없이 통과될 수 있다.

의회는 이처럼 행정 권력을 만들어 내지만 동시에 내각을 실각시킬 수도 있다. 의회는 내각에 대한 불신임을 결의할 수 있다. 의회의 내각 불신임 권한은 대표성의 측면에서 본다면 국민의 대의 기구인 의회를 통해서 행정부가 국민에게 책임을 지게 함으로써 민주적 책임성(democratic accountability)을 보장하는 것이라고 할 수 있다(안순철, 2004: 118). 즉 불신임 결의는 의회가 내각의 실정이나 무능에 대해 정치적 책임을 지도록 강요하는 것이다. 불신임의 가능성이 상존하기 때문에 내각은 그만큼 더 여론의 향방과 요구에 적극적으로 대응하게 된다. 그런 점에서 내각제에서는 정치적 반응성(responsiveness)도 높다. 그러나 의회가 내각을 불신임하게 되면 총리가 의회를 해산하고 다시 총선을 치름으로써 의회 구성을 변화시킬 수 있다는 정치적 부담도 의회에 동시에 주고 있다.

한편 총리가 먼저 의회에 신임 투표를 요구할 수도 있다. 내각제 국가에서는 중요한 법안, 특히 예산 법안에 대한 투표는 현 내각에 대한 신임투표로 간주하는 경향이 있다. 신임 투표가 부결이 되면 불신임으로 간주하여 내각은 사퇴해야 한다. 총리가 의회를 해산하면 총선을 통해 궁극적인 책임의 소재나 판단을 국민에게 최종적으로 묻게 된다.[2]

1. 집단의 통치

내각제의 특징 가운데 하나는 정당의 역할이 중요하다는 점이다. 대통령 개인이 집권하게 되는 대통령제와는 달리 내각제는 정당이 '집단적으로' 집권하는 것이기 때문이다. 즉, 내각제에서는 의회 내에서 다수 의석을 차지한 정당 혹은 정당 연합이 권력을 담당하게 되는 것이므로 정부 구성 역시 정당을 중심으로 이뤄지며 정치적 책임 역시 내각이 공동으로 지게 된다. 이 때문에 내각의 각료는 집권당 소속 의원들이 맡는 것이 일반적이다.

---

2 여기서 노르웨이가 예외적인 사례인데 노르웨이 의회는 4년의 고정된 임기를 채우지 않은 채 조기 총선을 치르는 것을 금하고 있다.

이러한 특성을 잘 보여주는 것이 내각제 국가의 '집단 책임의 원칙(collective responsibility)'이다. 이 원칙은 정부가 결정한 주요 정책은 해당 부서를 담당하는 개별 장관들이 결정하고 책임지는 것이 아니라 내각 전체가 집단적으로 공동의 책임을 진다는 것이다. 비공개 회의나 토론 과정에서는 개별 각료가 서로 다른 의견을 가질 수 있지만 내각에서 결정한 주요 사항에 대해서는 대외적으로는 각료들이 모두 동일한 의견을 표명해야 한다는 것이다. 내각이 내린 어떤 결정에 대해 각료가 자신의 소신과 달라 반대하고자 한다면 각료직을 먼저 사임하고 그 이후 자신의 반대 입장을 공개적으로 밝혀야 한다. 이러한 관행이 마련된 것은 역사적으로는 국왕과의 대립으로부터 의회가 발전해 온 역사적 과정과 연관을 갖는다. 즉 내각이 내부적으로 의견이 갈리고 분열된 모습을 왕에게 보여줌으로써 내각에 대한 왕의 영향력이나 통제력이 강화되는 것을 피하기 위해 이런 원칙이 생겨나게 된 것이다(Gay and Powell, 2004: 8).

내각제 국가 중에는 정당을 정치적 평가의 대상으로 삼는 선거제도를 취한 곳이 많다. 즉 선거에서 개별 후보를 선택하는 것이 아니라 정당 명부식 비례대표제로 의회 의원을 선출하는 것이다. 그러나 소선거구 단순다수제 선거제도를 갖는 영국에서도 유권자들은 투표 결정에서 개별 후보자보다 소속 정당을 보다 중시한다. 이처럼 내각제에서는 정당이 선거운동의 주체가 되고 정치적 평가의 대상이 되므로, 당내 일체감을 유지하기 위해 당의 규율을 유지한다는 것은 매우 큰 의미를 갖는다.

내각제에서는 정치적으로 성장하기 위해서도 정당 내에서의 활동이 중요하다. 많은 내각제 국가에서 내각의 각료는 대부분 현직 의원으로 충원된다. 당내에서 역량을 인정받아야만 각료로 뽑힐 수 있는 것이다. 따라서 정치적으로 성공하려면 정치적 역량을 당내에서 검증 받고 또 당 지도부로부터도 호감을 받는 것이 매우 중요하다. 내각제에서는 대통령제에서와 달리 그동안 정치적으로 검증되지 않았거나 알려지지 않았던 의외의 인물이 갑자기 정치적으로 부상하는 일은 생겨나기 어렵다.

내각제의 또 다른 특성은 정치 상황의 변화에 유연한 대응이 가능하다는 점이다. 특히 대통령제와 같은 임기의 고정성으로 인한 문제점은 발생하지 않는다. 내각제에서는 임기와 무관하게 총리를 교체할 수 있기 때문이다. 총리가 교체되는 경우는 세 가지 형태가 있다. 첫째, 야당 혹은 야당 연합이 의회에 불신임 결의안을 제출하여 이를 통과시키는 경우이다. 불신임 결의가 통과되면 내각은 사퇴해야 한다. 둘째, 의회의 불신임 결의는 없었지만, 연립정부에 참여한 일부 정당이 연립에서 탈퇴하고 내각에 등을 돌림으로써 의회 내 과반 의석 확보가 어렵게 되어 내각이 실각하는 경우이다. 그러나 집권당이 다른 정당을 연립에 끌어들일 수 있다면 내각은 유지될 수도 있다. 셋째, 집권당 내에서 당수를 교체하는 경우이다. 앞의 두 경우는 대체로 내각의 붕괴가 의회의 해산으로 이어지고 선거를 통해서 권력의 교체 여부가 결정되지만, 이 방식은 집권당 내에서 자체적으로 대응하는 경우이다. 즉 총리나 내각에 대한 여론의 지지도가 급락하여 집권당이 정치적 위기에 직면했을 때 집권당은 총선을 치르지 않고 단지 총리만을 다른 인물로 교체함으로써 그 정치적 위기를 극복해 낼 수 있다. 이런 일이 가능한 것은 집권의 주체가 정치지도자 개인이기보다 집단으로서의 정당이기 때문이다.

2. 내각제의 유형

내각제는 나라마다 그 운영 방식에 있어서 적지 않은 차이점이 존재한다. 사르토리(Sartori, 1994: 108)는 내각제의 유형을 내각과 의회간의 관계에 따라 세 가지로 구분하였는데, 내각 우위형(cabinet system), 의회 우위형(assembly system), 정당 우위형(party-controlled parliament) 등 세 가지로 나누었다. 내각 우위형은 내각이 의회를 압도할 정도의 강한 권력을 갖는 내각제 형태로 대표적인 국가로 영국을 들었다. 의회 우위형은 내각 우위형과는 정반대로 의회가 주도권을 장악하고 있으며 내각은 의회에 휘둘려 무기력한 상태로 놓이는 경우를 지칭하는 것이다. 프랑스의 제3공화국이나 제4공화국이 이러한 형태의 예가 될 수 있다. 정당 우위형은 이러한 극단적인 두 경우의 중간 형태로 정당이 의회를 통제하는 유형이다. 주도적인 정당이 있거나 의회 내에서 정당이 일정한 결속력을 갖고 소속 의원들에 대해 엄격하게 통제하는 형태를 말한다. 그러나 이러한 구분은 내각제의 운영상의 특성을 비교하기 위한 일종의 이상형(ideal type)이며 실제로는 이렇게 단순화하기는 어렵다. 예컨대 독일은 의회가 내각에 대한 불신임 권한을 갖고 있지만 총리는 의회 해산권이 없다. 이런 점에서만 본다면 의회 우위형일 것 같지만, 독일의 내각제는 총리가 매우 강한 권한을 갖는 내각 우위형의 특성을 갖는다.

한편, 사르토리(Sartori, 1994: 102-104)는 총리가 내각의 일반 각료들과 비교하여 행사할 수 있는 권한의 정도에 주목하여 내각제하의 총리의 위상을 다음의 세 가지로 구분하였다.

① 동등하지 않은 권한을 갖는 각료 중 어느 누구 보다 우위에 있는 존재(first above unequals)
② 동등하지 않은 권한을 갖는 각료들 가운데 으뜸(first among unequals)
③ 상호 동등한 각료들 가운데 으뜸(first among equals)

첫 번째 형태는 영국 총리의 경우를 상정한 것이다. 총리는 집권당의 지도자이며 다른 각료들에 비해 명백히 우위에 놓여 있고 각료 임명이나 교체도 비교적 자유롭게 행한다. 즉 총리는 다른 각료들과 동료의 관계이기보다 보스(boss)라고 할 수 있다(김종완, 1998: 176). 두 번째 형태는 독일 총리의 경우를 상정한 것이다. 독일 총리 역시 강한 권한을 지니고 있다. 바이마르 공화국 실패의 한 원인이 대통령과 총리의 애매한 권력 공유였다는 반성으로부터 대통령의 권한을 약화시키고 그 대신 총리에게 강력한 권한을 부여했다. 총리는 다른 각료들에 비해 독립적인 지위를 가진다. 독일에서 총리는 반드시 집권당의 당수일 필요는 없다. 그런 만큼 소속 정당 내 정책을 둘러싼 갈등이 존재하더라도 상대적으로 자유롭게 처신할 수 있다. 이는 정당의 지도자이면서 동시에 내각의 총리가 됨으로써 권위를 독점하는 영국의 총리제와는 다른 형태이다. 또한 영국이 단일정당이 내각을 구성하는 데 비해 독일은 연립정부가 일반적이므로 그런 차이도 두 나라 총리 권한의 차이를 만든다.

세 번째는 이 두 국가를 제외한 다른 내각제 국가에서 일반적으로 발견되는 총리 형태이다. 여기서 내각은 하나의 팀이며 내각의 각료 선정은 총리의 일방적 선택의 결과가 아니라 '강요된(imposed)'(Sartori, 1994: 103) 경우가 많아서 총리는 이들에 대해서 강한 통제권을 행사하기 어렵다. 특히 여러 정당이 참여한 연립내각을 이끄는 총리는 다른 각료들에 비해 압도적으로 우월한 지위를 차지하기는 어렵다. 이런 형태하에서는 총리라고 하더라도 다른 각료들과의 타협과 합의에 의해 내각을 이끌어 갈 수밖에 없다.

3. 연립정부형 내각제

영국을 제외하면 내각제를 채택하고 있는 유럽의 많은 국가들 중에서 단일 정당이 독자적으로 내각을 구성하는 경우는 매우 드물다. 오히려 두 정당 이상이 함께 내각을 구성하는 연립정부(coalition government)가 보다 일반적이다. 연립정부가 생성되는 까닭은 영국과는 달리 어느 정당도 단독으로 과반 의석을 차지하지 못하기 때문이다. 대부분의 유럽 국가가 비례대표제 선거제도를 채택하고 있기 때문에 한 정당이 선거에서 50% 이상을 득표하지 못하면 독자적으로 의회 내 과반수 의석을 얻을 수 없다.

그러나 이러한 연립정부의 구성은 개별 국가의 정치적 특성과도 긴밀한 관련이 있다. 예컨대, 사회적 구성이 동질적이지 않은 국가에서는 한 정당이 권력을 독식하는 것은 정치적 불안정을 초래할 수 있다. 종교, 이념, 문화, 인종 혹은 민족의 차이에 따라 하위사회가 분열되어 있는 곳에서는 다수의 지배를 전제로 한 영국의 단일 정당 정부 형의 내각제는 소수파의 정치적 소외와 불만을 낳을 수 있다. 따라서 이와 같은 다원적 사회 혹은 정치적, 사회적 균열이 중층적인 사회에서는 다수의 지배보다, 합의와 수용 그리고 권한의 공유와 같은 가치를 더욱 중시하게 마련이다(Lijphart, 1985: 31-33). 그런데 다른 정당과의 협력을 통해 연립정부를 구성한다는 것은 정국 운영에서 어느 정도의 타협과 양보를 불가피하게 한다.

연립정부형 내각제에 대해 자주 제기되는 비판은 내각의 안정성이 낮다는 것이다. 즉 여러 당이 함께 참여하기 때문에 정당 간 이견이나 갈등이 생겨나기 쉽고, 그만큼 내각의 지속성과 안정성도 떨어진다는 것이다. 그러나 연립정부라고 해서 반드시 불안정하다고 보기는 어렵다. 독일은 전후 연립정부를 기본으로 해서 유지되어 왔지만 안정을 유지해 왔다. 또한 과거에 거의 완벽한 양당제적 웨스트민스터 형 내각제를 유지해 왔던 뉴질랜드는 독일식의 연동형 비례대표제로 선거제도를 바꾼 후 연립정부 형으로 정부 구성이 바뀌었지만 안정적인 민주주의 체제를 유지하고 있다. 이러한 사례들은 연립정부 자체가 정치적 불안정의 근원으로만 보기는 어렵다는 점을 잘 보여주고 있다. 실제로 연립정부에 의존하는 스웨덴, 노르웨이, 핀란드, 덴마크, 벨기에, 네덜란드, 룩셈부르크, 이탈리아, 터키, 이스라엘 등 대단히 많은 국가들이 안정적인 민주주의를 유지해 오고 있다.

그런데 연립정부의 출범은 어떤 정당도 과반 의석을 차지하지 못할 때 정부 구성을 위한 불가피한 선택의 결과이지만, 그렇지 않은 경우에도 생겨날 수 있다. 전쟁이나 심각한 정치적, 경제적 위기가 닥치는 경우에 모든 정당이 함께 연립에 참여하거나 경쟁관계에 있는 거대 정당간 연립이 형성되기도 한다. 이를 대연정(Grand Coaltion) 혹은 국민통합정부(National Unity Government)라고 부른다.

4. 소수파 정부(minority government)

내각제에서는 의회 내 다수 의석 확보를 통해 집권하는 것이지만, 현실적으로는 절반 이하의 의석으로 집권하는 경우도 적지 않다. 스트롬(Strom, 1990: 58-59)은 1945년부터 1987년까지의 기간 동안 내각제를 채택한 15개 국가들을 대상으로 조사한 결과 그 시기에 출현했던 345개 내각 가운데 35%에 달하는 125개의 사례가 소수파 내각(minority government)이었다고 지적했다. 특히 노르웨이, 스웨덴, 덴마크 등 스칸디나비아 국가에서는 소수파 내각이 과반수 의석에 의존한 다수파 내각보다 오히려 더욱 자주 나타났다.

구체적으로 소수파 내각의 출현이 가능한 몇 가지 경우를 생각해 볼 수 있다. 첫째, 정당간 의석 분포와 이념 분포에 따른 불가피한 경우이다. 즉 연립정부에 참여하지 않는 야당들 간의 이념적 거리가 너무 커서 반(反)연정으로 입장을 쉽게 통일할 수 없는 경우이다. 예컨대 〈표 1〉에서 보듯이, 극우정당 A, 강경 보수 정당 B, 온건보수 정당 C, 중도정당 D, 온건진보 정당 E, 강경 진보 정당 F, 그리고 극좌정당 G 등 7개의 정당이 존재할 때, 정당 C와 D간에 연립정부가 형성이 되었다고 가정하자. 이들의 의석은 전체 의석의 45%에 불과하며 연립정부에 참여하지 않는 야당들의 의석은 55%가 된다. 야당들이 연립정부를 무너뜨리려고 마음만 먹는다면

▮표 1 소수파 정부 구성의 예

	극우정당 A	강경우파 B	온건우파 C	중도정당 D	온건좌파 E	강경좌파 F	극좌정당 G
의석 비율	10	15	20	25	10	10	10

얼마든지 가능한 상황이다. 그러나 현실적으로는 A, B의 정당들과, E, F, G의 정당들 간 이념적 차이는 너무 크다. 그 가운데서도 극우정당 A와 극좌정당 G가 서로 협력할 가능성은 매우 낮다. 유사한 이념 블록 내에서라고 해도 극단적 입장을 취하는 정당과의 협력은 용이하지 않다. 예컨대 좌파 정당들이라고 해도 온건한 입장을 갖는 사회당이 극좌적 입장을 취하는 공산당과 같은 정당과 협력하기란 쉽지 않다. 이처럼 소수파 정부가 의회 내 의석수가 절반을 넘지 못하더라도 생존해 갈 수 있는 까닭은 야당들 역시 정당의 정체성이나 지지 기반이 이념적으로 혹은 정책이나 지역적으로 분열되어 있기 때문이다.

두 번째는 소수파 내각이더라도 내각 불신임으로 인한 선거에 대한 부담이 각 야당이 서로 각기 다르기 때문이다. 불신임 투표가 통과되면 의회가 해산되고 총선을 치르게 된다. 그러나 당시의 여론의 지지도나 정당 내부의 여러 가지 상황으로 인해 다가올 선거에 대한 입장은 정당마다 각기 다르다. 어떤 정당은 유리하겠지만 또 다른 정당에게는 오히려 지금보다 불리한 결과가 예상될 수도 있다. 미래의 결과가 불투명하다면 소수파 내각이라도 선별적으로 지원하면서 현상유지를 추구해 나갈 수밖에 없다.

세 번째 경우는 이념적으로, 정책적으로 매우 유사한 입장을 갖는 정당과의 연립을 통해 안정적인 과반 의석을 확보할 수 있지만 그 정당이 내각에 참여하기는 꺼리면서 외부에서 느슨한 형태로 지원해 주는 경우이다. 실제로 이는 스웨덴 사회당의 장기집권의 중요한 한 원인인데 20세기 중반까지는 농민당, 1968년 이후에는 공산당, 그리고 최근에는 녹색당 등으로부터 '비공식적인' 협력을 통해 소수파인 경우에도 권력을 유지해 올 수 있었다.

내각제 국가에서 안정적인 집권을 위해서는 의회 내 과반 의석의 확보는 매우 중요하다. 집권당이나 집권연립의 의석수가 안정 과반수를 확보하면 그만큼 정책 수립과 집행은 용이해질 것이다. 그러나 이러한 '원칙'은 절대적인 것은 아니다. 소수파 내각이라고 하더라도 반드시 일시적이고 예외적인 존재가 아니라 경우에 따라서는 안정적인 통치를 행할 수도 있는 것이다.

5. 내각제에서 국가 원수

대통령제에서는 대통령이 국가 원수와 행정 수반의 역할을 동시에 수행하게 되지만, 내각제에서 이 두 가지 기능은 분리되어 있다. 내각제에서 총리는 행정 수반의 역할만을 담당하고 있으며 국가 원수는 겸직하지 않는다. 국가 원수는 세습에 의해 왕이 맡는 입헌군주제 방식과 대통령을 선출하여 국가 원수로 삼는 두 가지 경우로 나눠볼 수 있다.

영국, 일본, 스페인, 네덜란드, 노르웨이, 스웨덴, 벨기에, 태국 및 캐나다, 호주, 뉴질랜드에서 국가 원수는 세습 군주가 담당하고 있다. 이 가운데 흥미로운 사례가 캐나다, 호주, 뉴질랜드 등 영국 연방 국가들이다. 영 연방 국가들 가운데 다수는 여전히 영국 국왕을 자기 나라의 국가 원수로 삼고 있다. 그러나 일상적인 국가 원수로서의 업무를 영국에 살고 있는 국왕이 행할 수 없기 때문에 총독(governor general)을 따로 두어 국왕의 역할을 대신하도록 하고 있다. 한편 독일, 이탈리아, 아일랜드, 그리스, 오스트리아, 아이슬란드 등은 선출된 대통령을 국가 원수로 하는 권력 구조를 갖고 있다. 대통령의 선출 역시 직선과 간선 등으로 국가마다 각기 다른 방식이 존재한다. 아일랜드, 오스트리아, 포르투갈, 아이슬란드, 핀란드 등에서는 대통령을 국민의 직선으로 선출하지만 독일, 이스라엘, 이탈리아, 그리스 등에서는 간선으로 대통령을 뽑는다.

이처럼 내각제에서 행정 수반과 국가 원수의 역할을 분리하고 국가 원수는 대체로 형식상의 최고지도자에 그치는 경우가 많다. 총리에 대한 임명이나 법률의 선포는 대통령이나 국왕과 같은 국가 원수의 권한으로 규정되어 있지만 사실상 의회에서 총리의 주재하에 결정된 사항을 형식적으로 재가해 주는 경우가 일반적이다. 그러나 형식적인 권한이라고 하더라도 정치적으로 미묘한 시기에는 대통령이 어떤 결정을 내리는가에 따라 정치적인 영향력을 행사할 수 있는 경우도 있다. 예를 들면 아일랜드의 대통령은 의회에서 통과된 법안의 위헌 여부를 가리도록 대법원에 법안을 회부할 수 있다. 또한 총리가 의회에서 불신임을 당해 의회를 해산하고 총선거를 치르려고 할 때 총리의 의회 해산 요구를 거부할 수 있다. 이탈리아에서는 총리가 사임을 표했을 때 대통령은 다른 정치 지도자에게 조각(組閣)을 청하거나 의회를 해산하고 총선을 치르도록 선택할 수 있다. 대개 이러한 결정은 집권 연립 정당들의 합의에 따르는 것이 일반적이다. 그러나 합의가 제대로 이뤄지지 않거나 정당 간 이견이 커서 장시간 동안 새로운 연립 구성이 되지 않는 경우라면 예외적으로 대통령이 결정을 내릴 수도 있다.

대통령이든 국왕이든 내각제하에서 국가 원수는 국민 통합의 상징과 대외적으로 국가를 대표하는 국가 원수의 역할과 대내적으로 실질적인 정책 결정과 집행과 같은 행정부의 수장의 역할은 엄격히 구분된다. 행정 권력은 총리와 내각이 장악하게 된다. 이 두 가지 역할을 원천적으로 분리하고 있기 때문에 그만큼 정책 집행이나 추진으로 인해 생겨난 정치적 갈등이 국가 통합이나 체제의 위기로 이어질 가능성은 줄어든다고 볼 수도 있다. 곧 총리가 정치적 곤경에 처하게 되더라도 그것은 헌정 체제의 위기가 아니라 내각의 위기일 뿐이기 때문이다.

6. 평가

대통령제와 비교할 때 내각제의 강점은 역시 제도적 유연함이다. 내각제에서는 의회와 대통령 사이의 갈등과 교착 상태가 생겨날 수 없으며 그로 인한 정치적 불안은 조성되지 않는다. 민주적 정통성이 의회에만 주어져 있고 입법권과 행정권이 상호 융합되어 있기 때문이다. 또한 대통령제 국가에서는 대통령의 고정된 임기가 체제의 경직성으로 이어질 수 있지만, 내각제의 경우 총리나 내각의 지지율이 급락하거나 실정(失政)이 거듭되면, 의회 해산 후 총선을 치르거나, 집권당 내에서 총리를 교체하거나, 혹은 연립정부의 파트너를 교체함으로써 이러한 상황에서 벗어날 수 있다. 물론 너무 잦은 내각의 교체는 체제의 안정성을 해칠 수도 있지만 임기의 고정으로 인한 경직성의 문제는 없다.

내각제에 대한 가장 큰 비판은 제도적으로 약하고 불안정하다는 것이다. 우리나라에서 이런 인식을 갖게 한 중요한 원인은 아마도 내각제였던 제2공화국의 단명 때문이었을 것이다. 이와 함께 군사 쿠데타로 제2공화국을 무너뜨렸던 박정희 정권 역시 집권을 정당화하기 위한 차원에서 내각제의 불안정성을 많이 강조하였다. 그러나 비교정치적으로 볼 때 내각제의 불안정성에 대한 가장 대표적인 사례로 많이 이야기되는 것은 프랑스의 3, 4공화국일 것이다. 프랑스 3공화국(1870~1940) 시절에는 70년의 시간동안 무려 104회의 내각이 교체되었고, 4공화국(1946~1958) 기간 12년 동안 모두 25개 내각이 존재했다. 내각이 정치적으로 안정되지 못했기 정부가 효율적으로 국정을 이끌지 못했으며 새 내각이 출범하더라도 오래지 않아 정국의 혼란으로 이어지곤 했다.

내각제에서 정치적 불안정은 과반 의석을 통한 안정적 내각을 만들어내지 못하는 경우이거나, 집권당의 내부 갈등이 커서 결속력을 갖지 못하고 분열하는 경우이다. 전자의 경우는 지나치게 많은 정당이 난립하여 안정적으로 연립이 형성되는 것을 어렵게 하는 경우이다. 후자의 경우는 1960년 제2공화국 때의 장면 내각처럼 집권당이 신파, 구파로 갈려 안정적 리더십과 결속력을 갖지 못하는 경우이다. 정당체계가 온건 다당제를 취하고 정당의 기율과 정체성이 강하게 유지되는 경우 내각제는 안정적으로 운영될 수 있다.

내각제의 또 다른 특성은 합법적인 '장기집권'이 가능하다는 점이다. 선거를 통해 유권자들의 지지를 확보해 낼 수만 있다면 '정당'을 통한 장기집권이 가능하다. 영국의 보수당은 1979년부터 1997년까지 18년간 집권했다. 그리고 뒤이어 노동당은 1997년 선거에서 승리한 이후 2010년까지 13년 간 집권했다. 연립정부에서도 장기집권은 마찬가지로 확인된다. 독일의 아데나워 총리는 1949년부터 1963년까지 14년 동안, 그리고 콜(Kohl) 총리는 1982년 독일 총리가 된 이래 1998년까지 무려 16년간 집권했다. 스웨덴의 사회민주당은 1932년부터 1976년까지 무려 44년간 연립정부의 형태로 연속해서 집권했다. 이처럼 내각제에서 한 정당 혹은 연립정부의 '장기집권'은 드문 현상이 아니다.

내각제는 행정부를 이끄는 내각과 의회 사이의 상호 의존의 체제이다. 총리가 이끄는 내각은 의회의 다수 세력으로부터 지지를 받지 않으면 권력을 유지할 수 없다. 의회의 불신임 투표로 내각을 물러나게 할 수 있기 때문이다. 그러나 총리 역시 의회를 해산할 권한을 갖는 경우가 일반적이다. 이러한 점은 내각과 의회가 서로의 존립을 상호의존하게 하며 양자가 정치적 교착상태에 빠졌을 때 이를 해결할 수 있는 장치로 기능하는 것이다. 즉 내각을 물러나게 하는 대신 의회를 해산하고 총선을 다시 치름으로써 국민들에게 갈등을 해소할 궁극적인 해결책을 선택하도록 요구하게 되는 것이다. 내각제가 불안정하고 약한 정부를 만들어 내는 제도라고 할 수 없다. 내각제의 성공 여부는 얼마나 안정적으로 의회 내 과반 의석을 확보할 수 있느냐, 그리고 당의 결속력을 유지할 수 있느냐에 달려 있다.

제4절 이원정부제

이원정부제(dual executive system)는 앞서 논의한 대통령제와 내각제처럼 서로 분명하게 구분되는 특성을 찾기가 상대적으로 어렵다. 이원정부제는 외형상 미국의 대통령제와 보다 비슷해 보인다. 이원정부제에서 대통령과 의회는 모두 국민들이 직접 선거를 통해 선출한다. 즉 대통령제처럼 이원적 정통성을 갖는다. 그런데 이원정부제는 미국 대통령제와는 달리 부통령이 없으며 대신 총리가 존재한다. 이원정부제에서 총리의 존재는 큰 의미를 갖는다. 이원정부제로 지칭되는 것은 행정부를 이끄는 지도자가 대통령과 총리로 이원화되어 있다는 의미를 담고 있다. '이원(二元, dual)'이라는 표현이 붙게 된 것은 대통령제이지만 총리 역시 헌법에 규정된 고유 권한을 부여받고 있기 때문이다. 더욱이 총리와 내각은 내각제에서처럼 의회의 신임에 의존한다. 이처럼 이원정부제는 외형상 대통령제에 가깝게 보이지만 그 작동원리는 내각제적인 속성을 많이 포함하고 있다.[3]

그런데 이원정부제가 대통령제와 다른 점은 의회가 내각을 불신임할 수 있는 권한이 주어져 있다는 점이고, 내각제와 다른 점은 대통령이 실질적이고 강력한 권한을 갖는다는 것이다. 강한 대통령의 존재에도 불구하고 총리와 내각이 의회에 구속되기 때문에 이원정부제에서 중요한 점은 누가 총리와 내각을 지명할 수 있는 '실질적인 힘'을 갖느냐 하는 것이다. 공식적으로는 대통령이 총리를 임명하고 총리가 장관을 지명하게 되지만, 야당이 의회를 장악하고 있는 상황에서는 대통령이 자신이 원하는 인물을 총리로 임명할 수 없기 때문이다. 이런 경우에는 의회를 장악한 야당이 총리를 지명하게 된다. 즉 정치적 조건과 상황에 따라서, 대통령과 의회 모

3 이원정부제는 매우 다양한 명칭으로 불려 왔다. 준(準)대통령제(semi-presidential system. Duverger 1980; Sartori 1994: 121－140), 쌍두정부(two-headed executive. Finer 1970: 302), 총리형 대통령제(premier-presidential system. Shugart and Carey, 1992) 등이 그 예이다.

두 총리를 지명할 수 있는 것이다. 이 통치형태의 특성을 살피기 위해서 이 제도의 가장 대표적인 국가인 프랑스의 사례에 대해 살펴볼 필요가 있다.

1. 프랑스의 이원정부제

프랑스의 제5공화국은 이원정부제를 통해 그 이전 제3공화국과 제4공화국의 정치적 불안정을 해결하는 데 주안점을 두었다. 과거 제3, 4공화국은 내각제 형태로서 의회에 강력한 권한이 주어져 있었으나 정당체계의 극심한 분절과 분극화(分極化)로 인해 안정적으로 기능하지 못했다. 정국이 불안정했고 내각의 수명 역시 매우 짧아 정책이 효율적으로 집행될 수 없었다. 따라서 제5공화국 헌법의 기본적인 특성은 제3공화국 이래 지속되어 온 내각제를 폐지함으로써 모든 정치의 중심에 있던 의회를 정치체제의 주변적 위치로 밀어내고 이른바 선출된 제왕(elected monarchy)인 대통령을 중심으로 정치적 안정을 추구하겠다는 것이었다(장훈, 2004: 144). 제5공화국 헌법 제정의 주역들은 과거의 정치적 불안정이 의회의 지나친 개입으로 인해 생겨난 것으로 보았기 때문에 대통령에게 힘을 실어줌으로써 강력한 행정부의 출현을 가능하도록 하고자 했다.

따라서 제도적으로 볼 때 이원정부제에서 가장 주목할 부분은 역시 대통령의 권한 강화와 의회의 약화이다. 우선 총리의 임명권을 대통령에게 부여했다. 이전 제3, 4공화국 시절에는 의회가 총리를 임명했지만 이제는 의회 동의 없이도 대통령이 총리를 임명할 수 있게 되었다. 다만 의회는 내각에 대한 불신임권한을 갖는다. 그러나 불신임안의 요건도 강화하였다. 불신임 동의안은 의원 1/10의 서명을 요구하며 서명자는 남은 회기 중 또 다른 불신임 동의안에 서명할 수 없도록 하였다. 또한 불신임이 가결되기 위해서는 의원 절대 다수의 동의가 있어야 하며 기권도 불신임에 대한 반대표로 간주하도록 하였다(김영태, 2004: 156).

뿐만 아니라 여러 가지 면에서 의회에 대한 행정부의 우위를 규정했다. 헌법 제34조는 의회가 입법할 수 있는 소관 소항을 법으로 명시하여 제한하고 있다. 의회가 입법할 수 있는 사항은 시민의 권리, 국방을 위한 시민의 의무와 부담, 국적·신분·혼인·상속, 형벌, 법원의 신설과 재판관의 신분, 과세·통화발행, 선거제도, 공공법인의 창설, 공무원의 대우, 기업국유화, 세입과 세출 등이며, 이 밖의 영역은 대통령과 행정부의 규칙 명령 사항으로 규정했다. 그리고 의회의 입법 대상 분야라고 해도 목적과 기한을 명시하여 권한을 위임해 주도록 의회에 요청할 수도 있고, 심지어 의회의 의사일정 역시 행정부가 우선 의사일정을 정하고 이를 침해하지 않는 범위 내에서 의회가 보충 의사일정을 정하도록 했다(박찬욱, 2004: 197-198).

의회와 행정부의 관계에 있어서 흥미로운 제도가 내각에 대한 불신임제도이다. 하원은 의원총수의 1/10 이상의 발의와 재적 과반수의 찬성으로 내각을 불신임할 수 있다. 그런데 이 규정을 총리와 내각이 역으로 자신들이 제출한 법안 처리를 위해 활용할 수 있다. 총리가 특정 법안의 통과 여부를 내각에 대한 신임 투표로 규정하면서 법률안을 제출하는 경우, 하원이 48시간 이내에 내각 불신임안을 통과시키지 못하면 이 법안은 자동적으로 통과된 것으로 간주하도록 하였다(임도빈, 2001: 110). 한편 행정부가 제출한 예산 법안에 대한 심의는 하원에서 40일 이내, 상원에서 15일 이내에 처리하도록 되어 있는데, 상·하 양원에 70일 이내에 예산안을 승인하지 않는 경우 자동적으로 행정부에서 제출한 예산 법안이 통과된 것으로 간주하도록 했다.

강한 행정부를 의도한 헌정적 장치이므로 프랑스의 대통령의 권한은 매우 강하다. 대통령은 군대의 총지휘자로서 국가의 안보를 담당하고 국제협약과 같은 외교문제를 책임진다. 대사를 임명한다든지 사면한다든지 하는 국가 원수로서 행할 수 있는 통상적인 권한 이외에도 총리 지명을 통해 사실상 내각을 구성할 수 있는 권한이 있다. 특히 프랑스의 대통령은 의회를 해산하고 새로운 총선을 치를 수 있는 권한도 주어져 있다. 또한 주요 정책에 대해서 의회를 거치지 않고 바로 국민투표에 회부할 수 있는 권한도 주어져 있다.

의회에서 제정된 법안에 대한 거부 권한은 없지만, 비상대권을 통해 입법권을 행사할 수 있다. 비상사태 시 대통령은 사실상 무제한적 전권을 행사할 수 있는 권한이 주어져 있다. 그 이유는 권한의 내용에 대한 규정이 매우 추상적이기 때문이다. '대통령은 상황에 따라 요구되는 조치를 취할 수(takes measures required by the circumstances)' (Finer, 1970: 304) 있도록 되어 있다. 민주주의 정치제도에 대한 안정성이나 합의가 공고하지 않은 곳이라면 이 조항은 집권자에게 언제나 커다란 유혹이 될 수 있을 것 같다. 그러나 대통령이 비상대권을 통해 통치하는 동안에는 대통령은 의회를 해산할 수 없도록 규정하고 있다.

또 다른 흥미로운 특징은 프랑스에서 하원의원은 내각에 참여할 수 없다는 점이다. 이 규정이 포함된 것은 제4공화국 때 일부 의원들이 자신이 내각에 들어가기 위해 현 내각을 일부러 실각시키려고 했던 경험이 있기 때문이다(Finer, 1970: 314). 그러나 현실적으로는 하원의원에 출마한 후보자들은 자신의 측근을 대리의원(Le suppléant)으로 등록시켜 이들이 자신의 의원직을 승계하도록 하고 있다. 장관으로 일하다가 내각에서 물러나게 되면 자신의 측근을 의원직에서 사임하도록 하고 보궐선거에서 다시 의원직을 확보하는 것이다(석철진, 1997: 319). 따라서 실질적으로는 내각제와 매우 유사한 특성을 그대로 지니고 있는 셈이다.

2. 이원정부제의 평가

프랑스의 통치 구조를 이원정부제로 보는 까닭은 헌법에서 대통령과 내각의 권한을 구분해 놓았기 때문이다. 외교, 안보 문제와 관련된 사안은 대통령에게 권한이 주어져 있고, '정부는 국가의 정책을 결정하고 이끌어간다'(헌법 제20조)라고 규정되어 있다. 이 때문에 외교, 안보 등 대외관계 관련 정책은 대통령이 이끌고, 국내 정책과 관련된 사안은 총리가 이끄는 '분권적 대통령제'라는 해석이 나오고 있다.

그러나 프랑스 대통령제는 분권적이지 않다. 드골 헌법은 기본적으로 의회를 약화시키고 행정 권력을 강화하려는 의도를 갖고 있다. 대통령은 정치적 실권을 갖는 최고의 통치자이다. 실제로 대통령은 총리와 각료들을 자기의 뜻에 따라 임명하고 해임시키고 국무회의도 주재한다. 이처럼 총리와 내각에 대한 인사권을 대통령이 갖고 있는 상황에서 대통령의 권한이 외교, 국방 등 일부 영역에만 국한되어 있다고 보기는 어렵다. 대통령은 정당의 지도자이고 총리를 지명하고 내각의 구성에 개입한다는 점에서 내각은 대통령의 내각과 다름없으며 대통령은 총리에 비해 명백히 우월적인 지위에 있다. 헌법 규정상 대통령은 총리를 임명한다. 총리의 해임은 '그가 사직서를 제출할 때'라는 단서가 따른다(헌법 제8조). 그러나 실제로 역대 대통령들은 형식이 어떠하든 자신의 뜻대로 총리를 교체해 왔다. 대통령이 이처럼 총리를 해임할 수 있다는 것은 대통령과 총리가 '권력을 분할'하고 있지 않음을 보여준다.

내각의 다른 장관의 임명이나 해임, 의회의 해산 역시 총리의 제안 혹은 협의를 거치게 되어 있지만 이 역시 형식적인 것이고 기본적으로는 대통령의 뜻에 따라 이뤄진다. 이처럼 프랑스 5공화국 통치형태는 '분권화된' 이원정부가 아니라 대통령에게 권한이 집중된 통치 형태이며, 이런 이유로 일부에서는 이를 두고 반(半)대통령이나 이원정부가 아니라 초(超)대통령제라고 부르기도 한다(조홍식, 1998: 281-282).

그러나 대통령의 이러한 막강하고 우월적인 지위가 가능한 것은 의회 내 다수 의석을 대통령의 정당이 차지하는 경우에 한하며, 여소야대, 즉 분점 정부가 출현하게 되면 상황은 완전히 달라진다. 대통령의 정당(연합)이 의회 내 소수파가 되면 대통령은 현실적으로 총리를 임명할 수 있는 권한을 상실하게 된다. 대통령은 의회의 동의 없이 총리를 임명할 수 있지만, 하원이 총리와 장관에 대한 내각 불신임의 권한을 갖고 있기 때문에 여소야대에서 대통령의 총리 임명권은 제약될 수밖에 없다.

따라서 야당이 의회 내 다수를 점하게 되는 경우에는, 대통령이 아닌 의회가 주도권을 갖고, 의원내각제에서와 마찬가지로, 내각을 구성한다. 즉 의회 내 다수당인 야당이 총리와 내각을 맡게 된다. 대통령과 총리가 각기 다른 정당 소속이 되는 것이다. 이를 '동거정부(cohabitation)'라고 부른다. 동거정부가 되면 사실상 통치 형태가 바뀐다. 이 상황이 되면 대통령이 '통치'한다고 보기 어렵기 때문이다. 동거 정부의 등장은 프랑스의 정치체제가 '대통령제의 특성에서 벗어나게(depresidentialized)(Donald et al., 1998: 180)'된다는 것을 의미한다. 대통령의 외교, 국방에 대한 권한은 헌법에 규정되어 있지만, 헌법 제20조에는 행정부가 책임지는 영역으로 군사 분야를 포함하고 있고 제21조는 총리가 국방에 대한 책임을 진다는 규정도 있기 때문에 사실상 대통령과 총리의 고유 권한에 대한 구분도 분명치 않은 것이 사실이다. 동거정부가 되면 대부분의 국정 운영 책임은 총리와 내각이 지게 되며 대통령의 역할은 크게 제약을 받는다. 사실상 내각제에 가까운 형태로 그 체제의 특성이 변화하게 되는 셈이다.

뒤베르제(Duverger, 1980: 186)의 지적대로, 프랑스의 이원정부제는 대통령제와 내각제가 혼합되어 있는 것이 아니라, 의회를 누가 장악하느냐에 따라 두 통치형태가 때때로 교체해(alternate) 가는 것이라고 할 수 있다. 다시 말해 이원정부제가 대통령과 총리가 동시에 공동으로 정부를 지배하는 방식인 절반의 대통령제, 절반의 내각제로 운영되어 온 것은 아니며, 대부분의 기간 동안 대통령제로 운영되었고 가끔씩 동거정부가 되면 내각제로 운영되었던 것이다(Linz and Valenzuela, 1994: 145). 결국 프랑스의 대통령제는 이원적 정통성의 구조하에서 두 기관간의 갈등 해소의 역할을 의회에 주도적으로 맡김으로써 누가 의회를 장악하느냐에 따라 대통령제 혹은 내각제의 형태로 변화할 수 있는 제도적 유연성을 갖추고 있는 셈이다.

한편, 프랑스는 헌법 개정을 통해 대통령의 임기를 기존 7년에서 5년으로 단축했고 연임도 두 번으로 제한했다. 대통령의 임기를 의원들과 마찬가지로 5년으로 조정한 것은 동거정부의 출현 가능성을 낮추기 위한 시도라고 볼 수 있다. 특히 신임 대통령이 취임 후 의회를 해산하고 총선을 치르게 되면 신임 대통령에 대한 기대감이 높은 정치적 밀월기에 선거를 하게 되므로 대통령의 정당이 다수 의석을 획득하는 데 유리할 수밖에 없다. 이처럼 대통령과 의회의 임기를 동일하게 함으로써 프랑스에서 분점정부의 출현 가능성은 과거에 비해 상대적으로 크게 낮아진 셈이다.

3. 평가

사르토리(Sartori, 1994: 135-136)는 이원정부제에 대해 긍정적인 평가를 내렸는데 그 까닭은 국민이 직접 선출한 직선 대통령과 안정된 임기라는 대통령제의 장점에, 동거정부가 생겨날 때 의원내각제로 전환되므로 대통령과 총리 간의 갈등과 교착을 해결하는 유연함이 있다는 점 때문이다. 그러나 모든 제도가 그러하듯이, 이원정부제라고 해서 장점만이 있는 것은 아니다. 이원정부제에서의 핵심적 행위자(key players)는 대통령, 총리, 그리고 의회의 세 기구라고 할 수 있다. 이 통치형태에서 생겨날 수 있는 문제점은 이들 간의 관계 속에서 찾아볼 수 있다. 즉, 하나는 대통령과 의회 간의 갈등, 또 다른 하나는 대통령과 총리 간의 역할의 갈등이다.

첫째, 대통령과 의회 간의 알력과 갈등이 제대로 해소되지 않는 경우에 나타나는 위험이다. 프랑스의 경우에는 여소야대가 생겨나는 경우 동거정부라는 제도적인 유연성을 발휘함으로써 이러한 위험성을 해결하고 있지만, 이런 원만한 해결이 언제나 가능한 것은 아니다. 이원정부제의 이러한 문제점을 가장 잘 보여준 사례가 바로 바이마르 공화국이다. 바이마르 공화국은 대단히 민주적인 통치 구조를 갖추었으나 정치 불안이 끊이지 않았고 결국 히틀러에 의해 몰락했다. 바이마르 공화국은 대통령과 의회를 모두 국민 직선으로 선출하였고 대통령의 임기는 7년이었다. 행정 권력을 대통령과 총리가 이끄는 내각으로 이원화하였으나 헌법상 주어진 대통령의 권한은 강력했다. 대통령은 연방 총리를 자유로이 임명할 수 있었는데 총리의 임명은 의회의 동의를 필요로 하지 않았다. 다만 의회에는 내각을 불신임할 수 있는 권한이 주어져 있었다. 뿐만 아니라 대통령은 의회 해산권과 긴급령까지 갖고 있었다. 형식적으로 의회 해산을 위해서는 총리의 공동 서명이 필요하기는 했지만, 총리가 이를 거부한다면 대통령은 총리를 교체하여 의회를 해산하고 총선을 실시할 수 있었다(Linz and Valenzueal, 1994: 140). 그런데 문제는 여당이 과반수 의석을 차지하기 어려웠기 때문에 대통령이 임명한 내각은 안정적으로 집권할 수 없었고 그로 인한 의회 해산과 총선이 되풀이 되었다. 이렇게 된 데는 비례성이 높은 바이마르 공화국의 선거제도도 한 원인으로 간주되고 있다. 바이마르 공화국의 선거제도는 비례성이 매우 높았다. 이 때문에 의회 내 안정적인 다수 의석을 갖는 정당의 출현은 매우 어려웠고 군소정당이 난립했다. 더욱이 공산당과 같은 극좌나 나치와 같은 극우의 극단주의 정당도 의회에 진출했다. 파편화되고 극화된 정당체계로 인해 심각한 정치적 분열과 교착과 분열이 발생했다. 이로 인해 내각 구성을 위한 총리 선출도 제대로 이뤄지지 못했다. 바이마르 공화국의 붕괴 원인에 대해서는 여러 가지 설명이 존재하지만, 바이마르의 통치 형태가 의회로부터 충분한 지지를 얻어 안정적으로 정부가 형성·유지되는 것을 어렵게 했고, 그 때문에 대통령 긴급령의 잦은 발동이나 의회 해산으로 인해 정치적 불안정이 생겨났다는 것은 분명하다. 대통령과 의회의 갈등이 정치적 불안정으로 이어진 것이다.

두 번째는 대통령과 총리의 권한의 구분이 명확하지 않아서 이들 간 갈등으로 인해 정치체제가 불안정해질 수 있다는 점이다. 이러한 특성은 폴란드에서 찾아볼 수 있다. 민주화 직후 폴란드는 이원정부제를 채택했다. 대통령은 직선으로 결선투표제 방식으로 선출하는데 임기는 5년이며 중임이 가능하도록 했다. 총리는 하원에서 과반 의석을 차지하는 정당(연합)에 의해 선출했다. 대통령은 의회 해산권, 법안 거부권, 총리 지명권 등 강력한 권한을 갖고 있었다. 그런데 대통령 바웬사는 그의 재임 기간 동안 한 번도 자신의 지지 세력이 의회 내 다수 의석을 차지하지 못했고, 그에 따라 자신이 원하는 인물을 총리로 임명할 수 없었다. 이렇게 되자 각료 임명권 등을 통해 내각에 대한 견제력을 행사하기 시작했고 대통령 자문회의를 신설하여 외교, 국방, 치안 업무를 담당하게 함으로써 내각의 약체화를 시도하기도 했다. 총리와 내각에 대한 바웬사 대통령의 이러한 견제는 결국 총리와 대통령간의 갈등으로 이어졌다. 결국 폴란드는 1997년 헌법 개정으로 대통령의 권한을 크게 축소시키고, 총리와 의회의 권한을 강화했다. 우선 외교, 국방, 안보 분야에 대한 대통령의 역할을 없앴다. 대통령의 법안 거부권은 그대로 인정했으나 의회가 이를 재결의할 수 있는 가결 비율을 낮췄다. 또한 대통령이 의회를 해산할 수 있는 경우를 정부 구성의 실패, 예산안 통과 실패의 두 경우에 제한하게 했다(이상 Garlicki, 1997). 폴란드는 대통령에 대한 권한을 제약하고 총리의 실질적인 권한을 강화함으로써 대통령과 총리간의 역할이나 권한을 둘러싼 갈등과 다툼을 피할 수 있도록 했다.

이처럼 이원정부제하에서 정치적 갈등과 불안정을 피할 수 있는 방안은 의회 내 안정적 지지 기반을 구축할 수 있느냐 하는 점과 행정권을 담당한 '이원'적 지도자에게 역할 분리를 얼마나 구체적이고 명확하게 해 낼 수 있느냐 하는 점에 달려있다.

제5절 결론

지금까지 살펴본 대로, 각 통치형태는 각각 그 나름대로의 작동 원리와 특성을 지니고 있다. 대통령제, 내각제, 이원정부제라고 하더라도 국가별로 상당한 제도적 혹은 관행상의 차이를 갖고 있음을 알 수 있다. 따라서 각종 통치구조에 대한 정치적 효과의 우위나 좋고 나쁨을 객관적으로 구분한다는 것도 불가능할 뿐만 아니라 바람직한 일도 아니다. 독일은 바이마르 공화국 시절 이원행정부제 형태의 통치 구조를 갖고 있었고 그로 인한 대통령과 총리의 권한 다툼이 히틀러의 통치로 이끌게 된 한 원인이 된 것으로 간주하고 있다. 이 때문에 제2차 세계대전 이후 이러한 문제의 재발을 막기 위해 내각제를 채택했고 지금까지 건강하고 효과적인 정부 형태를 유지해 오고 있다. 그렇지만 이와 반대로 프랑스는 3, 4공화국 시절 내각제를 채택했고 거기서 비롯되는 정치적 불안정을 겪고 난 이후 제5공화국에서는 이원정부제적인 형태의 드골 헌법을 채택하여 지금껏 정치적 안정을 누리고 있다(김영태, 2004). 한 나라에서는 정치적 불안정의 원인으로 간주되어 '폐기한' 제도가 다른 나라에서는 정치적 안정을 구현하기 위한 '개혁적인' 제도로 수용된 것이다.

모든 나라에, 모든 시대에 적용 가능한 제도적으로 완벽한 장치는 존재하지 않는다. 그 나라가 거쳐 온 관행과 역사와 제도적 장치의 조응성이 중요한 것이기 때문이다. 미국에서 완벽하게 작동하는 대통령제가 미국 이외의 지역에서 다르게 작동하는 것이나 내각제가 나라마다 다른 형태로 진화해 온 것도 각국의 역사적 경험이나 정치적 관행에 따라 제도적으로 각기 다르게 대응해 왔음을 보여주는 것이라고 할 수 있다. 즉 통치형태의 문제는 경로의존적(path-dependent)이다. 과거의 역사적 경험이 현재와 미래의 선택을 제약할 수밖에 없다. 그 때문에 통치 형태에 대한 논의는 제도적인 장단점과 효과에 대한 폭넓은 분석뿐만 아니라 우리가 겪어온 과거의 경험과 관행에 대한 깊은 성찰과 이해의 기반 위에서 이뤄져야 할 것이다.

참고문헌

- 강원택. 2006.『대통령제, 내각제와 이원정부제: 통치형태의 특성과 운영의 원리』. 인간사랑.
- 강원택. 2005.『한국의 정치개혁과 민주주의』. 인간사랑.
- 김영태. 2004. "독일과 프랑스의 권력구조 비교". 진영재 편.『한국 권력구조의 이해』. 나남, 147－167.
- 김종완. 1998. "영국의 의원내각제," 박기덕 편.『민주주의와 정치제도: 체제 수행 능력을 중심으로』. 세종연구소, 161－202.
- 박찬욱. 2004. "대통령제의 정상적 작동을 위한 개헌론". 진영재 편.『한국 권력구조의 이해』. 나남, 171－223.
- 박찬표. 2002.『한국 의회정치와 민주주의: 비교의회론적 시각』. 오름.
- 석철진. 1997. "프랑스의 권력구조". 국제평화전략연구원 엮음.『한국의 권력구조 논쟁』, 풀빛, 301－371.
- 안순철. 2004. "내각제와 다정당체제". 진영재 편.『한국 권력구조의 이해』. 나남, 111－146.
- 장훈. 2004. "프랑스의 정치제도와 정치과정". 유럽정치연구회.『유럽정치론』. 백산서당, 143－165.
- 조홍식. 1998. "헌법공학의 성공사례: 프랑스 제 5공화국". 박기덕 편.『민주주의와 정치제도: 체제 수행 능력을 중심으로』. 세종연구소, 261－298.
- 최선근. 1998. "미국의 정치체제와 정치안정," 박기덕 편.『민주주의와 정치제도: 체제 수행 능력을 중심으로』. 세종연구소, 113－159.

- Donald, Hancock, David Conradt, Guy Peters, William Safran and Raphael Zariski, 1998. *Politics in Western Europe.* Second edition., London: Macmillan.
- Duverger, Maurice. 1980. "A New Political System Model: Semi-Presidential Government". *European Journal of Political Research*, 8(2), 165－187.
- Finer, S. E. 1970. *Comparative Government.* New York: Basic Books Inc.
- Garlicki, Leszek Lech. 1997. "The Presidency in the New Polish Constitution". *East European Constitutional Review,* 6(2&3).

- Gay, Oonagh and Thomas Powell. 2004. “The Collective Responsibility of ministers: an Outline of the Issues.” Research paper 04/82, Parliament and Constitution Centre, House of Commons Library.
- Lijphart, Arend (ed.) 1992. *Parliament versus Presidential Government.* Oxford: Oxford University Press.
- Linz, Juan and Arturo Valenzuela (eds.) 1994. *The Failure of Presidential Democracy: Comparative Perspectives.* Baltimore: The Johns Hopkins University Press.
- Sartori, Giovanni 1994. *Comparative Constitutional Engineering: An Inquiry into Structures, Incentives and Outcomes.* London: Macmillan.
- Shugart, Mattew and Soberg Carey. 1992. *Presidents and Assemblies: Constitutional Design and Electoral Dynamics.* Cambridge: Cambridge University Press.
- Strom, Kaare. 1990. *Government and Majority Rule.* Cambridge: Cambridge University Press.

06

정당, 선거, 의회

Understanding Politics

정당, 선거, 의회

민주주의 국가에서의 정치는 시민의 의사가 정책에 반영되어 가는 과정이다. 개인이나 집단의 다양한 요구와 의견이 정당을 통해 집약되고 표출되며, 이는 의회정치에서의 논의를 통해 정책으로 구체화된다. 또한 정책의 집행 과정에서 정책에 대한 평가가 이뤄지게 되고 이는 또다시 그 정책에 대한 수정이나 보완 등 새로운 요구를 낳게 된다. 이처럼 정치 과정은 시민의 의사를 국가 정책에 반영하는 과정이며 이를 통해 사회의 다양한 견해와 이해관계를 조정하고 사회 통합을 도모하게 된다. 이러한 정치 과정에는 정당뿐만 아니라 개별 시민, 언론, 시민단체, 이익집단 등 다양한 행위자들이 참여하고 있다.

이 가운데 정당은 선거에 참여하여 정책 공약을 제시하면서 표를 달라고 유권자들의 지지를 호소한다. 유권자의 지지에 의해 권력을 담당하면 선거 때의 공약 수행에 대한 정치적 평가를 다음 선거에서 받게 된다. 그런 점에서 다른 정치 행위자들과 달리 시민들의 요구는 선거에서의 평가로 인해 정당에게는 상당한 압력이 되는 요구(Sartori, 1976: 28)인 것이다. 그리고 주기적으로 실시되는 선거는 그 당시의 유권자의 집합적인 정치적 의사와 요구가 표출되는 한편, 공직 담당자들에 대한 정치적 평가가 내려지는 기회가 된다. 하지만 그러한 정치적 평가의 방식은 어떤 선거 제도를 채택하느냐에 따라 다소 다른 결과를 낳을 수 있다. 한편 의회는 국민의 대표자들로 구성된 대의 기구이면서 시민사회의 요구와 의사에 대해 토론하고 이를 법률의 형태로 제도적으로 반영하는 중요한 기능을 담당하고 있다. 이 장에서는 정치 과정의 주요 요소인 정당, 선거, 그리고 의회에 대해 살펴보기로 한다.

제1절 정당

1. 정당의 의미와 기능

정당은 정치적 뜻을 같이 하는 사람들로 구성된 자발적 결사체(voluntary association)이다. 우리나라에서는 정당법이라는 정당에 대한 법적 규제가 있지만 기본적으로 정당은 시민사회 내에서 자유롭게 만들어지는 정치 집단이다. 그런데 정당이 이익집단이나 시민단체 등과 구별되는 중요한 차이점은 권력을 추구하는 집단이라는 점이다. 1930~1940년대 중국 공산당처럼 권력 장악을 위해 무력에 의존하기도 하지만 자유민주주의 체제에서 정당은 선거에 후보자를 내세우고 당선시킴으로써 공직을 차지하고 그것을 통해 국가에 영향력을 행사하려고 한다. 이를 위해서 정당은 특정 이익을 넘어서 사회 내의 집합적 이익을 추구한다. 권력 추구와 함께 정당의 또 다른 특성은 그 구성원들이 유사한 신념, 가치, 태도를 공유하며 그러한 가치에 기반하여 국가 이익을 추구하고자 한다는 점이다. 이러한 정당의 특성은 18세기 영국의 에드먼드 버크(Edmond Burke)가 강조했던 점이다(Ware, 1996: 5).

정당은 정치권력을 추구하기 위한 활동을 전개하지만 그 과정에서 정치적으로 중요한 기능을 수행한다(유재일, 2003: 134-142). 첫째, 이익의 표출과 집약의 기능이다. 이익 표출(interest articulation)은 개별 시민이나 집단이 국가 혹은 정치체제에 대한 요구를 표현하는 것을 말하며, 이익집약(interest aggregation)은 이렇게 표출된 요구를 정책적 대안으로 전환하는 것이다. 선거 과정에서 유권자들은 자신이 선호하는 정책이나 이념을 대표하는 정당을 선택하게 된다. 즉 정당은 이러한 유권자들의 지지를 얻기 위해서 선거 운동 과정에서 그들의 이해관계나 선호하는 정책을 표출하게 된다. 그리고 이렇게 제시된 다양한 요구와 이해관계를 종합하고 정리하여 정책 대안으로 구체화하여 그것을 정책 결정과정에 반영될 수 있도록 한다. 둘째, 정부의 조직과 통제 기능이다. 선거에서 승리한 정당은 통치의 권한을 부여 받는다. 정당이 본질적으로 권력 추구를 위한 집단이라는 점에서 선거에서의 승리는 정당으로서는 핵심적 목표가 된다. 선거 승리를 위해 다수 유권자의 지지를 얻을 수 있는 강령과 정책을 제시하고 모든 역량을 총동원한다. 선거에 승리한 집권당은 정부를 구성하고 국가 조직을 통제하며 정책을 주도할 수 있는 권한이 부여된다. 이에 비해 선거에서 패배한 야당은 정부를 비판하고 견제하며 집권당과 다른 정책 대안을 제시한다. 정당의 정부 구성은 정부 형태에 따라 그 특성이 다소 다르게 나타날 수 있다. 내각제에서는 정당이 직접 통치 행위의 주체가 된다. 따라서 다수당의 지도자가 총리가 되고 정당 구성원으로 내각을 형성하게 된다. 이에 비해 대통령제에서는 대통령이 통치의 주체가 되지만 정당은 대통령 후보를 지명하며 의회에서 대통령의 정책 결정을 지원한다. 우리나라처럼 일부 대통령제 국가에서는 집권당의 구성원이 내각을 비롯하여 정부에 참여하기도 한다. 내각제 국가에서의 야당은 '예비내각(Shadow cabinet)'을 구성하여 현 정부 정책의 문제점을 비판하고 정책적 대안을 제시하는 한편 차기 선거에서 승리할 경우를 대비한다. 셋째, 정치적 충원의 기능이다. 각 정당은 각종 선거를 앞두고 당내 선출과정을 거쳐 그 정당을 대표할 후보자를 결정한다. 이렇게 각 정당의 공천을 받은 후보자는 선거에서 유권자들의 선택을 거쳐 당선되면 정치엘리트가 되는 것이다. 즉 선거에서 당선됨으로써 국가 혹은 지방자치단체의 공무를 담당하는 정치 엘리트가 되는 것이다. 물론 무소속으로 출마하여 당선되는 경우도 있지만 대다수 국가에서 정치 엘리트는 이와 같은 정당 내부에서의 선출과정을 겪어 선출되는 것이 보다 일반적이다. 그런 만큼 정당 내에서의 후보 선출 과정은 정치 엘리트 충원과 관련하여 중요한 의미를 갖는다. 넷째, 정치 지도자의 육성이다. 정당은 정치 엘리트를 충원하지만 동시에 그러한 정치 엘리트들이 정치적으로 성장해 가는 기회도 제공해 준다. 정치 엘리트들은 정당 소속으로 의회 내 의원 활동을 지속적으로 행하면서 다양한 경험을 거치면서 당내에서나 혹은 대중에게 정치력과 리더십을 평가 받게 되고 이는 정치 지도자로 성장하는 데 도움을 준다. 이러한 정치 지도자는 중앙정치에 입문하기 전에 지방 수준의 정치를 통해 경험을 쌓기도 한다. 내각제 국가에서 총리(그리고 야당의 당수)는 긴 시간 동안 정당과 내각에서 여러 가지 직책을 경험하면서 그 역량을 키워온 이들이 대부분이다. 대통령제에서도 주요 정당의 대통령 후보는 의회 정치나 지방정치에서 오랜 시간 경험을 쌓았고 그 역할에 대한 평가를 받은 이들이 대부분이다. 대통령제 국가에서 정치적 경험이 거의 전무한 후보가 대통령 선거에 출마하여 돌풍을 일으키는 경우도 있다. 그러나 정당을 통한 정치 지도자의 육성은 이와 같은 정치적 아웃사이더의 등장 가능성을 낮추고 예측 가능한 정치를 가능하게 한다. 한편, 정당 정치가 발달한 서구 국가에서는 정당이 당 차원에서 젊은 당원, 지지자들에게 정치 교육과 리더십 훈련, 정책 프로그램 개발 등 다양한 교육을 시킴으로써 차기 지도자를 육성하는 기회를 제공하고 있다. 다섯째, 사회통합과 체제 정당화의 기능을 수행한다. 앞서 지적한 대로, 정당은 다양한 사회적 이해관계와 요구를 표출하고 집약하는 역할을 담당한다. 그런데 다원적 정당 구조는 각 정당이 서로 상이한 이해관계를 갖는 집단들을 대표하면서 경쟁하는 형태이다. 즉 개별 정당은 사회 내 하나의 부분(part)을 대표하지만 이들이 집합적으로 벌이게 되는 정치적 경쟁의 결과는 전체 사회(a whole)를 모두 대표하게 되는 것이다(Sartori). 즉, 사회 내에 존재하는 다양한 요구와 갈등을 드러내고 의회 정치를 통해 그들 간의 타협과 조정을 이뤄냄으로써 갈등 조정과 사회 통합의 기능을 수행하는 것이다. 그리고 각 정당이 대표하는 상충하는 이해관계는 자유롭고 공정한 선거라는 정당 간 경쟁을 통해 승자를 결정하고 일정 기간 권한을 위임해 줌으로써 갈등을 조정하는 한편, 권력과 체제에 대한 정당성을 부여한다.

2. 정당체계

앞서 살펴본 대로, 대의 민주주의 체제에서 정당은 지대한 역할을 수행하지만, 여러 개의 정당이 존재하는 다원적 경쟁 체제하에서는 개별 정당의 존재뿐만 아니라 정당들 간의 상호관계가 각 정치체제가 작동하는 방식을 이해하는 데 매우 중요한 의미를 갖는다. 즉 개별 정당들이 모여 집합적으로 형성하는 정당체계(party system)가 각 정치체제의 운영 방식이나 특성을 파악하는 데 도움을 준다.

정당체계는 여러 가지 기준에 의해 분류해 볼 수 있지만 일차적으로는 정당의 수에 의해 분류해 볼 수 있는데, 뒤베르제(Duverger, 1954)는 정당체계를 수에 따라 양당제, 다당제, 일당제로 구별했다. 양당제(two-party system)는 주요 두 정당이 득표율과 의석점유율에서 지배적 위치에 있는 경우로, 미국 그리고 1970년대 이전의 영국이 대표적 사례이다. 오늘날 양당제는 미국을 제외하면 현실적으로는 많이 찾아보기 어렵다. 양당제는 반드시 두 개의 정당만이 존재해야 하는 것은 아니지만, 두 주요 정당을 제외하면 다른 정당들의 정치적 영향력은 무시할 만한 것이며, 두 주요 정당만이 교대로 각각 정권을 담당할 수 있는 능력을 지니고 있는 정당체계이다. 대체로 사회적 동질성이 크고 극한적 대립이 존재하지 않는 사회에 적합하며, 정당 간 입장의 차이는 정치체제라는 근본적 문제보다 정책적, 절차적 문제에 놓인다. 주요 두 정당 중 한 정당이 집권하게 되므로 정치적 책임성의 소재가 분명하고 정책적 일관성이나 안정성이 높다는 장점이 있다. 그러나 두 개의 정당만이 존재하므로 선택의 범위가 제한적이고 다양한 이해관계나 관심사가 효과적으로 표출되기 어려운 문제점도 존재한다. 다당제(multi-party system)는 3개 이상의 정당이 정치적 영향력을 갖고 존재하는 경우이다. 한 정당이 의회에서 독자적으로 과반 의석을 차지하지 못하는 경우가 많으며 이런 때에는 두 개 이상의 정당이 서로 연합하여 권력을 장악하는 연립정부(coalition government)가 구성되는 것이 일반적이다. 다당제는 양당제에 비해 다양한 이해관계와 요구가 반영된다는 장점을 갖지만, 여러 정당의 협력에 의한 연립정부 구성으로 인해 정치적 책임의 소재가 불분명하거나 혹은 연립에 참여한 정당 간 이견으로 정책의 일관성이 떨어지거나 강력한 정치력을 발휘하기 어려울 수도 있다는 문제점도 갖는다. 그러나 독일이나 스웨덴 등의 다당제 국가에서는 연립정부하에서도 정치적 안정을 누려왔다. 한편, 일당제 국가(one-party state)는 자유민주주의 체제에서는 찾아볼 수 없다. 구 소련 등 공산주의 국가에서 이런 일당제가 존재했으며 히틀러 당시의 독일이나 무솔리니 치하의 이탈리아 역시 일당제 국가였다. 오늘날에는 중국 등 매우 제한된 국가에만 존재한다. 이들 국가에서는 정치적 다원성이 부정되며 단일 정당이 정부를 구성하고 국가를 통치한다.

그런데 사르토리(Sartori, 1976)는 이러한 수에 의한 기준을 넘어서 보다 다양한 관점에서 정당체계를 보다 체계적으로 분류했다. 사르토리는 정당체계를 경쟁 체제와 비경쟁 체제로 분류했으며 정당의 수뿐만 아니라 이데올로기적 측면을 함께 고려했다. 사르토리는 경쟁적 정당체계는 일당우위제, 양당제, 온건 다당제, 분극적 다당제로 구분했으며, 비경쟁적 정당체계는 패권정당제와 일당제로 구분했다. 각 정당체계의 특성에 대해서 간략히 살펴보면 다음과 같다.

(1) 경쟁적 정당체계

1) 일당우위제(predominant party system)

일당우위제는 두 개 이상의 정당이 자유롭고 공정한 선거를 통해 권력 획득을 위한 경쟁이 허용되지만 하나의 정당이 계속해서 집권하는 경우를 말한다. 다시 말해 야당에게도 적법하게 집권할 수 있는 기회가 허용되어 있지만 선거에서 한 정당이 지속적으로 승리하는 정당체계이다. 대표적인 사례가 1955년부터 1993년까지의 일본이다. 일본 자민당은 그 시기 동안 계속해서 집권에 성공했다. 자민당 이외에도 사회당, 민사당, 공명당, 공산당 등 복수의 정당이 선거 경쟁에 참여했지만, 자민당은 그 시기에 항상 중의원 과반 의석을 차지하는 데 성공해 왔다. 즉 일본은 자유로운 경쟁이 허용되어 있는 다당제였지만 자민당이 장기간동안 연속해서 집권해 오면서 일본의 정당체계는 일당우위정당제로 분류되었다.

2) 양당제(two-party system)

양당제는 두 개의 주요 정당이 존재하고 이 두 정당이 의회 내 절대 다수 의석 획득을 목표로 경쟁하는 정당체계이다. 즉, 두 정당 간 정권 획득을 위한 경쟁이 벌어지고 이 가운데 한 정당이 실제로 정권을 차지한다. 그러나 양당 간에는 정권 교체가 발생하거나 적어도 정권 교체의 가능성이 존재한다. 앞에서 본 일당우위정당제에 비해서 양당제에서는 정권교체가 발생할 가능성이 높다.

3) 온건다당제(moderate multi-party system)

사르토리는 3개 이상의 정당이 존재하는 다당제를 온건다당제와 분극적 다당제로 구분했다. 정당의 수뿐만 아니라 이데올로기적 특성을 함께 고려하여 다당제를 이와 같이 두 가지 종류로 구분한 것이다. 온건다당제는 3~5개 정도의 적실성 있는 정당이 존재하지만 절대 다수 의석을 차지하는 지배적인 정당은 존재하지 않는다. 따라서 2개 이상의 정당이 연합하여 연립정부 형태로 정권을 담당하는 것이 일반적이다. 온건다당제에서는 정당 간 이데올로기의 거리가 크지 않아서 연립 구성이 상대적으로 용이하며, 정당 간 경쟁은 중앙을 향한 구심적(centripetal)인 형태로 이뤄진다. 사르토리는 온건다당제의 사례로 과거 서독, 벨기에, 스위스, 스웨덴 등 서구 민주주의의 대다수 국가들을 제시했다.

4) 분극적 다당제(polarized multi-party system)

분극적 다당제 혹은 양극적 다당제는 과거 독일의 바이마르 공화국이나 프랑스 4공화국, 그리고 1990년대 초까지의 이탈리아를 그 예로 삼고 있는 데서 알 수 있듯이 정치적으로 불안정한 정당체계이다. 이러한 정당체계는 5~6개 이상의 정당이 자유로운 선거를 통해 정권을 차지하기 위한 경쟁을 벌이지만 어느 한 정당도 독자적으로 정부를 구성할 수 있는 의석은 차지하지 못한다. 따라서 연립정부에 의해 정부를 구성한다. 그런데 이러한 정당체계에서는 이념적으로 좌우 양극단에 존재하는 야당이 존재하며 이들은 정당 간 상호협력 등을 전제로 하는 구심적 경쟁을 하기보다 상호 배타적이고 이념적 급진성을 강조하는 원심적(centrifugal) 형태의 경쟁을 벌인다. 따라서 이들 정당 간 연합을 통한 대안 정부의 구성은 기대할 수 없다. 또한 분극적 다당제에서는 반체제 정당이 존재하는데, 반체제 정당은 정부의 교체가 아니라 현 정치체제 자체를 변혁시키려는 목표를 추구하기 때문에 무책임한 행동을 하기 쉽다. 한편 이념적 스펙트럼의 중앙에는 집권을 담당하는 정당이나 정당 그룹이 존재하지만, 양극적 대립으로 인한 원심적 경쟁으로 중앙의 세력은 취약해지고 정당 간 이념적 거리도 멀기 때문에 안정적인 기반을 갖추기 어렵다. 이런 이유로 인해서 분극적 다당제에서는 정치적 불안정이 생겨나기 쉬운 것이다.

5) 원자화된 정당제(atomized party system)

원자화된 정당제는 다른 분류와는 달리 잔여적(residual) 범주로 구분한 정당체계이다. 원자화라는 표현에서 알 수 있듯이 수많은 정당이 난립하여 경쟁하지만, 정당들

간 큰 차이가 없어 어떤 정당도 다른 정당에게 주목할 만한 영향을 미치지 못하는 분산된 특성을 갖는 정당제이다.

(2) 비경쟁적 정당체계

1) 패권정당제(hegemonic party system)

패권정당제는 복수의 정당들이 존재하고 선거를 통한 경쟁이 이뤄지지만 사실상 집권당 이외에는 집권할 수 없는 정당체계를 말한다. 즉, 패권정당제에서는 복수의 정당들이 존재하더라도 진정한 의미에서 권력을 둘러싼 경쟁은 이뤄지지 않는다. 앞에서 살펴본, 일당우위정당제와는 한 정당이 장기적으로 집권하고 다수의 정당이 존재한다는 점에서 외형상 유사해 보이지만, 패권정당제는 비경쟁적 정당체계의 한 부류이며 일당우위정당제는 경쟁적 정당체계의 한 부류라는 점에서 근본적인 차이가 있다. 사르토리는 자유화 이전 폴란드의 통일노동당과 멕시코의 제도혁명당을 패권정당제의 사례로 들었다. 우리나라의 유신 체제와 제5공화국도 패권정당제에 해당한다고 볼 수 있다. 예컨대, 전두환 정권 하에서 집권당으로 민주정의당, 야당으로 민주한국당, 한국국민당 등이 존재했고 이들 정당들은 1981년 대통령 선거, 국회의원 선거에서 경쟁했지만 그 체제하에서 야당이 권력을 잡을 수 있는 가능성은 사실상 전무했다.

2) 일당제

일당제는 정당이 법률적으로나 실제적으로 하나 밖에 존재하지 않는 경우이다. 사르토리는 일당제를 전체주의적 일당제(one-party totalitarian), 권위주의적 일당제(one-party authoritarian), 실용주의적 일당제(one-party pragmatic)로 구분했다. 독재정치의 유형, 이데올로기적 기준, 하위집단과 하위체계의 독립성이라는 3개의 기준을 통해 일당체계의 세 범주들이 갖는 특징을 다음과 같이 정리할 수 있다. 전체주의적 일당제는 권력의 행사범위를 전면적으로 확대시키고 완전한 침투와 정치화를 목표로 한다. 전체주의 체제는 하위체계와 하위집단의 자율성을 파괴하고 개인적 생활영역을 침해하여 국가가 통제하는 생활영역과의 구분을 모호하게 만든다. 두 번째로 권위주의적 일당제는 사회 전 영역에 침투할 정도의 힘을 갖고 있지 않다는 특징이 있다. 이 체계는 전체주의처럼 전 사회가 국가의 통제 아래 놓이는 전체지향주의보다는 배타주의라는 특징을 갖고 있다. 또한 전체주의 체제보다는 동원력이 약하다. 대중의 동원은 정치 지도자의 카리스마에 의존하며 가시적인 활동인 시위, 집회, 득표 활동 등으로 충족된다. 세 번째로 실용주의적 일당제는 앞서 말했듯이 이데올로기의 정당화가 존재하지 않고 사상의 응집력이 부족한 체계이다. 그러므로 실용주의적 일당제는 배타주의를 추구하지 않으며 외부와의 관계가 집약적인 경향이 있다. 그에 따라 내부적인 사상의 응집력은 약화되고 체계 내 조직은 다원적인 속성을 갖는다. 이러한 세 가지 구분은 절대적인 것이라기보다 상대적인 차이로 볼 수 있다. 구 소련 공산당이나 파시스트 정당은 전체주의적 일당제의 특성을 지녔고, 프랑코 치하 스페인의 정당은 권위주의적 일당제의 특성을 보였다. 포르투갈의 일당제는 실용주의적 특성을 보였다. 그러나 오늘날 일당제는 중국, 북한 등 일부 국가를 제외하면 찾아보기 매우 드문 사례라는 점에서 오히려 예외적인 경우로 이해할 필요가 있다.

제2절 선거

1. 선거의 기능과 투표 행태

민주주의(democracy)는 그 어원으로 볼 때 그리스어에서 일반 민중을 뜻하는 demos와 통치를 의미하는 kratos의 결합이다. 즉, 민주주의는 민중의 지배체제, 다수의 지배 체제이다. 그런데 민주주의가 다수의 지배, 일반 민중의 지배를 의미할 때, 그것을 실제 정치 과정에서 구현해야 할 제도적 장치가 필요하다. 선거는 바로 이와 같은 다수의 지배의 원칙을 현실 정치에서 실제로 구현하게 하는 제도이다. 특히 근대 시민사회 이후 신분과 재산, 성별과 무관하게 누구나 투표할 수 있는 보통 선거권이 확립되면서 다수의 지배라는 민주주의의 원칙이 자리 잡게 되었다. 우리 헌법 제1조 제2항은 "대한민국의 주권은 국민에게 있고, 모든 권력은 국민으로부터 나온다"고 규정하고 있는데, 주권자로서 국민이 그 권한을 행사할 수 있는 가장 중요한 수단이 바로 선거이다. 선거는 다음과 같은 중요한 기능을 수행한다.

첫째, 대의민주주의하에서 선거는 정치적 대표자를 선출하는 기능을 한다. 고대 그리스의 아테네와 같은 도시 국가가 아니라면 직접 민주주의 방식으로 통치를 한다는 것은 현실적으로 불가능하다. 이 때문에 대표자를 선출해서 일정한 임기 동안 국정 운영의 책임을 맡기는 대의민주주의가 일반적인 통치 형태가 된 것이다. 우리나라에서 대통령, 국회의원, 지방자치 단체장, 지방의회 의원들은 모두 선거를 통해 선출되고 있으며, 이들이 통치를 담당하는 국가 기구를 조직하게 된다.

둘째, 선거는 권력 담당자에게 정치적 정당성(legitimacy)을 부여한다. 선거는 일종의 정치적 동의의 절차라고 할 수 있는데, 자유롭고 공정한 선거에서 다수의 동의에 의해 정치권력을 담당하는 공직자를 선출함으로써 그들이 임기동안 국정을 운영할 수 있는 민주적 정당성을 부여하게 되는 것이다.

셋째, 국가 정책의 방향을 결정한다. 민주주의 체제에서 선거는 서로 다른 정책적, 이념적 성향을 갖는 복수의 정당이나 후보 간의 경쟁으로 이뤄진다. 각 정당과 후보들은 제각기 그들이 추구하는 정책적 대안을 선거 공약으로 제시하고 유권자들의 지지를 호소한다. 예컨대, 어떤 정당은 시장 경쟁과 경제적 효율성을 보다 중시할 수 있고, 다른 정당은 복지의 확대와 형평을 더 강조할 수 있다. 이 두 가지 대안은 전혀 다른 정책의 방향이다. 선거는 이처럼 각 정당이나 후보가 내세운 정책 대안들 중 하나를 선택하게 함으로써 그 임기 동안 국가 정책의 방향을 결정하고 그러한 정책을 이끌어 갈 대표자를 선출하는 기능을 한다.

넷째, 선거는 정치적 통합 기능을 수행한다. 선거는 여러 정당들, 후보자들 간 권력을 두고 다투는 경쟁인 만큼 각 정당, 후보를 지지하는 유권자들 사이에 분열과 갈등을 겪는 과정이기도 하다. 그러나 자유롭고 공정하게 치러진 선거 결과는 선거 전 누구를 지지했던 것과 무관하게 모두 그 결과를 존중하고 승복하게 만든다. 또한 선거는 주기적으로 실시되기 때문에 한 번의 선거에서 패배했더라도 다음 선거에서 정권교체를 통해 패배한 이들의 이해관계, 정책 대안, 이념이 반영될 수 있는 가능성이 열려 있다는 점도 선거 결과에 대한 승복과 존중을 가능하게 한다.

다섯째, 선거는 선출된 국정 담당자들의 업무 수행에 대한 정치적 평가를 내리는 기능을 한다. 이전 선거에서 선출된 대표자들이 임기 중 업무 수행을 잘했다면 그상으로 또다시 국정을 담당할 수 있는 기회를 부여하며 그렇지 못했다면 그 벌로 그 직에서 물러나게 만드는 것이다. 이처럼 선거는 정치적 대표자들의 정치적 책임성(political accountability)을 물을 수 있는 기회를 제공한다. 선거의 이러한 기능은 대의민주주의하에서 정치적 대표자가 그러한 권한을 부여한 주권자인 유권자들의 뜻에 합당하게, 그리고 자신들이 선거 때 공약한 대로 국정을 운영하게 강제하는 것이다.

선거 때 유권자는 각자 자신의 판단에 따라 선호하는 정당이나 후보자를 선택하게 된다. 유권자의 투표 행태에 영향을 미치는 요인을 대체로 몇 가지로 나눠볼 수 있다. 첫 번째는 정당 요인이다. 정당 일체감(party identification)은 어떤 정당에 대해 장기간에 걸쳐 유권자가 갖는 심리적 애착을 의미한다(Cambell et al., 1960: 121). 정당 일체감에 의한 설명은 특정 정당에 대한 애착이 유소년기에 형성되며 그러한 정당에 대한 충성심이 성년이 된 이후에도 지속된다는 것이다. 정당 일체감은 마치 프로야구에서 특정 팀의 성적 여부와 무관하게 애착을 갖고 그 팀에 대한 응원을 계속하는 것과 비슷한 성향으로 볼 수 있다. 둘째, 집단에 대한 소속감이다. 유권자는 자신이 속한 계급, 계층, 종교, 인종, 지역 등 자신이 소속된 집단에 의해 투표를 결정한다는 것이다. 제2차 세계대전 이후 서유럽에서 노동 계급 유권자들이 사회주의 정당을, 중산 계급 유권자들이 보수 정당을 지지했던 투표 패턴이 여기에 해당된다. 셋째, 유권자는 자신의 이념 성향에 의해 지지 정당이나 후보를 지지할 수 있다. 자신의 이념적 입장을 가장 잘 대표하는 정당에게, 즉 자신의 이념적 위치에서 가장 가까운 거리에 놓여 있다고 생각되는 정당이나 후보자에게 투표하는 것이다(Downs, 1957). 이러한 이념적 요인은 정책의 방향과도 긴밀하게 관련이 있다. 넷째, 선거에서의 쟁점 혹은 이슈이다. 특히 어떤 이슈가 선거에서 매우 큰 관심을 끌 때 이슈와 관련된 태도가 투표 선택에 영향을 미칠 수 있다. 예컨대, 2004년 국회의원 선거에서는 노무현 대통령에 대한 탄핵이 매우 중요한 선거 이슈가 되었다. 당시 탄핵에 대한 찬반 입장이 투표 행태에 큰 영향을 미쳤다. 이외에도 후보자의 개인적 자질이나 역량, 선거 운동의 영향 등 투표 결정에 영향을 미치는 요소는 다양하게 존재한다.

2. 선거제도

선거제도는 선거를 치르는 데 요구되는 규칙의 집합(a set of rules)을 의미한다. 선거제도는 투표의 방식, 승자 선정의 원칙 등 선거와 관련된 다양한 요소를 포함하고 있다. 그런데 선거제도는 나라마다 조금씩 다른 특성과 원칙을 갖고 있기 때문에 현실적으로는 무수히 많은 선거제도가 존재한다고 할 수 있다. 그러나 이러한 선거제도를 몇 가지 유형으로 구분해서 살펴볼 수 있다. 가장 일반적인 선거제도의 구분은 다음과 같다.

- 다수제
  - 단순다수제
  - 절대다수제
    - ▹ 결선투표제
    - ▹ 선호투표제(preferential vote 혹은 대안투표제 alternative vote)
- 비례대표제
  - 정당명부식 PR
  - 단기이양식(Single Transferable Vote: STV)
- 혼합형 선거제도
  - 병립형 혼합 선거제(mixed member majoritarian)
  - 연동형 혼합 선거제(mixed member proportional)

(1) 다수제(majoritarian system)

1) 단순다수제(plurality rule 혹은 first-past-the-post system)

단순다수제 혹은 상대다수제 방식은 50% 미만의 득표를 했더라도 경쟁자 중 가장 많은 득표를 했다면 당선되도록 한 제도이다. 따라서 경우에 따라서는 불과 몇 표 차이로도 승패가 갈릴 수 있다. 실제로 2000년 16대 국회의원 선거 때 경기도 광주 선거구에서 한나라당 박혁규 후보는 16,675표, 민주당 문학진 후보는 16,672

표로 두 후보 간의 표 차이는 단지 세 표 차이였다. 물론 단순다수제를 채택하고 있더라도 후보자가 두 명이라면 당선자는 과반수 득표를 언제나 얻을 수 있다. 그러나 3인 이상인 경우라면 과반수 득표가 언제나 쉬운 일만은 아니다. 이 제도를 채택하고 있는 국가는 대체로 웨스트민스터형 국가들로서, 미국, 영국, 캐나다, 인도, 과거 뉴질랜드 등이 대표적인 국가들이다. 영국 등 국가에서는 이 선거제도가 보수당, 노동당 중 한 정당이 의회의 과반 의석을 확보할 수 있도록 '다수의석을 제조(manufactured majority)'해 주기 때문에 단일 정당정부의 구성을 가능하게 한다는 점을 긍정적으로 평가한다. 1945년 이래 영국의 어느 정부도 유권자 지지의 50% 이상을 획득한 적은 없지만, 이 선거제도하에서 단일정당 정부를 구성한 경우가 많았다는 것이다. 단일정당 정부의 구성으로 인해 안정적 집권을 가능하게 하고, 양당 간 승패를 명확하게 하며 정치적 책임성을 묻기가 좋다는 점을 강조한다.

단순다수제 방식은 손쉽게 당선자를 선정할 수 있다는 편리함이 있으나, 적지 않은 문제점을 갖고 있다. 첫째, 제일 먼저 지적할 수 있는 문제점은 적은 투표로 당선자가 나오기 때문에 많은 사표(死票 wasted votes)가 발생할 수 있다는 점이다. 예를 들면, 세 후보가 팽팽한 접전을 벌여 A 후보 33.3%, B 후보 33.3%, C 후보 33.4%를 얻었다면 승자는 0.1%의 차이로 승리했으며, 이 선거구에 투표한 유권자의 66.6%의 표는 승자 결정에 영향을 미치지 못하고 사표가 된다. 네 후보가 팽팽한 접전을 벌인다고 가정하면 사표의 비율은 더 높아질 것이다. 두 번째 특성은 이처럼 사표가 많이 발생하기 때문에 전략투표(strategic voting)를 행할 가능성이 높다는 점이다. 전략 투표는 당선 가능성을 고려하여 투표할 대상을 의도적으로 바꾸는 것을 말한다. 만일 내가 제일 선호하는 후보가 A이고 그 다음이 B, 그리고 C를 가장 싫어한다고 가정해도(즉 A > B > C라고 해도), A가 소규모 정당 후보라서 당선 가능성이 낮다면 내 표가 사표되는 것을 피하기 위해 A보다는 당선 가능성이 높은 대정당 후보 B를 선택할 수 있는 것이다. 셋째, 한 선거구에서 과반보다 낮은 득표율에 의한 당선은 결국 전국적인 수준에서 정당 간 득표율과 의석율 간의 괴리, 즉 불비례성(disproportionality)의 문제를 발생시킨다. 〈표 1〉은 단순다수제에서의 불비례성을 확인하기 위한 가정의 사례이다(강원택 2005: 50-52). '가'부터 '바'까지 6개의 지역구에서 세 개의 정당이 경쟁하는 상황을 가정했다. 정당 A는 가, 나, 다 세 지역구에서는 매우

▌표 1 단순다수제에서 지역주의의 효과와 불비례성

지역구	가	나	다	라	마	바	평균
정당 A	60	60	60	10	10	10	35
정당 B	40	40	40	40	40	40	40
정당 C	0	0	0	50	50	50	25
계	100	100	100	100	100	100	100

강세를 보여 60%를 득표했지만, 라, 마, 바 세 지역에서는 지지도가 약해 10% 만을 득표했다. 정당 B는 전국적으로 고른 지지를 받고 있고 득표율도 그리 낮지 않은 40%씩을 얻었다. 정당 C는 가, 나, 다 지역구에서는 후보자도 낼 수 없을 만큼 지지세가 취약하지만 라, 마, 바 지역에서는 50% 정도의 득표를 할 만큼 지지세가 강하다. 이런 상황에서 세 정당은 평균 득표율은 정당 A가 35%, 정당 B가 40%, 정당 C가 25%를 각각 차지했다. 그렇지만 의석 점유율은 정당 A가 50%, 정당 C가 50%, 그리고 정당 B는 한 석도 얻지 못해 0%이다. 즉 이런 상황에서는 각 정당이 얻은 득표율과 의석 점유율 간에 상당한 괴리가 발생하는 것이다. 두 번째, 세 번째 특성으로 인해 뒤베르제는 단순다수제 선거제도 하에서는 양당제가 만들어지는 경향이 있다고 했다(Duverger, 1954).

넷째, 〈표 1〉의 결과가 잘 보여주듯이 단순다수제 선거제도는 지역적으로 밀집된 지지를 갖는 정당에게 유리한 반면, 지역 기반이 취약한 정당에게 불리한 제도이다. 〈표 1〉에서 정당 B가 40%라는 높은 득표를 하고도 의석을 얻지 못한 것은 지역적으로 밀집된 기반을 갖지 못했기 때문이다. 이처럼 단순다수제 선거제도는 지역주의 정당에게 제도적으로 유리함을 주는 제도이다.

2) 절대다수제

절대다수제는 과반 이상의 득표를 통해서만 당선자를 결정하도록 하는 선거제도이다. 절대다수제는 일반적으로 결선투표제와 대안투표제의 두 가지 형태로 나눠볼 수 있다.

a) 결선투표제 결선투표제는 1차 투표에서 과반 득표를 한 후보자가 없는

경우, 대체로 1등과 2등을 한 두 후보만을 대상으로 2차 투표를 실시하는 방식이다. 2차 투표에서 후보자가 두 명으로 줄어들기 때문에 2차 투표의 당선자는 과반 득표를 할 수 있다. 이 제도는 결선투표(run-off), 2차 투표(second ballot, double ballot), 혹은 2회 투표제(two- round system) 등 다양한 이름으로 불린다. 결선투표제는 대통령제 국가에서 대통령 선출 방식으로 많이 활용되는데, 대표적으로 프랑스 이외에도 오스트리아, 핀란드, 포르투갈, 체코, 슬로바키아, 러시아, 아르헨티나, 콜롬비아, 칠레, 페루 등 많은 국가에서 이 방식을 적용하고 있다.

결선투표제를 사용하는 대표적인 국가인 프랑스에서는 대통령 선거의 경우 1958년 제5공화국에서 대통령제를 채택한 이후 지금까지 이 방식이 사용되고 있다. 1차 선거에서 상위 두 명의 후보를 결정하고 2주일 뒤 결선투표를 실시하고 있다. 한편 프랑스에서는 하원의원 선거에서도 결선투표제를 사용하고 있다. 프랑스에서는 1928년부터 1945년까지 하원 의원 선거에 이 제도가 활용되었다가 폐지되었고 다시 제5공화국에서 이 방식이 재도입되었다(Farrell, 2012: 85).[1] 하원의원 선거에서는 1차 투표에서 과반 득표를 한 후보자가 있으면 그대로 당선이 된다. 그런데 과반 득표를 한 후보자가 없으면 1주일 뒤 2차 결선투표를 실시하게 된다. 하원의원 선거에서의 결선투표는 1차 선거에서 상위 2명으로 압축하는 것이 아니라, 등록한 유권자의 12.5% 이상의 지지를 얻은 후보들은 모두 2차 투표에 나갈 수 있다. 투표자가 아니라 '등록한 유권자'의 12.5%를 넘어야 하기 때문에 기권 등을 고려하면 실제로는 이보다는 높은 20% 전후의 득표를 해야 2차 투표에 나갈 수 있다. 따라서 하원의원 선거에서 2차 투표에는 2명 이상의 후보자들이 진출할 수 있으며, 당선자는 단순다수제 방식, 즉 과반에 미치지 못하더라도 최다 득표자로 결정한다.

그런데 결선투표제는 정당의 수를 늘릴 수 있다. 뒤베르즈제(Duverger, 1954)는 비례대표제뿐만 아니라 결선투표제도 다당제로 이끄는 경향이 있다고 보았다. 즉, 결선투표제가 다당제로 이어지게 되는 이유는 1차 투표가 보수, 진보 등 각 이념 진영의 대표 주자를 선출하는 기회가 될 수 있고, 1차 투표에서 유사한 이념 집단이 여러 정당 후보 지지로 분열되었더라도 결선투표 때에는 다시 결집할 수 있기 때문이다.

1 프랑스에서는 미테랑 대통령 시절이던 1986년부터 1988년까지는 하원 의원 선거에 비례대표제가 사용되었으나 그 뒤 다시 결선투표제로 회귀했다.

즉, 선거를 앞두고 각 정파 진영이 선거 연합을 통해 최다 득표를 만들어 내야 하는 단순다수제 방식과는 다른 상황이 전개되는 것이다. 이런 이유로 인해 1차 투표에서 1위를 한 후보자가 2차 투표에서는 패배하는 경우도 발생한다. 그러나 결선투표제에서는 일부의 지지에 힘입어 갑작스레 부상하는 급진적 후보의 당선 가능성은 낮으며, 사회적으로 거부감이 적고 폭넓은 지지를 얻을 수 있는 후보가 대통령으로 당선될 가능성이 크다(강원택, 2005: 36-39).

b) 대안투표제[2] 대안투표제는 호주 하원, 아일랜드 대통령 선거 등에서 채택하고 있는 방식이다. 결선투표제가 두 번의 선거를 별도로 실시하는 것에 비해 대안투표제는 한 번의 선거를 통해 과반 득표자를 만들어 낸다. 대안투표제에서는 한 선거구에 출마한 모든 후보자들에 대해 선호의 순위를 표기하도록 한다. 즉 결선투표제나 단순다수제가 범주적 선호(categorical preference)를 표시한다면, 대안투표제는 순위(ordinal preference)를 표기한다. 예컨대, 어떤 선거구에 5명의 후보자가 출마했다면 각 후보자들에 대해 좋아하는 순서대로 1, 2, 3, 4, 5로 순위를 투표지에 표기한다. 원칙적으로 모든 후보자에 대해 선호의 순위를 표기하지 않으면 무효표가 된다.

대안투표제에서 승자를 선출하는 방식은 우선 각 유권자의 표 가운데 1순위로 표기한 것을 모아 각 후보자별로 집계한다. 1순위로 표기된 득표에서 과반을 한 후보자가 있으면 당선이 확정된다. 그러나 1순위 집계에서 과반 득표를 한 후보자가 없으면 각 후보자의 1순위 득표 수 가운데 가장 적은 표를 얻은 후보를 탈락시킨다. 그리고 탈락한 후보자의 표에서 제2순위를 조사해서 나머지 네 후보들에게 이양한다. 탈락한 후보자의 2순위 표가 더해져 과반 득표자가 나오면 그 후보자는 당선이 확정된다. 그러나 한 명을 탈락시킨 상황에서도 과반 득표자가 나오지 않으면, 남아 있는 네 명 가운데 제일 적은 표를 얻은 후보자를 다시 탈락시킨다. 그리고 두 번째로 탈락한 후보가 얻은 득표를 다시 나머지 세 후보에게 이양한다. 과반 득표자가 나타날 때까지 이 과정을 반복하게 된다. 선호 투표제는 결선투표제와 달리

2 호주에서는 선호투표제(preferential vote)라고 부르지만, 비례대표제 방식에서 사용되는 선호 투표(preference vote)와 혼란을 일으킬 수 있어, 선거 연구에서는 일반적으로는 대안투표제(alternative vote)로 부른다.

한 번의 선거로 과반 득표자를 선출한다는 점에서 보다 낫지만, 유권자들이 모든 후보자들에 대해 잘 알지 못하면 순위 결정에 혼란을 겪을 수 있고 과반 득표자가 조기에 나오지 않는 경우 계산이 복잡해진다는 단점도 있다.

결선투표제나 대안투표제 모두 단순다수제에 비해 승자 결정에 필요한 요건을 과반으로 높였기 때문에 그만큼 사표가 줄어들고 당선된 대표자의 대표성도 상대적으로 높아진다. 그러나 거대 정당에 보다 유리하고 지역적으로 밀집된 지지를 갖는 정당에게 유리하다는 점은 단순다수제와 비슷한 특징이다(Farrell, 2012: 103-104).

제3절 비례대표제

1. 정당명부식 비례대표제(Party list proportional representation)

정당명부식 비례대표제는 지역구에서 후보자를 선출하지 않고 정당 명부에 의해서 의원을 선출하는 방식이다. 즉, 정당이 후보자의 명부(list)를 유권자에게 제시하고 유권자들은 원칙적으로 개별 후보자보다는 정당을 선택하도록 하는 방식이다. 각 정당의 의석은 득표 비율에 거의 비례하여 배분되기 때문에 비례성이 매우 높은 제도이다. 500석의 의회라고 할 때, 어떤 정당이 10%의 득표를 했다면 50석 전후의 의석이 배분된다. 다수제 방식이라면 10%의 지지로는 의석을 얻기 어려울 것이다. 그런 점에서 정당명부식 비례대표제는 다수제 방식에서 소규모 정당이 갖는 제도적 불리함은 그리 크지 않다. 이런 이유 때문에 뒤베르제(Duverger, 1954)는 비례대표제는 다당제로 이끄는 경향이 있다고 했다.

정당명부식 비례대표제는 비례성이 높지만, 그럼에도 불구하고 구성 요소의 차이에 따라 비례성에 다소 차이가 생겨날 수 있다. 비례성에 영향을 주는 변수는 크게 세 가지를 생각해 볼 수 있는데, 의석배분 방식(electoral formula), 진입장벽(electoral threshold), 그리고 선거구의 크기이다. 의석 배분 방식은 정당 명부에 의해 각 정당이 얻은 득표율을 의석으로 전환하도록 하는 규칙이다. 비례대표제에서 의석 배분 방식은 크게 두 가지로 나뉜다. 하나는 쿼터(quota)를 정해서 그 쿼터에 의해 의석을 배분하는 최대잉여(largest remainder) 방식이 있으며, 다른 하나는 득표율을 나누기 위한 제수(除數: divisor)를 정하고 이것에 의해 정당 의석을 결정하는 최고평균(highest average) 방식이 있다.

최대잉여 방식은 헤어(Hare), 드룹(Droop), 임페리알리(Imperiali) 등이 있는데, 헤어는 배분되는 의석수가 쿼터가 되며(V/M. V는 득표수, M은 선거구 크기), 드룹 쿼터는 V/(M+1), 임페리알리 쿼터는 V/(M+2)이다. 헤어 방식을 예로 들면, A, B, C 세 정당이 각각 450표, 370표, 180표를 얻었고 여기서 선출하는 의석이 4석이면, 헤어 쿼터는 1,000표/4석=250이 된다. A정당과 B정당의 득표는 쿼터인 250보다 많으므로 1석씩 배당이 되고, 그 이후의 나머지는 200, 120, 180이 된다. 여기서 제일 큰 표가 남은 A정당에게 1석, 그리고 그 다음으로 나머지가 큰 C정당에게 잔여 의석이 배분된다. 따라서 이 방식에 의해 A정당은 2석 B정당은 1석, C정당도 1석이 배정된다. 세 방식은 나누어 주는 분모의 크기를 어떻게 정하느냐에 따른 차이인데, 분모의 크기가 커질수록 의석 배분을 위한 쿼터는 줄어들고 그만큼 나머지의 크기가 커질 것이므로 상대적으로 소수 정당이 의석을 차지하게 될 가능성이 다소 낮아진다.

최고평균 방식으로는 동트(d'Hondt), 순수 상-라게(pure Sainte-Laguë), 변형된 상-라게(modified Sainte-Laguë) 방식 등이 있다. 최고 평균 방식은 쿼터를 정하는 대신, 일련의 '제수'로 득표수를 나누는 방식이다. 세 방식의 차이는 '제수'의 차이이다. 동트 방식에서 제수는 1, 2, 3, 4 …의 순으로, 순수 상-라게 방식은 1, 3, 5, 7…의 순으로, 변형된 상-라게 방식은 1.4, 3, 5, 7 … 순으로 이어진다. 동트 식을 예로 들면, A, B, C 세 정당이 각각 450표, 370표, 180표라고 하면, 처음에는 1로 나누기 때문에 A당에 첫 의석이 배분된다. 의석을 배분 받은 A당의 득표는 이제 2로 나눠 225표가 되고. 각 정당의 득표는 225, 370, 180이 된다. 이제 1로 나눌 때 B당의 370표가 제일 크게 때문에 B당에 두 번째 의석이 배분된다. 의석을 받은 B당의 득표를 2로 나누면 B당의 득표는 이제 185표가 되어, 세 정당의 득표는 200, 185, 180이 된다. 가장 큰 값이 남은 A당에 두 번째 의석이 배분되고 3으로 A당의 450표를 나누면 A당의 표는 이제 150이 된다. 이제 세 정당의 표는 150, 185, 180이 되기 때문에 마지막 네 번째 의석은 B당에게 돌아간다. 결국 동트 방식에 의해서는 A당 2석, B당 2석으로 의석이 배분된다. 동트 방식에 비해 순수 상-라게 방식은 의석을 얻고 난 후에 제수가 3, 5…로 커지기 때문에 대정당에 비해 소정당에 의석이 배분될 가능성이 더 커진다. 따라서 순수 상-라게 방식이 가장 비례성이 높고 그 다음이 변형된 상-라게 방식이며 동트 방식이 상대적으로 가장 낮다.

진입장벽(혹은 봉쇄조항, 법정 최소조건)은 정당명부식 비례대표제가 비례성이 높은 만큼 적은 득표로도 의석을 차지할 수 있어서 지나치게 많은 정당이 난립하는 것을 막기 위해 의석을 배분받을 수 있도록 일정한 제한을 설정한 것이다. 특히 정치적으로 극단적인 정당의 의회 진입을 제한하기 위한 목적도 있다. 독일에서는 의석을 배분받기 위해서는 5% 이상을 득표해야 하는데, 이와 같은 진입장벽을 마련한 것은 비례성이 매우 높았던 바이마르 공화국에서 정당의 난립으로 정치적 안정을 확립하지 못했고 나치당과 같은 극단주의 정당의 출현도 막지 못했던 과거의 경험에 대한 반성 때문이었다. 그런 점에서 일정한 진입장벽의 규정은 안정적 정당 정치를 위해 필요하다고 할 수 있지만, 지나치게 진입장벽이 높으면 사표로 처리되는 정당들의 득표가 높아지는 만큼 비례성을 해칠 수도 있다.

선거구의 크기는 한 선거구에서 선출하는 의원의 수를 말하는 것이다. 비례성에 영향을 미치는 요소 가운데 선거구의 크기는 결정적인 요인으로 여겨져 왔다(Taagepera and Shugart, 1989: 112). 정당명부식 비례대표제의 경우에도 5인을 선출하는 선거구에서보다 20인을 선출하는 선거구에서의 비례성이 더욱 높아진다. 네덜란드는 150명의 의원으로, 이스라엘은 120명의 의원으로 의회가 구성되는데 이 두 나라는 전국이 하나의 선거구이다. 따라서 이들 국가의 선거구의 크기가 큰 만큼 비례성은 매우 높은 편이다. 더욱이 네덜란드는 진입장벽의 규정도 두고 있지 않기 때문에 0.67% 이상 득표하면 의석을 차지할 수 있다.[3]

한편, 정당명부는 많은 국가에서 대체로 정당 지도부에 의해 작성되고 당내의 추인을 얻어 확정된다. 당 지도부가 정당 명부를 작성하며 유권자들은 정당의 결정에 따를 뿐 명부의 서열에 아무런 영향력을 행사하지 못하는 것을 폐쇄형 명부(closed list)라고 한다. 그러나 일부 국가에서는 유권자에 의한 명부의 서열 변화를 허용하는 개방형 명부(open list)를 사용하기도 한다. 개방형 명부제는 나라마다 그 방식에서 다소 차이가 있으나, 정당이 제시한 명부를 그대로 선택하거나 혹은 정당 명부에

3 이스라엘은 3.25%의 진입장벽을 두고 있다.

기재된 후보자를 선택함으로써 명부상의 서열에 영향을 미치도록 하는 것이다.

2. 단기이양식 선거제도

단기이양식 선거제도(single transferable vote: STV)는 대표적으로 아일랜드에서 사용하고 있으며, 호주의 상원선거 및 일부 주 의회 선거, 몰타 의회 선거에서 사용되고 있다. 정당명부식 비례대표제와 달리 이 선거제도는 후보자의 선호의 순위를 표기하도록 한다. 앞서 본 호주의 대안투표제와 비슷하지만 이 제도에서는 여러 명을 선출한다. 아일랜드에서는 한 선거구마다 대체로 3~5인 정도를 선출한다.

또한 당선자 선출방식도 대안투표제와 다르다. 당선자의 선출방식은 우선 쿼터(Q)를 정하는데, 쿼터는 총 투표수(V)를 선거구에서 선출하는 의석수(S)에 1을 더하여 나눈 값[Q=V/(S+1)], 즉 드룹 쿼터이다. 각 후보자의 득표를 계산하여 제1선호 순위만을 계산하여 그 득표수가 정해진 쿼터를 넘으면 그 후보는 당선이 확정된다. 그런데 당선이 확정된 후보가 얻은 득표 가운데 쿼터를 넘는 수만큼의 잉여 득표는 제2순위의 선호의 비율대로 이양된다. 예컨대, 총 투표가 1,000표라고 하고 이 선거구에서 3인을 선출한다면 쿼터는 251이 된다. A 후보가 1선호의 집계를 통해 295표를 얻었다면 쿼터보다 큰 값이므로 당선이 확정된다. 그리고 쿼터인 251보다 많은 44표는 제2선호를 조사하여 그 비율만큼 다른 후보에게 이양된다. 이 선거제도에 이양식이라는 용어가 들어가는 것은 바로 이 때문이다. 그런데 당선자의 잉여 표를 이양했음에도 불구하고 다음 당선자가 나오지 않으며, 그 중 최저 득표 후보자를 탈락시키고 그 후보의 제2선호를 조사하여 나머지 후보자들에게 탈락한 후보의 표를 이양한다. 지역구에서 선출하는 의석수만큼의 당선자가 나올 때까지 이러한 방식을 반복한다.

단기이양식 선거제도는 한 선거구에서 여러 명을 선출하므로 한 정당에서 복수 공천을 할 수 있다. 따라서 정당명부식 비례대표제와는 달리 정당의 영향력이 상대적으로 약하고 후보자 중심의 투표 성향도 나타난다. 혈연, 지연, 학연 등 후보자 중심의 선거운동도 중요하다. 또한 개표 과정이 복잡하고 오래 걸린다는 문제점도 있다.

제4절 혼합형 선거제도

혼합형 선거제도는 다수제 방식과 비례대표제 방식이 섞여 있는 제도이다. 혼합형 선거제도는 크게 두 가지로 구분된다. 하나는 다수제형 혼합선거제(mixed member majoritarian: MMM)이고 다른 하나는 비례대표제형 혼합선거제(mixed member proportional: MMP)이다. 두 가지 방식은 투표 방식에서는 동일하다. 1인 2표제 방식으로 지역구에서 한 표를 행사하고 또 한 표는 정당투표를 하는 것이다. 다수제형 혼합선거제와 비례대표제형 혼합선거제의 차이는 각 정당의 의석을 결정하는 방식이다.

1. 다수제형 혼합선거제

다수제형 혼합선거제(MMM)는 병립형 혼합선거제도라고도 불린다. 병립형이라고 한 까닭은 지역구 투표의 결과와 정당명부 투표의 결과를 단순히 합산하기 때문이다. 예를 들어, 500석의 의회 정원 가운데 250석은 지역구에서 선출하고, 나머지 250석을 정당명부 비례대표제로 선출한다고 가정하자. 어떤 정당이 지역구에서 70석을 얻었고, 정당투표에서 20%를 얻었다면 이 정당은 70석+(250×0.2)석, 즉 120석을 차지하게 된다. 지역구와 정당명부에서의 의석을 따로 따로 계산하여 합산하면 각 정당이 얻은 총 의석이 된다. 2004년 정당명부 투표제가 도입된 이후 우리나라의 선거제도가 여기에 해당한다.

따라서 이 제도하에서는 지역구에서의 다수제 방식이 비례성을 낮추는 데 영향을 미친다. 특히 지역구와 비례대표 의석의 상대적 비율이 중요한데, 지역구 규모가 크고 비례대표의 비율이 낮을수록 비례성은 전반적으로 낮아지게 된다. 일본 하원은 총의석 465석 가운데 지역구가 289석, 비례의석이 176석으로 지역구와 비례의석의 비율이 1.6 : 1이며, 멕시코는 500석 가운데 지역구 300석, 비례의석 200석으로 그 비율이 1.5 : 1이며, 대만은 총 113석 중 지역구 79석, 비례의석 34석으로 그 비율은 2.3 : 1이다. 이에 비해 우리나라는 20대 국회의 경우 300석 가운데 지역구 253석, 비례대표 47석으로 그 비율이 5.4 : 1이다.

2. 비례대표제형 혼합선거제

비례대표제형 혼합선거제(MMP)는 연동형 혼합선거제도, 혹은 연동형 비례대표제라고 불린다. 연동형이라는 표현이 들어가는 것은 각 정당의 의석 배분이 정당투표에 연동되기 때문이다. 앞에서의 예처럼, 500석 가운데 250석을 지역구에서, 250석을 정당투표로 선출한다고 가정하자. 어떤 정당이 지역구에서 70석을 얻고 정당투표로 20%를 얻었다면, 이 정당에게 배분되는 의석은 전체 의석 500석 가운데 20%인 100석이 된다. 즉 각 정당에게 배분되는 의석배분의 기준은 정당투표의 득표율이다. 그런데 이 정당이 70석을 지역구 선거에서 얻었기 때문에 30석만큼은 비례대표로 주어지게 되는 것이다. 병립형 혼합선거제와는 달리 정당투표 득표율에 연동하여 의석이 배정되는 것이다.

이 제도가 사용되는 대표적인 국가는 독일이다. 독일에서는 1인 2표제 선거제도를 채택했는데, 지역구 후보에 대한 '제1투표'보다 정당명부에 행사하는 '제2투표'가 보다 중요하다. 독일에서는 지역구에서 선출하는 의원의 비율은 전체 의석의 50%로 하고 있고, 의석 배분의 기준으로 5% 이상의 정당투표 혹은 3석 이상의 지역구 당선자로 규정하고 있다. 의석의 배분은 각 주별로 이뤄진다. 과거 단순다수제 방식을 오랫동안 채택해 왔던 뉴질랜드도 1993년 국민투표를 통해 비례대표제형 혼합선거제로 선거제도를 개정했다.

이 선거제도는 지역구에서 의원과 지역 유권자 간의 연계를 유지하면서도 비례성 높은 선거제도라는 점에서 장점을 갖는다. 이런 이유로 인해 이 선거제도는 '다수대표제와 비례대표제의 장점을 결합한 최선의 제도(the best of both worlds)'로 평가되기도 한다(Shugart and Wattenberg, 2001). 그런데 이 제도하에서는 의외의 초과의석이 발생할 수도 있다. 앞의 예를 들면, 어떤 정당이 정당투표에서 20%를 득표했는데 지역구에서 110석을 차지하는 경우가 생겨날 수 있다. 이때 10석은 초과의석이 된다. 과거 독일에서는 초과의석을 그대로 인정했으나 이것이 의석 배분의 비례성을 해친다는 연방헌법재판소의 결정에 의해 2012년 이후에는 초과의석 수만큼 총 의석을 늘리고 정당득표에 따라 정당별 의석을 다시 산정해서 늘어난 의석은 보정의석으로 채우고 있다.

이상에서 살펴본 다수제 방식과 비례대표제 방식 이외에도 단기비이양식 선거제도(single non-transferable vote: SNTV)도 있다. 이 제도는 한 선거구에서 여러 명의 의원을 선출하지만 유권자는 한 표만을 행사하는 방식이다. 우리나라에서 흔히 '중대선거구제'라고 불리는 방식이다. 그런데 이 제도는 당선자 간 득표율의 차이가 클 수 있고, 또 당세가 강한 곳에서 정당의 복수 공천으로 선거가 후보자 개인 간의 경쟁으로 진행되면서 과도한 선거 비용이 드는 등 적지 않은 문제점이 발생했다. 일본이 이 선거제도를 사용한 대표적인 국가이며 이 제도하에서 정경유착, 파벌 정치 등의 폐해로 인해 1994년 다수제형 혼합선거제로 선거제도를 개정했다. 우리나라에서도 과거 유신시대와 제5공화국하에서 실시되었던 이른바 1구 2인제 선거제도가 단기비이양식 선거제도의 일종이다. 현재 이 방식의 선거제도가 사용되고 있는 나라는 매우 드물다.

제5절 의회

1. 의회의 기능

대의민주주의는 정치 공동체의 구성원들을 대신하여 그들이 직접 선출한 대표자에 의해 주요 정책이 결정되고 국정이 운영되는 방식이다. 의회는 바로 이렇게 선출된 대표자들로 구성되는 국민의 대표 기구이다. 의회가 갖는 가장 중요한 기능도 국민을 대표한다는 것이다. 의회는 국민의 요구와 의견에 대한 정치적 토론을 행하고 법안 형성 과정에 그것을 반영하는 역할을 한다. 그런데 국민의 대표성과 관련해서 두 가지 사안에 대해 생각해 볼 필요가 있다. 첫째는 의원 한 명이 얼마나 많은 국민을 대표해야 하는 것이다. 직접민주주의가 이상적으로 바람직한 형태라고 한다면 의원 한 명이 대표하는 인구수는 적을수록 좋을 것이다. 이와 관련한 또 다른 문제는 의원이 대표하는 인구의 편차가 지나치게 커서는 안 된다는 것이다. 그런 점에서 지역구 간 유권자 수의 불균형(malapportionment)의 문제는 해소되어야 한다. 둘째, 의회 구성의 다양성이다. 의회가 국민을 대표한다고 하지만 사실 그 구성은 편향될 수 있다. 예컨대, 성별로 남성, 연령으로 50대, 계층으로 상류층, 학력으로 고학력으로 매우 편향된 의회가 구성되어 있다면 정치적 대표성에는 문제가 있는 것이다.

의회의 두 번째 기능은 법을 제정하는 일이다. 의회의 가장 핵심적인 기능은 법률을 제정하고, 개정하고, 폐기하는 일이다. 즉 입법부(立法府)의 역할인 것이다. 입법부는 영어로는 legislature라고 하는데, 이 단어는 라틴어의 법을 뜻하는 lex에서 파생되었다. 의회에서의 법률의 제정은 국민의 대표자가 국민을 대신해서 결정한 것이기 때문에 강제력을 갖게 되는 것이다. 어떤 액수의 세금을 내도록 하거나 일정 기간 병역의무를 져야 하는 법안을 준수해야 하는 까닭은 개별 시민이 직접 그 결정에 참여하지 않았더라도, 대표자들이 합의한 것인 만큼 사실상 국민 모두가 그 결정에 동의한 것이 된다. 이처럼 의회는 국민의 의사를 표현하는 기관인 동시에 국가의 의사를 법률의 형태로 결정하는 기관이기도 하다(심지연, 1999: 32).

의회의 세 번째 기능은 행정부를 통제하는 기능이다. 서구 의회 정치의 기원에서 볼 때 의회의 입법권은 군주의 자의적인 통치로부터 개인의 자유, 재산, 기본 권리를 보호하기 위한 수단으로 발전해 왔다. 그런 점에서 행정부 통제는 역사적으로 의회가 발전되어 오게 한 매우 중요한 기능이었다. 그러나 이 기능은 대통령제냐 내각제냐에 따라 통제의 정도나 방식에는 차이가 있다. 미국형 대통령제에서는 엄격한 3권 분립을 강조하고 있기 때문에 의회는 대통령과 행정부를 다양한 형태로 견제한다. 우리나라 대통령제에서도 국회는 인사청문회, 국정조사, 국정감사, 대정부 질문 등의 방식으로 행정부를 견제하지만, 미국 대통령제와는 달리 입법부 대 행정부의 관계보다는 정부−여당 대 야당의 형태로 국회가 운영되는 경우가 많다. 반면 내각제에서는 의회 내 다수 의석을 토대로 내각이 구성되기 때문에 행정부와 입법부는 융합되어 있다고 할 수 있다. 내각 구성이 연립정부인지 단일정당정부인지에 따라 다소 달라질 수는 있겠지만, 내각제에서 의회의 행정부 통제 기능은 대통령제에 비해서는 제한적이다.

네 번째는 통합의 기능이다. 의회는 사회적으로 제기되는 모든 이슈와 관심사가 논의되어야 하고, 각종 이해관계와 요구가 타협과 조정의 과정을 거쳐 법률로 만들어지도록 한다. 의회의 또 다른 영어 표현인 parliament는 프랑스어의 parler(말하다)는 데서 유래한 것에 알 수 있듯이, 사회적인 각종 현안과 관심사가 의회 내에서 토론되어야 한다. 이러한 현안과 관심사에는 다양한 사회적 갈등이 잠재되어 있다. 이런 이유로 인해 의회 토론 과정에서 발견되는 갈등과 대립은 본질적으로 의회 정치에 내재되어 있는 것이라고 볼 수 있다. 그러한 갈등과 대립이 토론과 정해진 절차에 따라 완화되고 타협점을 찾아냄으로써 사회적 통합에 기여하도록 하는 것이 의회의 또 다른 중요한 기능이다.

2. 의회의 대표성

의회가 국민을 대표한다고 해도 그 의미는 여러 가지로 해석해 볼 수 있다. 의회 의원의 정치적 대표성은 다음과 같이 크게 세 가지로 구분해서 생각해 볼 수 있다(Heywood, 2013: 197-202; Harrop and Miller, 1987: 245-247; 심지연, 1999: 48-56). 첫째, 대리인(delegate)과 수탁자(trustee)의 이분법이다. 의회 의원을 수탁자로 본다면, 선거에서 선출되고 나면 유권자들은 정해진 임기 동안 입법 활동에 대해서는 의원의 자율적 판단에 맡기고, 그에 대한 평가는 다음 선거 때 내리는 것이다. 즉, 의원이 의회에서 어떤 결정을 내려야 할 때 지역구 유권자의 뜻을 매번 고려할 필요는 없다. 이 경우 선거구는 대표를 선출하기 위한 편의적이고 지리적인 개념에 불과하다. 반면 대리인으로 본다면 대표자는 자신을 선출한 선거구민의 의사를 대리할 뿐이다. 마치 남북회담의 대표단처럼 자신이 독자적으로 어떤 결정을 내리는 것이 아니라, 주어진 권한의 범위 내에서 역할을 해야 하고 자신을 파견한 이들의 의사를 전달해야 하는 것이다. 즉 선출된 국회의원은 독자적인 판단과 선호에 따라 결정하는 것이 아니라, 자신이 대표하는 이들의 견해를 전달하는 역할에 그쳐야 하는 것이다. 이 경우 선거는 뽑아준 유권자의 정치적 견해와 이해관계를 그대로 의정에 반영할 대리자를 선출하는 것이 된다. 상향식 의사전달이라는 관점에서 본다면 이상적이지만 의원이 사안마다 지역구 주민들의 눈치를 봐야 하고 국가 이익보다 지역구 이해관계가 우선시되는 문제가 발생할 수 있다.

두 번째는 지역을 대표할 것인가 국가 전체를 대표할 것인가의 문제이다. 에드먼드 버크(Edmund Burke)가 1774년 자신의 지역구인 잉글랜드의 브리스톨에서 지역구민에게 행한 연설에서,[4] "의회는 서로 다르고 적대적인 이익을 대표하는 대사들(ambassadors)의

4 http://press-pubs.uchicago.edu/founders/documents/v1ch13s7.html

회의체가 아니다… 의회는 전체의 이익, 하나의 이익을 갖는 한 국가의 심사숙고하는 입법기관이다… 여러분이 대표자를 뽑았을 때 그는 브리스톨의 일원이 아니라 의회의 일원이 된다."고 말한 바 있다. 버크의 입장은 의회 의원이 해당 지역구를 대표하는 것이 아니라 국가 전체를 대표한다는 점을 강조한 것이다. 더욱이 지방자치가 확립된 나라에서 의회 의원은 국가 전체를 대표해야 한다고 할 수 있다. 그러나 현실적으로 지역구에 기반을 둔 선거제도를 갖는 나라의 경우에는 의회 의원이 재선을 위해 지역구의 이익을 대표하는 데 더욱 힘쓸 수 있다. 미국 정치에서는 이러한 지역구를 중시하는 의원들의 활동을 포크 배럴 정치(pork barrel politics)라고 한다.

세 번째, 의원은 정당의 입장에 따라야 하는가 혹은 개별 의원의 자율적 판단에 따라야 하는가 하는 점이다. 이는 내각제와 대통령제에 따라 다소 다를 수 있고 또 정당의 기율(discipline)의 강도에 따라서도 달라질 수 있다. 내각제는 의회 내 다수 의석에 내각이 기초하기 때문에 정당 소속 의원이 당의 노선을 따르지 않으면 내각이 유지되기 어렵다. 따라서 일반적으로 내각제에서는 의원들이 정당의 노선을 따르는 경우가 많으며 당의 기율도 상대적으로 강한 편이다. 그런데 미국에서는 내각제 국가와 달리 중앙당의 영향이 약하고 공천이나 정치 자금 마련도 모두 지역구 수준에서 의원이나 후보자에 의해 이루어진다. 지역구에서의 프라이머리에 의해 후보자가 결정되고 후원회를 통해 정치 자금이 마련되기 때문에 미국의 정당은 다른 나라에 비해서 당 조직이나 당 기율이 약하다. 따라서 의회 내에서 의원들의 자율성이 강한 편이다. 그러나 최근 들어서는 미국에서도 정치적 양극화로 인해 정파적 대립이 심각해지면서 정당의 영향력이 예전에 비해서는 강화되는 경향도 나타나고 있다.

이와 함께 또 한 가지 고려할 점은 선거에서 유권자의 투표 결정 요인과 관련된 것이다. 만약 선거에서 유권자가 개별 후보자보다 정당을 보고 투표한다면, 그것은 정당이 대표하는 이념이나 정책 방향에 유권자가 공감했기 때문일 것이다. 이런 경우라면 의회 의원은 정당 노선에 영향을 받을 수밖에 없다.

3. 단원제와 양원제

각국의 의회는 하나의 원으로 구성되는 단원제(unicameral system)이거나 혹은 두 개의 원으로 구성되는 양원제(bicameral system)로 구분해 볼 수 있다. 양원제인 경우 하원은 민의원, 평민원으로도 불리며, 상원은 참의원, 귀족원 등으로도 불린다. 양원제인 경우 하원은 국민 직선으로 구성되며, 상원은 국민 직선, 간접 선거, 혹은 지명 등 다양한 방식으로 구성된다. 상원의 구성은 각국 의회 정치의 역사적 전개과정에 따라 각기 다르게 나타난다. 영국의 경우에는 귀족원(House of Lords)으로 고위 성직자, 귀족, 고위 법률가 등 구시대 특권 계급을 대표했고, 평민원(House of Commons)은 일반 평민을 대표했다. 미국처럼 건국 과정에서 연방제를 채택한 경우에는 각 주를 대표하는 기능을 갖는다. 독일의 경우에도 상원은 각 주를 대표한다. 우리나라에서도 제2공화국 당시 상원인 참의원과 하원인 민의원의 양원제를 채택한 바 있다(강원택, 2011: 137-141).

상원의 구성 방식은 대체로 다섯 가지로 나눠볼 수 있다(신명순, 2006: 352-354; Lijphart, 1985: 102-103; 강원택, 2011: 129-136). 첫째, 국민들이 직선으로 상원의원을 선출하는 방식이다. 미국, 일본, 브라질, 호주 등 많은 국가에서 이 방식을 사용하고 있다. 미국은 인구 규모와 무관하게 각 주별로 2명씩 모두 100명으로 상원을 구성한다. 둘째, 지방 의회나 주 의회에서 간선의 방식으로 선출하는 경우이다. 간선의 경우라도 선임의 주체가 각기 다를 수 있는데, 독일에서처럼 주 정부가 임명하는 방식도 있고, 오스트리아, 네덜란드, 벨기에, 프랑스처럼 주 의회가 선출하는 경우도 있다. 셋째, 상원의원을 임명하는 방식이다. 영국 상원은 세습 작위가 아닌 경우에는 여왕이 정계, 종교계 및 사회지도층 인사 중에서 상원의원을 임명한다. 캐나다에서 105석의 상원의원은 총리의 제청으로 총독이 임명한다. 룩셈부르크 상원 21석도 총리의 추천으로 국가 원수인 대공작이 임명한다. 넷째, 두 가지 혹은 세 가지 방식을 복합적으로 적용해서 상원을 구성하는 경우이다. 벨기에 상원 71석 중 40석은 직선으로 선출하고 31석은 간선으로 선출한다. 스페인의 상원의석 259석 중 208석은 직선으로 선출하며 51석은 지역의회가 임명한다. 일본 상원 의석은 242석인데 이 중 144석은 한 선거구에서 2명에서 12명까지 선출하는 이른바 '중선거구제'로 불리는 단기비이양식 선거제도를 사용하며, 나머지 96석은 비례대표 방식으로 선출한다. 다

셋째, 다소 예외적이라고 할 수 있는데 상원을 위한 별도의 선거 없이 한 번의 선거를 통해 구성한 의회에서 사후적으로 상원과 하원으로 역할을 나누는 것이다. 노르웨이와 아이슬란드의 입법부는 한 기구로서 선출되지만 선거 후 두 개의 원(院)으로 분리된다. 즉, 노르웨이에서는 선출된 의원의 4분의 1, 아이슬란드에서는 3분의 1을 의원들 스스로 선출해서 별도의 원을 구성하기도 한다. 그러나 양원제처럼 엄격히 분리된 기구는 아니며 두 원 간 의견의 불일치가 발생하면 전체 의원이 참석하는 본 회의에서 처리하도록 하고 있다.

한편, 양원제에서 고려해야 할 또 다른 점은 두 원 간의 권한의 배분에 대한 것이다(이하 강원택, 2011: 141-148). 일반적으로 상원과 하원이 유사한 권한이 부여되는 강한 양원제라고 하고, 하원이 보다 강한 권한을 갖는 경우를 약한 양원제라고 한다(Lijphart, 1985: 109-110; Sartori, 1997: 184) 상원에 부여되는 권한 정도는 크게 두 가지 기준에 의해 구분된다. 첫째, 입법 영역과 관련된 것이다. 상원이 하원과 동등하게 모든 영역의 법안을 모두 다룰 수 있는지 아니면 상원은 제한적으로 부여된 영역만을 다룰 수 있는지에 따라 양원제의 속성이 달라진다. 미국 상원은 하원과 동일하게 모든 법안을 다룰 수 있는 권한이 부여되어 있지만, 영국 상원은 1911년 의회법 제정 이후 세금, 재정 등 돈과 관련된 사안에 대한 권한은 없다. 국민의 세 부담과 관련된 모든 법안은 오직 하원만이 다룰 수 있다. 또한 독일의 연방 상원(Bundesrat)은 기본법상 주의 권한으로 규정된 영역과 관련된 사안만을 다룰 수 있다. 둘째, 법안 제정과정에서 하원이 통과시킨 법안에 대해서 상원이 이를 어떻게 처리할 수 있는가 하는 점이다(Sartori, 1997: 185). 상원이 하원이 통과시킨 법안을 거부할 수 있는지(a veto power) 아니면 단지 지연(a delaying power)시키는 권한만을 갖는지에 따라 양원제의 운영 방식이 달라진다. 영국 상원의 경우에는 하원에서 통과된 (재정과 관련되지 않은) 법안에 대해 이를 거부할 권한은 없으며 단지 그 실행을 1년 늦출 수 있는 지연의 권한만을 갖고 있다. 한편, 상원이 하원의 결정에 대해 거부권을 갖는 경우에도 이를 크게 네 가지로 나눠볼 수 있다. 첫째, 상원의 거부권이 최종적인 결정이 되는 경우이며, 두 번째는 제한된 영역에서만(in reserved domains) 절대적 거부권이 인정되는 경우이며, 세 번째는 하원에서 2/3 등과 같이 과반 이상의 특정 비율 이상의 재의결로 상원의 거부권을 무효로 만드는(overridable by a qualified majority) 경우이며,

네 번째는 하원에서 단순다수에 의해 상원의 거부권을 무효로 만드는 경우이다. 그 제도적으로 볼 때 양원제의 장점은 심의의 신중성, 일원(一院)의 과도함이나 졸속에 대한 상호 견제와 수정, 다수 횡포의 억제, 다양한 여론 반영을 통한 입법의 질 제고에 도움이 된다는 점이다(박찬욱, 2004: 225). 또한 하원과 비교할 때 선출된 지역의 규모가 크고 임기가 더 긴 경우가 많기 때문에 지역구라는 협소한 이해관계나 단기적인 정치 상황의 변화에서 벗어나 장기적이고 공동체 전체의 이익을 고려한 정치를 행할 수 있다는 점도 긍정적이다. 그러나 양원제는 심의 중복과 지체로 인하여 신속하고 효율적 입법을 저해하고, 양원 간 갈등으로 정치적 위기를 초래할 수 있으며 상원에 의한 하원의 견제는 국민 다수 의사를 좌절시키는 부당한 행위라는 비판도 존재한다(박찬욱, 2004: 225). 하원 내에서의 집권당과 야당 간의 갈등, 상원 내에서의 집권당과 야당 간의 갈등이 존재하지만, 상원과 하원이 서로 다른 정당에 의해 지배되는 경우 양원 간의 갈등으로 입법 과정이 더 어려워질 수 있다. 이런 일은 상원과 하원이 서로 동등한 권한을 갖는 경우에 발생할 가능성이 더 클 것이다.

제6절 결론

지금까지 정치과정의 주요 제도적 기구, 행위자에 대해 살펴보았다. 정당, 선거, 의회는 시민사회 내에 존재하는 다양한 정치적 요구와 이해관계를 제도적으로 반영하고 그에 따른 정책적 대안을 만들어 내도록 하는 데 중요한 역할을 하는 제도적 장치이다. 특히 정당, 선거, 의회는 대의 민주주의의 원활한 운영을 위한 핵심적 기제이다. 그러나 앞에서 살펴본 대로, 자유민주주의 체제라고 해도 정당체계의 구성과 정당 간 상호관계, 선거제도의 특성과 비례성, 그리고 의회의 구성과 운영 방식에 따라 각 나라별로 정치 과정이 실제로 작동하는 방식에는 커다란 차이가 존재한다.

그러한 차이에도 불구하고 정치 과정이 민주적으로 이뤄지고, 또 정치적 안정과 통합을 이뤄내기 위해서는 몇 가지 공통점이 존재한다. 정당 정치는 다원적 경쟁이 확립되어야 하고 정당체계의 정치적 대표성은 보다 포괄적이 되어야 하며, 이념적으로 극단적이거나 지나치게 분절화된 정당체계는 피해야 한다. 선거는 자유롭고 공정하게 실시되어야 하고 주기적인 선거가 확립되어야 한다. 선거제도는 폐쇄적이거나 배타적인 정치적 대표성이 마련되지 않도록 보다 경쟁적이고 비례성이 높은 방향으로 마련되어야 한다. 의회 정치는 본질적으로 갈등적일 수밖에 없지만 정치적 갈등이 극단적 대치나 교착상태로 나아가지 않도록 정치력을 발휘해야 하고 타협과 협상에 의해 갈등을 완화할 수 있어야 한다. 그리고 의회의 구성원의 대표성이 보다 개방적이고 균형적이어야 한다.

더욱이 정당, 선거, 의회라는 세 가지 정치제도는 상호 긴밀하게 연계되어 있다. 선거제도의 비례성은 정당체계에 영향을 미치고, 그러한 정당체계는 또한 의회 정치의 운영에 영향을 미친다. 의회 정치에 대한 평가는 다음 선거에서 유권자의 투표 행태에 영향을 미친다. 그런 점에서 민주주의 체제의 정치 과정에 대해 보다 정확하게 인식하기 위해서는 이 세 요소의 특성에 대해 배타적이거나 독립적으로 살피기보다는 긴밀하게 연계된 하나의 통합된 틀 속에서 바라보려는 노력이 필요하다.

참고문헌

- 강원택. 2018.『한국정치론』. 박영사.
- 강원택. 2011.『통일 이후의 한국 민주주의』. 나남.
- 강원택. 2005.『한국의 정치개혁과 민주주의』. 인간사랑.
- 박찬욱. 2004. "국회 조직과 구성: 정책 역량이 있는 '균형의회'의 모색". 박찬욱, 김병국, 장훈 공편.『국회의 성공조건: 윤리와 정책』. 동아시아연구원, 219－268.
- 신명순. 2006.『개정판 비교정치』. 박영사.
- 심지연. 1999. "의회 정치와 민주주의." 백영철 외.『한국 의회정치론』. 건국대학교 출판부, 31－59.
- 유재일. 2003. "정당의 기능." 심지연 편저.『현대 정당 정치의 이해』. 백산서당, 119－148.

- Campbell, Angus, Philip Converse, Warren Miller, and Donald Stokes. 1960. *The American Voter*. Chicago: The University of Chicago Press.
- Downs, Anthony. 1957. *An Economic Theory of Democracy*. New York: Harper.
- Duverger, Maurice. 1954. *Political Parties*. London: Lowe & Brydone.
- Farrell, David. 2011. *Electoral Systems: A Comparative Introduction. Second edition*. 전용주 옮김. 2012.『선거제도의 이해』. 한울.
- Harrop, Martin and Lockley Miller. 1987. *Elections and Voters: A Comparative Introduction*. New York: Meredith Press.
- Heywood, Andrew. 2013. Politics. 4th edition. New York: Palgrave Macmillan.
- Lijphart, Arend. 1984. *Democracies: Patterns of Majoritarian and Consensus Government in Twenty-One Countries*. 1985. 최명 역.『민주국가론』. 법문사.
- Lijphart, Arend. 1977. *Democracy in Plural Societies: A Comparative Exploration*. New Haven: Yale University Press.
- Sartori, Giovanni. 1997. *Comparative Constitutional Engineering: An Inquiry into Structures, Incentives and Outcomes*. Second edition. London: Macmillan.
- Sartori, Giovanni. 1976. *Parties and Party systems: A Framework for Analysis*.

Cambridge: Cambridge University Press.

- Shugart, Matthew and Martin Wattenberg. 2001. *Mixed-Member Electoral System. The Best of Both Worlds?.* Oxford: Oxford University Press.
- Taagepera, Rein and Mattew Shugart. 1989. *Seats and Votes: The Effects and Determinants of Electoral Systems.* New Haven: Yale University Press.
- Ware, Alan. 1996. *Political Parties and Party Systems.* Oxford: Oxford University Press.

07

관료제와 공공행정

Understanding Politics

관료제와 공공행정

제1절 민주주의 정치의 투입과 산출

현대 정치학의 첫 번째 화두는 민주주의라고 할 수 있다. 민주주의는 산업혁명과 더불어 19세기 이래 인류 문명이 이루어낸 거대한 전환의 가장 중요한 내용이기 때문이다. 많은 나라들에서 참정권이 확장되어 국민들이 대표자를 선출하는 선거에 평등하게 참여할 수 있게 되었다. 기본권이 헌법에 의해서 보호되고 권력의 분립으로 국가가 국민 위에 군림하는 것을 방지하게 되었다. 그러한 성취의 정도는 국가들 간에 차이가 있지만 대부분의 국가에서 민주주의가 정치제도의 핵심적 가치 중의 하나이며 이루어나가야 할 목표임이 공유되고 있다.

민주주의는 정치에 있어서의 투입(input)의 문제이다. 누가 국가의 주권자인가, 국민들이 어떠한 절차를 통해서 대표자를 선출하는가, 정당과 이익집단이 정치과정에서 어떠한 역할을 하는가 등 법과 정책의 결정주체와 그 결정 과정이 정치에 있어서 투입의 과정에 해당한다.

민주주의의 진전으로 인하여 민주정치의 산출(output)에 대한 관심도 높아졌다. 산출이란 제도가 어떤 결과를 낳고 사람들의 삶에 어떤 영향을 미치는가의 문제이다. 민주주의의 산출에 대한 관심이 높아진 것은 세계의 많은 나라들이 대의민주주의의 기본적인 내용들을 제도화하고 실행했음에도 불구하고 그것이 반드시 국민들의 삶의 질의 개선으로 이어지지는 않음을 경험했기 때문이다. 민주주의를 이루기 이전에는 민주주의가 모든 문제를 해결해 줄 것으로 기대했으나 실제로 이루고 난 이후에는 민주주의만으로 해결할 수 없는 많은 문제들을 경험한 것이다. 이러한 경험은 한편으로는 '진정한' 민주주의, 즉 대의민주주의를 뛰어 넘는 민주주의의 실현 방안에 대한 고민으로 이어졌고, 다른 한편으로는 이 장의 주제인 관료제와 공공행정을 통한 민주주의의 산출의 중요성에 대한 인식으로 이어졌다.

소규모 집단에서는 결정과 집행이 연속적으로 이루어지기 때문에 투입과 산출을 따로 다루는 것이 큰 의미가 없을 수 있다. 몇 명의 친구들이 어떻게 시간을 함께 보낼 것인가를 결정하는 상황을 상상해 보자. 토론을 해서 만장일치를 이끌어 낸다든지, 투표를 해서 다수의 의견을 따른다든지, 비용을 더 부담하거나 평소에 인기와 신망이 높은 친구에게 결정을 위임한다든지 하는 것이 투입의 과정이라 할 수 있다. 함께 영화를 보기로 하되 비용은 각자가 부담한다거나 최근에 월급을 받은 친구가 맥주와 피자를 산다고 결정이 되면 그 집행은 대체로 결정한 대로 진행된다. 의도와 다르게 전개될 때에도 집단의 구성원들이 그 이유를 알고 함께 대처하게 될 것이다.

국가 수준의 정치과정에서는 투입과 산출이 별개일 가능성이 높다. 수천만 국민들의 선호와 가치를 복잡한 정치적 절차를 거쳐서 모으고 집행하는 민주주의 정치과정에 있어서는 투입과 산출이 괴리될 가능성이 높다. 국민의 의도는 추상적이고, 그 집행은 불확실하다. 의도와 결과의 일치 여부를 판단하는 것도 간단한 문제가 아니다.

사회복지정책을 예로 들어보자. 현대 민주주의 국가에서 진보적인 정당들은 복지정책에 더 많은 예산을 투입하여 불평등을 완화하고 저소득층, 장애인, 실업자, 노인층 등 사회적 약자들에 대한 지원을 강화하는 공약을 제시한다. 반면 보수정당들은 이러한 정책들이 더 많은 세금을 거두어야 하고, 정부재정의 적자를 초래할 가능성이 높아 경제성장에 부정적인 영향을 주며 결과적으로 저소득층을 위해서도 바람직하지 않다고 본다. 따라서 기본적인 사회보장에 치중하며 정부의 역할을 줄이고 자율적인 경제성장을 통해서 국민의 복지가 향상될 수 있다는 입장을 취한다. 정당들은 선거에서 자신의 입장을 상황에 맞게 다듬어서 제시하고 국민들은 선거를 통해서 어느 정당이 정권을 잡을 것인지를 결정한다. 이익집단이나 사회단체들은 정부의 복지 정책 형성과 집행에 선거를 통하지 않고도 직접적인 압력을 행사한다. 이러한 활동들이 복지정책에 대한 정치적 투입과정을 구성한다.

민주정치의 산출은 특정한 정당이 국민의 신임을 받아서 정책을 입안하고 집행하는 책임을 맡게 된 시점에 시작된다. 복지정책의 강화를 공약으로 내건 진보적 정당이 선거에서 승리하여 집권을 하였다고 하더라도 그 공약이 소득불평등의 완화와 취약층의 복지의 증대로 이어지기까지는 복잡한 중간과정을 거쳐야 한다. 소득세나 법인세의 세율을 높이거나, 정부예산의 구성을 재조정하여 복지예산을 확보할 것이다. 확보된 예산으로 실행할 정책들을 입안할 것이다. 예산의 확보와 정책의 입안은 상호작용하면서 동시적으로 진행될 것이다. 즉 구체적인 정책 구상에 따라서 조세정책과 예산구성이 영향을 받을 것이고, 세율의 조정과 다른 지출 항목들의 필요에 따라서 확보된 복지예산의 규모에 의해서 복지정책의 세부적인 내용들이 영향을 받게 될 것이다.

2018년 3월 8일 대한민국국회의 국회예산정책처에서 발간한 『대한민국재정 2018』에 따르면 2018년 대한민국 정부의 총수입은 447.2조원, 총지출은 428.8조원이다. 이 중에서 보건·복지·고용 분야의 예산은 144.7조원으로 전년도의 131.9조원에 비해서 약 10% 증가했다. 이 중 상당 부분이 복지예산이다. 전체 예산 증가율에 비해서 이 분야의 증가율이 높은 것은 2016년 선거를 통해서 진보적인 정권이 들어선 결과, 즉 민주주의 정치의 투입 측면에서 발생한 변화의 결과로 볼 수 있다.

증가한 복지예산이 소득불평등 완화와 취약계층 복지의 향상으로 이어지기 위해서는 관료조직이 담당하는 공공행정의 과정을 거쳐야 한다. 이것이 정치의 산출의 과정이다. 누가 정책의 집행을 담당하는가? 행정안전부에서 발행한 자료에 따르면 2018년 3월 31일 현재 대한민국의 공무원 수는 총 1,057,223명이다. 이 중 국가공무원이 646,443명이고[1] 지방공무원은 384,202명이다. 복지정책을 구체화하고 집행

1 이 중 약 50만 명은 국공립 학교의 교원과 경찰이다.

하는 일에는 여러 정부 부서와 조직들이 관련되지만 그 중에서도 보건복지부가 가장 큰 책임을 맡는다. 보건복지부 공무원 수는 2018년 6월 20일 현재 3,348명이다. 2018년 8월 현재 보건복지부 장관은 선거기간에 대통령을 조언한 정책 싱크탱크 출신의 전직 교수이다. 직업공무원 또는 전문 관료는 아닌 것이다. 이 장관은 보건복지부라고 하는 거대한 관료조직을 관리하고 대통령과 집권당의 공약을 정책으로 구체화하여 관철하는 데 주력할 것이다. 차관을 비롯한 대부분의 실장, 국장, 기타 고위공무원단에 속하는 보건복지부 관료들은 직업공무원인 전문 관료들이고 이들 중 다수는 행정고시, 즉 5급 공개경쟁 채용 시험 출신이다.

보건복지부는 장관, 차관을 비롯하여 4개의 실과 6개의 국으로 구성되어 있다. 각 실, 국 산하에는 평균 4~5개의 과들이 있다. 사회복지정책실, 복지정책관, 복지정책과, 기초생활보장과, 자립지원과, 사회서비스정책과, 복지정보기획과, 사회서비스일자리과, 장애인정책국, 장애인서비스과 등의 많은 하위 조직과 그 조직에 소속되어 일하는 직업공무원들이 있다. 국민은 공약을 평가하여 대표자를 선출하고 국회는 논쟁과 타협을 예산과 법률을 통과시킨다. 그 법률을 정책으로 구체화하고 책정된 예산을 집행하는 것은 관료조직이다.

중앙부서에서 모든 정책을 입안하고 집행하는 것도 아니다. 지방공무원의 수는 38만 명에 이르고 그들은 광역 및 기초 지자체에 소속되어서 일한다. 서울시청에는 복지업무를 총괄하는 복지본부가 있고 그 산하에 복지정책과, 자활지원과 등 7개의 과와 약 30개에 이르는 팀들이 있다. 관악구청에 복지환경국이 있고, 그 산하에 복지정책과, 생활복지과, 장애인복지과, 가정복지과 등이 있다.

복지업무를 담당하는 중앙 및 지방의 관료 조직체계는 이처럼 방대하다. 그런데 이렇게 방대한 중앙정부와 지방정부의 복지담당 조직체계 조차도 복지정책의 실질적인 집행체계에서는 여전히 일부에 불과하다. 복지정책의 일선에서 일하는 사람들을 생각하면 가장 먼저 사회복지사들이 떠오른다. 사회복지사는 하나의 자격이며 국가 또는 지방공무원은 아니다. 사회복지사 자격증은 『사회복지사업법』에 따라서 보건복지부 장관이 발급한다. 물론 공무원들도 공직을 맡기 전이나 후에 시험을 통해서 사회복지사 자격을 획득할 수 있다.

대한민국에는 100만 명에 가까운 사회복지사들이 있고, 그 중 절반 정도가 실제로 이 분야에 고용되어 일하고 있다. 이들의 활동은 복지정책의 집행에 있어서 필수불가결하다. 또 『사회복지사 등의 처우 및 지위 향상을 위한 법률』에서는 "사회복지법인"과 "사회복지시설"의 종사자들을 '사회복지사 등'이라고 정의하고 국가와 지방자치단체가 그들의 처우개선과 신분보장을 위해 노력할 의무가 있음을 명시하고 있다. 예를 들어 "국가와 지방자치단체는 사회복지사 등의 보수가 사회복지전담공무원의 보수수준에 도달하도록 노력하여야 한다"(제3조)는 것이다. 사회복지사들이 공무원은 아니고, 사회복지법인과 시설들은 정부조직은 아니지만, 여전히 국가의 통제와 지원을 받고 있으며 복지정책의 집행에 있어서 필수적인 역할을 하는 것이다. 이처럼 복지정책을 통해서 삶의 질을 개선하고 소득 불평등을 완화하는 데에는 대통령과 국회의원을 선출하는 문제, 법률의 제정과 정책의 입안 문제뿐만 아니라 관료제를 통한 정책의 구체화, 중앙 및 지방 관료조직들, 그리고 비정부조직들이 연결된 거대한 정책 집행의 체계가 연관되어 있는 것이다.

사회복지정책은 국가의 여러 정책들 중의 하나이다. 다른 정책 영역에서의 관료조직의 구조와 행태, 비정부조직과의 관계는 각각 다르게 나타난다. 사회복지정책을 예로 든 것은 정치의 투입과정 이후에 그 실질적인 산출을 위한 집행의 과정에서 관료제의 문제와 공공행정의 복잡성을 드러내기 위해서였다.

보건복지부와 같은 조직을 관료조직이라고 한다. 그러한 조직들의 특징을 일반적으로 추상화하여 지칭할 때 **관료제**(bureaucracy)라는 단어를 사용한다. 공공행정은 관료조직을 통해서 이루어진다. 이 장에서는 관료조직이란 무엇인가? 관료조직을 통해서 공공행정을 수행하는 것의 필요성과 그에 따른 문제점은 무엇인가? 관료제의 문제점들을 해결하기 위한 어떠한 방안들이 제시되거나 시도되고 있는가의 문제를 다룬다.

제2절 관료제 이론

앞에서 예로 든 보건복지부, 서울시의 복지본부, 관악구청의 복지환경과 같은 조직들은 관료조직의 일종이다. 중앙정부와 지방자치단체의 관료조직들, 그리고 그 속에서 일하는 100만 명이 넘은 공무원들이 **공공행정**(public administration)을 담당한다. 정부조직이 공공행정을 완결하는 것도 아니어서 수많은 비정부 조직과 거기에 속해 있는 사람들도 공공행정의 집행에서 역할을 담당한다.

법과 정책은 이러한 조직들과 사람들의 활동을 통해서 국민의 삶에 영향을 준다. 관료조직에 단지 정부조직만 있는 것은 아니다. 사기업 중에는 수십만의 인력을 고용하여 복잡한 조직체계를 통해서 운영하고 있는 경우도 있다. 대학교도 수천 명의 교원과 직원을 고용하고 있는 경우도 있다. 이러한 단체들도 관료조직의 체계로 구성되어 운영된다. 정부의 조직, 또는 공적인 관료제는 기업이나 기타 비정부 조직의 관료제와 유사점과 차이점을 지닌다. 정치의 산출, 즉 공공행정의 수행을 이해하기 위해서는 관료제 일반, 특히 공공관료제의 특성을 이해하는 데서 출발해야 하고, 이러한 특성들이 특정한 사회나 시대, 제도적 문화적 맥락과 결합하여 어떻게 발현되고 있는지를 보아야 한다.

1. 막스 베버(Max Weber)의 관료제론

관료조직의 특성에 대한 가장 일반적인 묘사로서는 베버의 관료제이론이 있다. 베버는 근대 관료제가 다음과 같은 특징들을 지니는 것으로 보았다(Weber, 1978: 956~8).

(1) 분명한 관할영역

관료조직은 업무의 영역이 법이나 정책에 의해서 구체적으로 정해져 있다. 중앙정부나 지방정부의 각 부서들은 그 이름에서부터 어떠한 일을 담당하는지를 알 수 있는 경우가 대부분이다. 이 조직들은 비교적 장기간에 걸쳐서 지속적으로 수행하는 업무를 가지고 있으며, 정해진 업무를 수행하는 것은 그 조직에 속한 관리들의 의무가 된다. 또한 업무를 수행하기 위한 일정한 권한과 그 수행을 위한 수단을 제공받는다.

(2) 위계성

관료조직은 분명한 위계성의 원칙에 따라서 조직되어 있다. 정부부서의 조직도를 보면 특정한 실이나 국의 산하에 과가 있고 또 그 아래에 팀이 있는 등 상하의 위계 관계가 분명하게 되어 있다. 중요한 것은 업무와 관련한 위계의 관계가 일원적이라는 점이다. 보건복지부의 복지정책과, 기초생활보장과, 자립지원과, 기초의료보장과는 모두 복지정책관 아래에 있다. 복지정책관, 복지행정지원관, 사회서비스정책관은 모두 사회복지정책실 산하에 있다. 이러한 단일 위계의 의미는 상하의 명령체계를 분명히 하는 것이다. 직급상 상급자라고 하더라도 자기 부서의 위계 바깥의 직원에게 직접 명령을 내릴 수는 없다. 그러한 경로의 업무상 협조가 필요하다면 조직도의 위계적 관계에 따라서 협조를 요청해야 한다.

(3) 문서화

현대 관료조직의 업무는 '문서(written documents)'를 통해서 이루어진다. 문서는 상당기간 보관되는 것을 원칙으로 한다. 업무의 문서화는 오랜 기간을 통해서 진화했다. 현대에 이르러서는 조직의 최상위자도 이러한 원칙에 따라야 한다. 대한민국의 『대통령기록물 관리에 관한 법률』 제3장 제7조는 "대통령의 직무수행과 관련한 모든 과정 및 결과가 기록물로 생산·관리되도록 하여야 한다"고 규정하고 있다. 문서화를 통해서 관료조직의 기억은 그 구성원 개인의 기억이 아니라 조직의 기억이 된다. 문서화는 관료조직과 그 활동이 특정한 구성원의 임기를 넘어선 연속성을 가질 수 있도록 한다. 연속성은 업무의 예측가능성을 높인다.

(4) 전문성

업무의 수행은 전문성을 바탕으로 한다. 부서원들은 특정한 업무를 수행하기 위한 기술과 능력을 지니고 있으며 업무를 반복적으로 수행함을 통해서 생산성을 향상시킨다. 전문성의 전제는 업무의 세분화이다. 조직의 업무가 분명하게 규정되고 지속되는 분업의 체계를 통해서 수행되는 것이다. 업무의 세분화와 분업을 바탕으로 하는 전문적인 업무 수행은 관료조직이 지니는 힘의 근원이다. 전문적인 업무 수행은 조직 구성원들이 담당 업무를 부업으로서가 아니라 전업(full time)을 원칙으로 전 역량을 투여해서 수행할 것을 요구한다.

(5) 규칙에 따른 업무 수행

업무의 수행은 규칙에 입각한다. 규칙은 변할 수도 있고 규칙이 더 포괄적이거나 덜 포괄적일 수도 있다. 규칙은 학습 가능한 것이어야 한다. 관료적 전문성의 핵심은 규칙에 대한 지식이다. 업무의 수행이 규칙으로 거의 환원될 수 있다는 점이 현대적 관료제의 특성이라고 할 수 있다. 규칙을 따르는 업무 수행은 개인적인 특권의 행사나 특혜의 수여와 구분되는 현대적 관료행정의 특성이다. 업무의 수행이 규칙을 따름으로서 업무담당자의 자의적 판단이 개입할 여지는 줄고 일관된 일처리가 보장된다. 규칙에 따른 업무수행은 관료적 업무의 비인격성(impersonality)을 의미한다. 관료조직 구성원의 개인적 특성, 신분, 선호가 개입할 여지는 없다. 중요한 것은 조직의 목표와 그 목표를 달성하기 위해서 정해진 업무수행의 규칙들이다. 이상적인 관료제에서는 관리자의 역할 또한 분업을 통해서 주어진 업무 중의 하나에 불과하다. 따라서 리더십의 중요성은 줄어들게 된다.[2]

그러나 현실적으로는 규칙이 모든 상황에 대한 대처방법을 다 구체적으로 정해놓는 경우는 드물다. 이러한 경우에 리더십의 역할이 중요해 진다. 또한 조직 자체의 목표가 변할 필요가 있을 때, 조직의 관할영역을 재조정할 필요가 있을 때는 기존에 존재하는 규칙이 그 방향을 분명하게 제시하지 못한다. 이 경우에도 리더십의 역할이 중요하다.

관료제는 흔히 '관료주의'라고 하여 부정적인 이미지를 가지고 있다. 관료제에 대한 부정적인 인식은 기술적 전문성을 바탕으로 한 관료 개인, 그리고 이러한 개인들의 분업을 통해서 발휘되는 관료조직의 힘이 대중에 대한 군림과 지배로 이어지는 데 대한 우려 때문이다. 또한 규칙에 대한 강조와 비인격성을 원칙으로 하는 업무의 처리가 인간에 대한 공감을 바탕으로 한 일처리와 상반되는 경향, 즉 비인격성이라고 하는 관료제의 원리가, 비자의성, 일관성이 아니라 비인간성으로 발현되는 것에 대한 비판이기도 하다. 때로는 구체적인 상황에 대한 분석능력을 상실하고 표준화된 절차만을 고집하여 결국 문제 해결에 실패하는 무능을 의미하기도 한다. 그

2 이러한 다섯 가지의 특징 이외에도 조직을 통한 경력의 발전, 연공서열(seniority) 원칙에 따는 승진, 연금의 제공, 업무수행자격 규정과 규칙에 따르는 성과의 평가 등 다른 특징들도 추가할 수 있다.

리고 복잡한 기계 장치와도 같은 분업 체계 속의 한 부품으로 전락한 관료제 속의 개인의 처지를 의미하기도 한다.

대중에 대한 군림, 비인간성, 무능, 소외와 같은 관료제의 부정적인 측면은 분업, 전문성, 비인격성과 같은 관료제의 조직 원리와 업무 수행 원칙의 부작용이다. 정부의 관료조직이 수행하는 많은 일들은 관료제의 원리만으로는 충족될 수 없는 업무 수행방식을 요구하기도 한다. 모든 일선의 상황들에 대해 관료제의 원리에 따라 최선의 대응 방식이 미리 다 정해질 수는 없다. 이러한 경우 규칙에 대한 고수는 원칙에 대한 집착과 무책임, 즉 비인간적 관료주의로 이어진다. 또한 업무 수행 그 자체가 돌봄(caring)과 공감을 통하지 않고는 제대로 이루어질 수 없는 영역들이 있다. 보육, 교육, 복지, 의료의 영역 등이 이에 해당한다. 이러한 영역들에서 필요한 돌봄과 공감이라고 하는 가치는 규칙으로 표준화하기 힘든 현장의 요구이다.

여러 문제점과 부작용에도 불구하고 관료제는 사회발전의 결과이며 필연적인 경향이고 요구이기도 하다는 점을 인식할 필요가 있다. 사회의 변화와 기술의 발전에 따라서 관료제의 구체적인 조직 및 활동 방식에는 변화가 있겠지만, 관료제의 기본적인 원리들 중 많은 부분은 단기간에 변화하기 힘들 것이다. 비인격성과 규칙에 대한 강조는 업무의 연속성, 예측가능성, 그리고 업무수행의 공정성을 확보하기 위한 수단이다. 분업을 통한 전문화는 복잡화된 현대사회의 요구이며, 효율적인 업무 수행을 위해서 필요하다. 위계성의 완화와 협업적 일 처리가 공사조직에서 강조되기는 하지만 그렇다고 거대한 조직에서 위계를 완전히 없애는 것은 불가능하다.

정부를 비롯한 공공부문에서 관료제가 확산된 것도 사회적 발전과 합리화의 필연적인 결과이다. 산업혁명과 시장경제의 발전은 분업을 촉진하였다. 분업과 시장경제는 이전에 볼 수 없었던 거대한 조직들을 출현시켰다. 기업뿐만 아니라 국가의 역할도 강화되었다. 전근대 국가의 지배적 기능에 더하여, 국가가 사회 각 부분으로 침투하고 정부가 제공하도록 요구되는 서비스의 종류들도 많아졌다. 복잡한 시장경제를 법제도적으로 뒷받침하는 제반의 기능들에 더하여, 정부에 의한 사회간접자본 투자가 증가하고 복지사업이 확장되었다. 시장경제의 발전과 그에 따른 고도화된 사회적 분업은 그것을 지탱하기 위한 공·사의 조직들을 필요로 한다. 그러한 조직들이 발생하고 증가하며 커지는 것은 근대화의 불가피한 현상이며 필수적인 조건이기도 하다.

사회의 조직화 방식으로서 관료제의 현재적 위상이 최종적이며 변할 수 없다고 보는 것은 지나치게 협소한 관점일지 모른다. 즉 관료제를 넘어서는 조직화와 분업의 방식이 미래 사회에 가능할 수도 있는 것이다. 따라서 현 시점에서도 관료제의 부작용을 완화하는 공·사의 조직화 방식, 기능의 수행방식을 실험하는 것이 중요하다. 그렇지만 여전히 많은 국가들, 사회의 여러 부분들에서는 베버적인 관료제의 원칙이 실현되지 않아서 발생하는, 즉 전근대적이 조직과 업무수행으로 인한 문제들이 더 많다. 공공조직의 부패의 문제, 가족중심의 기업 운영 등은 베버적 관료제의 과잉이 아니라 그 부족으로 인한 문제들이다.

2. 정부관료제와 시장관료제

베버의 관료제 이론은 정부조직들만을 대상으로 하는 것은 아니다. 베버는 관료제화가 근대화의 한 측면인 합리화의 발현이라고 보았다. 즉 관료제는 공, 사를 막론하고 조직의 형성과 활동이 합리적으로 되는 역사 발전과정의 산물이라는 것이다. 이러한 관료제는 관료조직이 속하는 사회의 영역에 따라서 공적관료제와 사적관료제로 나눌 수 있다. 공적관료제의 대표적인 것은 정부조직들이고 사적관료제의 대표적인 형태는 기업조직 즉 시장적 관료제이다.

물론 정부조직과 기업조직 사이에 공과 사의 간단한 이분법으로 분류할 수 없는 많은 조직들이 있다. 예를 들어 한국전력공사는 2018년 현재 정규직만 2만 명 이상 채용하고 있는 거대한 조직이다. 한국전력공사는 시장형 공기업으로 분류된다. 시장형이라는 것은 그 회사의 주식이 주식시장에 상장되어 거래된다는 의미이다. 주식의 30% 이상을 외국인이 소유하고 있다. 그러나 한국전력공사는 사기업은 아니다. 한국전력공사 주식의 약 18%는 대한민국 정부가 직접 소유하고 있다. 약 32%는 한국산업은행이 소유하고 있는데, 한국산업은행은 대한민국 정부가 100%의 지분을 보유하고 있는 '기타 공공기관'으로 분류되는 조직이다. 종합하면 한국전력공사 지분 중에서 정부가 직간접으로 통제할 수 있는 지분이 50%가 넘는다. 사장은 『한국전력공사법』에 따라 산업통상자원부 장관의 제청으로 대통령이 임명한다. 한국전력공사는 하나의 예에 불과하며, 그 외에도 수많은 공공기관들과 공기업들이 협의의 정부조직에 속하지는 않지만 정부의 공공행정 과정에서 또는 정부의 특별한 지원에 의존하여 존립한다. 그러한 조직들이 일정 규모 이상이 되면 관료제적 조직의 성격을 지니게 된다.

위의 예에서처럼 공조직과 사조직의 엄격한 이분법이 지니는 한계를 염두에 두면서도 동시에 공적관료제, 특히 정부관료제가 처한 환경과 그 활동방식의 특성을 시장적 관료조직과 비교하는 것은 공공행정의 제 문제를 이해하는 데 있어서 매우 중요하다.

공공관료제와 시장관료제의 차이는 근본적으로 정부 또는 공공부문이 존재하는 이유로부터 기인한다. 현대 민주주의 국가들에서 정부 활동의 근거는 시장을 포함한 광의의 자발적인 행동을 통해서 해결되지 못하는 문제들을 해결하는 것이다. 공익을 위해서 제거해야 하는 부정적인 활동들과 효과들, 예를 들어 남의 물건을 훔친다든가 남의 신체에 위해를 가하는 것에서부터 기업의 생산 독점으로 인하여 경쟁이 제한되고 물가가 오르는 현상들을 제거하거나 완화하는 것이 정부의 역할이다. 또는 공익을 위해서 공급되어야 할 재화나 실현되어야 할 가치가 자발적 행동으로 이루어지지 못할 때, 예를 들어 시장의 논리만으로 아동과 청소년에 대한 충분한 교육이 제공되지 못하거나, 도로를 비롯한 기반시설이 충분히 만들어지지 못할 때 정부의 역할이 필요하다. 정부관료제는 이러한 일들을 행하는 공공행정의 담당기관들이다.

기업, 또는 비경제적인 결사체들은 사회의 다른 구성원들의 필요와 조직을 만드는 사람들의 필요에 부응하여 자발적으로 생겨난다. 정부는 이러한 자발적 결사를 허용하거나 또는 그것이 공익을 위해서 필요하다고 생각하면 적극적으로 유도할 수 있다. 공공조직은 그 발생경로가 다르다. 정부조직은 법률에 의해서 설립되며 세금으로 유지된다. 정부조직의 가장 큰 특징은 ① 시장적 경쟁의 환경에 노출되어 있지 않다는 점, ② 조직활동의 성과를 측정할 일반적인 지표로서의 '이윤'이라는 기준이 없다는 점, ③ 구성원들의 신분이 더 강하게 보장된다는 점이다.[3]

3 이는 각 국가의 법제도와 공공부문 노동조합의 존재 및 그 영향력의 정도 등에 의해서 영향을 받는다.

정부관료조직과 시장관료조직의 가장 큰 차이이며, 또 조직 내적인 운영방식 상의 차이를 낳는 근본적인 차이는 조직이 존재하고 활동하는 '환경'의 차이라고 할 수 있다(Rainey, 2009: 84~). 기업조직들은 시장이라고 하는 경쟁적인 환경 속에서 존재하며, 그로 인하여 끊임없는 압력을 받게 된다. 소비자들의 선호를 파악하고, 저비용으로 상품을 생산하여 공급하고, 그 결과를 매출과 이윤으로 확인받는다. 이러한 과정에서 성공하지 못하면 도태된다. 반면 정부의 관료조직들은 경쟁적 환경의 압력에 노출되는 정도가 매우 낮다. 따라서 비용을 절감하거나, 효율성을 높이기 위한 인센티브가 떨어진다.

시장 경쟁에는 가격과 이윤이라고 하는 매우 단순하고 분명한 지표가 존재하여, 그를 통해서 소비자들이 어떠한 상품을 원하고 있는가, 우리가 제공하는 재화와 서비스에 대한 소비자들의 평가는 어떠한가에 대한 정보를 제공받을 수 있다. 그러한 정보에 입각하여 조직의 전략과 활동방식을 재조정할 수 있다. 반면 정부조직들은 이와 같이 명료한 지표들을 통해서 활동의 방향이나 그 성과의 정도에 대한 정보를 획득할 수 없다.

정부에서 제공하는 서비스는 공공재적인 성격을 띠기 때문에 시민은 정부가 제공하는 서비스를 선택적으로 소비할 수 없는 경우가 대부분이다. 예를 들어, 세금을 더 낼 테니까 치안을 강화하라는 것은 유권자 개인의 선호일 수는 있지만 개인적으로 세금을 더 내고 자기의 집이나 신체에 대한 안전을 정부로부터 구매할 수는 없다. 이를 보충하기 위해서는 사설 보안업체나 경호업체로부터 서비스를 구매해야 한다. 그러나 정부가 제공하는 치안서비스를 더 사용하기 위해서 개인적으로 가격을 더 지불한다든지 또는 덜 사용하는 대신 세금을 적게 내는 선택을 할 수는 없다. 정부가 제공하는 많은 서비스는 강제적으로 공급되고 강제적으로 소비된다.[4]

둘째, 정부조직은 시장조직에 비해서 더 많은 공적, 법률적인 제약을 받는다. 물론 기업조직들도 그 활동에 있어서 다양한 법적, 행정적인 규제를 받으며, 그러한 규제의 정도는 국가 간에, 또 그 활동의 영역에 따라 차이가 있다. 그러나 일반적으

4 물론 통행료를 지불하고 정부가 운영하는 고속도로를 사용하는 것처럼 어느 정도 선택의 여지가 있는 경우도 있다. 그러나 통행료를 지불하지 않기 위해서 무료도로만 이용하여 서울에서 부산으로 가는 것은 가능하기는 하지만 매우 불편하다.

로 정부조직들에 대한 공식적, 법적인 규제와 제약의 수준은 훨씬 더 높다고 할 수 있다. 이러한 제약으로 인하여 정부조직은 활동의 영역과 방식을 정함에 있어서 재량권의 정도가 낮다.

세 번째 특징은 정부관료제는 외부로부터의 정치적인 영향과 압력에 더 많이 노출되어 있다는 점이다. 물론 시장조직도 소비자들의 단순한 구매 결정 여부와는 다른 직접적인 압력에 직면하기도 한다. 불매운동이 일어나기도 하고, 제품의 질을 개선하라는 요구에 직면하기도 한다. 그러나 정부관료제의 경우는 그 조직에 대해 정치적인 압력을 행사하고자 하는 행위자들이 일반국민, 이익집단, 선출직 정치인에 이르기까지 더 다양하고 압력의 정도도 더 강력하다. 시장의 논리에 의해서 생존하지 않는 정부관료제는 시민, 이익집단, 정치인들의 지지를 필요로 하며 이러한 지지는 예산의 획득과 정책의 입안 및 집행에 있어서 매우 중요하다. 이러한 조직적 필요 때문에 오히려 다양한 집단과 행위자들로부터의 정치적 압력에 더 많이 노출되게 된다. 따라서 공공재공급의 논리, 즉 무엇이 얼마나 누구에게 필요하며 어떤 비용을 통해서 얼마만큼 누구에게 공급할 것인가에 대한 전문적인 판단만큼이나 시민, 이익집단, 정치인으로부터의 지지를 획득하고 비판에 대응하는 것이 조직적 결정의 큰 근거가 된다. 시민, 이익집단, 정치인의 압력은 공공정책의 입안을 위한 유용한 정보를 제공하는 의미가 있기도 하지만 일반적인 공익에 의거하여 전문적인 판단을 내린다고 하는 원칙을 고수하기 힘들게 만들기도 한다. 민주주의 국가에서 정부관료조직은 이러한 집단들로부터의 압력에 대해 초연할 수 없다.

위와 같은 정부관료제의 환경적 특징, 외부환경과의 상호작용의 방식상의 특징은 **내적인 특징**으로 이어진다. 정부관료조직은 조직 활동의 목표가 다양하고 추상적이며 때로 상호 상충되기도 한다. 정부의 활동은 종종 공익이라고 하는 추상적인 목표를 지니며 활동에 대한 평가의 기준도 공정성, 반응성, 정직성, 공개성, 책임성 등과 같은 비경제적인 가치들을 포함한다. 조직의 운영이라는 관점에서 보면 활동의 목표와 그 성취의 평가기준을 설정하는 것이 어렵다. 시장조직에 있어서는 이윤이라고 하는 궁극적이며 측정가능한 성과의 기준이 있다. 반면 정부조직의 활동 목표는 모호하며 활동의 결과는 측정하기 어렵다. 목표자체가 다중적이며 서로 상충되기도 한다. 예를 들어 효율성은 모든 조직의 가치이다. 그러나 공적인 책임성, 공개성, 정치적 반응성, 공정성과 적정절차(due process)에 대한 강조, 사회적인 형평성 등 정부조직에 대해서 요구되는 가치들은 효율성의 추구를 어렵게 할 뿐만 아니라, 그 가치들 간에도 상호모순을 일으킨다.

관리자 역할에 있어서의 차이도 중요하다. 정부조직 관리자의 역할 중에서는 특히 외부환경과 상호작용에서 정치적 역할이 중요하다. 앞에서 살펴보았듯이 정부조직의 존립과 원활한 운영을 위해서는 시민, 이익집단, 정치인으로부터의 지지가 필요하기 때문이다. 관리자의 자율성과 권한의 정도도 약하다. 인적자원 관리가 다른 부서에 특화되어 있거나 법령 등에 의해서 강하게 제약을 받기 때문이다. 게다가 관리자의 교체도 빈번하다.

위와 같은 정부관료제의 환경적 특성과 내적 특성은 정부조직들이 처한 어려움을 짐작케 한다. 그 어려움은 목표의 설정의 어려움이면서 동시에 목표를 효율적으로 달성하는 데 있어서의 어려움이다. 외부의 관점, 즉 시민 또는 선출 정치인의 관점에서 보자면 이는 관료조직을 효과적으로 통제하는 것의 어려움을 의미하기도 한다. 물론 이는 반드시 정부조직에서 일하는 공직자들 개개인의 어려움을 의미하지는 않는다. 한편으로는 많은 규제들과 제약, 외적인 압력으로 인하여 공무원들의 업무 환경은 용이하지만은 않다. 그러나 다른 한편 직업공무원제로 인한 신분의 보장, 시장적 경쟁의 압력으로부터의 자유로움은 공무원들이 누리는 특권이기도 하다. 이러한 특권적인 지위는 이후 살펴보게 될 도덕적 해이를 초래한다.

한 가지 주의할 점은 정부조직과 시장조직을 단순하게 비교하여 우열을 정하고 그로부터 정책적 함의를 도출해서는 안 된다는 점이다. 물론 정부가 시장과 사회의 모든 문제들을 해결할 수 있는 것처럼 가정하고 어떤 문제들이 있을 때 바로 정부를 통한 해결을 대안으로 제시하는 것도 문제이다. 앞에 살펴본 바와 같이 정부 조직이 지니는 여러 가지 한계들은 정부를 통한 문제 해결을 모색할 때 고려해야 할 사항들이다. 그렇다고 해서 정부조직이 시장조직에 비해서 비효율적이고 통제하기 어렵다고 해서 모든 문제들을 시장이나 기타 자발적인 결사체들에 맡길 수는 없다. 애초에 정부가 필요한 이유 자체가 시장과 자발적 집합행동의 한계로부터 기인하기 때문이다. 종합적인 분석을 위해서는 정부관료제와 그를 통한 문제 해결이 지니는 여러 한계들에도 불구하고 방임하는 것보다는 정부가 개입하는 것이 나은가라는 질문을 던질 필요가 있다. 시장이나 자발적 집합행동의 한계에서 기인하는 문제가 분명하더라도 정부의 개입이 문제를 해결하기는커녕 더 악화시킨다면, 또는 원래의 문제보다 더 심각한 새로운 문제를 초래한다면 정부가 개입하지 않는 것이 최선일 것이다. 반대로 정부의 개입이 문제의 완전한 해결을 가능케 하지도 않고 또 일정하게 새로운 문제를 발생시키더라도 최소한 정부 개입 이전보다는 나은 상태를 이끌어낼 수 있다면, 여러 한계에도 불구하고 정부를 통한 문제 해결을 시도하는 것이 차선일 것이다.

정부와 시장의 단순한 비교에 있어서는 시장적 관료제에 비해서 공적 관료제가 열등한 것으로 보일 수 있다. 그렇다고 해서 정부관료제를 줄여야 한다는 처방으로 바로 나갈 수는 없다. 정치와 공공행정을 통한 공공재 공급의 필요성이 정부의 존재를 요구하고, 그에 따라서 공공관료제가 존재하기 때문이다. 물론 이는 정당한 논리임에도 불구하고 종종 공공관료제의 저효율과 책임회피를 정당화하는 도구로 쓰이기도 한다.

3. 정부 관료조직의 유형

공공관료제와 시장관료제의 비교는 정부 관료조직의 통제가 더 어려울 수 있음을 시사한다. 따라서 정부 관료조직의 관리자들은 수익성의 원칙이 아니라 다른 평가지표를 설정하여 조직 및 그 구성원들의 활동을 평가하게 된다. 평가의 목적은 성과에 따라서 승진과 보수 등의 적절한 인센티브를 제공하여 조직의 효율성을 높이는 것이다. 이러한 관점에서 보면 정부 관료조직이라고 하더라도 다 동일한 상황과 조건에 처해 있는 것은 아니며 매우 상이한 유형들이 있음을 알 수 있다. 평가를 위해서는 조직 또는 그 구성원이 무슨 일을 하고 있는지 얼마나 열심히 하는지를 직접 관찰하거나 또는 그 활동의 성과를 측정할 수 있어야 한다. 윌슨(Wilson, 1989: 158-171)은 이러한 관점에서 매우 유용한 관료조직의 유형론을 제시하였다.[5]

---

5 윌슨은 공공관료조직 활동의 이 두 가지 측면을 지칭하여 투입(input)과 결과(outcome)라는 용어를 사용했다. 이 글에서는 앞의 장에서 민주주의의 투입과 산출을 나눌 때 사용한 투입이라는 용어와 구분하기 위해서 전자를 활동이라고 부르기로 한다. 이 두 차원의 핵심은 결국 업무 그 자체의 가시성(visibility)과 업무 성과의 측정가능

사실 관료조직의 관리자나 외부의 평가자가 조직 또는 그 구성원의 활동이나 활동의 결과를 관찰하고 측정할 수 있다고 하더라도 엄정한 평가 및 그에 따른 적절한 인센티브가 제공된다는 보장은 없다. 제도적인 제약이 있을 수가 있고, 평가자가 엄정한 평가를 할 인센티브가 없을 수도 있다. 그럼에도 불구하고 일단은 활동이나 그 결과가 얼마나 관찰 측정 가능한가는 중요한 문제이므로 여기에 집중하여 관료조직들을 유형화하는 것은 의미가 있다.

활동이나 결과를 관찰하는 것이 어려운 여러 가지 이유가 있다. 활동이 행해지는 시공간적 맥락 때문에 관찰이 어려울 수 있다. 예를 들어 산림감시활동과 같이 사무실에서 일하는 것이 아니라 관리자가 직접 관찰가능한 범위를 벗어나서 업무가 수행되는 조직들이 많이 있다. 또는 책을 펼쳐놓고 책상 앞에 앉아 있는 국립대학 교수처럼, 최소한 출근을 했다는 것을 알 수는 있지만, 과연 업무를 하고 있는 것인지를 알기는 어려운 경우도 있다.

활동의 결과는, 특히 정부 관료조직에 있어서는, 활동 그 자체보다도 더 관찰하고 측정하기 어려운 경우가 대부분이다. 활동과 그 결과 사이에 복잡한 인과관계의 사슬이 존재할 수 있다. 경제가 어려운 것은 정부정책이 잘못 되어서 일 수도 있지만 세계경제의 상황 때문일 수도 있고, 또 주요 기업의 전략적인 선택이 잘 못되어서 일 수도 있다. 학교가 교육의 성과를 내고 있는지를 어떻게 측정할 것인가? 학업성적을 중심으로 한 것인가, 아니면 학생들의 인격과 사회성의 성장, 행복감이 더 중요한가? 기준을 어떻게 정하고 그 각각을 어떻게 측정할 것인가는 쉬운 일이 아니다.

이러한 기준을 가지고 공공 관료조직을 유형화 하자면, 첫째, 활동을 관찰하고 결과를 측정하는 것이 비교적 용이한 조직들이 있는데 이러한 조직들을 **생산조직**(production organization)이라고 한다. 국민연금관리공단은 보건복지부 산하의 공공기관이다. 이 조직은 5천명 이상의 직원과 다양한 부서를 포함하고 있기 때문에 전체를 하나의 유형으로 분류할 수는 없다. 그 부서들 중에서 주로 연금의 가입과 지급을 담당하는 부서는 전형적인 생산조직이라고 할 수 있다. 업무가 전산화되고 연금가

성(measurability)이다.

입자나 수령자가 민원을 제기하는 것이 용이하기 때문에 담당부서와 직원들이 업무를 제대로 수행하고 있는지 그리고 연금가입대상자가 제대로 연금에 가입되었는지, 국민연금 수령 자격자가 제대로 연금을 지급받고 있는지를 확인하는 것은 어렵지 않다.[6]

활동과 그 결과에 대한 관찰과 측정이 용이한 경우 조직 관리자의 업무는 비교적 단순하다. 또한 관리자에게 재량권과 의지가 있다면 적절한 인센티브 체계를 구성하여 조직을 통솔할 수 있다. 적절한 인센티브가 공정하게 시행이 되면 조직의 미션에 대한 구성원들의 공감대를 확보하고 사기를 진작시키는 것이 가능하다.

두 번째 유형의 조직은 직원의 활동은 관찰할 수 있으나 그 결과를 측정하는 것은 어려운 조직인데, 이러한 조직을 **절차조직**(procedural organization)이라고 한다. 평화시의 군대가 대표적인 사례이다. 군대는 그 특성상 강한 조직적인 통제를 받으며, 구성원들의 일거수일투족이 상관에 의해서 관찰되는 경우가 많다. 그러나 평화시 군대의 활동이 유사시에 과연 어떠한 성과를 낼 것인지는 알기 어렵다. 지금 전쟁이 발발하지 않는 것은 군대가 제대로 역할을 하고 있기 때문인가? 만약 전쟁이 발발한다면 적을 무찌를 수 있을 것인가? 기상청의 기상예보도 유사한 특성을 가진다고 볼 수 있다. 기상청 직원들이 기상예측 프로그램을 돌리거나, 태풍의 진로를 감시하고 있는 모습은 관리자가 쉽게 볼 수 있다. 그러나 과연 그러한 활동이 성공적인 기상예보로 이어지는가? 물론 일기예보가 얼마나 적중했는가는 어느 정도 평가할 수 있다. 그런데 일기예보는 확률로 주어지는 경우가 많다. 비가 올 확률이 60%라고 예보를 하였는데 비가 오지 않았다면 일기예보는 실패한 것인가? 또는 다가오고 있는 태풍이 24시간 후에 어느 위치에서 진행할 것인가에 대한 예측이 100㎞의 오차를 내었다면, 이는 예보자의 무능 때문인가 아니면 과학기술의 한계를 넘은 자연계의 불확실성 때문인가? 즉 기상예보 담당자들이 하고 있는 일은 관찰하기 어렵지 않지만 그 성과를 정확하게 평가하는 것은 쉽지 않은 것이다. 이러한 조직들에서는 성과의 측정이 어렵기 때문에 오히려 관찰이 용이한 활동 그 자체를 강조하게 되는 경향이 있다. 활동의 절차와 방식을 표준화한 **표준운영절차**(Standard Operating Procedure: SOP)가 발전하

---

6 국민연금관리공단에서도 연금정책이나, 연금 운용을 담당하는 부서는 활동이나 그 성과를 측정하는 것이 간단하지 않으므로 생산조직에 해당하지 않는다.

게 된다.

세 번째 유형의 조직은 **장인조직**(craft organization)인데, 이 유형의 조직에서는 직원들이 사무실이 아니라 현장에서 일하는 경우가 많고 따라서 관리자들은 직원들이 업무를 적정 시간동안 정해진 방식으로 수행하고 있는지 아니면 한가한 시간을 보내는지, 일처리를 원칙에 따라 하는지 아니면 자의적으로 하는지 직접 관찰하기 힘들다. 그러나 이 유형의 조직에서는 일의 결과는 어렵지 않게 측정할 수 있다. 사회기반시설을 만들거나 관리하는 부서의 경우 업무의 수행은 분산된 여러 현장들에서 이루어진다. 그러나 건설이 제때에 완료되었는지, 완공된 시설이 기준을 충족하는지를 점검할 수는 있다. 또한 시설의 관리에 있어서도 시민의 불평의 정도가 어떠한지, 고장이 얼마나 자주 발생하는 지 등을 통해서 업무의 성과를 측정하는 것이 가능하다.

네 번째 유형의 조직인 **대응조직**(coping organization)에서는 직원들의 하는 일과 그 결과 양쪽을 다 관찰하거나 측정하기 어렵다. 대학이라든지 또는 특별한 현안이 없는 외국의 대사관 등을 예로 들 수 있겠다. 대학교수는 주로 교육과 연구를 임무로 한다. 수업시간에 맞추어서 강의실에 들어간다고 해서 또 강의가 없는 시간에 연구실에 책을 펴고 있다고 해서 — 이러한 표면적인 사실들에 대한 관찰도 쉬운 일은 아니지만, 설사 이루어진다고 해도 — 그것이 업무를 제대로 수행하고 있는지와는 별개일 경우가 있다. 매우 중요한 연구를 열심히 집에서 행하고 있을 수도 있다. 우루과이 대사관의 직원들이 성실하게 업무를 수행하고 있는지, 그 업무의 성과가 어떠한지를 외교부에는 어떻게 측정할 수 있을까?

교육의 성과는 매우 측정하기 힘들다. 학생들의 평가가 일정한 지표가 되기는 하지만 그 평가에는 학점에 대한 만족과 같은 요인들이 결부되기 때문에 한계가 있다. 연구의 성과는 논문의 편수로 종종 측정된다. 그렇기 때문에 단기적인 성과를 위한 연구만을 양산해 내는 부작용이 지적되기도 한다.

관료조직의 유형론으로부터 도출할 수 있는 하나의 결론은 획일적인 인센티브 시스템이 적용될 수 없다는 것이다. 승진이나 보수인상 등과 같은 대가를 더 성실한 업무 수행을 유도하기 위한 인센티브로 사용하는 것은 정부 조직에서도 충분히 적용의 여지가 있으며 우리나라를 비롯한 많은 나라들에서 실제로 사용되고 있다. 그러나 인센티브가 의도한 효과를 가지기 위해서는 조직 구성원들에 의해서 객관적이면서 공정하다고 인식되는 기준이 있어야 한다. 활동이나 성과를 측정하고 평가하는 것은 그러한 기준을 만들고 적용하는 것이다. 그런데 조직의 유형에 따라서 활동과 성과의 관찰과 측정이 가능한 정도가 다르기 때문에 획일적인 인센티브의 적용은 부작용을 낳을 수 있는 것이다.

관리자 또는 동료의 입장에서는 사실 객관화시킬 수 있는 이상으로 어느 정도 동료의 성실성과 능력을 평가할 수는 있다. 그러한 평가는 비정형적인, 객관화하기 어렵고 수치화하기 어려운 요인들에 의존하게 되고 종종 주관적인 평가로 귀결되기도 한다. 따라서 평가의 대상자가 이의를 제기했을 때나 상급 기관에 의한 조정과 중재가 필요할 때 근거가 될 만큼의 자료를 남길 수 있는가가 문제가 된다. 조직의 유형에 따라서 이것이 가능한 정도가 달라진다. 결론적으로 조직 업무 수행의 개선, 관료제 문제의 해결, 효율성 향상 등과 같은 처방들은 조직의 특성에 따라서 다르게 이루어져야 한다. 이러한 과정에서 관리자에게 어느 정도의 재량권이 주어지고 그 재량이 적절하게 행사된다면 최선의 결과를 가져올 것이다. 객관적이고 획일적인 조직운영의 방식으로 달성할 수 없는 부분은 결국 관리자의 리더십에 의해서 달성되어야 한다.

제3절 공공관료제의 제 문제

앞에서는 관료제의 문제들로서 관료주의, 비인간성, 소외 등을 언급했었다. 여기서는 특히 공공관료제의 문제를 대의민주주의 정치과정에서 관료조직에 대한 통제라는 관점에서 살펴보기로 한다. 이 문제들은 공공관료제에서만 존재하는 것은 아니지만, 공공관료제에서 시장관료제에서보다 더 심각하다고 할 수 있다.

1. 주인-대리인 관계와 도덕적 해이

대의민주주의 국가에서의 정치와 행정의 이상적인(ideal) 작동의 관점에서 보면, 공정한 절차로 국민의 선호에 따라 대통령과 국회의원이 선출이 되고, 선출 정치인들이 법과 정책을 만들고, 정부의 관료조직들이 법과 정책을 구체화하여 집행해야 한다. 독자들은 위의 각 단계에서 이상과 현실이 얼마나 괴리되어 있는가를 잘 알고 있을 것이다. 그렇다고 너무 빨리 비관할 필요는 없다. 길어야 수천 년 밖에 되지 않은 국가의 역사에서 여기까지 온 것만 해도 대단하다. 게다가 한국의 경우 근대문명과 처음 접한 한 세기 반 정도의 기간 동안에 이루어낸 업적들에 대해서 충분히 자부심을 가져도 좋다. 물론 현재의 문제들도 많고 앞으로 가야 할 길은 멀다.

관료제와 공공행정의 문제는 이 글의 서두에서 이야기했듯이 민주주의 정치의 산출(output) 문제인데, 이것을 가장 일반적인 개념으로 표현하자면 주인－대리인(principal-agent) 관계에서의 위임(delegation)에서 발생하는 도덕적 해이(moral hazard)의 문제라고 할 수 있다.

주인-대리인 관계란 대리인(agent)이 주인(principal)을 대신하여 주인이 설정한 목표를 달성하기 위해서 주인으로부터 위임(delegation)을 받아서 일하는 상황을 지칭한다. 대의민주주의 정치와 공공행정은 복잡한 주인－대리인 관계로 구성된다. 전근대 신분제 사회에서 왕이나 귀족과 같은 통치계급은 백성 위에 군림하는 존재이며, 그들이 백성을 위해서 일한다고 하더라도 그것은 시혜적인 의미를 지닐 뿐이다. 민주주의에서 대통령과 국회의원은 주권자인 국민에 의해서 선출되어 국민을 위해서 일할 것이 요구된다. 이 관계에서 국민이 주인이고 선출직 공직자들은 대리인이다.

산출의 측면에서 보자면, 공공행정을 담당하는 관료는 일차적으로는 대통령과 국회의원 등 선출 정치인의 통제를 받으며 그들로부터 위임을 받아서 정부의 업무를 수행한다. 이 관계에서는 선출정치인이 주인이고 행정관료는 대리인이 된다. 그런데 국민이 정치인과의 관계에서 주인이므로 행정관료와의 관계에서도 궁극적인 주인이 된다.

도덕적 해이라는 개념은 정부조직과 공무원들의 불성실한 업무수행, 책임회피, 부패 등을 지칭하여 흔히 사용된다. 도덕적 해이는 보험업계에서 유래한 말이다. 자동차보험, 화재보험, 건강보험 등에 가입한 사람들이 가입 이후 자신의 행동에 대한 책임성이 떨어지고 결국 보험회사가 더 큰 경제적 부담을 지게 되는 경향을 지칭한다. 굳이 보험사기와 같이 보험금을 노리고 일부러 사고를 내지 않더라도 보험을 가입하지 않았더라면 자신이 당연히 주의했을 사항들을 보험을 가입하였기 때문에 하지 않는 경우는 드물지 않다. 사실 이 문제는 '도덕적'인 문제라기보다는 자기이익을 행동의 기준으로 하는 사람들이 특정한 계약관계에서 가지게 되는 인센티브의 문제이다.

좀 더 엄밀하게 학술적으로 정의해보자면 도덕적 해이란 '**정보 비대칭성**(information asymmetry)으로 인한 계약 이후의 기회주의적 행동'이라고 할 수 있다. 보험계약에서 정보 비대칭성은 계약의 한 당사자(여기서는 피보험자)가 가진 정보를 다른 당사자(보험회사)가 알지 못한다는 의미이며 완전정보(complete information) 상황에 대비되는 개념이다. 정보 비대칭성이 중요한 것은 만약 완전정보 상황이라면, 즉 보험 가입 이후 가입자의 행동을 보험사가 완전하게 관찰하고 또 정부나 제3의 중재기구에 완전하게 증명할 수 있다면, 도덕적 해이 문제는 해결될 수 있기 때문이다. 완전정보하에서는 보험계약을 조건부로 작성함으로써, 즉 보험가입자가 자신의 행동에 대해 책임을 지고 적절한 주의를 기울일 것을 전제로 하는 보험계약을 작성함으로써 도덕적 해이를 방지할 수 있는 것이다. 문제의 핵심은 따라서 정보 비대칭성을 현실적으로 해소할 수 없다는 데 있다. 다시 강조하지만 정보 불균형은 단지 계약의 당사자가 상대의 행동을 관찰할 수 있느냐의 문제를 넘어서 그것을 민사법원과 같은 제3자에게 증명할 수 있느냐의 문제이다. 주관적으로 확증을 가지고 있더라도 법원에 증명할 수 없다면 무의미할 수 있기 때문이다.[7]

주인-대리인 관계에서의 도덕적 해이는 주인이 계약을 통해서 특정한 권한을 대리인에게 위임을 하였으나 대리인의 목적 또는 인센티브 구조가 주인의 그것과 완전히 일치하지 않고, 또 주인이 대리인의 행동을 완전히 감시하거나 통제할 수 없는 상황에서 나타난다. 공공행정에서 이는 국민 또는 선출 공무원의 선호와 관료조직의 이익이 괴리되고 전자가 후자를 완전히 감시하거나 통제할 수 없기 때문에 발생한다.[8] 앞에서 보았듯이 관료제 그 자체도 다단계의 위계로 이루어져 있는 경우

---

7 자동차에 블랙박스를 설치하는 것은 보험회사가 가입자의 부주의를 사후적으로라도 관찰하고 법원에 증명할 수 있는 한 방법이다. 따라서 블랙박스는 보험회사가 짊어지는 위험(risk)을 줄여준다. 블랙박스를 설치한 차량에 대해서 보험회사는 보험료를 할인해 준다.

8 여기서는 일단 정부관료제와의 관계에서 국민과 선출공무원을 합쳐서 주인으로 본다. 물론 이 둘의 이해관계도 일치하지 않을 수 있다.

가 대부분이다. 장관과 하위 부서들 사이에서, 또는 국장과 그 부하 직원들 사이에서도 주인－대리인 관계가 성립하며, 도덕적 해이의 문제가 발생할 수 있다.

정부 관료조직에서 발생하는 도덕적 해이의 가장 단순한 형태는 태업(shirking), 즉 업무를 성실하게 수행하지 않는 것이다. 업무의 수행에 필요한 육체적·정신적 노력은 유쾌한 것일 수만은 없고 대부분의 사람들은 노동보다는 휴식과 유희를 선호한다. 태업은 정부 관료조직에서만 발생하는 것은 아니다. 그러나 정부관료제에서 활동을 관찰하거나 성과를 측정하는 것은 시장관료제 조직에 비해서 더 어려운 경우가 많다. 또 직업관료제에 따른 정년 보장과 직급과 연차에 따른 보수의 지급 등으로 인하여 활동과 성과에 대한 평가를 바탕으로 인센티브를 제공하는 것이 더 어렵다.

도덕적 해이의 두 번째 형태는 정책적인 것이다. 특정한 정책을 실행의 수준으로 구체화하여 집행하는 것을 담당하고 있는 정부부서가 여러 가지 이유로 인하여 국민 또는 선출정치인들과는 다른 정책 선호를 가질 수 있다. 예를 들어 특정 산업부분에 대해 국회의원의 다수는 더 강한 규제를 원하는데 담당 정부부서는 규제의 완화를 선호할 수 있다. 그 이유는 관료의 전문기술적인 판단에 따른 것일 수도 있고 또는 담당 부서가 규제대상인 기업들과 합법·비합법의 긴밀한 이해관계를 형성하고 있기 때문일 수도 있다. 담당부서는 다양한 전문적 판단으로 포장된 이유를 제시하며 규제강화를 지연하거나, 또 실제 규제집행을 덜 엄격하게 할 수 있다. 때로는 기업이나 사회단체에 대해서 불필요하거나 과도한 지원과 특혜를 제공할 수도 있다. 시간이 지남에 따라서 점차 의회의 정책선호와 정부부서가 실제로 집행하는 정책의 괴리가 커지는 경우가 있는데 이를 정책의 **관료적 표류**(bureaucratic drift)라고 한다(McCubbins and Noll, 1987).

관료조직에서 세 번째 유형의 도덕적 해이는 다양한 비정책적인 가치를 추구하는 것이다. 관료제의 상층은 정치적인 인기나 고위정치인과의 유대를 추구하고 퇴직 이후의 취업기회를 염두에 두기도 한다. 관료 개인이 아니라 관료조직 전체적으로 볼 때 과연 어떠한 것이 가장 우선적인 목표인가에 대한 논의가 있는데, 그 중 대표적인 가설이 **예산극대화**(budget maximization)론이다(Niskanen, 1971).

예산은 관료조직의 권한, 재량, 위신의 척도이다. 관료조직은 위임받은 업무의 수행에 꼭 필요한 정도가 아니라 가능하면 많은 예산을 배정받고자 한다. 회계연도의 끝에 이르러서 예산을 불필요한 곳에 소진하는 현상은 관료조직에서 매우 흔하다. 왜 이러한 현상이 발생하는가? 예산을 절약할 인센티브가 없기 때문이다. 오히려 예산을 절약하게 되면 이것이 예산을 책정하는 부서나 또는 의회에 대한 하나의 신호(signal)가 되어서 다음 해의 예산을 삭감당할 수 있다. 시장의 수익성 원칙에 의거할 수 없는 정부 관료조직의 특성상 필요예산을 객관적으로 측정하는 것이 어렵다. 또한 정부조직에서는 예산의 절약에 따른 인센티브를 금전적으로 제공하는 것을 상상하기 어렵다. 적정예산규모를 측정하기 어렵고 예산절감에 따른 인센티브를 제공하기 어렵기 때문에 정부부서의 예산극대화 행태를 통제하는 것은 쉽지 않다.

위의 세 가지 유형의 도덕적 해이에 더하여 좀 더 거시적 정치과정에서 나타나는 또 다른 문제들이 있다. 이 문제들은 광의의 도덕적 해이의 일종으로 볼 수 있으나 더 구조적인 경향이며, 관료조직뿐만 아니라 정치인, 기업, 이익단체 때로는 시민들도 연루되는 문제이다. 여기에서 주인은 국민 전체 또는 공익의 관점이다. 앞의 도덕적 해이 문제들은 정책의 의도가 분명하고, 선출 정치인들이 그 정책의 실현을 선호한다는 가정을 전제로 논했다. 또한 정책의 집행 과정에서 정치인, 이익집단, 시민에 의한 왜곡 문제를 다루지 않았다. 이에 비해 지금부터 다루는 관료제의 포획문제, 지대추구 문제, 정책하위시스템의 문제 등은 정부 관료조직뿐만 아니라 다양한 정치집단과 사회집단이 연루되는 문제들이다.

먼저 **관료적 포획**(bureaucratic capture)의 문제를 들 수 있다. 관료적 포획이란 특정한 산업부분을 감시하고 통제하기 위해 설립된 정부의 부서가 시간이 지남에 따라 오히려 규제 대상이 되는 산업 또는 사회집단의 이익을 직·간접으로 대변하는 현상을 지칭한다. 공개적으로 대변하지 않는다고 할지라고 잘 드러나지 않게 실질적으로 대변할 수도 있고 때로는 비합법적인 거래를 통해서 그 이익을 대변할 수도 있다.

금융감독원은 일반국민들의 인식과는 달리 법적인 공공기관은 아니다. 공공기관으로 법에 의해서 지정되어 있지는 않다는 의미이다. 법적으로는 무자본 특수법인으로 분류되는 금융감독원은 그 존립근거가 법(『금융위원회의 설치 등에 관한 법률』)에 의해서 주어져 있으며 원장을 대통령이 임명하고 해임할 수 있고, 정부의 업무를 공식적으로 위임받아서 수행하는 조직이다. 중요한 공공행정의 과정에서 핵심적인 역할을 정부로부터 위임받아 수행하고 있는 것이다. 일반은행과 저축은행 등을 감독하는 막강한 권한을 가지고 있는 금융감독원은 끊임없는 비리의 온상으로 비판받아왔다. 그 중 관료적 포획의 전형적인 사례는 저축은행 뇌물 사건이다. 2011년에 발생한 부산저축은행 사건은 은행의 대주주들과 경영진이 고객이 맡긴 돈을 장기간에 걸쳐 대규모로 유용한 것이 발각된 사건이다. 이 사건을 수사한 검찰은 금융감독원이 감사 대상인 저축은행과 한 몸처럼 유착했음을 밝혔다. 금융감독원의 일부 간부들은 저축은행의 불법을 눈감아주고 거액의 뇌물을 챙기거나 감사 사실을 미리 알려줘 비리 은폐를 돕고, 퇴직한 뒤에는 감사로 취임해 거액의 보수를 받으면서 불법행위를 도왔다.

관료적 포획이 항상 위의 사례에서처럼 명백한 불법행위를 수반하는 것은 아니다. 오히려 더 보편적이고 심각한 것은 법적인 처벌이 불가능한 형태의 정책적인 방식으로 특혜를 주는 것이다. 위법적이지 않은 여러 형태의 거래가 관료와 규제대상 사이에 존재할 수 있다. 지속적인 상호작용과 친분관계를 통해서 유무형의 거래가 발생한다. 합법적인 재취업, 가족, 친척, 지인 등을 위한 취업 청탁 등이 대표적인 예이다.

관료적 포획은 기업이나 이익집단의 **지대추구**(rent-seeking)의 결과로 발생하고 유지되는 경우가 많다. 여기서 '**지대**(rent)'는 공정한 시장경쟁을 통해서 획득할 수 있는 정도를 넘어서는 이득을 의미한다. 특정한 분야가 정부에 의해서 규제됨으로써 경쟁을 제한하는 효과를 가지거나 또는 단순히 정부의 재정적 지원이 이익집단에 제공되는 경우, 기업이나 이익집단은 정부에 대한 영향력을 통해서 큰 이득을 볼 수 있다. 지대 추구는 정부에 합법, 비합법적으로 영향력을 행사하여 이득을 얻고자 하는 행위이다. 지대추구는 관료조직만을 대상으로 하는 것은 아니고 정치인을 통해서 실현될 수도 있다. 이러한 경우에도 그 이익의 궁극적인 실현에는 관료조직의 협조가 필요하다.

공공관료제와 관련한 도덕적 해이의 발현 형태 중의 하나는 **정책하위체계**(policy subsystem)의 형성이다. 정책하위체계는 특정한 정책영역에서의 관료조직, 이익집단, 수혜집단, 그리고 국회의원들 간의 연결망을 의미한다. 이들 각 행위자들은 이 체계에서 다른 행위자들과 강한 연대관계를 형성함으로써 자신이 원하는 것을 얻는다.

국회의원은 정치적 지지와 선거자금을 얻는다. 이익집단은 관료조직을 통해서 정부로부터 재정적, 정책적 지원을 획득한다. 정책의 수혜자들은 이익집단을 통해서 자신이 원하는 정책을 관료와 의원들에게 전달한다. 관료조직은 국회의원들을 통해서 조직의 존립기반이 되는 정책 프로그램을 존속시키고 또 예산을 배정 받는다(Stein and Bickers, 1997).

문제는 이러한 정책하위체계에서 형성되는 상호간에 호혜적인 관계가 일반대중 또는 국가전체의 이익과 배치되는 경우가 많다는 점이다. 강한 정책하위체계에 속한 관료조직은 그 조직이 원래 만들어진 이유가 소멸되었을 때에도 계속해서 유지되는 경향이 있다. 이 하위체계는 관련 문제에 대한 정보를 독점하여 전문성을 주장하고 의사결정을 독점하여 전체 정치체계로부터 자율적인 위상을 가지게 된다. 개별 정책하위체계에 연관된 정책 문제는 전체 유권자에게 잘 알려져 있지 않고 선거에서 주요 쟁점으로 떠오르지 않는다. 따라서 이 체계는 대의민주주의 선거정치의 과정으로부터도 상대적으로 자유롭다. 전 사회적으로 비효율적인 정책과 예산의 집행이 강한 정책하위체계를 통해서 오랫동안 지속될 수 있다. 이러한 정책하위체계는 여러 분야에서 만들어진다. 각 부분을 따로 떼어 놓고 보았을 때 그렇게 심각하게 보이지 않는 문제도 국가 전체 차원에서 보면 상당한 비효율성, 예산의 낭비, 정책의 왜곡으로 귀결된다.

제4절 관료제에 대한 대안

관료제는 사회 발전의 산물이며 또한 발전의 동력이기도 하다. 공공관료제는 관료제 발전의 일반적 경향의 일부이면서 동시에 시장관료제와는 다른 특성과 어려움을 지님을 앞에서 살펴보았다. 이 절에서는 공공행정에 있어서의 관료제에 대한 대안을 살펴본다. 관료제를 완전히 극복하는 것은 현재의 사회발전 단계에서는 불가능하다. 따라서 관료제에 대한 대안이라는 것은 전통적 관료제, 즉 정부조직과 활동의 원리로서의 베버적인 관료제에 대한 대안을 의미한다. 관료제의 개선, 또는 관료주의의 문제점을 최소화하는 공공행정의 방식에 대한 모색이라는 의미이다.

정부관료제의 초기 발전단계에 있어서는 정부와 기업, 국가와 시장이라는 경직된 이분법이 공공행정의 이론적 바탕이며 실천적인 원칙이었다. 시장은 사적재화를 생산하고 정부는 공공재를 공급한다. 정부조직과 활동은 사회 또는 경제 조직 및 그 활동과 분명하게 구분된다. 앞에서 살펴본 정부관료제의 여러 문제들, 즉 대중에 대한 군림, 비인간성, 무능, 소외, 그리고 다양한 형태의 도덕적 해이는 이러한 경직된 이분법에 의해서 초래되는 경우가 많다. 관료제의 극복, 또는 개선의 출발점은 이러한 이분법의 극복이다.

20세기 공공행정의 경험은 한편으로는 정부의 역할이 확대되고 정부조직이 커지는 과정이었으나, 다른 한편으로는 정부의 고유한 영역이라고 인식되던 부분들이 반드시 그렇지만은 않다는 것을 인식하고 새로운 대안들이 시도되며 시행착오를 통해서 학습되는 과정이기도 했다. 정부의 가장 최소한의 역할로 여겨지는 소위 '야경국가'론에 입각한 치안활동도 역사적으로나 현재의 여러 선진국들에서 반드시 정부가 독점하여 수행하는 것은 아니다. 미국, 영국, 프랑스, 호주, 캐나다 등 여러 선진국들은 민영 교도소(private prisons)를 운영하고 있다. 한국에도 기독교 재단법인이 운영하는 민영 교도소가 있다. 정부의 독점적 역할, 또는 정부가 존재하는 근본적인 이유로 간주되는 국방의 부분에 있어서도 마찬가지이다. 중세에는 용병이 있었고 현대전을 수행하는 데 있어서도 무기 개발, 수송, 보안 등의 영역에서 사기업들이 상당한 역할을 수행한다. 중요한 것은 비정부조직에 의해서 수행되는 이러한 역할들이 완전히 시장의 논리로 진행되지는 않는다는 점이다. 민영 교도소는 가격을 지불한 개인이 들어가는 호텔이 아니고 또 가격을 지불한 사람이 원하는 대상을 체포하여 수감하는 조직폭력 시설도 아니다. 사설 교도소들은 정부와의 계약을 통해서 또 정부가 마련한 법적, 제도적 테두리 안에서 존재하며 기능한다.

공공재의 공급이 정부가 아니라 정부와 시장의 복합적인 거버넌스 체계에 의해서 이루어지거나 또는 정부, 시장, 그 중간 형태의 다양한 조직 형태가 공존하면서 이루어지는 예들은 매우 많다. 동일한 종류의 재화나 서비스가 공공재의 형태로 공급되기도 하고 때로는 사적 재화로 공급되기도 한다. 공급의 주체와 방식이 다양화되면 경쟁이 발생하고 소비자인 시민들의 선택의 여지가 넓어진다. 다양한 형태가 공존하면 사회 전체적인 학습을 통해서 더 나은 방식을 모색하는 것이 가능해진다.

이러한 과정은 정부관료제에도 영향을 미친다. 시민사회나 시장과 분리되어 그 위에 군림하고 통제하던 정부조직이 비정부적 주체들과 계약, 경쟁의 관계에 들어가게 되면 새로운 활동방식과 조직운영을 모색하지 않을 수 없다. 시장조직의 장점을 배우고 조직의 효율적인 운영을 위해서 적용하려는 시도가 발생한다.

재화나 서비스가 여러 주체에 의해서 다양하면서도 경쟁적인 방식으로 공급되는 예들은 매우 많다. 대표적으로 교육, 보육, 의료, 폐기물 수거 등을 들 수 있다. 생활폐기물과 재활용쓰레기가 수거되는 과정에는 국가, 지방정부, 민간업자, 주민자치단체 등의 여러 행위자들과 그들 간의 법적, 계약적 관계가 개입된다. 여러 유형의 행위자들이 결합되는 방식도 지방자치단체나 아파트촌들마다 다르다. 환경미화원은 공무원일 수도 있고, 사설미화업체의 직원일 수도 있다. 재활용이 불가능한 생활쓰레기를 언제 누가 수거할 것인가에 대해서는 아파트 주민자치회가 선택할 수 없고 기초자치단체의 지침을 따르는 경우가 대부분이다. 반면 재활용 쓰레기의 수거를 위해서는 아파트의 주민자치회가 여러 사설 수거업자들 중에서 선택적으로 계약할 수 있다. 독자들은 복지, 의료, 보육 등의 영역에서도 마찬가지로 정부와 시장으로 단순하게 분류될 수 없는 복잡한 전달체계가 있고, 또 나라와 지역마다 그 방식이 다름을 확인할 수 있을 것이다.

현실의 제도는 공－사, 정부－시장의 이분법으로 이해되지 않는 경우가 대부분이다.[9] 왜 이처럼 복잡하고 다양한 서비스 공급 방식이 존재하게 되었는가? 시장경제와 민주주의하에서 좀 더 효율적이면서 수준 높은 공공서비스의 공급방식을 모색한 결과라고 할 수 있다. 원래는 시장을 통한 서비스의 공급이 무임승차문제를 해결하지 못하는 공공재의 영역에서 국가의 역할이 강조되었다. 그러다가 다시 정부를 통해서 공급되는 서비스의 특징은 시민 개인들이 선택권을 제한한다는 것, 또 정부의 역할이 정부조직을 통한 직접적인 서비스의 공급으로만 간주되는 경우 정부관료제가 확장되고, 그로 인한 여러 문제들이 생겨난다는 것이 학습되었다. 그러한 학습과 대안의 모색은 민주주의와 지방자치가 활발한 나라들에서 가능하다. 경직된

9 오스트롬(2010[1990], 43－44)은 이에 대해서 다음과 같이 말하였다. "제도가 '시장'과 '국가'의 도식적인 이분법에서처럼 완전히 사적이거나 완전히 공적인 경우는 거의 없다. … 실제 상황 속에서 공적인 제도와 사적이 제도는 별도의 세계에 있다기보다는 서로 얽혀서 상호 의존적으로 존재한다."

정부 관료제를 극복하기 위해서는 구체적인 사회적 문제의 해결을 위한 공적이고 사적인 제도 요소들의 최선의 조합을 발견해야 한다.

사람들은 자신이 중요하게 생각하는 문제, 또는 자신이 불편을 경험한 문제에 대해서 바로 정부에 의한 해결을 요구하는 경향이 있다. 어떤 사람은 의료를 중요시할 것이고, 다른 사람은 보육, 또 다른 사람은 깨끗한 생활환경을 원할 것이다. 그러한 역할들이 모두 완전하게 정부의 책임하에 이루어지기 위해서는 모든 의료인들, 교사들, 사회복지사들, 환경미화원들이 공무원이 되어야 할 것이다. 그렇다면 공무원의 수는 현재 100만 명에서 200만 명 이상으로 늘어나야 할 것이다. 그만큼 세금이 올라가는 것은 문제의 한 측면에 불과하다. 정부독점에 따른 서비스의 관료화, 획일화가 더 큰 문제일 수도 있다.

공공서비스를 시장에 완전히 맡기지 않으면서도 또 정부에 완전히 의존하지 않는 효율적인 방식을 찾기 위해서는 '조직'의 관점에 아니라 '활동'과 '기능'의 관점을 취할 필요가 있다. 정부의 역할은 때로는 직접적인 서비스의 공급이지만 때로는 서비스공급을 위한 거버넌스의 체계를 만들고 관리하는 것이 될 수 있다. 시장과 정부와 시민자치가 결합된 효과적인 체계를 만들고 관리하는 책임의 큰 부분은 여전히 정부의 몫으로 남게 된다. 공공행정은 재정확보, 서비스 사용방식, 소비자의 역할 등에 대한 제도적 틀을 제공한다. 정부가 서비스의 직접적인 생산자는 아니지만 그 서비스가 시민들에게 제공되는 거버넌스 구조의 큰 틀을 짜는 것을 정부에 의한 **공적 제공**(public provision)이라고 하는데, 이는 정부가 서비스를 직접 공급하는 **공적 생산**(public production)과 대비되는 개념이다.

공적 제공을 위해 정부가 할 수 있는 역할은 여러 가지가 있다(Ostrom and Ostrom, 1977). 정부가 직접 생산하고 공급하는 것도 하나의 선택지이다. 공공치안에서는 여전히 정부에 의한 직접적인 생산과 공급이 핵심적인 역할을 하고 있다. 쓰레기 수거에 있어서처럼 정부가 민간기업과 계약을 해서 공공서비스를 제공할 수 있다. 이를 공공서비스의 외주(outsourcing) 또는 **민간위탁**(contracting-out)이라고 한다. 정부는 서비스의 기준을 제시하고 유자격 업자를 선정하되 선택은 시민들에게 맡길 수도 있다. 재활용 쓰레기의 수거는 이러한 방식으로 이루어지는 경우가 많다. 정부는 특정 요건을 충족시키는 시민들에게 구매권(voucher)을 공공재원으로 제공하고, 시민이 시장에서 서비스를 자율적으로 구매하도록 할 수도 있다. 2018년 현재 대한민국 정부는 국민행복카드 제도를 통해서 출산, 보육, 에너지 소비 등의 영역에서 유자격 국민들을 지원하고 있다. 때로는 정부조직 간, 지자체 간의 계약을 통해서 공공서비스가 제공되기도 한다. 폐기물 처리를 위한 지자체 간의 계약이 대표적이다.

위와 같은 다양한 방법을 활용하여 구체적인 영역에서의 공공서비스의 특성과 시민의 선호, 정치-행정체계의 상황을 고려하여 여러 요소들을 적절하게 배합하고 선택하면 공공관료제의 경직성 문제를 어느 정도 해결할 수 있다. 이러한 대안을 모색하는 것은 정부관료제를 무조건 피하자는 것은 아니다. 위에서 예로 든 방법들에서도 정부는 제공자(provider)로서의 역할을 한다. 다만 직접적인 생산자의 역할을 하지 않을 뿐이다. 정부가 공공서비스를 책임지는 것이 정부에 의한 직접적인 생산과 공급을 의미하지는 않을 수 있는 것이다. 정부에 의한 직접적인 생산과 공급의 경우는 직접 수혜자들의 혜택이 다른 시민들의 희생 또는 과도한 부담을 동반하는 경우가 많다.

정부와 시장의 경직된 이분법을 극복하는 정부조직의 운영과 공공행정의 방식을 **신공공관리**(New Public Management: NPM)라고 한다. 신공공관리 이론과 실천은 1980년대부터 확산되어 세계적인 추세가 되었고, 한국의 공공행정 개혁에도 여러 부분에 적용되고 있다. 신공공관리는 하나의 이론이라기보다는 매우 다양한 이론적·실천적인 경향을 포괄하고 있기 때문에 단순하게 정의하기는 어렵다. 그럼에도 불구하고 대체적인 특성을 소개하면 다음과 같다(Dunleavy and Hood, 1994). 첫째, 공공행정에 있어서 양적인 성과지표를 강조하고 그에 입각한 예산편성을 지향한다. 둘째, 조직의 구성에 있어서 위계적 요소보다는 네트워크와 계약적 관계를 중시한다. 셋째, 조직보다는 기능을 중시하며 기능의 수행을 위해 활용할 수 있는 계약적, 준시장적(quasi-market) 방법들을 추구한다. 넷째, 공공서비스 공급에 있어서, 정부조직, 지자체, 시장조직, 비영리 시민사회 조직들 간의 경쟁을 도입하고자 한다. 다섯째, 공공서비스의 수혜자들이 여러 선택지를 가질 수 있도록 서비스 공급 방식을 세분화하고 다원화한다. 여섯째, 정부조직 내에서 가능하면 사기업에서와 같은 성과평가와 그에 입각한 승진과 보수의 인센티브를 부여한다.

한국에서도 1990년대 이후 공무원 성과급제, 성과주의 예산, 공기업 민영화, 개방형 임용제, 규제영향평가 등 신공공관리의 이념에 입각한 다양한 정부개혁의 시도들이 진행되고 있다. 이러한 시도들이 과연 바람직하며 실질적인 성과를 내고 있는가에 대해서는 논란이 있다(오영민 등, 2014). 모든 제도적 개혁에 있어서 마찬가지이지만 단지 외국의 예를 들여와서 그대로 적용할 때는 성공을 기대하기 어렵다. 한국 공공행정의 역사와 토양, 현재적 조건을 고려한 적절한 개혁의 방향과 경로를 설정하는 것이 중요하다. 이와 같은 신공공관리적 경향은 사회와 뚜렷이 구분되고 그 위에 군림하며, 내적으로는 경직된 위계제와 규칙을 중심으로 운영되던 정부관료제를 더욱 시장과 사회에 친화적으로 만들고자 하는 시도라고 할 수 있으며, 여러 시행착오와 논쟁을 거치면서 진화, 발전하고 있다.

참고문헌

- 오영민 · 박노욱 · 원종학. 2014. 『신공공관리론의 평가와 정책적 시사점』. 한국조세재정연구원.

- Dunleavy, Patrick, and Christopher Hood. 1994. “From old Public Administration to New Public Management.” *Public Money & Management* 14(3): 9–16.
- McCubbins, Mathew, and Roger Noll. 1987. “Administrative Procedures as Instruments of Political Control”. *Journal of Law, Economics, and Organization* 3(2): 243-277.
- Niskanen, William A. 1971. *Bureaucracy and Representative Government.* Chicago: Transaction Publishers.
- Ostrom, Elinor. 1990. Governing the Commons: The Evolution of Institutions for Collective Action. Cambridge, UK: Cambridge University Press (윤홍근, 안도경 역. 2010. 『공유의 비극을 넘어: 공유자원 관리를 위한 제도의 진화』, 서울: 랜덤하우스코리아).
- Ostrom, Vincent, and Elinor Ostrom. 1977. “Public Goods and Public Choices.” In Alternatives for Delivering Public Services. Toward Improved Performance, edited by E. S. Savas. Boulder, CO: Westview Press, 7–49.
- Rainey, Hal G. Understanding and managing public organizations. John Wiley & Sons, 2009.
- Stein, Robert M., and Kenneth Bickers. 1997. *Perpetuating the Pork Barrel: Policy Subsystems and American democracy.* Cambridge University Press.
- Weber, Max. (Guenther Roth and Claus Wittich eds.) 1978. *Economy and Society.* University of Berkeley Press.
- Wilson, James Q. 1989. *Bureaucracy: What Government Agencies Do and Why They Do It.* Basic Books.

08

정치경제

정치경제

제1절 서론

정치학과 경제학이 서로 세분화된 영역으로 구분되기 이전인 18세기에는 이 두 영역이 하나의 정치경제 영역으로 공존했었다. 당시의 정치경제는 경제학과 철학이 결합되어 있던 학문이었으며 이러한 사조의 흐름을 이끈 학자들은 스미스, 맬서스, 리카도, 밀 등이었다. 이들의 핵심적 논의는 인간본성으로부터 출발하여 시장과 정부의 관계, 자유시장 체제, 그리고 정부개입의 정당성에 대한 것이었다. 19세기 후반에 이르면 경제학이 사회과학의 한 분야로 세분화되면서 정치학과 경제학은 별개의 학문영역으로 발전했다. 경제학자는 시장의 작동에 관심을 두고, 정치적 제도는 '주어져 있는 것'으로 간주한다. 이와 달리 정치학자들은 시장작동에 대한 이해없이 비시장적 영역에서의 관계에 관심을 두었다. 그러나 20세기 중반 정치학 및 경제학 내에서 이 둘의 영역이 끊임없이 상호작용하고 있다는 점이 인식되면서 정치경제라는 영역의 재구성이 불가피하게 되었다(임혜란, 1998).

사회현실은 순수하게 경제현상, 정치현상이라고 인식될 수 있는 것들이 존재할 수 있으나, 정치경제적 인식틀로 보면 사실상 순수한 경제현상, 정치현상을 찾기는 쉽지 않다. 정치적 현상이라고 볼 수 있는 선거에서도 선거 시기 이전에 선거의 승리를 위해 정치인들이 경기부양책을 쓰며, 선거 후엔 다시 안정화 정책을 쓰는 경향이 있음을 정치적 경기순환(political business cycle) 이론을 통해 잘 알 수 있다. 국제경제의 오일 쇼크는 경제현상일 수 있으나, 이는 국제정치적 갈등 및 전쟁의 원인 또는 결과일 수도 있다. 오일쇼크는 많은 국가에게 경제위기의 가능성을 높여 주며 개별국가의 정치적 위기를 가져올 수도 있다(안청시 외, 2000; 길핀, 1990). 경제정책은 경제적 합리성에 의해 결정되어야 하겠지만, 동시에 국내 정치적 이해집단의 압력에 영향을 받아 결정된다(Lim, 2010). 그런 점에서 경제정책의 정치적 동학 과정을 고려해야 한다.

정치경제는 정치의 구현체인 국가와 경제의 구현체인 시장이 상호작용한다는 점을 전제한다. 국가와 시장의 구성원리 및 작동방식은 서로 다르다. 국가는 권력의 합법적 사용을 독점하여 국민에게 배타적인 충성심을 요구하며, 목표와 과정에서 정치는 공익을 추구한다. 시장은 개인간의 계약관계와 기능적 통합에 근거하며, 목표와 과정에서 경제는 사익을 추구한다. 시장은 효율성을 위해 국가 영토의 경계선을 넘어가려는 팽창적 속성이 있다. 국가는 민족국가의 정체성을 유지하기 위해 경계를 구분하려는 속성이 있다. 국가와 시장의 사회관계를 조직하는 상이한 방식은 근대 역사의 전환과정에 중요한 영향을 미쳤다는 점에서도 국가와 시장의 상호작용에 대한 역사적 동태분석에 관심을 기울일 필요가 있다(안청시 외, 2000).

21세기 변화된 세계경제와 국제정세는 국가와 시장의 관계에 대해 재고찰해야 할 필요성을 더욱 제기한다. 첫째, 미국발 금융위기와 유럽 재정위기로 인한 세계경제불황은 우리나라뿐만 아니라 전 세계를 경제위기의 공포로 몰아간 바 있으며, 그 위기의 여파는 지속되고 있다. 금융자본주의 시대에 돌입한 이후 위기는 보다 빈번하게 일어나고 있다. 경제위기의 원인 및 처방에 대한 분석은 정치와 경제현상의 상호작용에 대한 이해에 기반을 둔다. 1997년 동아시아 위기는 과도한 국가개입 또는 규제완화로 인해 촉발된 것이라는 논쟁이 지속된 바 있다(Chang, 1998). 2008년 미국발 금융위기는 국가 탈규제와 시장의 횡포에 기인한 것임이 드러난 바 있다. 시장의 폐해로 인해 설득력을 잃고 있는 신자유주의 이후 세계는 어디로 가고 있는지, 21세기 시장과 국가 사이의 시계의 추는 어디를 향하고 있는지 살펴볼 필요가 있다.

둘째, 세계는 지금 미중간의 무역전쟁, 보호주의 확산으로 몸살을 앓고 있다. 영국의 브렉시트(Brexit: 영국의 유럽연합 탈퇴), 미국의 트럼피즘(Trumpism: 트럼프의 극단적 주장에 대중이 열광하는 현상)은 포스트 신자유주의 세계화시대에 일어난 중요 현상들이다. 미국의 '힘의 외교'와 미중간의 무역전쟁의 확산은 경제민족주의 가능성을 시사하고 있다. 세계는 바야흐로 양극화, 저성장으로부터 벗어나기 위해 보호주의, 반이민주의, 일방주의, 자국우선주의 시대로 흘러가고 있다. 신자유주의 시대의 경제위기 이후 세계는 다시금 중상주의적 경제민족주의가 활개치기 시작했다. 정치경제질서의 시계추는 다시 국가로 넘어가고 있는지 확인해 볼 필요가 있다.

셋째, 한국은 양적 성장의 산업화시대를 거쳐 민주화를 이뤄냈으나 경제적 양극화와 내재적 사회갈등의 문제를 증폭시켜왔다. 성장동력을 찾지 못하고 있는 한국은 중국을 비롯한 후발국들의 추격에 따라잡혔다. 2018년 한국사회의 가상화폐가 가져온 광기적 열풍과 규제논란은 한국 사회의 내적 문제를 여실히 드러냈다. 발전국가였던 한국사회는 지속가능한 성장을 모색하면서도 복지를 병행해야 하는 시기를 맞이했다. 세계화, 정보화 시대는 자본주의와 민주주의 발전에 긍정적·부정적 영향을 미쳐왔다. 자본주의와 민주주의의 병행은 역사적으로 다양한 행태로 진화되어 왔으나, 궁극적으로 성장과 평등의 가치가 충돌하고 있어 이에 대한 해결책 모색이 시급하며, 이 또한 시장과 국가의 관계에 대한 근본적 논의를 필요로 한다.

본 연구는 이러한 21세기 시대적 위기에 상응하는 정치경제적 도전의 이슈와 해법을 찾기 위해, 정치경제에 대한 개념과 다양한 이론적 시각을 소개하고 이를 통한 경험적 이해를 증진하는 데 기본 목적을 둔다. 제2절은 정치경제학의 다양한 시각을 이해하기 위해 시장중심적 시각, 국가중심적 시각, 제도주의에 대해 설명한다. 제3절은 정치경제질서의 변화를 살펴보기 위해 20세기 이후의 시기를 고전적 자유주의, 제한적 자유주의, 신자유주의, 그리고 포스트 신자유주의시기로 나누어 살펴본다. 제4절은 21세기 새로운 도전과제를 논의하기 위해 세계화와 국가, 정보화와 사회, 그리고 민주화와 자본주의 미래를 분석해 볼 것이다.

제2절 정치경제의 개념과 이론적 시각

정치경제는 정치현상과 경제현상이 지속적으로 상호작용하고 있다는 가정에 기반을 두고 발전해 왔다. 정치경제의 핵심적 논의 대상은 시장과 국가의 관계에 대한 것이다. 정치경제는 근대화, 종속, 발전과 저발전, 그리고 민주화가 핵심이슈였다. 이후 세계화와 정보화가 가속화되면서 자본주의 불평등 현상의 증대와 위기 확대, 그리고 국가역할의 쇠퇴 등 다양한 이슈가 등장하였다.

1970년대 이후 정치경제의 전략적 분석을 위해 경제적 분석틀을 활용한 대표적인 예는 합리적 선택이론이다. 이러한 연구들은 정부를 구성하고 있는 정치가와 관료행동을 이해하기 위해 합리적 선택이론을 적용하여, 왜 그들이 그러한 정책을 선택하는가에 대해 분석한다. 정치가들은 '정치권력의 유지'라는 단기적인 이해와 '경제성장의 추구'라는 장기적인 이익의 모순에 직면한다. 많은 경우 정치적으로 합리적인 정책이 반드시 경제적으로 합리적인 정책이 되지 않는다는 딜레마가 존재한다(Bates, 1988). 이러한 딜레마를 분석하기 위해 정치경제의 핵심분야는 특히 '경제현상에 대한 정치적 기반'을 설명하는 것에 집중되기도 한다. 이 분야의 연구들은 정치권력을 주요 변수로 사용하여 정치적 이해집단의 갈등 및 타협을 통한 정치연합에 따라 경제현상이 달라진다는 점을 강조한다.

정치적 변수에 의해 설명하고자 하는 경제현상의 분석수준에 따라 정치경제는 비교정치경제와 국제정치경제의 영역으로 나눠볼 수 있다. 비교정치경제는 각국의 경제정책 및 이와 관련된 경제현상에 대해 각국 간의 비교를 통하여 차이점을 설명하고자 하는 공간적 변이(variation over space)에 대한 분석과 한 국가 내에서의 변화과정을 설명하고자 하는 시간적 변이(variation over time)에 대한 분석을 포함한다. 국제정치경제는 국제경제영역과 국제정치영역이 끊임없이 상호작용하고 있다는 가정에 기반을 둔다. 그 주요쟁점은 경제적 변화와 정치적 변화의 상호작용에 대한 연구로 경제적 변동이 국제정치에 미치는 영향 또는 국제관계 변화가 국내경제에 미치는 영향, 개별국가의 배타적 관할권 및 국내적 자율성과 상호의존적인 국제관계에서의 협력의 문제, 세계화 시대 국내집단의 이해관계 갈등에서의 국가 역할 등을 포함한다. 그러나 세계화가 가속화되면서 비교정치경제와 국제정치경제의 구분이 사실상 모호해지는 경향이 있다(임혜란, 1998).

정치경제는 정치현상과 경제현상이 상호작용하고 있음을 전제한다. 정치와 경제 중 어느 것이 우위에 있느냐에 따라, 또는 어느 것이 독립변수 및 종속변수인가에 따라 이론적 분석틀이 달라진다. 경제우위의 시각은 마르크스주의, 신고전파 경제학을 들 수 있다. 정치우위의 분석틀은 맑스 베버의 전통에 기초를 두고 정치의 자율성을 강조하는 국가이론, 중상주의를 들 수 있다. 정치경제의 분석수준에 따른 또 다른 분류는 구조(structure)를 강조하는 시각과 인간행위자(agency)를 강조하는 시각으로 나눠볼 수 있다. 전자에 따르면 사회현상은 개인들의 속성, 목표, 신념, 행동으로 설명할 수 없다. 왜냐하면 집단은 개인의 합보다 크고 또한 질적으로 다르기 때문이다. 개인은 오히려 집단의 속성에 의해 결정되며 역사는 개인이 통제할 수 없는 구조적 설계이다. 이러한 시각은 구조주의적 방법론에 속한다. 이와 반대로 후자의 시각은 사회현상은 개인의 선호와 합리적 행위에 바탕을 두며, 사회구조와 변화과정은 개인의 미시적 합리성에 의해 설명된다고 강조한다. 분석단위는 개인이며, 개인의 의지와 선택에 의해 역사는 변화가능하다고 본다(임혁백, 1994). 이러한 시각은 방법론적 개인주의라 부른다. 강조점이 시장인가, 국가인가, 구조인가, 개인인가에 따라 다양한 시각으로 나눠볼 수 있는데, 그 중 이 글은 정치경제 분야에서 가장 대표적인 고전파 경제학 시각, 국가중심 시각, 그리고 제도주의 시각에 초점을 두고 논의해 본다.[1]

1. 시장중심적 시각

시장우위를 강조하는 대표적 시각으로 아담 스미스(Adam Smith)에서 시작된 고전파 경제학을 들 수 있다. 사회는 생명, 자유, 재산에 대한 권리를 갖고 있고 자유롭고 평등하게 이익을 추구하는 개인들로 구성되어 있다. 국가는 이러한 시민의 권리와 자유를 보호하는 데 그 역할을 제한해야 한다. 시장에서의 자발적인 교환의 결과는 모두에게 경제적 이익을 보장한다. 시장경제는 사회의 자원을 적절히 배분할 수 있으며 사회적으로 모두에게 만족할 결과를 가져온다. 스미스는 우리가 저녁 식

1 정치경제의 이론적 시각에 대한 설명은 임혜란(2008) 글의 이론적 논의 부분을 수정·보완한 것임.

사를 기대할 수 있는 건 푸줏간 주인, 빵집 주인의 자비심 덕분이 아니라, 그들이 자기 이익을 챙기려는 생각 덕분이다. 우리는 그들의 박애심이 아니라 자기애에 호소하며, 그들의 이익만을 그들에게 이야기할 뿐이다. 스미스는 1776년 국부론을 발표하여 국가가 경제활동에 간섭하지 않는 자유경쟁상태에서도 보이지 않는 손에 의해 사회의 질서가 유지, 발전된다고 강조하였다.

시장에 대한 전제는 자율성, 효율성, 그리고 윤리성의 세 가지로 이해가능하다. 첫째, 시장은 자율적 자기조정장치가 있어 보이지 않는 손에 의해 균형 상태에 도달한다. 둘째, 시장은 보이지 않는 손에 의해 자원을 효율적으로 배분한다. 인간은 천성적으로 교환의 본능이 있으며, 따라서 인간은 시장, 화폐, 경제제도를 창출한다. 셋째, 시장은 궁극적으로 자유와 평등의 원리를 충족함으로써 윤리성을 결과적으로 달성할 수 있다. 국내경제에서의 수입분배 구조는 계층간의 변화를 가져오며, 국제경제에서는 중심과 주변부간의 역동적 변화를 가져온다.

고전파 경제학은 국가와 시장을 이분법적으로 구분한다. 태초에 시장이 존재했었다는 시장우위적 가정(market-primacy assumption)을 전제한다. 인간은 본래 '교환(truck, barter, exchange)'의 고유속성이 있다. 인간의 상호교환과 복지를 증가하기 위해 시장이 자연발생적으로 형성되었다. 시장은 자연적 제도이며 국가와 기업은 인위적 제도이다. 국가개입과 조직은 시장실패 이후 인간이 만든 제도이다(Chang, 2004).

ı 아담 스미스(Adam Smith)

그러나 시장이 태초에 존재했었다는 고전파 경제학의 가정은 몰역사적이다. 시장의 형성은 자본주의 발전의 초기단계부터 국가에 의해 의도적으로 형성되었다. 폴라니는 근대 자본주의 발전과정에 있어 국가의 역할은 매우 중요하다고 분석한다(Polanyi, 1957).[2] 블락은 경제를 자율적, 윤리적인 존재로 인식하는 학파로 인하여 국가가 어느 특정한 역사적 상황에서 중요한 역할을 담당할 수 있는 것에 많은 제한을 부여하고 있다고 비판했다(Block, 1990).

2 영국의 인크로저 법제화 과정에서에서의 국가 역할, 초기 미국산업화 시기 철도와 같은 기간산업 제공, 사유재산 제도, infant industry의 보호 등 국가의 역할이 중요했음을 알 수 있다(Chang, 2004).

고전파 경제학은 국가의 시장개입이 필연적으로 비효율성을 가져온다고 보았다. 그 주장의 근거는 국가에 대한 다음과 같은 전제로부터 기인한다. 국가는 이기적 국가, 규제국가, 지대추구국가이기 때문에 국가의 시장개입은 반드시 실패한다. 첫째, 국가는 공익의 수호자가 아니라 사익의 추구자이다. 정치인은 재선을 추구하며 관료는 예산을 극대화하는 사람들이다. 이기적 국가라는 전제에 따르면 정치인은 재선이라는 사익으로 인해 경제를 조작할 것이며 이는 정치적 경기순환(political business cycle)을 야기할 수 있다(Tufte, 1978). 관료들은 예산극대화 추구가 개인의 권력유지와 소득확대를 가져온다고 보기 때문에 불필요한 국가기구의 확장을 초래하여, 그 결과 경제의 비효율성을 증대시킨다. 정치의 경제적 통제에 따른 사회적 비용을 제거하기 위해 경제정책의 비정치화가 강조되며 관료주의 병폐를 막기 위해 소규모 정부가 강조되기도 한다. 둘째, 고전파의 후손인 시카고 학파는 국가의 시장에 대한 개입을 국가의 규제로 정의하며, 국가의 규제는 사회적 효율성의 상실을 가져온다고 본다. 이기적 국가는 이익집단이 제공하는 표와 돈을 교환하여 규제를 통하여 이익집단으로 소득을 이전시켜준다. 국가의 규제에 의한 소득의 이전으로 사회전체로 봐서는 항상 손실의 합이 이득의 합보다 크게 나타난다. 정치적 지지를 극대화하기 위해 최저임금제와 같은 정책수단을 통해 노동자들에게 소득의 이전을 도모함으로써 노동자들에게는 이득을 부여하나 기업은 고용감소로 대응함으로써 경제전체에 비용을 지불하게 된다. 셋째, 버지니아학파로 불리는 좀 더 극단적인 신고전주의자들은 국가에 의한 자원배분은 필연적으로 지대를 발생시킨다고 강조한다. 지대는 기회비용을 초과하는 독점이윤이다. 사회구성원들은 경쟁을 통한 이윤추구보다는 로비나 뇌물을 제공하여 국가의 규제를 통한 지대를 추구함으로써 사회 전체적으로 손실을 초래하게 된다(임혁백, 1994).

국가에 대한 이와 같은 설명은 역사적으로 국가의 시장개입이 얼마나 경제적 비효율을 가져왔는지 잘 보여준다. 정부행위에 대한 이와 같은 합리적 선택 이론의 적용은 정치에 대해 현실주의적 가정을 도입함으로써 정치경제를 이해하는 데 유용한 분석시각을 제시한다. 그러나 정부의 시장개입은 역사적으로 늘 지속되어왔다는 점에서, 시장개입을 제한해야 한다는 주장은 비현실적이다. 정부의 시장개입은 경제적 비효율을 가져올 수도 있으며 또는 경제성장을 가져 올 수도 있다. 대표적인 반증사례로 동아시아 신흥공업국(NICs: Newly Industrializing Countries)의 경제성장 경험을 예로 들 수 있다. 세계은행은 신흥공업국의 경제성장을 시장중심적 정책 때문이라고 강조하였다. 예컨대 저축률 증대, 인적자본의 축적, 수출중심의 정책, 건전한 거시경제적 조건의 강조, 기술이전과 개방성은 빠른 경제성장을 가능하게 했다. 세계은행의 보고서는 동아시아의 정부개입정책이 존재했음을 인정하면서도, 동북아국가들은 신중한 정책개입(careful policy intervention)을 통해 개입으로 인해 초래될 비용을 최소화했다고 설명한다. 가격왜곡이 제한적으로 이뤄졌으며, 특정보조금은 조정가능한 수준에서, 금리는 세계금리수준을 벤치마크함으로써 이뤄졌다. 거시경제적 안정성이라는 정책적 우선순위에 따라 안정성을 해칠 가능성이 있는 국가개입은 포기되거나 수정되었다(World Bank, 1993). 이러한 설명은 국가가 시장의 신호를 따라가는 시장순응적 정책을 추구했음을 의미한다. 그러나 동아시아 발전국가는 권위주의 정권이라는 제도적 특성을 활용해 특정산업에 대한 집중투자와 생산을 지속할 수 있었다. 국가는 시장의 신호(signal)를 따라가는 역할을 하기보다는 오히려 경쟁력 있는 산업을 전략적으로 투자함으로써 시장을 주도하였다. 동아시아 발전모델은 자유시장하에서 일어날 수 있는 결과와는 다른 생산 및 투자 결과의 가능성을 강조함으로써 고전주의 시각과는 반대되는 논의를 제기하였다(Wade, 1990). 예를 들어, 한국의 중화학공업 육성정책은 한국경제의 비교우위라는 시장적 신호와는 역행하는 투자일 수 있었으나, 정부의 주도적 역할을 통해 한국경제의 비교우위를 역동적으로 재구성할 수 있었다(Lim, 1998). 동아시아의 빠른 성장은 시장중심시각보다 국가중심시각에 의해 보다 적절히 설명된다고 볼 수 있다.

2. 국가중심적 시각

고전파 경제학 시각과 대척점에 서있는 것은 국가중심적 시각이다. 이들은 국가는 독자적 정치실체이고 사적 영역의 이익으로 수렴하지 못한다며 국가의 자율성 개념을 강조한다. 국가중심적 시각의 대표적 예로 마르크스를 비판한 베버(Weber)에 기반을 둔 국가이론을 우선적으로 논의해 볼 수 있다. 마르크스의 논의는 생산양식이 정치체제를 형성하고 그 생존 및 파괴까지 결정한다고 주장한다는 점에서 정치가 경제보다 하위적 요소임을 나타낸다. 그러나 베버는 이러한 마르크스의 경제결정론적 시각을 비판하면서 국가가 자율적 행위자로서의 역할이 있음을 주장한다. 자유주의와 마르크스주의가 정치를 경제에 대한 종속변수로 인식한 것에 비해 베버는 정치적 영역의 독립변수적 요소를 강조하였다. 저개발국의 발전이 불가능하다고 했던 종속이론과 세계체제론의 논의가 동아시아 국가의 빠른 성장에 의해 그 이론의 설득력이 떨어지자 국가 중심적 시각이 부각되기 시작했다. 이는 동아시아 성장을 설명하는 강한국가이론(Strong State) 및 발전국가이론(Developmental State Theory)에 의해 더욱 정교화되었다.

고전파 경제학의 기본주장은 국가가 이기적 동기를 지닌 정치가와 관료의 집단이기 때문에 국가의 시장개입은 필연적으로 경제적 비효율을 가져온다고 강조한 바 있다. 물론 그럴 가능성은 있지만, 국가의 시장개입이 필연적으로 비효율을 가져오지는 않는다는 사실이 동아시아 발전국가의 경험적 사례를 통해 입증되었다. 동아시아 발전국가는 정부의 주도적 시장개입을 통해 불균등한 성장을 지속해 왔다. 발전국가모델의 중요한 요소는 전략적 산업정책이다. 고전파와 다른 점이 있다면 시장 순응적이라기보다 시장 주도적이었으며(Governing the Market) 그 개입의 속성은 '발전적'으로서, 소비적 목표보다는 생산적 목표가 더 중요한 우선순위에 있었다(Wade, 1990). 동아시아의 빠른 경제성장은 특정 전략산업에 대한 다양한 인센티브 제공과 집중투자, 그리고 이들 산업의 국제경쟁 노출 등에 의해 가능하였다.

암스덴(Amsden, 1989)에 의하면 시장의 내적갈등은 부국이나 빈국 모두에게 일어날 수 있는데, 특히 빈국의 경우 그 갈등이 가장 첨예하게 나타난다. 예컨대 생산성이 낮은 국가는 이자율을 낮춤으로써 투자를 촉진해야 하지만 동시에 이자율을 높여야 국민의 저축을 장려할 수 있다. 또한 환율을 평가절하해야만 수출을 장려할 수 있으나 평가절상이 되면 외채의 비용이나 수입을 위한 비용을 절감할 수 있다. 이처럼 후발산업화에 있어서 국가의 역할은 시장의 영향력을 중화시키는 동시에 서로 갈등하는 집단의 선호를 충족시켜야 한다. 그러기 위해서는 다양한 가격정책을 실시해야 하는데, 즉 국가는 의도적으로 시장가격을 왜곡(getting the prices wrong)시켜야 하는 것이다. 그럼에도 이러한 정책이 경제적 비효율을 가져오지 않았던 이유는 보조금(subsidy)을 부여하면서 동시에 수출성과(performance criteria)를 강조하는 상호성(reciprocity)이라는 이중적 압박을 가했던 것에 기인한다(Amsden, 1989: 13-17). 이처럼 보조금을 주면서도 수출성과와 같은 기준을 제시할 수 있었던 데에는 국가가 사회집단에 대해 자율성을 유지하고 있었기 때문이다.

국가중심적시각은 국가를 어떻게 정의하느냐에 따라 다양한 시각으로 분화된다. 비교제도주의 학자들은 국가를 제도주의적 관점에서 이해하며 국가와 사회와의 상호적 전환관계에 초점을 두고 전환과정에서 나타나는 다양한 결과를 살펴본다. 문화주의적 관점에서는 국가를 공통의 신념과 믿음을 통해 응집력을 유지하는 조직으로 보며 어떻게 집단적인 양상이 나타나고 정착되는지를 고찰한다. 구조적, 체제중심적 관점은 국가를 하나의 통일된 단위, 행위자로 간주하고 유사한 환경에서 국가의 행동은 같다고 본다. 이 시각은 개별 행위자, 예를 들어 시민들의 힘을 과소평가하며 국가와 사회의 관계에 대해 주목하지 않는다. 합리적 선택이론을 국가에 적용한 시각은 정치인의 선호와 이해가 외생적으로 주어져 있다기보다는 설명되어야 할 내생적인 변수로 이해한다(Ross, 1997). 역사제도주의적 관점에서는 제도적 배열의 특징에 따라 서로 다른 국가간에 역량의 차이가 있다고 본다. 이 시각은 유사한 환경에 있는 국가의 행동은 내부적 제도배열에 따라 다양하다고 주장한다.

국가중심적 시각에 의하면 국가와 사회집단의 협력관계를 논의하면서도 궁극적으로는 국가의 자율성과 강한 국가의 존재를 전제로 하고 있다. 강한 국가의 자율성을 강조하면 국가는 단일한 통일체인 것처럼 강조되는 경향이 있다. 그러나 국가내부에는 다양한 이해와 선호를 반영하는 부처간 갈등이 있기 마련이다. 뿐만 아니라 강한 국가의 자율성을 강조하다보면 국가와 사회집단과의 상호협력의 필요성 또는 발전과정에서 중요한 역할을 담당할 수 있는 사회집단에 대한 균형적 평가가 간과될 가능성이 높다. 국가가 단일한 통일체라고 보는 신화는 세계화 시대에 이미 깨지고 있다. 국가와 사회는 상호적으로 변형가능한 관계이며 이는 과정중심적 시각(process oriented approach)이라고 할 수 있다. 국가를 고립시키려는 시각은 그런 점에서 극복되어야 한다.

수정주의적 발전국가이론에 의하면, 발전국가의 제도적 기반으로 관료적 자율성(bureaucratic autonomy)을, 정치적 기반으로 공사 협력(public private cooperation)을 강조한다. 경제발전을 위해서는 국가와 사회집단의 협력이 필요하지만 이 관계가 지대추구국가가 되지 않기 위해서 국가의 자율성이 필요하다. "배태된 자율성(embedded autonomy)"을 강조했던 에반스의 논의 역시 이러한 문제의 중요성을 반영한다(Evans, 1995; Onis, 1991). 그러나 국가중심적 시각의 문제는 자율성이 높은 동아시아 국가가 아프리카와 같은 약탈국가가 되지 말라는 이유는 어디 있는지 또는 고립주의적 국가로 가지 말라는 보장이 어디 있는지 체계적으로 설명하지 못한다. 즉 발전국가모델에서는 국가실패의 가능성을 간과하고 있다. 국가중심적 시각의 가장 큰 한계는 동아시아 국가들이 보여주는 다양한 국가-사회 관계의 제도적 특성을 설명하지 못한다는 점과 발전이 다양한 경로를 통해 가능할 수 있음을 설명하지 못한다는 것이다. 결국 국가와 사회의 연계를 설명해 줄 수 있는 제도주의 시각의 보완이 필요하다.

국가와 시장에 대한 기존 논의는 결론적으로 시장에 의한 효율적인 사적 재화의 배분으로 최소국가의 역할을 강조하는 논의와, 이와 달리 시장실패에 대한 국가개입의 필요성을 강조하는 논의로 이분화된다. 시장과 국가에 대한 이분법적 설명과는 달리 역사적·현실적 시각에서 바라보면 국가는 언제나 시장에 간여해 왔다. 또한 국가의 간섭은 구체적인 역사적 상황에 따라 경제적 효율성을 낳을 수도 있으며 또한 비효율적 결과를 가져올 수도 있다(Bates, 1989). 결국 국가가 시장에 개입해야 하느냐 아니냐의 여부 문제보다는 국가의 어떤 개입이 어떤 결과를 가져올 수 있는지의 문제가 중요하다.

3. 제도주의 시각

국가와 시장의 관계에 대해 시장중심시각과 국가중심시각 각각이 주장하는 이분법적 논의와는 달리, 국가와 시장은 역사적으로 늘 상호작용해 왔다. 따라서 국가와 시장에 대한 이해는 역사제도주의적 관점에서 살펴볼 필요가 있다. 구조와 행위자의 관점에서 봐도 신고전파 경제학처럼 개인의 속성, 선호로부터 출발하여 사회현상을 이해해야 한다는 논의는 환원주의 속성의 한계를 보여주며, 개인의 선호형성 자체는 역사적·사회적으로 구성될 수 있다는 가능성을 설명하지 못한다. 개인은 구조가 부여하는 역사적 맥락의 영향을 받지만, 그럼에도 그러한 구조에서 자신의 선호를 구성하고 선택하는 행위자(agency)의 역할은 중요하다. 따라서 구조와 행위자의 분석수준에 대한 이분법적인 이론적 시각은 현실 설명을 더욱 어렵게 할 수 있다.

제도주의는 이와 같은 이분법적 시각의 한계를 넘어서기 위한 노력의 결과이다. 구조와 행위자의 간극을 좁히기 위한, 시장과 국가의 역사적 상호작용의 이해를 높이기 위한 이론적 대안이라 할 수 있다.

제도주의 시각에 의하면 시장은 자본주의 체제에 있어 다양한 제도 중 하나이다. 자본주의 체제는 교환제도인 시장, 생산제도인 기업, 그리고 이러한 제도들을 규제하고 조정하는 제도인 국가 등으로 구성되어 있다(Chang, 2004: 89-90). 제도주의 시각은 신고전주의의 시장 우위적 전제(market primacy assumption)를 비판하면서 시장이 원래 자발적으로 존재하는 것이 아니라고 강조한다. 그리고 시장은 국가와 기업과 같이 인위적 제도 가운데 하나이며, 국가는 시장형성에 역사적으로 개입해 왔음을 강조한다. 국가와 시장은 이와 같이 원천적으로 구분되어 있는 것이 아니라, 역사적·제도적으로 상호연관하에 발전되어 왔다. 시장은 여러 제도 중 하나이기 때문에 시장실패가 곧 자본주의 경제체제에 치명적인 영향을 미치는 것도 아니라고 본다.

제도주의 분석틀 가운데 두 가지 시각을 주목해 볼 필요가 있다. '합리적 선택' 시각에 의하면 제도는 개인이 자기이익을 실현하기 위한 전략적 환경을 제공하거나 제재를 부여하는 것으로 이해가능하다. 합리적 선택 시각은 개인의 선호를 '주어진 것'으로 인식한다. 그러나 '역사제도주의 시각'에 의하면 개인은 합리적 이익극대화론자(rational maximizers)라기보다 규범 순응적인 이익만족론자(rule-following satisficers)로서, 개인이 매번 결정할 때마다 자기 이익이 무엇인가 생각하기보다 사회가 규명한 법칙에 따르는 경향이 많다는 점을 강조한다. 개인의 선호 역시 개인적 차원의 선택에서 규명될 것이라기보다는 사회적·정치적으로 규명되는 경우가 많으며 개인의 행동전략 및 목표 역시 제도적 맥락에 의해 형성된다. 따라서 역사제도주의 시각은 국가, 사회제도와 같은 중범위 제도에 초점을 두고 국가들의 다양한 발전과정과 외부환경에 대한 서로 다른 대응을 설명한다(Thelen and Steinmo, 1992).

역사제도적 시각에 속하는 폴라니(Polanyi)와 같은 학자 역시 사회를 분석하기 위한 출발점은 개인이 아니라 사회제도임을 강조한다. 개인의 동기는 선험적으로 주어진다기보다 사회적으로 획득되는 것이다. 폴라니는 19세기의 자기조정적 시장이 자유방임과 자유무역을 통해 기존의 사회를 파괴하는 결과를 낳았으며, 이에 대항하여 시장의 무자비한 확대를 저지하고 사회를 방어하고자 하는 사회방어 운동이 일어났음을 분석하고 있다. 사회를 방어하기 위한 운동은 국가가 사회적 입법조치를 강구하는 개입을 강조하였다. 정치와 분리된 시장은 존재할 수 없으며 정치는 시장의 기구와 밀접히 연계되어 있는 것이다. 시장 역시 실패로 나아갈 수 있으므로 경제위기의 원인을 국가의 시장개입 자체만으로 주장하기보다는 국가개입의 어떤 구조적 조건이 위기와 연계되는지 구체적으로 분석해야 한다.

| 칼 폴라니(Karl Polanyi)

제도주의적 시각은 국가와 사회의 다양한 네트워크에 의한 상호작용 관계를 내포할 수 있기 때문에 동아시아뿐만 아니라 국가 경제발전의 다양성을 설명해 줄 수 있다. 일본, 한국, 대만의 국가-사회 관계는 서로 다른 특성을 보여준다(Johnson, 1987). 한국의 권위정권이 금융기관을 독점적으로 통제하여 대기업중심의 산업전환과정을 추진해 온 것과 달리, 대만의 일당독재레짐은 금융기관을 통제하면서도 대기업의 산업구조가 형성되지 못하도록 안정 위주의 금융정책을 지속하여 중소기업 중심의 경제발전 전략을 선택한 것이다. 한국의 국가-기업 관계가 보다 직접적인 것과 달리 대만은 간접적 관계를 특징으로 한다. 또한 대만의 경제발전을 이끌어온 추동력이 중소기업이었던 것과 달리 한국은 대기업이었다. 이와 달리 일본은 국가-기업관계가 상대적으로 협력적이며 대기업과 중소기업의 균형적 발전을 가져온 것으로 이해될 수 있다. 외형적으로 한국과 대만의 국가가 권위정권이며 사회에 대해 보다 우월한 국가의 힘을 반영하는 유사한 특성을 보이지만 구체적인 국가-기업 관계, 국가-사회관계는 서로 다른 제도적 역사성에 의해 상이한 발전패턴을 보여주고 있다.

제도주의 시각에서 국가는 다양한 이해갈등 과정에서의 조정자의 역할을 담당하며 또한 경제발전에 있어서 미래의 비전을 제시해 주는 기업가적 역할을 하는 주체로 강조되고 있다(Chang, 2004: 52-63). 그러나 제도로서의 국가가 이해갈등 조정자, 미래비전 제시자로서 그 역할을 다해야 한다고 할 때, 문제는 국가 역시 다양한 이해갈등 집단과 연합을 맺을 수도 있으며 또는 이해집단에 포획됨으로써 그 역할을 다하지 못할 상황이 많다. 앞서 논의했듯이 제도로서의 국가 역시 언제 약탈국가가 될 수 있는지 보다 구체적인 조건을 제시하는 이론적 논의가 뒷받침되어야 한다.

제3절 20세기 이후 정치경제질서의 변화

1. 고전적 자유주의

20세기 국제정치경제 질서는 시장과 국가가 시계추처럼 이동하는 양상을 보여준다. 이는 고전적 자유주의 시기(1789-1914)를 지나 전간기(1919-1939), 제한적 자유주의 시기(1945-1970), 신자유주의 시기(1971-2007), 글로벌 경제위기 이후의 포스트 신자유주의 시기(2008-)로 구분가능하다.

고전적 자유주의는 18세기 후반부터 19세기 초반에 걸쳐 영국 중심의 산업혁명에 의해 자유시장경제 원리가 도입되면서 시작되었다. 이 시기의 경제이념은 1776년 영국의 스미스의 국부론에서 출발한 경제적 자유주의와 이후 세이(Say), 리카도(Ricardo)에 의해 고전적 경제학으로 발전된 사상을 기반으로 한다. 정치이념은 1789년 프랑스 대혁명에서 왕과 귀족의 특권을 보장하던 봉건적 구체제를 무너뜨리고 인간의 평등과 자유의 권리를 선포하는 정치적 자유주의가 근간이 되었다. 이때의 자유주의는 정치적 압제로부터의 자유라는 소극적 의미의 자유로, 프랑스의 몽테스키외(Montesquieu), 영국 로크(Locke)의 자유주의가 근간이 된다. 스미스는 자유로운 무역이 교역에 참여하는 모든 국가에게 이익이 된다고 주장한다. 리카도는 생산비용에 있어 절대우위를 가지고 있지 못할지라도 비교우위만 있어도 무역에서 이득을 얻을 수 있다고 주장한다. 자유무역의 원리는 영국에서 먼저 수용되었고 그리고 유럽대륙과 미국으로 전파되었다(조홍식, 2015).

고전적 자유주의 질서는 영국패권을 중심으로 한 자유무역과 금본위제의 발전에 기반을 두었다. 산업혁명 이전의 유럽국가들은 중상주의적 전통속에서 보호무역을 취하고 있었다. 외국으로부터의 곡물의 수입을 금지하는 곡물법(corn laws)이 대표적 사례이다. 1839년 인구가 증가하면서 곡물을 수입할 필요가 증대하였다. 1835년 감자병에 의한 흉년, 식량난으로 집권 보수당 필 수상은 자유당 의원들의 지원으로 보호주의 상징인 곡물법을 폐지하였으며, 1850년 이후 자유무역체제가 구축되었다. 영국의 자유무역 기조는 영국과 프랑스와의 무역조약 이후 다른 대륙국가로 확산되었다. 고전적 자유주의는 국제무역과 투자를 활발히 하기 위해 안정적 통화질서인 금본위제를 확립하였다. 금본위제는 중앙은행의 금 보유고에 따라 국내 통화량이 결정되는 구조로서 금 자체가 통화로 간주되었으므로 금 보유고가 변하면 국내 통화량이 급변하므로 가격 및 임금이 이에 따라 변할 수밖에 없다.[3] 영국 외에도 독일, 프랑스, 러시아, 일본 등이 금본위제에 기초한 통화질서를 형성하게 된다.

고전적 자유주의의 질서는 제1차 세계대전 이후와 전간기 시기를 거쳐 붕괴한다. 1920년대는 제1차 세계대전의 경제적 여파가 지속된 시기로 유럽국가들은 무역과 투자관계를 축소하였으며 미국은 성장의 기회를 포착하여 미국만이 순채무국으로 전환되었다. 유럽 내에는 전시부채와 보상금 문제가 지속되었으며 독일 문제에 대해 영국과 프랑스 그리고 미국의 이견이 지속되어 분쟁의 근원으로 남게 된다. 1930년대의 대공황은 세계무역을 더욱 위축시키면서 세계경제의 지역블록화 현상을 초래했다.

제2차 세계대전 이전 시장의 붕괴원인은 다음과 같다. 첫째, 극단적인 민족주의의 발전과 강대국간의 경쟁은 세계대전을 야기하였고 제1차 세계대전 이후 유럽국가들이 초인플레이션 등의 경제불안으로 국제 무역과 투자관계를 유지할 수 없었다. 독일은 루르지역이 점령당하자 노동자들의 임금지불을 위해 화폐를 발행하게 되고, 1923년 하이퍼 인플레를 경험하게 된다. 당시 독일의 연금수혜자, 봉급생활자, 채권보유자 집단은 나치스의 극단적인 정치세력을 지지하는 집단으로 전환되었다. 1930년대의 경제대공항 이후 강대국들의 경쟁적인 근린궁핍화 정책은 경제침체를 더욱 악화시켜 세계의 안정적 경제질서는 무너지게 된다. 둘째, 패권의 부재를 들 수 있다. 영국은 19~20세기 초반까지 경제력과 군사력을 바탕으로 세계의 질서라는 공공재를 제공했다. 영국의 파운드화는 국제기축통화의 역할을 담당하였다. 그러나 제1차 세계대전 이후 영국은 패권국의 능력을 상실하였고, 미국은 패권국으로서의 의지가 부족하여 세계는 패권의 부재시기를 지속하게 된다. 영국은 1924~1929년 동안 금본위제로 복귀하기 위해 1925년 전전의 가치로 고평가된 파운드화를 유지하였다. 그러나 수출경쟁력이 떨어짐에 따라 파운드화 가치를 유지할 수 없어 1931년 영국

3 고전적 자유주의 질서하의 금본위제에서는 가격-정화유동모델(price-spicie-flow model)이 작동한다. 국제수지 적자문제는 국내가격의 변동으로 해결한다. 즉 국내경제정책의 자율성이 존재하지 않는다. 예를 들면, 국제수지적자국은 통화량이 줄고, 상품 및 노동가격이 하락한다. 값싼 임금 및 원자재를 기반으로 국제경쟁력이 증대하면 다시 수출이 증대하며 수입이 축소되어 국제수지균형이 회복된다. 국제수지불균형은 국내경제의 디플레이션과 인플레이션으로 직결된다(백창재, 2015, pp. 48-49).

은 금본위제를 포기하였으며 파운드화의 평가절하를 단행하였다. 자유주의 질서의 핵심적인 금본위제 통화체제를 포기함으로써 다른 나라들도 경쟁적 평가절하에 참여한다. 1939년의 2차 대전으로 이 고전적 자유주의 질서는 완전히 무너지게 된다.

셋째, 민주화와 노동세력의 성장 또한 시장의 패망을 야기했다. 1848년 프랑스에서 보편 투표권을 인정한 이후 19세기 후반에 접어들면서 노동계급이 전국적 노동조합을 형성하여 사회주의 정치세력으로 조직화하게 된다. 이는 임금의 하향 경직성을 강화했다. 자유무역과 금본위제는 임금과 가격의 신축성이라는 조건이 충족되어야 유지될 수 있는 질서이다. 전간기의 자유주의 질서 복원의 실패도 노동과 사회주의 세력의 저항과 연관된 문제이다. 넷째, 20세기에 들어와 세계경제의 생산력은 증대하였으나, 노동과 자본의 관계는 19세기, 즉 저임금 수탈의 형태로 남아있어 자유주의 질서의 근간과 상치되었으며 시장의 수급 불균형을 가져와 시장붕괴의 원인이 되었다. 1930년대 공항은 과잉생산과 수요부족이라는 시장 불균형에 기인했다는 점에서 케인주의에 기초한 수요창출이라는 해결책이 요구되었다(조홍식, 2015).

2. 제한적 자유주의

제2차 세계대전 이후의 정치경제 질서는 19세기의 자유방임적 자유주의 질서와 달리 제한적이며 관리된 질서라는 점에서 차별화된다. 1930년대의 혼란과 갈등은 자유방임적 자유주의 질서의 수정을 불가피하게 만들었다(백창재, 2015). 고전적 자유주의 질서는 자유무역과 국제통화질서의 안정을 중시한 나머지 국내의 고용, 임금 등 국내경제적 필요는 다소 희생되는 질서였다. 상품과 자본의 국제적 이동이 자유로웠으며, 국내적 필요에 의한 국가 개입이 배제되었다. 그러나 대공항 이후 각국은 수요관리와 복지국가를 기반으로 하는 케인즈주의적 개입 정책을 추진하게 되었다. 따라서 전후 자유주의 질서는 국내 경제적 필요에 부합하는 국제적 자유주의 질서가 수립되어야 했다.[4] 고전적 자유주의 질서에서의 자유방임적 국가와 자기규율적 시장은 사회를 파괴했다. 시장의 파괴적 성격이 증대함에 따라 국내집단의 정치적

---

4 국내경제의 필요에 따라 국제질서를 연계시켜 '연계적 자유주의'(embedded liberalism)라고 부르기도 한다(Ruggie, 1982).

저항이 증대하여 국가가 시장에 개입하는 대변혁이 이뤄졌다. 제2차 세계대전 이후의 자유주의는 국내경제적 필요를 충족시킬 수 있도록 국가개입이 허용되는 한에서 국제적 자유주의 질서를 절충하였다. 국내경제의 필요에 토대를 두고 이에 연계시킨 질서로 제한적 자유주의 질서라 한다.

ㅣ케인즈(John Maynard Keynes)

제2차 세계대전 이후의 정치경제 질서는 미국의 패권에 의해 유지되었다. 패권안정론에 의하면 미국은 경제개방에 따른 구조조정 등 사회적 비용을 감당할 수 있는 능력이 있었으며, 개방적 국제경제의 혜택으로 다른 나라가 성장할 수 있는 장기적 위협은 큰 문제가 되지 않았다. 다른 나라 역시 이 질서에 참여함으로써 경제적 이득을 얻을 수 있었다.

제한적 자유주의 질서는 브레튼우즈 체제와 GATT 체제의 자유무역질서를 근간으로 하고 있다. 브레튼우즈 체제는 기본적으로 달러를 통한 금환본위제이면서, 조절가능한 고정환율제이다. 우선 금 1온스에 35달러로 달러의 금태환을 보장하고, 각국 통화의 가치를 달러에 연동하는 일종의 달러본위제를 시행했다. 고정환율제는 전간기에서 보여준 경쟁적 평가절하 및 통화질서의 불안정을 방지하기 위함이며, 동시에 국제수지 불균형을 해결하기 위해 환율조정을 허용하였다. 나아가 만성적이고 구조적인 국제수지적자, 또는 지불준비금이 대폭 감소하는 근본적인 불균형의 경우 10%까지도 통화가치를 조정할 수 있는 방법을 열어두는데, 이는 IMF를 통해서 가능했다. IMF는 각국의 통화가치의 변화를 감독하고, 심각한 국제수지 문제를 겪는 국가가 있으면 통화가치를 조정할 수 있는 권한을 허가하는 역할을 담당했다. 즉, 국제수지 불균형 문제를 해소하기 위해 평가절하를 허용하고 국제기구에 의한 지원을 보장함으로써, 금본위제에 묶여 환율을 조절할 수 없기에 발생하는 불균형 문제를 개별국가가 해결하도록 부담시키는 고전적 자유주의 질서의 단점을 보완한 것이다. 또한 브레튼우즈 체제는 개별국가에게 자본의 유출입을 통제할 수 있는 권한을 부여했다.[5] 1930년대의 경제위기를 심화시킨 급속한 자본 유출과 투기자본의

5 국가의 거시경제적 자율성과 안정적 통화질서 및 자유주의 국제금융질서는 동시에 성립이 불가능하므로 경제·정책의 자율성과 국제통화질서의 안정을 위해 자본의 국가간 이동을 규제했다(백창재, 2015).

공격과 같은 경험이 이와 같은 자본이동 규제 정책을 가져왔다.

한편 제2차 세계대전 이후 국제무역질서는 GATT 체제로, 제한된 자유무역질서가 그 특징이었다. 다자주의적 방식으로 발전된 GATT 체제는 무차별 원칙과 호혜주의 원칙하에 참가국들간의 관세를 대폭적으로 인하하여 무역확대를 이끌어냈다. 그러나 GATT 체제는 상품무역에만 적용되었고, 농산물, 서비스, 국제투자 및 반경쟁적 기업행동 등 국내정치적으로 가장 민감한 부문들은 사실상 제외되었다. 또한 GATT 체제는 자유무역으로 인한 피해를 보호하기 위한 다양한 보호주의 조처(escape clause)와, 불공정무역에 대한 조처(상계관세와 반덤핑)를 허용했다.

1960년대 말부터 제한적 자유주의 질서는 붕괴의 조짐을 보이기 시작했다. 브레튼우즈 체제는 그 자체의 근원적 모순을 갖고 있었는데, 한 예가 통화금융질서의 '트리핀 딜레마'였다. 트리핀 딜레마는, 달러가 준비자산으로서 세계 경제에 많이 공급되어야 하는데, 그럴수록 가치가 떨어져서 준비자산으로서의 역할이 위협받는 현상을 의미한다. 1970년대에 이르러 달러의 신뢰도가 하락하고 금태환 요구가 이어지면서, 결국 닉슨의 금태환 정지선언으로 브레튼우즈 체제가 붕괴되었다. 그 이후 각국의 통화가치가 시장의 원리에 의해 결정되는 변동환율제도로 국제통화질서가 변화되었다. 그러나 많은 국가가 환율안정을 위해 자국의 화폐가치를 달러에 연동하는 정책을 유지해 왔다는 점에서 1970년대 이후의 시기를 신브레튼우즈 체제라고도 한다. 자유무역질서 역시 교역량이 확대될수록 각국에 가해지는 경제적·정치적 충격이 커진다는 점에서 붕괴의 씨앗을 품고 있었다(백창재, 2015). 또한 1970년대에 이르면 선진국들간의 경쟁이 심화된 것뿐만 아니라 동아시아 신흥공업국과 중남미 국가가 자유무역질서의 혜택을 받아 급성장함으로써 제한적 자유무역질서의 유지가 어렵게 되었으며 보다 시장중심적 구조로 변화하게 된다. 1973년 시작한 도쿄라운드부터는 이미 충분히 인하된 관세가 아닌 비관세 무역장벽과 구조적 장애 제거에 초점을 두고 협상이 진행된다. 따라서 기존에 제한을 둔 자유무역의 규제를 풀고 보다 자유화하는 방향으로 국제무역질서를 이끌게 되었고 신자유주의 질서의 WTO 체제가 출범하기에 이른다. 그 이후 미국패권의 무역정책은 공격적 상호주의, 보호주의, 지역주의, 쌍무주의, 다자주의가 병행되는 기조로 변화되었다.

3. 신자유주의

ı 하이에크(Friedrich A. Hayek)

정치경제 질서에서 국가와 시장의 관계는 서로 번갈아 가면서 우위를 점했는데 1970년대 이후에는 다시 시장의 원리가 강조되기 시작했다. 그 이전까지는 혼합경제가 각국 및 세계경제의 호황을 이끌어내고 있었다. 시장의 흐름을 거스를 수도, 막을 수도, 무시해서도 안 된다며 분배보다는 개인주의, 시장, 자유에 역점을 두었던 프리드만, 하이에크 등의 사상은 큰 관심을 끌지 못했다. 그러나 1970년대의 경기침체, 생산성 하락은 기존의 케인즈주의 개입주의에 대한 비판적 시각을 가능하게 했다. 석유파동으로 세계는 스태그 플래이션에 시달리게 되었다. 물가상승과 인플레가 극성을 부렸으며, 실업률도 올라가고 있었다. 케인즈주의적인 거시정책이 효과를 거두지 못하자 고전주의적인 비판이 더욱 거세게 등장하기 시작했다. 이러한 추이를 반영해 1974년 하이에크는 드디어 노벨경제학상을 수여받았으며, 세계는 그의 사상에 관심을 기울이기 시작했다. 영국과 미국에서는 각각 대처수상과 레이건 대통령이 국가의 수장이 되면서 새로운 방향으로 경제위기를 풀어가고자 했다. 레이건은 통화가치 안정화, 규제완화, 세율인하 그리고 재정지출 축소를 강조했다. 대처 수상 역시 규제완화, 재정지출 감소, 감세 정책의 방향으로 나아갔다.

신자유주의는 고전적 자유주의에 그 사상적 근원을 두고 있다. 신자유주의는 개인의 자유와 효율성을 최대의 가치로 삼고 시장의 기제를 확산시키는 것을 기본 목표로 하는 이데올로기이다. 20세기 후반 신자유주의 질서의 기본적 원리는 탈규제, 민영화를 통한 국가의 개입축소와 자유시장경제 확립에 대한 강조이다.

이 시기 국제통화질서는 금융세계화에 따른 국제금융시장의 성장, 국제적 자본이동의 증가, 그리고 변동환율제를 그 특징으로 한다. 무엇보다도 주요국에서의 금융규제 완화 및 기술발전으로 금융거래가 급격히 확대되었고 또한 국제자본이동도 폭발적으로 증가해 금융시장 통합이 촉진되었다. 국제통화제도가 고정환율제도에서 변동환율제도로 전환된 것도 금융시장 발전에 큰 기여를 하였다. 환율변동에 따른 위험을 방지하고자 다양한 금융상품이 서로 출현하면서 금융시장의 규모 확대와 더불어 깊이도 심화되었다.

국제무역질서는 공산품뿐만 아니라 서비스, 농업, 투자, 지적재산권에 이르기까지 모든 영역에서의 자유무역을 심화하는 방향으로 변화했다. 공정무역(fair trade)과 평등한 경쟁구조(level playing field)에 초점을 두고 국제무역질서가 재편되었다. 이는 제한적 자유주의가 붕괴되고 시장중심적 질서로 변화된 것을 의미한다. 이 시기 공격적 상호주의 등 보호무역이 증대한 것처럼 보이기도 하는데 이는 공정무역을 실현하겠다는 조치였다. 더불어 다자적 자유무역체제(WTO), 지역주의 증대가 이 시기 무역질서의 핵심적 특징이다. 1994년 WTO 체제가 확립된 이후 세계무역분쟁조정, 관세인하 요구, 반덤핑규제 등 막강한 법적 권한과 구속력이 행사되기 시작했다. 경쟁기회의 평등을 위해 무역과 연관된 각국의 국내정책들까지 규제하게 되었다는 점에서 각국의 자율성이 축소되었다고 볼 수 있다. 각국의 발전수준이나 국내 경제적·정치적 목적에 따른 자율성이 침해된 것이므로 국제무역에 있어 시장의 논리가 보다 강화된 것이다.

신자유주의는 국가의 개입이 최소화되고 개인의 자유가 중심이 된 사회체제를 지향하는 사상이다. 1970년대 초 선진자본주의 경제체제의 위기 이후 사회민주주의에 대한 정당성이 약화되었다. 복지국가는 국가 재정의 적자가 누적되고 경제성장이 둔화되면서 위기를 맞이하게 된다. 신자유주의는 복지국가의 공공부채와 재정적자를 줄이기 위해서는 증세가 아닌 공공지출의 축소가 선행되어야 한다고 강조했다. 시장의 경쟁력을 높이기 위해 사회보장제도를 축소하며 국영기업을 민영화하는 등 국가개입을 줄여야 한다고 강조했다. 신자유주의의 이념은 대처 정부와 레이건 행정부를 통해 역사적으로 실험되었다. 대처 정부는 국영기업의 민영화, 복지국가의 해체, 노조에 대한 강경한 대처, 산업보조금 철폐, 탈규제를 실시했다. 대처리즘은 통화주의로 복귀해 통화의 공급과 수요는 시장에 맡겨야 한다고 주장했다. 케인즈주의의 결과 인플레와 실업이 동시에 나타나는 스태그플레이션을 가져왔음을 신자유주의자들이 비판한 것이다

레이건 행정부의 기본적 경제정책의 방향은 공급중시 경제학이었다. 지속적인 경제성장을 위해서는 생산요소의 지속적 공급이 필요하다는 것이다. 국가의 역할을 줄이기 위해 자본주의 경제의 공급요소인 투자, 노동, 저축을 막아오던 규제를 풀어

줄 것을 강조했다. 공급을 원활히 하기 위해서 세금을 감하며 기업규제를 풀었다. 레이거노믹스는 포괄적 세율인하, 국방비를 제외한 공공지출의 감소, 정부규제완화를 그 기본내용으로 하고 있다. 유효수효 자극과 신용창출은 화폐공급을 증대시키며 특히 세금에 의하지 않은 정부지출은 차입 및 화폐발행에 의해 조달되어 지속적인 인플레의 원인이 되었다고 하면서 정부의 재정적 수입이 뒷받침되는 한도 내에서 지출을 하도록 강요해야 한다고 강조했다. 미국과 영국의 신자유주의의 실험은 고전적 자유주의와 달리 작은 정부, 강한 국가에 의해 실행되었다(임혜란, 2015).

신자유주의의 등장 원인을 요약하면 다음과 같다. 첫째, 케인즈주의 복지국가의 생산성이 둔화되고 이윤율이 하락하면서 비효율성이 증가하였다. 둘째, 미국패권의 상대적 하락과 연관된다. 미국은 신흥공업국의 등장뿐만 아니라 선진국인 일본과의 무역적자폭이 심각하게 악화되면서 이러한 문제가 국가의 개입에 의한 불공정무역 때문이라고 생각했다. 따라서 미국은 국가개입이 허용된 기존의 제한적 자유주의 질서를 기피하였으며 시장중심적 국제무역 및 금융구조로 변화하게 된 기폭제가 되었다. 또한 미국이 제조업에서 누리던 자유무역의 경쟁력이 상실되면서 무역자유화의 범위를 농업과 서비스업을 포함한 다른 영역으로까지 확대하게 된 것이다. 셋째, 세계경제의 글로벌화가 가속화됨으로써 다국적기업의 생산세계화와 투자가 확대되면서 자유화에 대한 요구가 증대되었다. 마지막으로 국가보다 시장에 대한 신뢰가 증대함으로써 시장우위성에 대한 이념이 확산되었다.

그러나 신자유주의는 금융세계화 시대 금융위기 가능성을 보다 증가시키는 등 사회불안정을 증대시켰으며, 소득불평등과 양극화라는 문제를 악화시켰다. 미국발 금융위기 이후 신자유주의 패러다임에 대한 국제사회적 신뢰가 하락하였으며 워싱턴 컨센서스에 대한 설득력이 사실상 떨어졌다고 볼 수 있다. 미국발 금융위기는 그동안 평화로운 굴기로 인식되었던 중국의 부상이 국제정치적 패권전이의 신호탄을 알리는 전환점으로 인식되었다. 또한 시장보다 국가의 역할이 부각되는 상황을 재등장시켰다.

신자유주의 시대의 국제무역질서는 WTO 자유무역질서와 보호주의가 병행되어 있으며 국제통화질서는 미국달러본위제와 자유변동환율제이다. 신자유주의 시대는 미국 패권에 의해 유지되었다. 그러나 패권이 영국에서 미국으로 이전되었을 때 자유주의 질서는 자유무역과 국제통화질서의 안정을 위해 진화되었으나, 신자유주의에 이르러 더 이상 안정적인 통화질서와 자유무역은 패권국에 의해 제공되지 못했다. 패권국의 존재 자체는 공공재를 제공한다고 기대되지만 패권국의 국내외 도전이 증가될수록 불균형의 조정비용을 다른 국가들이 감당해야 하는 경우가 많아지며, 심하면 위기로의 전환이 패권국에 의해 가속화되는 경우도 있다. 그런 상황에서 터진 미국발 금융위기는 미국패권에 대한 심각한 우려를 야기했으며 G2로서의 중국 역할의 필요성을 증가시켰다.

4. 포스트 신자유주의

최근 미중 간의 무역전쟁이 확산되면서 미국 트럼프의 힘의 외교가 팽배해지고 있다. 미국과 중국의 무역전쟁은 양국간 무역불균형에 의한 것뿐만 아니라 근래 들어 양국의 세계정치 및 세계경제에서 차지하는 위상이 달라졌기 때문에 발생하고 있는 것이다. 미국과 중국의 패권경쟁은 보다 구조적 원인에서 시작되고 있어 단기간에 끝날 양상이 아니다. 세계는 바야흐로 양극화, 저성장으로부터 벗어나기 위해 보호주의, 반이민주의, 일방주의, 자국우선주의 경제민족주의 시대로 흘러가고 있다. 이러한 현상에서 볼 수 있듯이 국가의 역할이 어떻게 변모해갈지 앞으로의 추이를 살펴볼 필요가 있다. 사실상 미국발 금융위기 이후 위기 원인에 대한 다양한 논의가 진행되었다. 가장 주목할 만한 원인으로 금융규제완화가 관리감독과 병행되지 못한 것임이 지적된 바 있다. 금융자유화와 규제완화로 인한 문제가 글로벌 경제위기로 표출되면서 관리감독 강화라는 국가의 재규제의 필요성을 인지한 것이다. 또한 최근 미국과 중국의 무역분쟁과 미국의 힘의 외교의 실천이 보다 현실화됨에 따라 강한 국가의 역할이 다시 등장하고 있음을 알 수 있다.

미국과 중국 간의 패권경쟁으로 표면화되고 있는 포스트 신자유주의는 기본적으로 글로벌 경제위기가 발생하면서 신자유주의에 대한 반발로 나타난 것이다. 신자유주의의 사상은 규제완화, 시장개방, 자본자유화 등을 핵심내용으로 하는 워싱턴 컨센서스를 잘 대변하고 있다. 그러나 신자유주의는 소득불평등 악화, 글로벌 불균형 심화, 금융위기 빈발로 인한 사회불안정 확대 등과 같은 심각한 문제를 야기했다. 따라서 포스트 신자유주의는 워싱턴 컨센서스를 부정하는 내용들을 기본 사상으로 하고 있다. 즉 국가의 역할 증대, 소득 불평등 해소, 경제민족주의 등을 근간으로 하고 있다.

그런데 하나 주의할 점은 과거의 정치경제 질서와는 달리 포스트 신자유주의 시기에는 정치경제 질서의 보편적 특징이 훨씬 모호하게 나타나고 있다는 것이다. 예를 들어 정부의 재정지출이 증대하고 있는데, 이와 같은 정부 역할 확대가 복지국가 기능의 확대가 아니라 주로 위기관리 차원에서 진행되고 있다. 또한 소득불평등에 따른 불만을 해소하기 위해 과거와 같은 사회정책을 동원하는 것이 아니라 반이민정책과 같은 국수주의 정책을 도입하고 있다. 이러한 현상은 국가와 시장간의 관계로 대변하는 정치경제 질서의 특징이 상당히 변모하고 있음을 보여주고 있다.

포스트 신자유주의 시기 국제통화질서 및 국제무역질서도 과거에 비해 복합적인 모습을 보일 것으로 판단된다. 우선 국제통화질서는 금융세계화에 대한 반작용, 국제자본이동에 대한 규제강화 등과 같이 자본자유화 기조가 다소 후퇴할 것으로 보인다. 그럼에도 불구하고 세계경제의 지속적 성장, 신흥국 및 개도국의 금융발전 등으로 전 세계적인 금융거래는 꾸준히 증가할 것으로 예상된다. 한편 환율제도와 관련해서는 일부 국가에서 변화가 있을지라도 국제통화제도는 이전의 변동환율제 체제에서 큰 변화가 없을 것이다.

국제무역질서는 전체적으로 보호주의가 강화되면서 무역분쟁이 확대될 것이고 무역자유화를 증대시키기 위한 노력은 지지부진할 것으로 보인다. 신자유주의 시기에도 보호주의 및 무역분쟁이 있었으나 이와 동시에 지역무역협정을 통해 무역자유화를 확대하려는 노력이 지속되었다. 그러나 포스트 신자유주의 시기에는 다자주의 협정을 기대하기 어렵고 지역무역협정의 확산노력도 이전에 비해 약화될 것으로 보인다.

포스트 신자유주의 시기의 가장 큰 우려는 불확실성이 증대하고 있는데 과거와 달리 정치경제 질서를 안정시키려는 동인이 취약하다는 것이다. 미·중간의 패권경쟁은 사사건건 갈등을 촉발시켜 전 세계적인 정치경제 질서를 더욱 불안하게 만들 가능성이 크다. 더욱이 각국 내에서 갈등의 가장 큰 요인인 양극화 문제를 외국인의 유입 때문이라고 주장하는 극단적 국수주의자들이 득세하면서 사회적 합의를 통한 문제해결 방식이 더욱 어렵게 되었다. 정치경제의 핵심문제가 국가와 시장 간의 갈등으로 나타나기보다 다양한 새로운 요인 때문에 발생함으로써 국가와 시장의 조화를 통한 해결이 더욱 어렵게 된 것이다.

제4절 21세기 새로운 도전과제

21세기 정치경제 질서에 대한 새로운 도전을 파악하기 위해서는 20세기 중후반부터 가속화되었던 메가트렌드인 세계화, 정보화, 민주화의 영향을 살펴볼 필요가 있다. 20세기 정치경제질서는 시장과 국가의 시계추가 서로 반등하는 추세를 보여줬다. 경제체제와 정치체제의 관점에서 보면 자본주의와 민주주의의 상호작용으로 볼 수도 있을 것이다. 이 두 체제는 다양한 형태로 상호 공존해 왔지만 개별국가 차원에서는 효율성이 강조되기도, 또는 형평성이 강조되기도 하는 형태로 공존했다. 중국식 자본주의가 부상하면서 국가중심 자본주의 체제의 우월성이 또 다른 정치경제의 모델로 부상하기도 했다. 시장과 국가의 관계는 장기적인 메가트렌드의 변화에 따라 크게 달라질 수 있다.

1. 세계화와 국가

세계화는 인간의 조직 및 활동의 공간적 형태가 국가나 지역의 경계를 넘어서서 경제뿐만 아니라, 정치, 문화, 환경, 군사 등 매우 광범위한 영역에서 다양한 속도로 전개되는 것을 말한다. 경제영역에서의 세계화란 생산요소, 즉 노동, 자본, 기술, 정보의 자유로운 이동으로 정의된다. 경제세계화는 '시장'의 확산을 의미한다. 메가트렌드 현상인 세계화는 국가와 시장의 시계 추의 변화과정에서 '시장'의 원리가 보다 확장될 수 있도록 한 것이다. 세계화는 개별국가에 긍정적, 부정적 측면이 영향을 미친다. 긍정적 측면으로 논의되는 이슈는 자유화와 개방화를 통해 시장의 효율성 확대, 정보확산을 통한 민주주의 가능성 등이다. 부정적 측면으로는 무한경쟁과 상호의존 증대에 따른 취약성의 증대, 불평등 사회의 확산, 국가 자율성의 훼손 등을 지적할 수 있다.

세계는 영토주권국가로 구성되어 있다. 국제법은 국가들의 공존을 전제로 하며 모든 국가는 평등하고 문제해결을 위해 무력사용을 인정하는 등 국가의 자유와 자율성을 보장한다. 그러나 세계화는 국가들의 자율성과 독립을 침해한다. 국가의 경계와 배타적 주권은 세계화의 확산에 따라 약화된다. 글로벌 정치의 등장으로 국가 경계가 허물어져 국가 이외의 행위자인 국제레짐, 국제 시민사회, 다국적기업 등의 역할이 중요하게 된다. 세계화는 각 국가들의 운명의 궤도가 엉켜 있는 '중첩된 운명공동체'의 정체성을 가져온다. 중첩된 운명공동체라는 개념은 더 이상 개별국가의 범위 내에 있지 못하며 교차되는 충성심이 공존하여 기존의 국민국가의 정체성을 위협한다.

세계화가 가속화됨에 따라 시장이 팽창하고 국가가 쇠퇴할 것으로 예견되었다. 그러나 이는 적절한 예측이었다고 하기 어렵다(Weiss, 1997). 다국적 기업의 국적(nationality)의 중요성 역시 줄어들 것이라는 점도 현실을 정확히 반영한 논의는 아니다. 특정 국가의 역사, 제도, 이념적 유산은 기업전략에 지속적으로 큰 영향을 미치고 있다(Pauly and Reich, 1997). 세계화가 되어도 개별국가의 영토성과 제도는 지속적으로 유지되며 이는 '자본주의의 다양성(varieties of capitalism)' 논의에서 예리하게 분석된 바 있다(Hall and Soskice, 2001). 세계화가 지속될수록 영미식 자본주의로의 수렴이 일어날 것이라는 견해와 달리 세계의 자본주의 체제는 제도적 다양성을 지속하고 있다.

세계화 시대 다국적 기업을 필두로 한 시장의 팽창은 가속화되고 있지만, 동시에 이에 맞선 국가의 규제 역시 지속된다. 특히 글로벌 금융위기 이후 글로벌 금융자본과 다국적기업을 규제하려는 국가들 간의 노력과 협력이 용이하지는 않지만 그래도 지속되고는 있다. 미국과 중국은 자국기업을 보호하기 위해 서로 경쟁하는 양상을 보이고 있다. 다국적기업 구글에 대한 유럽국가의 규제, 그리고 중국기업의 팽창에 대한 유럽국가의 비판은 다국적기업의 '국적'이 세계화시대에도 중요함을 보여주는 대목이다. 심지어 미국은 정부가 자국의 기술발전을 위해 중요한 역할을 해왔는데 이를 두고 '숨겨진 발전국가(hidden developmental state)'라고 명명하기도 한다(Block, 2008).

세계화로 인해 국가의 자율성이 훼손되는 경우 폐해를 가져올 수 있다. 동아시아 발전국가의 성장 이면에는 고정환율제하에서 자본이동 규제가 지속되어 국내자본의 독점과 정책금융을 통한 자원배분의 성공적 수행이 가능했다. 그러나 1980년대 금융세계화라는 환경속에 동아시아 국가들 역시 금융자유화의 물결에 동참하게 되었다. 한국은 관리감독이 병행되지 않은 자본시장 자유화를 통해 투기자본의 공격과 외환위기라는 결과를 맞이하기도 했다. 미국발 금융위기의 원인을 두고 규제되지 않은 시장의 실패, 또는 규제완화를 지속한 정부의 실패라고도 한다. 세계화가 시장의 확산에 따른 폐해를 가져올수록 이를 규제하려는 정부의 노력은 병행될 수밖에 없다. 간혹 정부실패가 보다 큰 폐해를 가져올 수도 있지만 정부실패를 계기로 보다 성숙된 정책변화를 기대해 볼 필요도 있다.

2. 정보화와 사회

정보화는 양날의 칼이라고 볼 수 있다. 정보화는 쌍방향 토론, 숙의, 공론장 등 의회민주주의의 한계를 보완할 수 있어 민주주의를 강화시킬 수 있다. 뿐만 아니라 이전의 중앙조직, 특정 기업 및 정부에 독점되어 있던 정보가 개인으로 확산됨에 따라 시장기능 확대 및 민주적 가능성(democratic potential)에 긍정적 영향을 미친다. 정보의 생산, 유통, 소비와 관련된 거래비용이 축소하여 개인은 보다 질좋은 많은 정보를 획득할 수 있으며 합리적 선택의 가능성을 높여준다. 정보화 사회란 정보의 가치가 높고 정보의 생산이 산업계의 중심이 되는 사회를 의미한다. 정보화 사회에서는 다양한 정보통신 매체를 통하여 쌍방향으로 자신의 의견을 표출하고 정보를 서로 공유할 수 있게 되면서 기업과 정치권력을 감시하는 것이 가능해졌다. 비민주적인 사회는 외부의 민주화된 세계에 대한 정보획득을 통해 내부의 정치권력을 비판할 수 있게 되었고 민주화의 시기를 앞당길 수도 있다. 또한 정보화 사회에서는 직접민주주의적 참여형태가 가능하게 되면서 대의민주주의에 대한 보완이 가능하다. 온라인에서의 정보유통과 의견표출, 그리고 참여독려 등을 통해 대의제의 한계를 비판하고 직접민주주의 형태의 참여를 증진시킬 수 있다. 컴퓨터 기기를 통한 대화는 쌍방향의 시공제약을 극복한 형태의 대화로 수평적, 탈중심적, 개방적 관계망 형성 그리고 능동적 시민들의 결사체와 공론장 형성을 가능하게 한다. 이를 통해 기존에 배제되었던 사회적 이슈들이 논의될 수 있어 민주주의의 긍정적 가능성에 도움을 준다. 이와 같은 직접민주주의 형태는 시장에서 소비자 권력을 증대시키기 위한 소비자행동과도 직결된다.

동시에 정보화는 감시의 가능성(surveillance potential), 즉 프라이버시 침해, 중앙으로부터의 통제 증대, 디지털 디바이드(digital divide), 중우정치, 정보화를 통한 정치의 희화화 등의 문제를 가져올 수 있다. 알고크라시, 필터버블 등 개인의 고정관념과 편견을 강화시킴으로써 오히려 민주주의를 약화시킬 수 있다. 필터버블은 인터넷 정보제공자가 맞춤형 정보를 이용자에게 제공해 이용자는 필터링된 정보만을 접하게 되는 현상을 지칭한다. 구글, 페이스북, 트위터들은 콘텐츠를 유통하는 플랫폼을 운영한다. 기업들은 개인이 좋아하며 자주 보는 것 위주로 보여주는 방법을 개발했다. 사용자가 좋아할 만한 콘텐츠 위주로 제공하는 방식이다. 자기가 좋아하는 뉴스, 보고 싶은 뉴스만 보면 결국 정치·사회적인 문제에서 고정관념과 편견을 강화하는 계기가 된다. 이렇게 되면 여론을 잘못 이해하게 될 뿐만 아니라, 전혀 잘못된 소식이 확산력을 가지게 되는 상황도 생긴다. 인터넷의 여론과 현실은 가짜뉴스(fake news)에 의해 오히려 문제가 커지게 된다. 필터버블은 민주주의의 오작동을 야기할 수 있다. 건강한 민주주의는 사실상 반대의견을 얼마나 많이 접하느냐에 달렸다는 견해를 주목할 필요가 있다. 이러한 형태의 부정적 측면은 시장에서 광고의 영향, 위기시 소문의 역할 등과도 관계가 있다. 광고의 원래 목적은 상품에 대한 정확한 정보를 주기 위한 것이나 이를 악용할 경우 시장은 교란되고 소비자는 피해를 입게 된다. 또한 위기의 핵심 기제로 언급되는 자기실현적 예상(self-fulfilling expectation)에서 볼 수 있듯이 근거없는 소문은 건실한 기업 및 국가도 붕괴시킬 수 있는 파괴력을 갖고 있다.

정보화가 긍정적, 부정적 결과를 가져올 수 있다는 논의는 사실상 정보화에 대한 기술결정론적 시각이라 할 수 있다. 정보화의 진전이 시장기능 향상과 민주적 가능성을 높일 수도 있으나, 동시에 정부의 감시기능의 강화, 시장쏠림현상 및 중우정치를 가져올 수 있다. 그러나 기술의 사회구성론적 관점에서 보면, 정보화는 어떤 세력의 이해관계에 따라 어떤 방식으로 추동되느냐에 의해 정보화가 시장 및 민주주의에 미치는 영향은 다를 수도 있다. 국가권력의 핵심적 행위자들은 정부간섭을 줄이고 시장기능을 향상시키기 위한 수단으로 또는 자신의 권력강화를 위한 수단으로 정보화를 활용할 수도 있다. 따라서 정보화가 양날의 칼일 수 있다는 사실에 착목하여 개인과 시민사회는 스스로의 권력화를 위해 보다 비판적 시각에서 기존권력을 감시하는 기제로 정보화를 활용할 필요가 있다.

3. 민주화와 자본주의

세계화와 정보화에 이은 중요한 메가트렌드 현상으로 민주화의 확산을 들 수 있다. 민주화는 영국과 미국을 시작으로 그리고 1945년 이후 제3세계의 국가에서까지 목도할 수 있듯이 세계적으로 확산된 현상이다. 물론 일부 국가들은 서구사회의 민주주의 기준에 비추어 볼 때 비민주주의 사회라 할 수 있다. 그러나 민주주의의 확산은 개별국가의 제도와 문화에 따라 발전속도 및 패턴이 다양하게 나타날 뿐 범세계적인 현상이라고 할 수 있다.

자본주의는 자유시장경제(LMEs), 조정시장경제(CMEs), 그리고 국가시장경제(SMEs) 등 다양한 형태를 유지하며 발전해 왔다. 같은 자본주의체제라 해도 주주의 이익을 극대화하려는 미국식 자본주의 모델이 있는가 하면, 이해관계자(노동자, 지역사회, 소비자 등)의 협력을 강조하는 독일식 모델이 있다. 또한 중국과 제3세계 국가, 특히 국가의 경제개입이 강력했던 나라들의 발전을 설명하기 위해 사용되는 국가자본주의(State Capitalism)도 있다. 이는 자유시장에서 후퇴하여 계획경제로 복귀하자는 것이 아닌, 시장을 목적에 맞게 활용하자는 의도의 모델이다. 중국은 국가자본주의를 자유시장 모델로 나아가는 중간지점이 아닌 '지속가능한 대안적 모델'로 간주하고 있다.

민주주의 역시 다알(Dahl)의 다두체제(Polyarchy), 즉 절차적 의미의 민주주의인 정치적 민주주의, 헬드(Held)의 자율적 민주주의(Democratic Autonomy), 즉 사회적·경제적으로 평등한 실질적 의미의 민주주의로 나눠볼 수 있다. 이들이 내세우고 있는 민주주의의 가치인 자유와 평등 가운데 어떤 가치에 더 방점을 둬 왔느냐 하는 질문은 개별국가의 역사적 유산과 제도의 특징에 따라 서루 다르다. 이 둘 사이에서 어느 가치에 더 치중할 것이며 어떤 방식으로 균형을 잡을지는 한국뿐만 아니라 모든 민주주의 체제의 영원한 숙제이다.

역사적으로 민주주의와 자본주의는 국가마다 다양한 형태의 조합으로 병행되어왔다. 민주주의는 1인 1표라는 평등의 원리를, 자본주의는 1$ 1표라는 불평등의 원리에 기반을 둔다. 이처럼 민주주의와 자본주의는 서로 다른 원리와 작동방식을 지향하지만 역사적으로 다양한 형태의 결합으로 병행해 왔다. 부르주아 민주주의는 영국의 시민혁명과 프랑스 혁명시기 귀족계급에 대항한 부르주아 계급이 시민혁명으로 확대됨으로써 민주주의의 기반을 마련한 경우이다. 자본가 집단의 경제적·정치적 이해가 반영된 형태의 민주주의라고 할 수도 있다. 사회 민주주의는 프롤레타리아에 의한 폭력혁명 대신 의회 민주주의적 방법으로 사회주의를 실현하려는 형태이다. 사회 민주주의는 정치적 민주주의가 이념적으로 확대 발전된 형태로 노동계급의 사회적·경제적 평등의 실현을 목적으로 한다. 이는 자본주의 체제의 자본가 계급뿐만 아니라 노동자 계급의 경제적 평등을 실현하기 위한 민주주의 형태이다. 이처럼 민주주의와 자본주의는 원리상 평등과 불평등의 지향점을 갖고 있는 상충적인 체제이나 역사적으로 개별국가의 발전과정에서 다양한 형태로 절충, 병행되어 왔다.

자본주의와 민주주의는 각각의 지향하는 목표와 작동방식에 따라 서로 다른 다양한 형태의 체제로 나타날 수 있다. 자본주의와 민주주의는 과연 얼마나 잘 맞는 짝인가? 이 두 체제의 공통적 특징은 경쟁의 원리가 존재한다는 점이다. 민주주의 정치에서는 '선거의 경쟁'을 통해, 자본주의 경제질서에서는 '시장의 경쟁'을 통해서 그러했다. 그러나 이 두 체제의 갈등지점은 민주주의가 평등의 원칙을, 자본주의가 불평등의 원칙을 기반으로 하고 있다는 점이다. 시장과 국가가 상호작용함으로써 때로는 시장의 양극화와 혼란, 그리고 민주주의의 위기를 가져오기도 했다. 그러나 그러한 위기를 극복하기 위한 보다 적극적인 방책은 자율적 '정치'의 역할을 통해서이며 그런 점에서 국가의 역할은 여전히 중요할 것이다.

참고문헌

- 길핀. R. 1990. "「정치경제의 속성」. 제 1장 『국제관계의 정치경제학』 서울: 인간사랑.
- 임혁백. 1994. 『시장·국가·민주주의』 서울: 사회비평사.
- 임혜란 1998. "정치경제의 최근 연구동향," 『한국정치학회소식』. 한국정치학회. 1998. 12
- 임혜란. 2008. "동아시아 발전의 정치경제," 『정치학 이해의 길잡이』 2008, 3 한국정치학회 법문사
- 임혜란. 2015. "신자유주의 세계화 30년의 부침," 『20세기의 유산 21세기의 진로』 백창재 편 서울: 사회평론 아카데미.
- 안청시·정진영. 2000. 「현대 정치경제학의 연구대상과 주요 이론들」. 『현대 정치경제학의 주요 이론가들』 서울: 아카넷.
- 조홍식. 2015. "현대세계의 형성: 자본주의의 세계화," 백창재 편 『20세기의 유산 21세기의 진로』 백창재 편 서울: 사회평론 아카데미.
- 백창재 편 2015. 『20세기의 유산 21세기의 진로』 서울: 사회평론 아카데미.

- Amsden, Alice H. 1989. Asia's Next Giant: South Korea and Late Industrialization. Oxford University Press.
- Bates, Robert ed. 1988. "Governments and Agricultural Markets in Africa," *Toward a Political Economy of Development: A Rational Choice Perspective.* University of California Press.
- Block, Fred. 1990. "Political Choice and the Multiple "Logic" of Capital," Sharon Zukin and Paul Dimaggio, eds. *Structures of Capital.* Cambridge: Cambridge University Press.
- Block, Fred. 2008. "Swimming against the Current: The Rise of a Hidden Developmental State in the United States," *Politics & society.* 36(2)
- Chang, Ha-Joon. 1998. "South Korea: The Misunderstood Crisis," *World Development.* V.26, No.8.
- Chang, Ha-Joon 2004. *Globalization, Economic Development and the Role*

of the State. London: Zed Books Ltd.
- Evans, Peter. 1995. *Embedded Autonomy: States and Industrial Transformation.* Princeton: Princeton Univ. Press.
- Gilpin, Robert. 2000. *The Challenge of Global Capitalism.* Princeton, New Jersey: Princeton University Press.
- Gilpin, Robert. 2001. *Global Political Economy.* Princeton and Oxford: Princeton University Press.
- Hall, Peter and David Soskice. 2001. *Varieties of Capitalism: The Institutional Foundations of Comparative Advantage.* Oxford: Oxford University Press.
- Johnson, Chalmers. 1987. "Political Institutions and Economic Performance: The government-Business Relationship in Japan, South Korea, and Taiwan," edited by Frederic C. Deyo, *The Political Economy of the New Asian Industrialism.* Cornell University.
- Krueger, Anne. 1990. "Government Failure in Development," *Journal of Economic Perspectives* 4, Summer.
- Lim, Haeran. 1998. *Korea's Growth and Industrial Transformation.* Great Britain: Macmillan Press. Ltd.
- Lim, Haeran. 2010. "Transformation of Developmental States and Economic Reform in Korea," *Journal of Contemporary Asia*, 40(2) May.
- Onis, Ziya 1991. "The Logic of the Developmental State", *Comparative Politics,* V. 24, October.
- Pauly, Louis W. and Simon Reich. 1997. "National Structures and Multinational Corporate Behavior: Enduring Differences in the Age of Globalization," International Organization 51(1) Winter.
- Polanyi, Karl. 1957. *The Great Transformation: The Political and Economic Origins of Our Time.* New York: Farrar and Rinehart, ins.
- Ross, Marc Howard. 1997. "Culture and Identity in Comparative Political Analysis," Mark Irving Lichbach and Alan S. Zuckerman eds. *Comparative Politics: Rationality, Culture, and Structure.* Cambridge University Press.
- Ruggie, John. 1982. "International Regimes, Transactions, and Change: Embedded Liberalism in the Postwar Economic Order." *International*

Organization 36(2).

- Thelen, Kathleen and Sven Steinmo. 1992. "Historical Institutionalism in Comparative Politics," in Sven Steinmo, Kathleen Thelen, and Frank Longstreth, eds. *Structuring Politics: Historical Institutionalism in Comparative Analysis*. New York: Cambridge University Press.
- Tufte, E. 1978. *Political Control of the Economy*. Princeton: princeton University Press.
- Wade, Robert. 1990. *Governing the Market: Economic Theory and the Role of Government in East Asian Industrialization* Princeton, New Jersey: Princeton University Press.
- Weiss, Linda 1997. "The Myth of the Powerless State," *The Myth of the Powerless State*. Ithaca and New York: Cornell Univ. Press.
- World Bank. 1993. *The East Asian Miracle: Economic Growth and Public Policy*. Oxford University Press.

09

정치변동: 민주화와 사회운동의 동학

Understanding Politics

정치변동: 민주화와 사회운동의 동학

정치변동은 국가 형성, 혁명, 근대화, 민주주의의 발전, 민족주의 운동이나 사회운동 등 매우 다양한 정치적 변화들을 포괄한다. 근대 국민국가의 형성처럼 장기적인 변화도 있고, 쿠데타처럼 비교적 짧은 기간에 종료되는 사례들도 있다. 상대적으로 단기적인 변동들은 보다 거대한 변화의 일부로 이해되기도 한다. 이처럼 다양한 정치변동들에 관한 설명은 구조적 변수를 강조하는 시각과 행위자의 의지, 이념, 전략을 강조하는 시각으로 대별할 수 있다. 즉, 우리는 정치변동을 보통 사회경제적 변화, 계급관계나 국제관계의 변화 등 구조적, 역사적 원인들과 관련지어 설명하거나, 이와 달리 정치행위자들의 판단과 선택이라는 변수를 더 중시하기도 한다. 비교적 단기간에 종결되는 정치적 변화에서는 이러한 행위자 변수가 상대적으로 더 부각된다. 그러나 구조와 행위자 중 어느 특정한 변인에 귀착시켜 정치변동을 설명하는 것은 지나친 단순화를 초래할 우려가 있기 때문에 구조적 맥락과 행위자들의 선택을 연결하는 기제(mechanism)와 과정(process)을 잘 설명하는 것이 중요하다.

제1절 민주주의의 발전

민주주의의 성립과 존속, 그리고 그 질적 심화 문제는 정치발전 연구에서 핵심적 위치를 차지하여 왔다. 특히 1970년대 중반 이후 남유럽, 라틴 아메리카, 동아시아 등에서 확산된 민주화(democratization)의 '제3의 물결'과 구소련 및 동구 지역에서의 체제 전환은 이러한 관심을 더욱 증대시켰다. 일군의 학자들은 이러한 민주화의 흐름이 근대화 수준이나 대외적 종속 여부 등과 일률적, 단선적 관계를 맺고 있지 못하다는 사실에 주목하고 민주화에 관한 대안적 접근을 모색하였다(O'Donnell, Schmitter, Whitehead, 1986; Przeworski, 1991; 임혁백, 1994).

1. 민주주의의 정의

'민주화'는 말 그대로 민주주의가 아닌 것으로부터 민주주의로 전환되는 것이므로 그 지향점인 민주주의를 어떻게 정의할 것인가의 문제가 제기될 수밖에 없는데, 비교 민주화 이행론자들은 민주주의에 대한 다양한 정의 중에서 이른바 최소강령적(minimalist) 정의를 수용한다. 일반적으로 민주주의의 '최소한의 절차적 요건'(procedural minimum)으로는 다알(Dahl, 1971: 3)이 제시한 ① 선출된 공직자, ② 자유 공정 선거, ③ 포괄적 투표권, ④ 공직 출마권, ⑤ 표현의 자유, ⑥ 대안적 정보, ⑦ 결사체의 자율성 등이 열거된다.

이러한 의미의 민주주의는 높은 수준의 사회경제적 평등을 실현한 실질적(substantive) 민주주의가 아니다. 또한 그것은 투표 참가 이상의 '높은 수준'의 참여라는 요건을 충족시키는 참여민주주의에도 도달하지 못한 것이다. 그것은 주로 정치 참여와 선거경쟁의 권리 및 자유만을 보장하는 형식적(formal) 민주주의를 의미하는 바, 베버(Max Weber), 슘페터(Joseph Schumpeter) 등의 '경쟁적 엘리트 민주주의론'의 보수주의적 견해를 반영하고 있다고 비판되어 왔다. 막스 베버에 따르면, 근대 내의 민주주의하에서 유권자들은 정책에 대한 분별력은 약하지만 정치 지도자를 선택할 수 있는 능력은 보유하고 있다. 이런 조건하에서 민주주의란 엘리트들간의 선거경쟁 속에서 보다 유능한 지도자가 발견되는 제도적 장치일 뿐이다. 마찬가지로 슘페터에게 있어서는 민주주의는 하나의 정치적 '방법'이며, 그 민주적 방법이란 인민들의 대표자들이 득표 경쟁을 통해 선출되어 정치적 결정권을 획득하는 제도적 장치를 의미한다. 이러한 시각에서 볼 때, 인민들의 역할이란 정부를 선출하거나 행정부 수반을 창출할 기구를 선출하는 일에 국한된다(Held, 143-185).

그러나 최소강령적 정의는 근대 대의민주주의가 지닌 현실적 한계를 반영한 것이기도 하다. 민주주의는 말 그대로 '인민의 지배'(demos + kratos)를 의미하지만, 고대 아테네에서와 같은 직접 민주주의가 더 이상 가능하지 않게 되면서부터, 특히 광활한 영토와 막대한 인구를 기반으로 하는 근대국가에서는, 인민들이 더 이상 스스로를 직접 지배하지 않고, 대표자를 선출하여 그들에게 인민의 권한을 위임함으로써 정치적 결정을 내리도록 하고 있다. 그리고 대표자 선출 방식으로는 민주적인 추첨방식이 아닌 선거방식이 지배적 양식으로 자리 잡았다. 그런데 선거방식은 세습제보다는 민주적이지만 특별한 재능을 가진 자를 뽑는다는 의미에서는 엘리트주의적 속성을 지닌다.

이러한 대의제하에서 인민의 지배가 실현되기 위해서는 인민이 자유로운 선택에 의하여 자신들의 대표자를 뽑을 수 있고 또 그 대표자들로 하여금 인민의 의사와 선호에 충실히 복무하도록 만들 수 있어야 한다. 그러나 인민이 사전에 또는 사후적으로 모든 정보를 완벽하게 가질 수 없고, 선출된 정치인들에게 상당한 재량권이 주어지기 때문에 정치인들이 모든 면에서 책임성 있게 행동한다는 보장은 없다. 따라서 근대 대의제에서는 국가가 인민에 의해 항상 통제되거나 시민 다수의 희망에 항상 부응하는 정책을 펼치는 것은 아니다. 다만, 재선을 노리는 공직자들이 책임성 있게 행동하도록 유도되며, 그들이 선거에서 승리하기 위해서는 대다수 시민에 반하는 정책을 오랫동안 추구하기 어려울 따름이다. 즉, 근대 대의제에서는 주기적 선거를 통하여 시민들이 거부권을 행사한다는 소극적이고 사후적인 의미에서, 그리고 대의기관을 통한 간적접인 방식으로 정치체제의 책임성(accountability)이 확보될 뿐이다.

이런 점에서 참여와 선거경쟁을 중심으로 민주주의를 정의하는 것은 민주주의의 이상에 못 미친다고도 할 수 있지만, 보다 현실적이면서도 민주주의가 작동하기 위한 매우 중요한 조건을 오히려 강조하고 있는 것이다. 그리고 최소강령적 민주주의는 그 자체로서 결정의 합리성, 대표성, 책임성, 평등을 보장하는 것은 아니지만,

갈등을 폭력적 수단에 의해 해결하지 않는다는 매우 중요한 미덕을 지닌다. 또한, 절차적 민주주의는 정치적 결정 과정과 결과에서 권위주의에서와는 다른 중요한 차이를 가져올 뿐 아니라, 참여민주주의 또는 사회민주주의도 가능케 하는 조건이라는 면에서, 그 불완전성을 이유로 부정되기보다는 양질의 민주주의를 향한 출발점으로 이해된다(Huber et al., 1997).

특히 근대 이후 점차 참정권이 확대되고 선거가 보편화됨에 따라, 오늘날에는 자유롭고 공정한 선거 경쟁이 제도화되었는가의 여부, 다시 말해 선거가 실질적 경쟁을 수반하는가의 여부가 민주주의와 민주주의가 아닌 것을 가르는 결정적인 기준이 되었다. 대부분의 독재하에서도 선거는 주기적으로 치러지지만 그러한 선거는 실질적 경쟁을 수반하지 않는다. 즉, 독재 체제하의 선거에서는 지배자가 특정한 결과를 가져오거나 적어도 자신에게 바람직하지 않다고 생각되는 결과가 일어나는 것을 막을 수 있다. 이에 반해 민주주의에서의 선거는 그 결과가 사전에 정해지지 않는다.

물론 민주적 경쟁이 이러한 불확실성을 내재하고 있다는 사실이 곧 민주주의하에서 정치세력들이 정치적 자원들을 균등하게 보유하고 있다는 것을 의미하지는 않는다. 또한 민주주의하에서 모든 일이 발생 가능하거나 어떠한 일도 예측 불가능한 것 역시 아니다. 정치세력들은 주어진 조건에서 각각 자신들의 정치적 자원들을 동원하여 경쟁에 참여한다. 그리고 그들은 특정한 제도 아래서 자신들의 정치적 자원을 동원할 때 그 결과에 대한 확률을 예측할 수 있다. 자원이 많을수록 승리 가능성은 높아진다. 그러나 그러한 예측은 제한적일 따름이며, 경쟁의 결과가 사전에 이미 확정되는 것은 아니다. 이렇게 민주적 경쟁의 본질적 특성을 그 결과에 있어서의 불확실성이라고 볼 때, 오늘날 민주화의 관건은 선거경쟁의 불확실성을 제도화하는 일이다.

민주적 경쟁의 불확실성은 정치세력들로부터 자발적 순응을 도출함으로써 민주주의를 지속시키는 기반이 된다. 왜냐하면, 이번 선거에서 패한 정치세력으로서는 동일한 제도에 의해 다음 선거에서 자신이 승리할 수도 있다는 기대를 할 수 있어야 이번 결과에 승복하려 할 것이기 때문이다. 또한 이러한 불확실성은 패배한 소수의 권리를 존중하는 '제한된 다수'의 지배로서의 '인민의 지배' 정신과도 맥을 같이 한다. 민주주의하에서는 한때 다수파에 속했던 자가 소수파가 될 수 있고, 그 반대의 경우도 가능해야 한다. 만일 소수파의 권리가 보호되지 않는다면, 그 소수파는 현재의 다수파의 지배에 순응하지 않게 될 것이고, 현재 다수파에 속한 유권자로서도 영원한 소수파가 될지도 모른다는 두려움 때문에 추후에 자신의 견해를 바꿀 자유를 상실하게 될 것인데, 그 궁극적 결과는 민주주의의 붕괴이다. 소수파가 새로운 경쟁을 통해 다수파가 될 수 있는 가능성이 열려 있을 때, 그 민주주의는 지속될 수 있다(Przeworski, 1991; Sartori, 1987: 21-35).

선거 경쟁과 결과에 대한 승복이 이처럼 강조되면 행위자, 정치 엘리트들의 행태나 전략적 선택이 민주화나 민주주의의 공고화에 가장 중요한 변인으로 부각될 가능성이 높아진다. 이와는 달리 19~20세기 초반까지의 민주화의 제1의 물결 시기만 해도 하층계급으로의 보통선거권 확대가 민주화의 가장 핵심적인 문제였다(Collier, 1999; Doorenspleet, 2000). 이런 상황에서는 사회계급이 민주화 과정의 주된 행위자였으며 계급구조의 변화를 초래하는 산업화나 사회경제적 변화야말로 민주화를 가능케 하는 가장 중요한 맥락으로 이해되었다.

우리가 어느 시대의, 어떠한 역사적 맥락에서의 민주화를 문제 삼느냐에 따라 민주주의에 대한 개념 규정과 주요 변인들에 대한 이해가 달라질 수 있는 것이다. 더구나 민주주의가 다양한 요소들(예를 들어, 시민적 자유, 책임성, 보통 선거권, 경쟁)로 구성된다는 점을 고려하면 한 체제의 민주성 여부에 관해 이분법적으로 분명하게 판단하기 어려울 수도 있다. 오히려 민주주의의 제반 구성 요소들이 동시에 발현되기 어렵다는 점을 감안하여 민주화 여부에 대해서 복합적 임계점을 설정하는 것도 하나의 방법이 될 수 있다(Ziblatt, 2006; Munck, 2001: 124-126). 민주주의에 대한 개념화 자체가 정치적 투쟁의 대상이고 역사적으로 부단히 변화해 온 점을 생각하면, 민주주의 개념을 둘러싼 논란은 앞으로도 지속될 것이다.

2. 민주화에 관한 구조적 전제조건론[1]

전통적으로 민주화를 설명해 온 이론들로는 근대화론, 종속이론, 그리고 거시적

1 이 절의 내용은 주로 임경훈(2008)을 발췌 정리한 것임.

비교역사분석 등이 있는데, 이들 모두는 구조결정론적, 전제조건론적 접근방식을 취하고 있다. 구조적 이론들은 사회경제적 발전 수준, 불평등 정도, 정치문화의 유형 및 성숙도, 계급구조의 성격(예를 들어, 토지소유 및 농업생산 양식)이나 변화, 대외적 정치경제 관계 등의 측면에서 일정한 전제조건들이 충족되어야 민주적 정치체제의 수립이 가능하다고 본다. 특히 서유럽 산업화 및 민주화 경험에 관한 정치경제학적 연구들은 사회세력, 특히 계급의 역할을 강조해 왔다. 이러한 경향은 자유주의 전통이나 맑시즘 전통 모두에 공통된 현상이다. 일례로 비교역사분석의 선구자인 무어(Barrington Moore)는 농업의 상업적 영농으로의 전환이 지주계급과 도시 상공계급의 연합을 가능케 하여 민주주의로 나아가는 시발점이 되었다고 주장하였다. 또한 그는 부르주아 계급을 자신들의 계급적 이익을 증진하기 위해서 봉건적 속박이나 절대주의적 지배를 극복하려 일관되게 투쟁한 세력으로 파악하여, "부르주아 없이 민주주의는 불가능하다"(No Bourgeoise, No Democracy)라는 유명한 명제를 남기기도 했다.

이와는 달리 루쉬마이어 등은 민주화 초기 단계에서의 부르주아의 역할을 인정하면서도 이후에 하층계급으로의 정치적 권리 확대에는 부르주아 계급이 반대하는 경우가 많았음을 지적한다. 그들에 따르면 일관되게 민주주의를 지지한 세력은 자본주의의 발전에 힘입어 수와 조직 면에서 강력해진 노동계급이다. 이처럼 비교역사분석가들이 민주화의 주도 세력이 어느 계급인가에 대해 서로 다른 평가를 내리기는 하지만 계급적 이해관계에서 정치변동의 기원을 찾는다는 점에서는 기본적으로 동일하다.

전제조건론적 접근의 또 다른 대표적 예는 정치발전 연구를 주도해 온 근대화론이다. 근대화론의 선구자 중 한 명인 립셋(Seymour M. Lipset, 1960)은 사회경제적 발전 수준과 민주주의 사이에 강한 긍정적 상관관계가 존재한다는 것을 통계적으로 보여주었다. 그런데 쉐보르스키와 리몬지(Adam Przeworski and Fernando Limongi, 1997: 155-183)의 지적처럼 이러한 상관관계에 대해서는 두 가지의 해석이 가능하다. 먼저, 근대화론자들의 주장처럼 사회경제적 발전이 진척됨에 따라 민주주의로 전환할 가능성이 높아진다는 인과적 설명이 제기될 수 있다. 이러한 가설은 산업화, 교육 수준 증가, 커뮤니케이션 발전, 시민사회 성숙, 중산층 증가와 같은 계급구조 변화, 그리고 탈이데올로기화 등의 요인들의 누적적 결과로서 민주화가 초래된다는 시각이다.

그러나 이와는 다르게, 민주주의의 성립 자체는 사회경제발전 수준과는 상관없이 이루어지지만, 일단 민주주의가 성립되면 빈곤한 사회보다는 풍요로운 사회에서 그 존속 가능성이 높아진다는 해석도 가능하다. 쉐보르스키와 리몬지의 통계분석에 따르면, 경제발전이 일정한 수준 －1인당 국민 소득 수준 미화 $6,000정도－ 에 이르기까지는 권위주의에서 민주주의로 전환될 가능성이 높아지지만, 그 수준 이상에서는 오히려 권위주의체제의 지속 가능성이 높아진다. 이러한 연구결과는 근대화론자들이 주장하는 첫 번째 해석을 부인하는 것이다.

사실 경험적으로 볼 때, 권위주의의 붕괴는 전쟁에서의 패배, 외국군의 점령, 독재자의 사망, 경제위기 등 사회경제적 발전 수준과는 직접적인 관계가 없이 발생하는 경우가 많았고, 나라들마다 매우 다른 배경에서 일어났다. 그리고 권위주의 독재하에서 근대화되는 경우에 대해서도 근대화론은 과연 어느 정도의 발전 수준에서 민주주의로의 전환이 이루어질 것인지를 구체적으로 적시하지 못하였다. 뿐만 아니라 근대화론은 권위주의 독재하에서 상당 기간 경제발전이 지속되어 근대화가 되면 민주주의로의 발전이 가능하므로 현재의 권위주의를 용인하는 것이 불가피하다는 해석으로 악용되기까지 하였다.

다른 한편, 쉐보르스키와 리몬지에 따르면, 소득 수준이 높아질수록 민주주의가 권위주의로 전환될 가능성, 즉 민주주의의 붕괴 가능성은 일관되게 낮아진다. 결론적으로, 민주주의는 사회경제적 조건과 상관없이 성립할 수 있지만, 풍요로운 나라들에서 그 존속 가능성이 높으며, 빈곤 국가들에서는 특히 경제위기 상황에서 붕괴할 가능성이 매우 높은 것으로 보인다.

마찬가지로, 일반적으로 생각되는 것처럼 경제위기의 발생이나 권위주의 체제의 정통성 하락 등의 요인들도 민주화를 설명하지는 못한다. 경제위기로 인해 권위주의 정권 내부의 지지세력이 이탈하거나 반체제 세력의 도전이 거세지더라도 권위주의 정권이 그 위기를 극복하거나, 민주주의보다는 새로운 독재가 기존의 권위주의를 대체할 가능성도 많다. 그리고 경제위기로 인해 권위주의 정권이 위기에 봉착한 경우도 많지만 한국의 경험에서와 같이 오히려 권위주의 정권이 경제적으로 매우 성공적이었을 때 민주화 이행이 일어날 수도 있다. 또한 권위주의 정권이 그 정당성의 위기로 인해 곧바로 붕괴되거나 민주화되는 것도 아니다. 권위주의를 대체할 실현 가능한 대안이 집단적으로 조직화되어 있지 못하다면, 정당성의 하락에도 불구하고 그 권위주의적 정권은 지속될 것이다.

결국, 구조결정론적 접근은 사회, 경제, 문화, 대외 관계 등의 측면들에서 비슷한 처지에 있는 나라들 중에서 유독 특정 국가들에서만 민주화가 일어난다든지, 여러 조건들이 민주주의 성립에 유리해졌음에도 불구하고 민주화가 일어나지 않는다든지 하는 현상을 설명하지 못한다. 게다가 구조결정론적 접근들에서 제시된 민주화의 전제조건(예를 들어, 시민문화의 성숙)이란 오히려 민주주의가 정착된 결과일 수 있다. 아울러 구조결정론적 시각에서는 객관적 여건이 성숙되기까지는 정치행위자들이 수동적 존재로 인식되기 때문에 민주화 전략과 관련하여 실천적 함의도 제시하지 못한다. 근대화론의 경우, 권위주의 독재하에서 상당 기간 경제발전이 지속되어 근대화가 되면 자연스럽게 민주주의로의 발전이 가능하므로 현재의 권위주의를 용인하는 것이 불가피하다는 해석으로 악용될 소지마저 있다. 그리고 권위주의의 위기가 다양한 구조적·객관적 요인들로 인해 발생할 수 있지만, 그것이 권위주의의 붕괴나 민주화 이행으로 곧바로 이어지지는 않는다. 객관적·구조적 조건들이 정치 행위 주체들에게 일정한 제약을 가하기는 하지만, 그것들은 어디까지나 행위자들의 전략 선택의 맥락으로만 작용할 뿐이라는 것이다.

이처럼 구조적 전제조건론이 많이 비판되기는 했지만, 민주화 이행 및 민주주의의 공고화와 관련하여 행위자 변수보다 구조적 변수들이 더 중요하다는 주장도 여전히 강력하다. 앞서 지적한 것처럼 노동계급의 정치참여 확대가 핵심 의제였던 제3의 물결 이전의 민주화 경험들을 설명하는 데 구조적 전제조건론은 큰 설명력을 지닐 수 있다. 근대화론의 타당성을 입증하는 한 연구는 쉐보르스키와 리몬지가 권위주의하에서 발전을 이루어 민주화된 사례가 적다는 점을 강조하지만 사실은 그런 경우에 해당하는 샘플의 사이즈가 매우 작기 때문에 그 통계결과를 과대평가해서는 안 된다고 주장한다. 이 연구는 19세기 이후 제2차 세계대전 이전까지의 경험들을 대거 포함시키면 근대화론이 타당성이 통계적으로 입증되는바, 그 주된 이유는 경제성장이 소득 불평등 정도를 줄임으로써 소득 재분배를 초래할 민주화에 대한 상층계급의 우려를 완화시키기 때문이라는 주장을 하고 있다(Boix and Stokes). 그리고 민주화 이후의 민주주의의 질과 양태가 사회경제적 구조, 정치제도, 문화 등의 맥락과 권위주의 시기로부터 물려받은 역사적 유산에 따라 많이 다르게 나타난다는 주장도 여전히 설득력을 갖고 있다.

3. 민주화에 관한 행위자 중심의 설명

비교 민주화 이행론자들은 구조나 객관적 전제조건이 아니라 이행과정의 주요 계기들에서 정치세력들이 선택하는 전략들과 그 상호작용이 이행의 정치적 동학과 민주화 달성 여부를 결정한다고 보고, 행위자 개체들의 합리적 선택을 중시하는 게임이론적 접근법을 이용하여 민주화 이행을 분석한다. 일종의 '게임'인 이행 과정의 주요 행위자로는 권위주의적 집권세력 내부의 강경파와 온건파(또는 개혁파), 체제 반대세력 내부의 급진파와 온건파가 상정된다. 이와 같은 4자 모델은 정치세력이 반드시 4분되어 있다는 것을 의미하지는 않는다. 행위자들을 이와 같이 분류하는 기준은 위험(risk)에 대한 행위자들의 민감도에 따른 것이다. 즉, 강경파나 급진파는 자신들이 선택한 전략이 가져올지 모를 위험을 기꺼이 감수하려는 성향을 지니는 행위자들인 반면 개혁파나 온건파는 위험회피 전략을 선호한다. 다음 그림에서 나타나듯이, 권위주의가 부식되면서부터 시작되는 이행의 유형과 결과는 이들 행위자들의 전략적 상호작용 속에서 다양하게 나타날 수 있고, 민주화는 이러한 '게임'의 '우연적 결과들'(contingent outcomes) 중의 하나일 뿐이다.

권위주의라는 일종의 균형(equilibrium) 상태는 정권 내부에 균열이 생기지 않고 권위주의적 정권이 압도적인 힘의 우위를 지니고 있는 한 계속 유지된다. 체제 반대세력이 실현 가능한 대안으로 조직화되어 정치세력들의 정치적 계산에 중요한 변화가 초래될 때 이행은 비로소 시작되는 것이다.

강력한 반대세력이 권위주의를 대체할 집단적 대안으로 현실화될 경우, 집권세력은 반대세력을 억압함으로써 권위주의 정권을 다시 안정화시킬지 또는 반대세력에게 제한적 양보를 함으로써 부분적 포섭을 시도할지를 선택해야 한다. 억압 정책이 실패할 경우의 위험에 상대적으로 둔감한 강경파가 득세한다면, 권위주의 정권은 억압 정책으로 대응할 것이다. 이 억압 정책이 성공한다면 그 결과는 이전 상태로의 복귀이지만, 억압정책이 실효를 못 거둘 경우에는 정권과 반대세력 간의 대치상

▌그림 1 민주화 게임

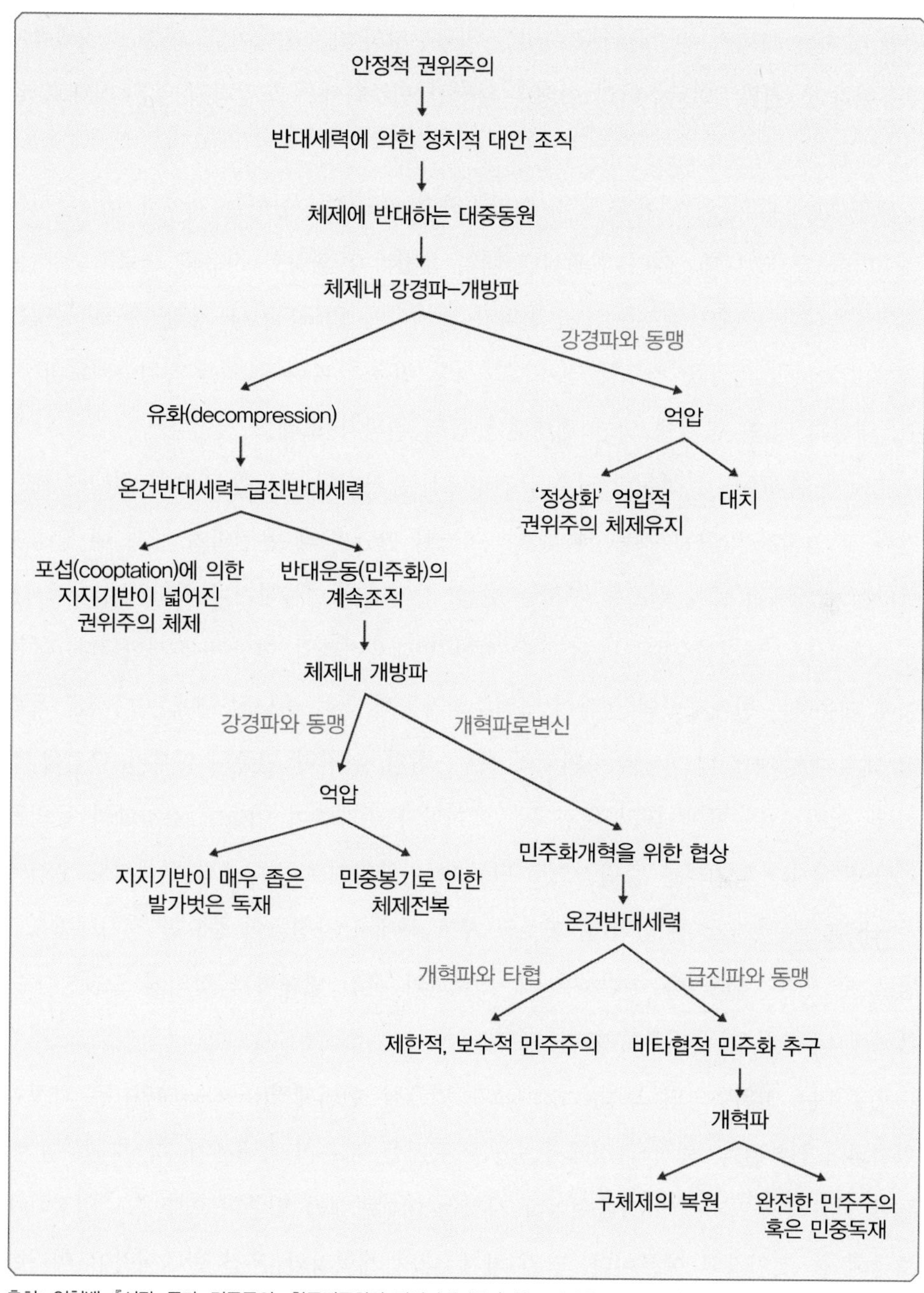

출처: 임혁백, 『시장, 국가, 민주주의: 한국민주화와 정치경제이론』(서울: 나남출판사, 1994), p. 263.

태가 지속되거나 폭력적으로 승패가 판가름 날 것이다.

이와 달리, 권위주의적 집권세력이 분열되고, 억압 정책의 실패가 가져올 위험에 보다 민감한 집권세력 내의 온건파가 주도권을 행사하는 경우에는 자유화(liberalization)

가 시도된다. 자유화 또는 개방(opening)은 제한적 범위 내에서 권위주의의 사회적 기반을 넓히고 사회적 긴장을 완화하려는 위로부터의 대응전략이다. 이를 반대세력이 수용한다면, 권위주의로부터의 이행은 완전한 민주화에는 도달하지 않은 상태로 일단 종결된다.

만일 반대세력들이 자유화 조치에 만족하지 않고 대중동원을 계속하면서 완전한 민주화를 요구한다면, 이는 집권세력 내의 온건파가 희망한 자유화 프로젝트가 실패했음을 의미한다. 기로에 선 온건파가 강경파에 압도되거나 강경파와의 동맹을 다시 강화하여 억압을 시도할 경우, 그 성공 여부에 따라 협소한 권위주의로의 복귀, 내전의 지속, 봉기에 의한 체제전복 등의 결과가 초래될 것이다.

그런데 권위주의로 복귀할 경우 온건파로서는 자신이 주도한 자유화 정책 실패로 인해 그 입지가 약화될 가능성이 높다. 이러한 판단 아래 온건파가 체제 내 강경파보다는 반대세력 중에 협조를 구하는 한편, 강경파를 설득하거나 압도하여 더욱 개혁지향적으로 변신할 경우, 민주화를 향한 반대세력과의 협상이 본격화된다. 물론 이에 대응하는 반대세력의 전략이 급진주의자들에 의해 주도될 때에는 다시금 폭력적 대결의 승패에 따라 권위주의로의 복귀, 혁명, 완전한 민주화 여부가 결정될 것이다. 이와 달리 체제 내의 독립적인 개혁파가 존재하여 이들이 강경파의 동의를 이끌어 내거나 강경파를 중립적으로 만들고, 마찬가지로 반대세력 내에서도 온건파가 급진파를 통제할 수 있어서, 민주적 제도 하에서 자신들이 중요한 정치세력으로 남을 수 있는 제도들을 수립하는 데 개혁파와 온건 반대파가 합의에 도달한다면, 폭력에 의하지 않는 민주화가 가능하다.

민주화는 권위주의의 퇴장(extrication)과 민주적 헌법제정(constitution)의 두 과정이 병행되어 진행된다. 퇴장 과정에서 중요한 문제는 기존의 집권세력, 특히 군부를 비롯한 억압적 국가기구의 자율성이나 사활적 이해관계를 민주화 이후에도 일정하게 보장해 줄 것인가의 여부이다. 만일 체제 내의 개혁파와 온건 반대세력이 이러한 합의에 도달한다면 이는 권위주의 세력에 의해 행해진 폭압에 대하여 면죄부를 주고, 향후에도 일정한 영역에 대해서는 민주적 경쟁이 유보되는 결과를 낳게 된다. 그러나 이와 같은 협약은 민주화 이행이라는 게임 자체를 일거에 전복시킬 수도 있는 세력으로부터 이행을 보호하기 위하여 불가피할 수도 있으며, 일정한 영역에서의 유보된 민주주의는 민주화 이후에 개선될 수도 있다. 이런 점에서도 이행 과정에서 정치행위자들이 발휘하는 정치적 기술(art)과 사려 깊은 판단(prudence)이 중요한 변수인 것이다. 권위주의가 퇴진하면서 새로운 헌법이 제정되고 민주적 규칙에 의해 첫 번째 선거 경쟁(founding election)과 그에 대한 정치세력들의 승복이 이루어지면 민주화 이행은 일단락된다.

지금까지 살펴본 바와 같이, 비교 민주화 이행론은 체제 이행에 대하여 전제조건론적이거나 목적론적 또는 단계론적으로 접근할 필요가 없다는 점을 강조한다. 민주화는 이행 국면의 일련의 계기들에서 나타나는 정치적 동학이 야기할 여러 가능한 경우 중에서 하나일 뿐이다. 그리고 민주화의 유형도 다양하여, 타협뿐만 아니라 내전 또는 봉기에 의해서도 일어날 수 있다. 다만, 다양한 이행 유형들은 사후에 이행의 결과에 일정한 영향을 미친다. 어떠한 경우에든 민주화란 자유로운 경쟁과 그 결과에 대한 승복이 제도화될 때 성립된다.

4. 민주주의의 공고화(consolidation of democracy)에 관한 접근[2]

일반적으로 민주주의의 공고화라는 용어는 그 민주주의가 미래에도 지속될 것으로 기대될 때 사용된다. 그런데 도대체 언제, 어떤 조건에서 그러한 판단을 할 수 있는가는 매우 어려운 문제이다. 쉐들러(Schedler, 2001)가 적절히 지적했듯이, 단지 경험적 사실이나 상태만을 보고 공고화 여부에 대한 판단을 내릴 수 없기 때문이다. 공고화 여부는 단순한 관찰의 대상이 아니라 미래예측적 추론을 함의하는바, 경험적 증거들과 인과론적 설명에 기초한 통주관적(intersubjective) 기대를 반영한다. 더구나 이러한 추론의 근거가 되는 주요 변수들에 대해서는 매우 다양한 견해들이 있다. 공고화에 긍정적, 부정적 영향을 미치는 요인으로는 정치 엘리트 및 대중의 행태나 선택뿐 아니라 사회경제적, 정치문화적, 제도적, 국제적 변수들이 대표적으로 거론된다. 이들 변수들은 크게 정치과정상의 행태(behavior), 행위자들의 태도(attitude) 그리고 구조적 차원으로 분류될 수 있다. 민주주의의 공고화 여부는 이 세 차원들

2 민주주의의 공고화와 관련하여 보다 자세한 내용은 임경훈·이준한 2005 참조.

을 연결하는 일련의 인과사슬 속에서 파악되어야 하지만, 이 세 차원 간의 상대적 중요성이나 복잡한 상호작용 문제에 관해서 학자들은 큰 견해 차이를 보이고 있다.

먼저, 각국의 민주화 이행들이 일단 완료되면서 민주주의의 공고화 개념이 과연 무엇을 의미하는지에 관하여 논란이 계속되어 왔다. 최소강령적 정의를 계속 유지한다면, 모든 주요한 정치세력들이 자신들의 이익과 가치를 제도들의 불확실한 상호작용에 맡길 때, 즉, 정치세력들이 비록 이번 선거에는 패배하더라도 현재의 결과에 승복하고 제도적 틀 내에서 행동을 취하는 것이 민주주의 전복을 기도하는 것보다 이익이 된다고 판단할 때, 그리하여 민주적 경쟁이 이른바 '마을의 유일한 게임'이 되면, 그 민주주의는 공고화되는 것이다(Przeworski, 1991: 26). 그러나 학자들에 따라서는 공고화 개념을 민주주의 붕괴의 방지, 민주주의의 침식이나 완만한 사망의 방지와 같은 소극적인 의미를 넘어, 민주주의의 보완이나 심화, 민주주의의 제도적 하부구조 정비 등의 적극적인 의미로도 사용하고 있다.

이러한 논란이 야기된 이유는 민주화 이후의 상황이 비교민주화론자들이 당초에 우려했던 바와 다르게 전개된 것과도 관련이 있다. 원래 신생민주주의가 직면한 가장 큰 문제는 무엇보다도 민주주의의 전복 가능성이었다. 그러나 심각한 경제위기나 분배갈등, 고통스러운 경제개혁에도 불구하고 민주적 선거경쟁은 놀라울 정도로 제도화되는 추세를 보여 왔다. 오히려 문제는 민주주의의 전복이나 사망보다 주기적 선거 사이에 민주주의가 형해화되는 현상이다. 사실 절차적 측면에서만 민주화되었을 뿐 신생 민주주의들에서는 자의적이고 불투명한 권력행사와 부패의 만연 등과 같은 권위주의 시기의 관행이 그대로 남아 있는 경우가 대부분이다.

특히 대통령제를 택한 신생 민주주의들에서는 직접 선거를 통해 선출되었다는 사실 그 자체만으로 대통령이 마치 인민으로부터 제약받지 않는 권한을 위임받은 것처럼 통치하는 경향이 있다. 오도넬(Guillermo O'Donnell, 1994)이 지적한 바와 같이, 이러한 위임민주주의(delegative democracy)에서는 대통령이 포고령(decree)에 의해 일방적으로 통치하며, 국정이 제도적 대표기구나 공론영역에서의 심의와 견제를 통해서가 아니라 비공식적이며 사인화된 연결망(clientelist network)에 의해 운영된다. 그 결과, 위임 민주주의에서는 국민의 대표기관들 사이의 견제와 감독, 여론의 감시를 통한 '책임성'(accountability) 기제가 무력화된다. 한국을 비롯해 러시아, 페루, 아르헨티나

등에서의 대통령제가 이러한 위임민주주의의 전형적인 사례들이다.

이와 같이 절차적 민주화 이후의 체제들이 과거의 권위주의도, 선진 민주주의도 아닌 광범위한 회색지대에 놓이게 됨에 따라 학자들 중 일부는 민주주의의 공고화 개념을 단순히 체제 붕괴의 방지가 아닌 질적 개선까지도 포함하는 다소 적극적 의미로 사용하게 되었다. 예를 들어, 린쯔와 스테판(Linz and Stephan, 1996)은 민주주의의 최소강령적 정의를 수용하면서도 민주주의가 공고화되기 위해서는 여러 부수적 조건들이 필요하다는 견해를 피력하고 있다. 이들에 따르면, 첫째, 자유롭고 활성화된 시민사회, 둘째, 제도화되고 자율적인 정치사회, 셋째, 헌정주의(constitutionalism)의 확립과 효과적인 법의 지배, 넷째, 민주적으로 제약되는 국가관료, 다섯째, 단순한 시장경제가 아니라 정치, 사회적으로 규제되는 경제사회 등이 존재해야 민주주의의 공고화가 가능하다. 그리고 일부 학자들은 엘리트와 대중 모두에서 민주적 정치문화가 공유되고 민주적 정당성에 대한 지지가 있어야 한다고 강조하면서 민주주의의 공고화를 정치적, 형식적인 것 이상으로 제도화, 내면화, 습관화될 때 공고화가 가능하다고 보고 있다(Diamond). 이러한 견해는 결과적으로 민주주의의 최소 요건의 수준을 높이고 있다고 할 수 있다. 그리고 오도넬처럼 정치인이 선거에 의해 유권자에게 책임지는 수직적 책임성(vertical accountability)뿐만 아니라 국가기구간의 수평적 책임성(horizontal accountability)까지도 강조되는 경우, 민주적 선거가 '마을의 유일한 게임'이 되는 것만으로는 민주주의의 공고화가 이루어지지 않는다는 주장이 제기될 수 있다.

이와 같은 공고화 개념의 확장은 민주주의 자체에 대한 개념 정의의 문제를 다시 불러일으킨다. 공고화되는 민주주의와 민주화로 성립되는 민주주의가 다르게 정의될 수는 없기 때문이다. 이러한 배경에서 민주주의의 공고화 개념을 계속 소극적으로만 사용하자거나 이 개념이 반드시 필요하지 않을 수 있다는 주장까지 제기되고 있다(Schedler, 1998: 91-107).

이와 달리, 민주적 태도나 구조적 조건들의 중요성을 강조하면 사실상 붕괴 방지 이상의 적극적 의미에서 공고화 개념을 사용하는 셈이 되고 그에 따라 공고화의 요건도 높이는 결과를 낳는다. 그러나 구조적 조건들의 효과는 분명하지 않다. 정치문화나 시민사회와 같은 요인들은 관점에 따라 공고화의 결과로 이해될 수도 있다. 이런 관점에서 소극적 의미의 공고화 여부에는 행태적인 변수가 가장 직접적으로 작용하고, 태도나 구조적 변수들은 공고화되는 민주주의의 '질'(quality)이나 양태(pattern)에 관련되는 것이라는 주장도 제기되고 있다(Schedler, 2001). 그리고 민주주의의 생존과 질이라는 두 측면이 반드시 연속선상에 존재하는 것이 아닐 수 있다. 구조적 요인으로 인해 선택의 폭이 제약된 엘리트들이 민주주의의 질을 심화시키는 개혁을 실천에 옮기지 못하는 것이 오히려 역설적으로 민주주의의 생존에는 기여할 수도 있다(Bunce, 2003). 이처럼 분석적으로 별개의 범주인 민주주의의 생존과 질(quality)을 공고화란 하나의 개념으로 포장하는 것은 많은 혼란을 야기할 수 있다. 앞서 설명한 대로 초기 이행론자들 중 일부는 공고화되는 민주주의의 내용이나 촉진·장애 조건과 관련하여 행태보다 태도나 구조적 요인들을 중시하는 언급을 함으로써 공고화 개념을 둘러싼 이러한 혼란을 가중시켰다.

이런 논란 속에서 계량적 교차국가 연구들이 종속변수인 공고화를 민주주의의 생존이라는 소극적인 의미로만 사용되고 있는 것은 놀라운 일이 아니다. 그러나 이 경우에도 공고화 개념을 과연 어떻게 구체적으로 조작화하고 측정할 것인가는 여전히 논란거리이다. 공고화의 지표로는 두 번의 정권교체(Huntingtin, 1991), 한 번의 정권교체(Higley and Gunther, 1992), 민주화 이후 12년 지속(Power and Gasiorowski, 1997) 등이 제시되었다. 그런데 공고화를 이렇게 지표화하는 일은 자칫하면 매우 자의적일 수 있는데, 예를 들어 민주화 이후의 평화적 정권교체라는 지표는 직관적으로는 그럴듯해 보이지만 일본의 자민당 체제와 같은 일당우위의 민주주의의 경우를 배제하는 우를 범하는 것이다.

그리고 계량적 교차국가 분석들은 대체로 독립변수와 관련하여 계량화하기 힘든 행위자 중심 변수들은 배제하고 거시적, 구조적 변수들만을 계량화하여 민주주의의 생존과의 상관관계를 구명하려 한다. 만일 구조 → 태도 → 행위 → 공고화로 이어지는 인과관계 사슬이 타당한 것이라면 이러한 계량적 교차국가 연구들은 공고화에 간접적으로 영향을 미치는 변수들을 측정하는 데 머무르고 있는 셈이다. 이처럼 공고화의 정도를 측정, 비교하는 문제로 들어가면 개념화의 혼란을 야기하는 행태, 태도, 구조 간의 상호작용 및 상대적 중요성 문제는 충분히 고려되지 못하는 한편, 행위자의 선택이라는 변수는 개별 국가에 대한 질적 연구들에 의해서만 강조되는 경향이 있다.

민주화 이행론자들은, 위에서도 설명했듯이, 정치행위자들의 행태를 가장 중시하고, 규범적, 전략적, 인지적 요인 등 태도 차원의 변수들이나 사회경제적, 정치제도, 국제환경, 정치문화적 유산 등 구조적 차원의 변수들은 정치행태보다는 간접적으로 공고화에 영향을 미치는 것으로 이해한다. 그런데 공고화 여부를 정치행위자들의 전략적 선택 문제에 국한하여 규정할 경우에도 분명한 기준이 설정되는 것은 아니다. 반민주적 행태가 적을수록 공고화에 도움이 된다고 할 수는 있지만, 어느 정도의 반민주적 행태가 과연 민주주의의 붕괴를 초래하는지의 임계점(threshold) 설정에 관한 문제가 남는다. 쿠데타에 의한 민주주의 전복 기도와 같은 정치적 위기도 사태 해결 여하에 따라서는 역설적으로 민주주의를 안정시키는 효과를 발휘하기도 한다. 이와 같은 반민주적 행태와 공고화 간의 비선형적(nonlinear) 관계로 인해 최소강령적 의미에서조차 공고화가 구체적으로 언제 가능한지를 규정하는 것은 지극히 어려운 일이다.

마지막으로 공고화 개념이 과연 유용성이 있는 것인지에 대해 재검토할 필요가 있다. 공고화 개념을 소극적인 의미로 사용할 경우에도 그것이 의미를 지니려면 다른 변수들이 통제된 상태에서 시간의 경과 자체만으로도 민주주의의 지속성이 늘어나는 효과, 즉 지속 의존성(duration dependence; 일종의 '습관화' 효과)이 관찰되어야 한다. 파워와 가시오로프스키(Power and Gasiorowski)는 민주화 이후 12년 정도를 경계로 하여 민주주의의 붕괴율이 급격히 감소한다는 통계적 근거를 기초로 12년 경과 여부가 가장 유용한 지표라고 주장한 바 있다. 이와 유사하게, 경제위기가 민주주의의 생존에 미치는 부정적 영향이 시간의 흐름과 무관하지 않다는 통계적 연구결과도 있다(Bernhard et al., 2003). 그러나 이러한 지속 의존성이 존재하는지에 관해 회의적인 견해도 있는데, 특히 쉐보르스키 등은 경제발전 수준 등 다른 변수들을 통제할 경우 시간의 경과 또는 습관화 자체가 민주주의의 사망률을 낮추지는 못한다고 주장한다(Przeworski et al., 1996). 만일 시간의 경과 자체만으로 민주주의의 지속에 독립적인 효과가 없고, 공고화되었다고 간주되는 민주주의도 언제든지 붕괴할 수 있다면, 우리는 존재하지 않는 현상에 대한 개념화를 시도하는 격이 된다.

이처럼 민주주의의 공고화에 관해 무수히 많은 연구들이 진행되어 왔지만 공고화의 개념과 측정, 인과관계의 문제는 아직 분명하게 해소되지 못하였다. 그러나 민주화와 민주주의의 공고화에 관한 논란들은 비교정치 일반이나 정치변동에 관해 연구하고자 하는 사람들에게 현재 우리가 과연 무엇을 모르고 있는지를 알려줌으로써 민주주의체제들의 비교나 정치변동에 관한 접근방식들이 보다 진일보할 디딤돌이 되고 있다.

제2절 사회운동

'사회운동'(social movements)은 비제도적 방식으로 기존의 질서나 삶의 조건을 변화시키고자 하는 비교적 지속적인 집합적 행동들을 총칭한다. '사회운동'은 19세기까지는 주로 노동운동을 의미하였으나 20세기를 거치면서 그 개념이 지칭하는 현상이 점차 확대되어 오늘날에는 봉기나 반란, 혁명운동, 민주화운동, 시민운동, 종교운동, 민족주의운동, 이익단체운동, 특정 이슈와 관련된 저항운동 등 매우 이질적인 집단행동들을 포괄하고 있다. 사실 사회운동의 대표적 유형도 시대적, 사회적 맥락에 따라 다르게 나타났는데, 봉건사회에서의 반란이나 봉기, 근대의 산업화와 민주주의의 발전과정에서의 노동운동이나 혁명운동, 탈산업사회에서의 다양한 신사회운동, 권위주의 체제하에서의 민주화 운동, 민주화 이후의 개혁적 사회운동 등은 그 예들이라고 할 수 있다. 이와 같은 사회운동의 다양한 유형 및 그 사회적, 시대적 맥락에 대한 관찰자들의 서로 다른 이해, 그리고 집합행동 현상 자체가 지니는 복합적 동학으로 인해 여러 갈래의 사회운동 이론들이 제시되어 왔다. 이러한 이론들 역시 사회운동의 주된 행위자들과 이들이 배태된 사회적 환경과 역사적 맥락 간의 관계에 주목하며 사회운동의 생성, 성장, 쇠퇴, 결과 등을 이해하려는 노력을 기울여 왔다.

1. 고전적 접근들

사회과학자들이 집단행동의 원인에 본격적인 관심을 갖게 된 것은 19세기 후반부터 1950년대에 이르는 시기이다. 이 시기에 등장한 콘하우저(William Kornhauser) 등의 대중사회(mass society) 이론, 시카고 학파의 집단행태(collective behavior) 이론, 스멜서(Neil Smelser) 등의 구조기능주의 등은 공통적으로 집합행위의 생성 단계에 초점을 맞추고 있으며, 집합행동의 직접적 원인을 미시적, 심리적 요인에서 찾는다(Kornhauser 1959; Smelser 1962).

대표적 예로서 테드 거(Gurr 1970)는 사회 내에서 개인이 받고자 하는 기대치와 실제로 받는 몫 사이의 간격이 커질수록 '상대적 박탈감'(relative deprivation)이 커져 이것이 공격성과 혁명적 분노를 유발한다고 보았다. 이와 같은 현상은 특히 사회가 급속히 변화하는 시기에 심화되기 쉽다고 하였는데, 제임스 데이비스(Davis, 1962: 5-19)는 객관적인 사회경제상태의 변화보다도 변화의 양상에 대해서 사람들이 갖는 '기대상승'(rising expectation)이 집합행동이나 혁명의 주요 원인이 된다고 하였다. 집합행동의 근원으로서 산업화와 같은 사회변동이 야기한 사회적 긴장을 강조한 구조기능주의적 설명이나 집합행태론 역시 그러한 사회적 긴장이 집단행동으로 연결되는 직접적 요인으로는 개인의 심리적 파탄(breakdown)을 강조하였다.

이와 같이 고전적 접근들은 사회변동에 적절히 적응하지 못한 원자화된 개인들의 인지적 부조화, 박탈감, 불안, 소외 등을 집합행동의 원인으로 파악하였다. 이러한 시각에서 사회운동은 정치적인 것이기보다는 심리적 긴장이나 부조화를 해소하는 집단적 반응, 그리고 일시적, 퇴행적 분출행위로 이해되었다.

이러한 연구정향은 볼쉐비키 혁명과 파시즘과 같은 대중들의 극단적 집단행동 경험에 대한 서구 학자들의 부정적 인식을 반영한 것이었다. 특히 정치적 불만 표출의 채널이 다양한 집단들에게 이미 제도적으로 개방되어 있다고 믿는 서구의 다원주의자들에게 사회운동은 '비정상적'인 것으로 받아들여졌다.

그러나 1960년대를 휩쓴 다양한 사회운동들, 즉, 인권운동, 반전운동, 여성운동, 학생운동 등의 확산은 집합행동을 이해하는 기존의 시각에 중대한 변화를 초래하였다. 이들 운동들은 비인습적이기는 하지만 비합리적이거나 병리적 심리상태로부터 기인된 것으로 규정되기는 어려웠고, 오히려 보다 민주적인 사회를 실현하고자 하는 합목적성을 띤 것들이었다. 실제로 1960년대 이후의 다양한 사회운동에는 중산층과 같이 기존 사회체계에 비교적 잘 적응된 사람들이 보다 적극적으로 참여하는 경우가 많았다.

2. 자원동원이론(Resource Mobilization Theory)

자원동원이론은 1960년대 말 이후 주로 미국학계를 중심으로 발전되어 왔다. 이 이론은 기존의 고전적 접근과는 달리 봉기나 반란 등을 포함한 다양한 집합행동들을 폐쇄적이고 억압적인 기성질서에 대한 합목적적, 정치적 도전으로 이해한다. 즉, 사회운동이란 정치과정에서 배제된 도전집단들이 구체적 분배이득을 추구한다는 점에서 본질적으로 제도화된 정치방식과 동질적이며, 차이가 있다면 단지 다른 수단 즉, 비인습적 수단과 전술에 의해 이루어지는 정치방식일 뿐이라는 것이다.

아울러 자원동원이론은 사회적 긴장과 불만이 어느 시대나 사회를 막론하고 항상 있는 것이기 때문에 사회운동 연구의 초점이 사회적 불만이나 갈등 자체보다 이것들이 집단행동으로 전환되는 조건을 규명하는 데로 이동되어야 한다고 주장한다. 자원동원이론에 의하면 그러한 전환의 계기는 잠재적 운동집단이 각종 '자원'(resource), 예를 들어 운동조직, 이데올로기, 지도자, 외부 엘리트의 협조, 자금 등을 성공적으로 조달할 때이다. 이러한 관점에서 자원동원이론은 자원들을 동원하고 그 흐름을 일상화함으로써 운동의 지속성을 확보하는 운동조직(SMO: Social Movement Organization)과 전문운동가, 외부 엘리트들의 협조 등의 요인을 기성 권력과의 경쟁에서 사회운동이 성공할 수 있는 결정적 변수들로 파악한다(Oberschall, 1973; Gamson, 1975; McCarthy et al., 1977: 1212-1241; Tilly, 1978).

이렇게 볼 때, 자원동원이론은 사회운동 영역을 사회운동들 사이에, 또는 운동과 기존의 이익집단, 운동과 정부당국 사이에 벌어지는 경쟁의 장으로서 이해하고 있는 셈이다. 운동조직은 마치 시장에서 경쟁하는 기업과 같아진다. 이러한 이론적 경향은 상대적으로 분권화되고 개방적이며, 공리주의적 자유주의와 실용주의의 특성이 강한 미국 사회 일반의 특징과 그 속에서 이루어지는 사회운동들의 실천양식, 즉, 무수히 많은 운동단체들이 여론과 대중의 지지를 얻기 위하여 경쟁적으로 기업가적 수완을 발휘해야 하고, 만일 성공하면 비교적 쉽게 제도화된 정치로 편입되는 미국적 현실을 반영한 것이다(Mayer, 1991: 459-480).

자원동원이론은 사회운동의 합리성과 정치적 목표, 자원의 중요성, 운동의 동원구조를 이해하는 데 기여한 바 크다. 그러나 이 이론은 사회운동의 목표, 이데올로기적 (또는 사회적 불만이나 분노의) 내용, 참여자의 동기 등에는 둔감하여 사회운동을 지나치게 '정상적'인 현상으로 이해하고 있고, 운동 동학을 이해하는 데 있어서도 동기나 불만이 집단행동으로 비화되는 인지적(cognitive) 전환과정은 간과하고 있다고 비판받아 왔다(Piven et al., 1991: 435-458; Mueller, 1992: 3-25; Buechler, 1993: 217-235). 그 결과, 특히 1960년대 말 이후 등장한 다양한 사회운동들의 '새로운' 내용을 포착하지는 못한다고 비판받아 왔다.

또한 자원동원이론은 잠재적 운동집단을 상대적으로 무기력한 존재로 이해하고 엘리트들로부터의 협조를 당연시하는 엘리트주의적 정치관을 그 저변에 깔고 있다. 즉, 운동 대중들이 운동에 매우 중요한 그들 나름의 연대의식과 느슨한 형태의 네트워크를 지니고 있음에도 불구하고, 자원동원이론은 위계적인 공식 운동조직과 운동전문가의 역할만을 지나치게 강조하고 있다는 것이다. 그리하여 자원동원이론은 운동 외부, 특히 엘리트 집단으로부터의 협조나 지원이 사회운동 성장에 필수적인 것으로 파악하는 반면, 공식 운동조직의 관료화 문제나 후원 엘리트들이 차후에 운동을 통제하려 함으로써 오히려 운동이 쇠퇴할 가능성은 간과하고 있다고 비판된다(McAdam, 1982: 20-35).

3. 정치적 과정 모델(Political Process Model of Social Movements)

자원동원이론의 한 갈래로서 발전되어 온 사회운동에 관한 정치적 과정 모델은 운동의 특정 국면이 아니라 운동의 생성, 전개 및 쇠퇴의 전 과정에 걸친 동학을 설명하려는 접근방식이다.

정치과정 모델은 자원동원이론이 당연시했던 외부자원 조달이 도대체 어떠한 조건에서 자원빈곤집단들에게 가능하게 되는가의 문제를 제기한다. 맥아담(McAdam et al., 1996: 23-40)은 이를 정치적 기회구조(structure of political opportunity)의 변화에서 찾는다. 정치적 기회구조는 일반적으로 ① 정치체제의 상대적 개방성 또는 폐쇄성, ② 정체(polity)를 지탱하는 엘리트 연합이 (불)안정성, ③ 운동에 대한 동맹 엘리트 존재 여부, ④ 국가가 억압정책을 사용할 능력과 성향 등으로 이루어진다. 장기간에 걸친 일정한 거시적 사회변화는 도전세력과 기득권세력 사이의 권력 불균형을 축소하거나 저항집단의 협상력을 강화하며, 권력집단이 억압하려 할 때 소요되는 비용을 증가시키는 반면 운동 참여의 위험을 축소시키는 등 정치적 기회구조의 변화를 야기한다.

한편으로, 이러한 변화는 체제의 정당성, 운동 참여자들의 변화 능력, 피아간의 세력관계, 정치체제의 취약성 등과 관련하여 운동 참여자들의 '인지적 해방'(cognitive liberation)을 가능케 한다. 다른 한편으로, 정치적 기회구조의 변화는 사회운동에 대한 기성체제 내부자들이나 엘리트, 대중매체 등의 대응 변화를 초래한다. 이로 인해 이전까지 보유자원이라고는 느슨한 네트워크나 연대의식 밖에는 없었던 자원빈곤집단에게로 일부 엘리트들의 후원이나 자금 등이 유입됨으로써 운동이 성장한다는 것이다.

그러나 운동의 초기 상황이 운동의 성장에 유리하였다고 해서 그 운동의 발전이나 지속성이 보장되는 것은 아니다. 운동의 장기적 존속, 발전을 위해서는 자원의 흐름을 일상적으로 관리할 비교적 영속성 있는 운동조직이 필요하다. 그러나 이러한 공식조직의 발전은 조직의 과두적 지배를 초래하고, 운동 발생 자체를 가능케 했던 운동의 대중적 기반을 약화시킬 수 있다. 그리고 자원빈곤집단일수록 외부 지원세력과의 연계나 협조가 절실하지만, 이는 외부 지원자들에 의한 운동의 포섭(cooptation)이나 운동 목표의 일정한 희생으로 이어질 수 있다. 외부와의 연계를 강화할수록 초기에 운동발생을 가능하게 했던 대중적 기반은 약화될 가능성이 높으며, 대중과 유리될수록 운동 지도부는 더욱 과두지배적이게 되고, 이는 다시 지도자들을 내부 자원보다는 외부 지원에 더욱 의존케 만들어, 결과적으로 운동대중의 연대의식은 더욱 약화되는 악순환을 초래할 수 있다. 운동집단의 자원이 빈곤하고 따라서 정치적 기회구조의 변화에 상대적으로 더욱 취약할수록 이러한 딜레마는 더욱 뚜렷이 나타나는 경향이 있다.

그런데, 특정 사회운동의 성장은 운동 참여자들의 의도와는 별개의 독자적 동학을 만들기도 한다. 그 운동 내에 여러 분파가 형성될 수 있고, 사회집단들이 보유하는 전략적 자원의 분포가 변화할 수 있다. 그리고 운동의 전개에 따라 사회운동, 정부당국, 적대세력, 동맹세력 사이의 관계도 변화한다. 운동의 성장이 여타 집단들의 이해에 중대한 변화를 초래할 경우, 대항운동(counter-movement)이 등장하거나, 초기에는 운동에 동정적이었던 엘리트들이나 대중 매체들이 태도 변화를 일으켜 사회운동을 자신들의 이익에 부합되는 방향으로 조종, 통제하려 할 수도 있다. 이와 같이 사회운동은 정치적 기회구조의 변화에 크게 영향을 받기도 하지만 동시에 그 스스로 정치적 기회구조를 변화시키면서 그 성쇠를 겪게 된다(McAdam, 1982, 1994).

이러한 사회운동에 관한 정치과정 모델은 자원동원이론이 긍정적으로만 평가했던 외부자원조달이나 운동조직의 문제점을 재조명하고, 운동 주체들과 이들을 둘러싼 외부 환경 사이의 미묘한 상호작용과 문제들에 유의하여 운동의 발생, 성장뿐 아니라 쇠퇴 국면까지도 설명하려는 노력으로 평가된다. 그러나 정치과정 모델 역시 분배적 이득을 전략적으로 추구하는 것으로서 사회운동을 이해한다는 점에서 자원동원이론의 기본시각을 크게 벗어나고 있지는 않다.

4. 신사회운동론(New Social Movement Theories)

1960년대 말 이후 서구 사회에는 반핵운동, 평화운동, 환경운동, 여성해방운동, 동성애운동, 인권운동 등 다양한 형태의 사회운동들이 등장하였다. 미국 학계를 지배해 온 자원동원이론이나 정치적 과정 모델은 이러한 사회운동들을 기존의 사회운동들과 특별히 다른 것으로 파악하지 않은 데 반해 서유럽의 사회운동 연구자들은 이들 운동들을 기존의 사회운동과는 뚜렷이 구별되는 '새로운' 사회운동들로 이해한다(Melucci, 1980: 199-226; Pinto, 1981: 173-194; Klandermans, 1986: 13-37; Larana et al., 1994).

일반적으로 신사회운동은 다음과 같은 '새로운' 특징들을 지니고 있다고 지적된다. 첫째, 신사회운동은 근대산업사회의 대표적 가치인 물질적 행복, 분배적 이득 등을 추구하기보다는 탈물질주의적, 탈계급적 가치를 지향한다는 것이다(Dalton et al., 1990: 43-66). 즉, 신사회운동은 권력과 영향력의 정치보다는 '탈물질주의적' 삶의 방식과 질, 개인과 집단의 자율성과 정체성, 다문화적 세계에서의 개성과 자기표현을 지향한다. 이러한 지향성은 계급이나 인종 등의 집단 경계를 넘어서는 일반 공중의 광범한 관심사를 대변하는 것이다. 오늘날에는 세계화의 진전에 따라 각국의 신사회운동들이 세계적인 네트워크를 통해 전지구적 관심사를 대변하는 방향으로 전개되고 있다.

둘째, 신사회운동의 적극적 참여자들은 피억압, 소외 계층보다는 고등교육을 받은 전후세대의 신중간계급, 특히 대도시 사회문화 분야의 전문지식 종사자들로부터 주로 충원되는 경향이 있다.

셋째, 신사회운동의 조직은 중앙집권적, 위계적 조직을 지닌 기존의 정당, 노조, 여타의 사회운동단체들과 달리 분권적이며 개방적 조직, 느슨하고 유동적인 네트워크로 구성된다. 의사결정과정에 있어서도 신사회운동은 아래로부터 자율적, 참여적, 수평적 풀뿌리 정치와 일상생활의 민주화를 중시한다.

넷째, 신사회운동은 직접행동을 통한 비관례적이며 극적인 저항전술을 사용하는 경우가 많다.

다섯째, 신사회운동은 정치경제적 수준을 넘어 생활방식, 규범, 문화의 영역에서 기성 질서에 도전한다. 그리하여 신사회운동은 새로운 문화적, 상징적 표현 양식을 통해 서구 민주주의와 관료제도가 내세우는 중립적 합리성 이면에 숨어 있는 권력 관계와 이데올로기적 은폐를 폭로하고자 한다. 이런 점에서 신사회운동의 성패 여부는 단순히 구체적 이익, 정치적 효과, 제도개혁 등으로만 판단할 수는 없으며, 문화적, 상징적 효과까지 감안하여야 한다. 자원동원이론에서는 정체(polity)와 도전자 집단 간의 대립 속에서 후자가 새로이 정치적으로 포용되거나 물질적 이득을 얻게 될 경우 그 사회운동을 '성공'한 것으로 간주한다. 따라서 사회운동이 정치적 대표성을 획득하는 전략과 조직이 이론의 초점이며, '전략적 합리성', '영향력의 정치'라는 시각에서 사회운동을 분석한다. 이러한 이유로 신사회운동론자들은 자원동원이론이 신사회운동의 '정체성의 정치', 새로운 연대의식의 발견 과정, 운동의 장기적 문화적 효과 등은 간과한다고 비판한다.

여섯째, 신사회운동은 기성 질서와 가치체계에 대해 근본적 비판을 제기하면서도, 포괄적이며 체계적인 이데올로기를 지니지는 않는다는 점에서 탈이데올로기적이다.

신사회운동론자들에 따르면, 이러한 새로운 특징들은 산업사회에서 후기산업사회로의, 또는 자유주의적 자본주의에서 후기 자본주의로의 구조적, 문화적 변동을 반영한다. 탈산업사회로의 이행으로 인해 서구 사회에서는 신중간계급을 중심으로 탈물질주의적 가치관과 근대성(modernity)에 대한 비판이 널리 퍼지게 되었다. 그러나 기존의 대의민주주의와 복지국가에서의 조합주의적 이익대표체계는 이러한 변화에 적절히 대처하지 못하는 것으로 판단되었다. 그 이유는 기존 질서 아래에서는 생산,

성장, 분배, 안정 등의 근대적, 물질주의적 가치들에 정치적 우선순위가 부여되고, 소수의 특권집단 —자본가, 노조, 정당 등—과 국가 간의 독점적 관계 속에서 관료적 방식으로 이들 문제들이 조정, 통제되기 때문이라는 것이다. 이 과정에서 이른바 '생활세계의 식민화'가 진행되어 개인과 집단의 자율성이나 정체성은 침해되고, 환경, 평화 문제와 같은 다양한 새로운 이슈들은 정치적 의제로부터 배제되었다는 것이다. 신사회운동은 이러한 경향에 대항하여 시장의 지배와 국가의 개입 확대로부터 시민사회를 보호하고자 한다. 동시에 신사회운동은 차별과 불평등을 조장하는 시민사회 내부의 규범과 제도들도 변화시키려고 한다. 이런 점에서 시민사회는 신사회운동의 토양이자 동시에 변화 대상인 것이다. 그러나 서구 민주주의에 대한 이러한 근본적 비판이 유토피아적 혁명추구로 이어지기보다는 '자기제한적' 프로젝트로서 수행되어 온 것으로 평가된다(Touraine, 1981; Maier, 1987: 63-105; Habermas, 1985: 332-403; Klandermans et al., 1988: 305-328; Cohen et al., 1997: 492-562).

신사회운동론은 현대 서구사회의 구조적 성격을 성찰하고, 정체성과 문화적 가치지향이 사회운동에서 지니는 중요성을 재발견하는 데 기여하였다. 그러나 신사회운동의 '새로운' 측면들이 지나치게 과장될 경우, 신사회운동 내에 존재하는 다양한 경향들, 그리고 사회적 맥락에 따라 나타나는 운동들 사이의 차별성이 간과될 우려가 있다. 사실 신사회운동의 '새로운' 속성들은 각 나라의 정치문화, 정치적 기회구조에 따라 서유럽 내에서도 다르게 나타나고 있다(Kriesi et al., 1995). 더구나 제3세계나 탈공산권의 경우, 신사회운동의 '새로움'이 전통적 분배갈등, 기본적 인권이나 사회적 시민권 문제, 인종갈등 등 보다 중요한 사회적 균열에 의해 제약되거나 이들 전통적 이슈들과 중첩되어 나타나는 경향이 강하다.

신사회운동을 기존의 계급적인 사회운동과 단절적인 것으로만 파악하는 것도 일면적 관찰이라고 하겠다(Plotke, 1990: 81-102). 신사회운동들이 등장 초기에는 기존의 거대 정당들, 특히 좌파 정당과 경쟁 관계를 보였으나, 운동 참여자들이나 조직의 측면에서 볼 때 기존의 정당, 노조, 종교단체로부터 분화된 경우가 많았고, 점차 기성정치에 포섭되거나 좌파 정당과 보다 친화적으로 변하기도 하였다. 개인과 집단의 정체성이나 직접민주주의의 추구 문제 역시 과거의 사회운동들에서도 자주 발견되는 일이다. 운동의 실천양식에 있어서도 신사회운동은 비인습적인 저항운동뿐만 아니라 공중의 광범한 지지를 획득하기 위하여 실용적 전술이나 정책지향적 활동을 병행하기도 한다. 일반 공중이 신사회운동에 공감하면서도 기존 질서를 근본적으로 변경하는 것은 원하지는 않는 상황에서 유럽의 신사회운동은 물질주의적 가치와 탈물질주의적 가치를 보완적으로 추구하는 경향을 보이고 있다(Dalton and Kuechleret, 1990: 277-300).

5. 구성주의적 접근

위에서 살펴보았듯이, 자원동원이론은 운동의 전략적, 조직적 측면에 치중하여 집합적 정체성의 문제, 문화적, 상징적 영역에서 사회운동이 지니는 의미를 간과하였다. 이와 대조적으로 신사회운동론은 정체성이나 연대성의 문제, 사회심리 및 문화적 차원이 지니는 중요성을 강조하였으나 신사회운동의 성격을 거시적인 사회, 문화 변동에 환원시켜 이해하는 경향을 보임으로써, 사회운동을 둘러싼 거시적 조건이 미시적 동원이나 운동조직의 전략과 연계되는 과정을 본격적으로 다루지는 못하였다. 구성주의적 접근은 기존 이론들의 이러한 한계를 극복하려는 대안으로서 발전되어 왔다.

구성주의적 접근에 의하면, 운동의 외적 조건에 의해서가 아니라 운동 내부의 행위자들 사이에서의 그리고 운동과 환경 사이의 상호작용 속에서 운동의 동학이 전개된다. 즉, 기존 이론들이 강조해 왔던 사회적 불만의 존재나 다양한 구조적, 객관적 조건들은 사회운동 성쇠의 잠재적 맥락일 뿐이다. 이러한 외부요건들이 하나의 사회운동으로 전화되는 것은, 부당하다고 믿어지는 사회적 조건에 대하여 개인적 수준이 아닌 집단적 해석과 해결방도를 모색하고, 운동 참여에 적극적 가치를 부여하며, 적대 또는 동맹 세력을 설정하는 일련의 주관적 과정들을 통해서이다.

이러한 주관적 과정은 운동 주체들의 사회적 관계 속에 배태되어 있다고 할 수 있는데, 즉, 운동 참여자들은 자신들 사이의 또는 다른 행위자 —정부, 적대세력, 공중, 여론매체 등— 들과의 상호작용을 통하여 자신들의 집합적 정체성을 형성하고, 자신과 자신을 둘러싼 세계에 관한 의미를 부여하게 된다. 특히 이미 존재해 온 비공식적인 사회적 연결망은 운동 참여자의 정체성 발견과 충원의 중요한 사회적 맥락으로서 작용한다. 그리고 운동 조직과 참여자들은 지지자, 반대자, 일반 공중을 대상으로 사회적 의미와 집합적 정체성을 적극적으로 생산하고 유지하려 한다. 이러한 의미와 정체성의 사회적 구성은 집합행동에 선행하고 운동의 지향점을 밝혀준다. 동시에, 그 집합행동은 의미의 구성 과정에 다시 영향을 미친다. 이처럼 사회운동은 특정 사회의 역사적 맥락에 뿌리 박혀 있는 사회적 의미의 세계를 구성함과 동시에 그 사회적 맥락에 의해 제약받는 이중적 과정 속에 놓이게 된다.

요컨대, 구성주의자로서 신사회운동을 연구하는 대표적인 학자인 멜루치(Melucci, 1989)에 따르면, 사회운동 또는 집합적 정체성(collective identity) 그 자체가 인지적, 정서적, 관계적 차원들에서 단순히 객관적 상황이 아닌 행동으로서 경험되는 성찰적(self-reflexive) 과정이자 동시에 그 결과인 것이다. 이렇게 볼 때, 구성주의적 분석에서 사회운동은 그 자체가 종속변수이자 독립변수로서 파악된다.

이러한 구성주의적 시각에서 스노우(Snow et al., 1986: 464-481)와 그의 동료들은 개별 참여자들이 자신과 세계를 해석하고 의미를 부여할 때 사용하는 '틀'(frame)과 운동조직의 목표나 이념적 지향이 상호 일치되어 가는 과정, 즉, '틀 정렬'(frame alignment)이 사회운동의 핵심적 과정이라고 강조한다. 마찬가지로 클랜더만스(Klandermans, 1988: 197-217)는 운동조직이 잠재적 참여자들 사이에 인지적 지지를 확대하는 '합의의 동원'(mobilization of consensus)이 '행동의 동원'에 선행하는 핵심적 구성 과정임을 역설하고 있다. 그는 이러한 구성과정이 운동조직, 지지세력, 반대세력, 대중매체, 청중 등의 다수의 집단 및 사회적 카테고리, 그리고 그들 사이의 네트워크로 이루어진 영역 —소위 'multiorganizational field'— 에서 이들 각자의 내부 또는 이들 상호간에 벌어지는 설득적 의사소통(persuasive communication)을 통해 전개된다고 본다(Mueller, 1992: 77-103). 이와 같은 구성주의적 관점은 자원동원이론이나 정치과정 모델에서도 일정하게 수용되고 있는데, 앞서 언급한 '인지적 해방'에 대한 맥아담의 강조나, 공론화 과정에서 대중매체 역할의 중요성에 대한 갬슨(Gamson, 1975; Gamson et al., 1989: 1-38)이 강조는 그러한 예들이다.

이와 같이 구성주의적 접근은 객관적 조건과 운동조직의 전략을 매개하는 인지적 동원 과정에 대한 이해를 높이고 있다. 그리고 구성주의적 접근은 특정 사회의 문화적 자원이 운동 목표를 위해 어떻게 전략적으로 이용되며, 특정 사회운동이 운동

문화와 전술목록에 어떠한 유산을 남기는지와 같은 사회운동의 문화적, 상징적 차원에 대한 관심을 환기시키고 있다. 그러나 구성주의적 접근은 지나치게 관념론적이어서 경험적 분석을 인도할 일반화된 가설을 제공하지 못하고 있다는 비판이 제기되기도 한다(Benford, 1997: 409-430; 임희섭, 1999: 174-181).

지금까지 살펴본 바와 같이, 사회운동은 매우 복합적인 과정 속에서 전개되는 현상이다. 다양한 사회운동이론들은 서로 대립되기도 하지만 사회운동 자체가 지니는 복합성을 이해하는 데 상호보완적이기도 하다. 사회운동 연구자들은 지금까지의 연구 성과와 한계를 바탕으로 사회운동의 거시적 조건, 미시적 동원과정, 운동 조직과 전략 등을 연결해주는 중간 수준(meso-level)에서의 체계적인 가설들과 경험적 연구들을 더욱 진전시켜야 할 과제를 안고 있다(McAdam et al., 1988: 695-737).

실천적인 측면에서 볼 때, 사회운동은 사회적 맥락과 그 변화에 의해 조건 지워지면서도 그 스스로 역사적으로 중요한 사회변동이나 개혁을 초래하는 행위자이다. 그런데, 부당한 삶의 조건들이 사회운동들을 불러일으키는 토양이기는 하지만, 다른 한편, 다양한 사회운동들이 활성화되어 있고 공존한다는 사실은 오히려 그만큼 시민사회가 자율적이고 정치체제가 민주적으로 개방되어 있음을 증명하는 것이기도 하다. 기성체제가 억압적이고 폐쇄적일수록 사회운동은 보다 극단적인 저항운동의 형태를 띠게 되고, 그 결과 혁명과 같은 근본적인 사회재편을 추구할 가능성이 높아진다.

참고문헌

- 임경훈. 2003. “비교 민주화 이행론과 러시아의 탈공산주의 이행,”『국제정치논총』, 제 43권 3호, pp. 477-494.
- 임경훈·이준한. 2005. “민주주의의 공고화,” 김세균, 박찬욱, 백창재 편,『정치학의 대상과 방법』. 박영사, pp. 347-370.
- 임경훈. 2008. “민주화와 민주주의의 공고화,” 한국정치학회 편,『정치학 이해의 길잡이: 정치경제』. 법문사, pp. 169-201.
- 임혁백. 1994.『시장, 국가, 민주주의: 한국민주화와 정치경제이론』, 나남.
- 임희섭. 1999.『집합행동과 사회운동의 이론』, 고려대학교 출판부.

- Benford, Robert D. 1997. “An Insider's Critique of the Social Movement Framing Perspective,” *Sociological Quarterly*, vol. 67.
- Bernhard, Michael, Christopher Reenock, and Timothy Nordstrom. 2003. “Economic Performance and Survival in New Democracies: Is There a Honeymoon Effect?” *Comparative Political Studies*, vol. 36, no. 4 (May), pp. 404-431.
- Buechler, Steven M. 1993. “Beyond Resource Mobilization? Emerging Trends in Social Movement Theory,” *Sociological Quarterly*, vol. 34.
- Boix, Carles, and Susan C. Stokes. 2003. “Endogenous Democratization,” *World Politics*, vol. 55, pp. 517-49.
- Bunce, Valerie. 2003. “Rethinking Recent Democratization: Lessons from the Postcommunist Experience.” *World Politics*, vol. 55, pp. 167-92.
- Cohen, Jean L., and Andrew Arato. 1997. *Civil Society and Political Theory.* Cambridge: The MIT Press.
- Collier, Ruth Berins. 1999. *Paths toward Democracy: Working Class and Elites in Western Europe and South America.* New York: Cambridge University Press.
- Dahl, Robert A. 1971. *Polyarchy: Participation and Opposition.* New Haven: Yale Univ. Press.

- Dalton, Russell J., and Manfred Kuechler. 1990. *Challenging the Political Order: New Social and Political Movements in Western Democracies.* Cambridge: Polity Press.
- Davis, James C. 1962. "Toward a Theory of Revolution," *American Sociological Review,* vol. 27, no.1 (February).
- Doorenspleet, Renske. 2000. "Reassessing the Three Waves of Democratization," *World Politics*, vol 52, pp. 384－406.
- Gamson, William A. 1975. *The Strategy of Social Protest.* Homewood, Ill.: Dorsey.
- Gamson, William A., and Andre Modigliani. 1989. "Media Discourse and Public Opinion on Nuclear Power," *American Journal of Sociology*, vol 95.
- Gurr, Ted Robert. 1970. *Why Men Rebel.* Princeton: Princeton University Press.
- Habermas, Jürgen. 1985. *The Theory of Communicative Action*, vol. 2 . Boston: Beacon Press.
- Held, David. 1987. *Models of Democracy.* Stanford: Stanford Univ. Press.
- Higley, John, and Richard Gunther, eds. 1992. *Eites and Democratic Consolidation in Latin America and Southern Europe.* New York: Cambridge Univ. Press.
- Huber, Evelyne, Dietrich Rueschemyer, and John D. Stephens. 1997. "The Paradoxes of Contemporary Democracy: Formal, Participatory, and Social Democracy," *Comparative Politics,* vol. 29, no. 3 (April).
- Huntington, Samuel P. 1991. *The Third Wave: Democratization in the Late Twentieth Century.* Norman: Univ. of Oklahoma Press.
- Klandermans, Bert. 1986. "New Social Movements and Resource Mobilization: The European and the American Approach," *Journal of Mass Emergencies and Disasters*, vol. 4.
- Klandermans, Bert, and Hanspeterand Kriesi, eds. *From Structure to Action: Comparing Social Movement Research across Cultures, International Social Movement Research*, vol. 1. Greenwich, Conn.: JAI Press, 1988.
- Kornhauser, William. 1959. *The Politics of Mass Society.* Glencoe: The Free

Press.
- Kriesi, Hanspeteret, et al. 1995. *New Social Movements in Western Europe: A Comparative Analysis.* Minneapolis: Univ. of Minnesota Press.
- Larana, Enrique., and Joseph R. Gusfeld, eds. 1994. *New Social Movements: From Ideology to Identity.* Philadelphia: Temple Univ. Press.
- Linz, Juan J., and Alfred Stephan. 1996. *Problems of Democratic Transition and Consolidation: Southern Europe, South America, and Post-Communist Europe.* Baltimore: The Johns Hopkins Univ. Press.
- Lipset, Seymour M. 1960. *Political Man: The Social Bases of Politics.* New York: Garden City.
- McAdam, Doug. 1982. *Political Process and the Development of Black Insurgency, 1930–1970.* Chicago: The Univ. of Chicago Press
- McAdam, Doug., and Sidney Tarrow. 1994. *Power in Movement: Social Movements, Collective Action and Politics.* Cambridge: Cambridge Univ. Press.
- McAdam, Doug., and Mayer N. Zald, eds. 1996. *Comparative Perspectives on Social Movements: Political Opportunities, Mobilizing Structures, and Cultural Framings.* Cambridge: Cambridge Univ. Press.
- McAdam, Doug, John D. McCarthy, and Mayer N. Zald. 1988. "Social Movements," in Neil J. Smelser ed., *Handbook of Sociology.* Newbury Park: Sage.
- Maier, Charles S., ed. 1987. *Challenging Boundaries of the Political.* Cambridge: Cambridge Univ. Press.
- Manin, Bernard. 1997. *The Principles of Representative Government.* Cambridge: Cambridge Univ. Press.
- Mayer, Margit. 1991. "Social Movement Research in the United States: A European Perspective," *International Journal of Politics, Culture, and Society,* vol. 4, no. 4 (Summer).
- McCarthy, John D., and Mayer N. Zald. 1977. "Resource Mobilization and Social Movements: A Partial Theory," *American Journal of Sociology,* vol. 82, no. 6.
- Melucci, Alberto. 1989. *Nomads of the Present: Social Movements and*

Individual Needs in Contemporary Society. Philadelphia: Temple University Press.

- ______________. 1980. "The New Social Movements: A Theoretical Approach," *Social Science Information*, vol. 19.
- Moore, Barrington, Jr. *Social Origins of Dictatorship and Democracy.* 1985. Boston: Beacon Press, 1966. 진덕규 역, 『독재와 민주주의의 사회적 기원』, 서울: 까치.
- Mueller, Carol McClurg. 1992. "Building Social Movement Theory," *Frontiers in Social Movement Theory*. New Haven: Yale Univ. Press.
- Munck, Gerardo L. 2001. "The Regime Questions: Theory Building in Democracy Studies," *World Politics*, vol. 54, pp. 119－144.
- Oberschall, Anthony. 1973. *Social Conflict and Social Movements*. Englewood Cliffs, N.J.: Prentice Hall.
- O'Donnell, Guillermo A. 1994. "Delegative Democracy," *Journal of Democracy*, vol. 5, no. 1.
- O'Donnell, Guillermo A., and Philippe C. Schmitter. 1986. *Transitions from Authoritarian Rule: Tentative Conclusions about Uncertain Democracies.* Baltimore: Johns Hopkins Univ. Press.
- O'Donnell, Guillermo A., and Laurence Whitehead, eds. 1986. *Transition from Authoritarian Rule: Comparative Perspectives*. Baltimore: Johns Hopkins Univ. Press.
- Pinto, D., ed. 1981. *Contemporary Italian Sociology*. Cambridge: Cambridge Univ. Press.
- Piven, Frances Fox, and Richard A. 1991. Cloward. "Collective Protest: A Critique of Resource Mobilization Theory," *International Journal of Politics, Culture, and Society*, vol. 4, no. 4 (Summer).
- Plotke, David. 1990. "What's So New about New Social Movements?" *Socialist Review,* vol. 20, no. 1.
- Power, T. J., and M. J. Gasiorowski. 1997. "Institutional Design and Democratic Consolidation in the Third World," *Comparative Political Studies*, vol. 30, no. 2, pp. 123－155.

• Przeworski, Adam. 1991. *Democracy and Market.* Cambridge: Cambridge Univ. Press.

• Przeworski, Adam, and Fernando Limongi, 1997. "Modernization: Theories and Facts," *World Politics*, vol. 49 (January).

• Przeworski, Adam, Michael Alvarez, Jose Antonio Cheibub, and Fernando Limongi. 1996. "What Makes Democracy Endure," *Journal of Democracy*, vol. 7, no. 1, pp. 39-55.

• Rueschemeyer, Dietrich, Evelyne Huber Stephens, and John D. Stephens. 1992. *Capitalist Development and Democracy.* Chicago: The University of Chicago Press.

• Sartori, Giovanni. 1987. *The Theory of Democracy Revisited.* Chatham: Chatham House Publishers, Inc.

• Schedler, Andreas. 1998. "What Is Democratic Consolidation," *Journal of Democracy*, vol. 9, no. 2 (April).

• ______. 2001. "Measuring Democratic Consolidation," *Studies in Comparative International Development*, vol. 36, no. 1 (Spring), pp. 66-92.

• Schedler, Andreas, Larry Diamond., and Marc F. Plattner, eds. 1999. *The Self-Restraining State: Power and Accountability in New Democracies.* Boulder: Lynne Rienner Publishers.

• Smelser, Neil. 1962. *Theory of Collective Behavior* . New York: The Free Press.

• Snow, David A., et al. 1986. "Frame Alignment Processes, Micromobilization and Movement Participation," *American Sociological Review*, vol. 51.

• Stark, David., and Laszlo Bruszt. 1998. *Postsocialist Pathways: Transforming Politics and Property in East Central Europe.* Cambridge: Cambridge Univ. Press.

• Tilly, Charles. 1978. *From Mobilization to Revolution.* New York: McGraw-Hill Publishing Co.

• Touraine, Alain. 1981. *The Voice and the Eye: An Analysis of Social Movements.* Cambridge: Cambridge Univ. Press.

• Ziblatt, Daniel. 2006. "How Did Europe Democratize?" *World Politics*, vol. 58, pp. 311-338.

10

권위주의론

권위주의론

제1절 서론

근대 권위주의 체제의 기원과 특성은 무엇인가? 냉전 종식 이후 전지구적 민주화 물결에도 불구하고 왜 권위주의 체제가 생존·발전하고 있는가? 21세기 초 권위주의의 흥성과 민주주의 쇠퇴는 일시적인 현상인가? 이러한 문제들에 대해 그간 다양한 설명과 이론적 논쟁들이 벌어졌다. 따라서 이 장에서는 권위주의 체제의 과거·현재·미래를 이해하기 위한 기초지식을 소개하고자 한다. 비교 권위주의론(comparative authoritarianism)은 주요 권위주의 국가들(북한, 중국, 러시아 포함)의 정치를 해석하고 예측하기 위한 실용적인 참고자료의 역할을 할 수 있다. 민주주의라는 '개념의 감옥(Conceptual Prison)'에서 잠시 벗어나, 다양한 정치체제의 성격과 미래변화에 대해서 여러 각도와 높이에서 바라볼 수 있는 이론적 틀을 소개할 것이다. 나아가서 권위주의 체제에 대한 비교정치적 통찰은 한국의 '정체성'에 관한 유용한 질문과 문제제기도 가능하게 한다. 우리 시대, 우리 공동체의 실존적 문제에 대하여 성찰하며 우리의 정체성 모색을 위해 필요한 영감을 줄 수 있기 때문이다.

쉐보로스키(Przeworksi, 2000)의 연구에 따르면 1946~1996년 동안 독재를 경험한 국가는 모두 140개 국이다. 라틴 아메리카의 상당수 국가가 여기에 포함되고, 이외에도 아프리카, 아시아, 유럽에 골고루 퍼져있다. 2000년대 들어서도 민주주의가 아닌 나라가 지구촌 정치공동체의 다수를 차지하고 있다. 영국의 시사 주간지 「이코노미스트」는 선거과정, 정부기능, 정치문화, 정치참여, 시민자유 등을 분석해 세계 각국의 민주주의 순위와 점수를 측정하여 매년 '민주주의 지수'를 발표하고 있다. 2017년도 민주주의 지수(Democracy Index 2017)에 의하면, 세계 167개국 중 완전한 민주국가(full democracy)는 19개에 지나지 않으며, 세계인구의 4.5%에 불과하다. 권위주의 국가(authoritarian regime)는 52개국으로서 세계인구의 약 34%를 차지한다. 그 밖에 결함 있는 민주국가(flawed democracy) 57개국, 민주주의와 권위주의가 혼합된 국가(hybrid regime) 39개국까지 포함할 경우, 세계인구의 약 95%는 '완전한 민주국가'가 아닌 다양한 정치체제 속에서 살아가고 있다.

권위주의 정권에 대한 관심과 연구는 역사적으로 큰 변화를 겪었다. 권위주의 정권이 흥성하던 시기에는 권위주의 연구 역시 활발했고, 권위주의 정권이 전체적으로 약화되는 것처럼 보이는 시기에는 이에 대한 연구 역시 쇠퇴했다. 그런데 권위주의 정권에 대한 연구는 2000년대 들어 다시 활성화되었다. 21세기에 들어 권위주의 연구의 르네상스 시대가 열린 것은 소위 '제3의 민주화 물결'(Huntington 1991)의 쇠퇴와 관련이 있다. 1980년대와 1990년대 민주화 물결 속에서 흥성했던 정치변동 연구는 민주화에 초점을 맞추었다. 그러나 민주주의 옹호론자들의 기대와 달리 전 지구적 민주화의 흐름에도 불구하고, 모든 나라에서 민주화 이행 및 공고화가 이루어지지 않았다. 민주주의 공고화로 귀착된 일부 국가들도 있었지만, 다른 지역에서는 非자유주의적 정치상황이 지속되었다. 이에 따라, 독재의 종식이 곧 민주주의로의 이행을 의미하지 않는다는 주장이 설득력을 얻게 되었다. 이러한 현실 인식과 학문적 각성을 기반으로 2000년대 초부터 권위주의에 대한 연구가 다시 활발하게 진행되었다. 21세기 권위주의 정권의 특징과 (불)안정성을 이해하고, 그 미래를 예측하고자 하는 지적인 수요가 폭발하고 있다.

본론에서는 먼저 권위주의(또는 독재)라는 개념의 정의를 간략하게 논의하고, 근대 권위주의 정권의 기원에 관한 대표적인 최신 이론을 소개하고자 한다. 둘째, 다양한 권위주의정권의 유형과 체제전환의 특징을 논의하고자 한다. 셋째, 권위주의 내구성(durability)과 안정성의 요인을 이해하기 위해 권위주의 생존전략을 검토하고자 한다. 마지막으로 권위주의 체제의 진화와 세계정치의 미래에 대한 그 함의를 살펴볼 것이다.

제2절 권위주의 정의와 기원

1. 정의

비민주주의(非民主主義: non-democratic regime)를 연구하는 많은 학자들은 권위주의(authoritarianism)와 독재(dictatorship 또는 autocracy)라는 용어를 명확한 구분 없이 교차 사용하는 경향이 많다. 이에 따라 그동안 학계에서는 권위주의 혹은 독재의 정의에 대해 다양한 논쟁을 벌여왔다. 하지만 무엇보다 엄정한 실증 연구에서 선호하는 최소강령적(最小綱領的: minimalist) 정의는 경쟁적 선거(competitive election)의 부재를 의미한다. 즉 통치자가 경쟁적 선거 이외의 방법으로 권력을 획득한 정권을 권위주의 또는 독재라고 정의한다(Ghandi, 2008). 물론, 다수의 권위주의체제에서도 선거는 실시하고 있다. 하지만 그러한 선거는 '실질적 의미의 경쟁'을 수반하지 않는다. 민주주의체제에서는 선거 결과를 어느 누구도 사전에 확실하게 통제할 수도 없고, 사후에 그 결과를 변경할 수도 없다(Przeworski, 1991). 하지만 권위주의체제에서는 독재자가 자신이 선호하는 결과를 가져오거나 자신이 원하지 않는 결과가 나오지 않게 막을 수 있다.

원래 독재(dictatorship)라는 개념은 고대 로마시대에 등장했다. 로마 공화정에서 독재관은 전쟁이나 내란과 같은 위기 상황을 대처하기 위해 원로원(元老院: Senate)으로부터 강력한 권한을 위임받는 임시직이었다. 역사적으로 마키아벨리나 루소 등의 정치 사상가들도 국가 위기 상황에서 기존 정치질서를 회복시키려는 독재의 기능과 역할을 긍정적으로 평가했다(Ghandi, 2008). 집단지도체제나 법치보다는 독재가 위기를 타개할 수 있는 신속하고 유연한 결정을 내리는 데 더 효과적이다라는 논리였다. 반면, 상당수 엘리트 정치인들과 철학자들은 민주주의(democracy)를 다소 부정적으로 평가했다. 중우정치(衆愚政治: mobocracy) 혹은 빈번한 계급투쟁이 발생하기 쉬운 정치

유형이라고 인식했기 때문이다. 대중들의 뜻에 따라 대중이나 국가가 통치하는 민주주의 체제는 개인의 자유와 문명인의 미덕에 해악을 끼칠 수 있다는 시각이었다. 이러한 민주주의에 대한 부정적인 입장은 전근대 시대부터 최근 100년 전까지 대다수 지식인들이 공유한 인식이었다. 그러나 지난 50여 년 사이에는 민주주의가 모든 선(善)을 체현하는 정치체제라는 시각이 확산되었다. 민주주의가 전 세계로 확산되어야할 좋은 것이라는 규범은 인류역사상 최근에 나타난 현상이다. 한편 독재라는 이름은 20세기에 들어 파시즘과 나치즘을 비판하는 자유주의자들에 의해 법치와 시민권을 파괴하고 억압하는 정권을 지칭하는 용어로 사용되기 시작했다. 원래 독재라는 개념이 내포했던 위기 시 질서회복을 위한 임시적 통치라는 긍정적 의미는 사라진 것이다. 민주주의와 독재라는 이분법적 구분이 일반화된 것도 20세기에 들어서였다. 독재는 민주주의가 아닌 모든 나머지 정권을 의미하는 것으로 통용되었다. 독재는 왕정으로부터 전체주의를 망라하는 여러 전통적 통치형태를 포괄하는 것으로 간주되었다.[1] 최근까지도 비민주정권에 대한 연구에서는 민주주의와 권위주의(또는 민주주의와 독재)라는 이분법적 논리가 지배적이었다. 그러나 나중에 언급하겠지만, 최근의 실증연구는 이러한 이분법적 세계관, 이미지, 패러다임에 대해 많은 의문을 제기한다.

2. 기원

근대 권위주의 정권의 등장 원인에 대해서는 다양한 논의와 주장이 있다. 구조주의자들은 사회경제적 조건, 발전 수준, 정치문화의 성격, 계급구조의 변화에 주목한

1 냉전 시기에는 전체주의(totalitarianism)를 권위주의와 구분하여 정의하는 연구자들이 있었으나, 소련 및 동구 공산권 붕괴 이후 전체주의 체제가 거의 소멸되면서 개념적 유용성이 떨어진 전체주의라는 용어를 구별하여 사용하는 연구는 드물어졌다. 그러나 역사적 실체로서의 전체주의는 '자유' 부정의 정도에서 극단적인 체제였음을 인지할 필요가 있다. 예를 들어 마오쩌둥 시기 공산당 독재와 장제스 시기 국민당 독재는 모두 권위주의 체제였지만, 대약진운동 및 문화대혁명으로 상징되는 마오쩌둥 시기 중국은 자유 억압의 측면에서 극단적인 '전체주의' 정권이었다. 중국의 자유주의자 추안핑(儲安平)이 간파했듯이, 국민당 통치하에서의 자유는 많고 적음(多少)의 문제이지만 공산당 집권하에서는 자유가 있느냐 없느냐(有無)의 문제로 변했다. 마찬가지로 냉전시대 남북한에는 두 개의 권위주의체제가 병존했지만, 자유 부정의 정도에서는 매우 달랐다. 남한의 군사독재 정권들은 언론의 자유, 신체의 자유, 경제 활동의 자유 등을 원칙적으로 부정하지 않았지만, 북한의 전체주의 정권은 이런 기본적 자유를 말살했고 훨씬 더 폭력적이었다.

다.[2] 21세기에 들어서는 권위주의 기원을 역사 제도주의(historical institutionalism) 시각에서 분석하는 연구가 늘어나고 있다. 딜런 라일리(Dylan Riley)와 댄 슬래터(Dan Slater)가 대표적인 역사 제도주의자들이다.

라일리(2010)는 양차 대전(1,2차 세계대전) 사이 이탈리아, 스페인, 루마니아에서 등장한 파시스트 운동 및 정권의 원인을 시민사회 발전과 정치제도 발전 사이의 불일치에서 찾는다. 라일리에 따르면 정치제도화가 시민사회발전보다 더딘 국가들에서는, 기존 자유주의 정치제도가 폭증한 시민단체의 정치 참여와 정책 요구를 수용하지 못했다. 이에 따라 의회 민주주의체제를 파괴하는 권위주의 정권이 등장한다. 반면에 정치제도화가 시민사회발전보다 선행된 국가들에서는 자유민주주의체제가 비교적 안정적으로 유지되었다고 분석한다. 이는 역사발전 순서(sequence)가 중요하다는 역사 제도주의의 핵심논리를 담고 있다.

이러한 시각은 시민사회와 자유민주주와의 상관관계를 주창했던 토크빌(Tocqueville)적 지적 전통과 결을 달리하는 견해이다. 토크빌과 그 후학들은 20세기 급격한 사회경제적 변화 속에서 시민사회의 붕괴와 정치적 냉소주의가 파시스트 독재 등장에 기여했다고 본다. 즉 약한 시민사회가 독재정권의 출현을 야기했다는 논리이다. 그러나 라일리는 토크빌식 논리를 반박하며, 오히려 정치제도화의 수준이 낮은 국가에서는 강한 시민사회와 정치적 열정이 정치위기를 일으키며 권위주의 정권의 등장에 공헌했다고 주장한다.[3] 시민사회가 표출한 민주적 요구를 기존 정치조직과 제도가 적절히 대응할 수 없는 경우, 기존 정당이나 정치인들이 대중으로부터 불신을 받는 대의민주주의의 위기가 발생했다고 본다. 매우 다양한 이익과 견해가 공존하는 다원화된 자유주의 사회에서 정치엘리트들이 대중의 '보편적 동의(general consensus)'를 확보하기는 쉽지 않다(Gregor, 2005). 이러한 측면에서 선거와 의회는 본

---

2 구조결정론적 역사분석의 대표적 예는 Barrington Moore, Social Origines of Dictatorship and Democracy: Lord and Peasant in the Making of the Modern world(Boston: Beacon Press, 1966) Gregory Luebert, Liberalism, Fascism, or Social Democracy: Social Classes and the Political Origins of Regimes in Interwar Europe(New York: Oxford University Press, 1991).

3 토크빌적 시각을 비판한 대표적인 연구는 Sheri Berman, "Civil Society and the Collapse of the Weimar Republic," World Politics, 49(April 1997): 401–29. 저명한 neo-Tocquevillian 학자인 로버트 퍼트넘 역시 시민사회의 어두운 측면도 존재함을 인정했다. Robert Putnam, Bowling Alone: The Collapse and Revival of American Community(New York: Simon and Schuster, 2000).

질적으로 국민 다수의 뜻과 국가 이익을 적절히 반영하기 힘들다는 제도적 약점을 지니고 있다. 라일리의 역사 제도주적 설명은 19세기말 20세기 초 시민사회의 급속한 발전이 자유민주주의를 오히려 약화시켰으며, 정치혐오주의와 대중영합주의(파퓰리즘)에 기반한 선동적이고 폭력적인 권위주의 정권의 등장으로 이어졌다는 것이다. 라일리의 연구는 권위주의 기원에 관한 흥미로운 문제제기와 경쟁 가설을 내세우고 있다. 이러한 주장은 민주주의 제도화의 수준이 낮았던 근대 동아시아를 비롯한 비서구 지역의 정치발전을 이해하고 예측하는 데에도 유용하다. 구체적으로 어떤 정치·경제·사회·문화적 조건에서 어떤 성격의 시민사회가 민주화의 순기능 또는 역기능을 하는지에 대한 엄정한 실증 연구가 앞으로 더 필요하다.

한편 또 다른 역사제도주의자 슬래이터(2010)는 역사적으로 다양하게 전개된 분쟁정치(contentious politics)가 특정 권위주의 모델의 탄생에 영향을 끼쳤다고 주장한다. 그의 실증연구는 2차 세계 대전 이후 동남아시아 지역에 등장한 다양한 권위주의 정권의 기원을 노동파업, 인종분규, 학생시위, 사회주의혁명, 농민봉기 등 폭력적 내부갈등에 대한 정치엘리트들의 위협의식에서 찾고 있다. 슬래이터의 시각은 공동위협의식이 엘리트들의 집단행동을 가능하게 만든다는 홉스의 자연상태 개념과 일맥상통한다. 홉스적 세계관에서는 자연상태('만인의 만인에 대한 투쟁')의 혼란, 공포, 위협을 해소하기 위해, 모든 개인이 제3의 주권자에게 강제력을 위임하고 질서유지를 추구한다. 슬래이터의 이론도 이러한 홉스적 현실주의를 반영했다. 그는 제2차 세계대전 이후 동남아시아의 엘리트들이 파벌주의를 극복하고 정권 창출을 위해 협력을 했던 것은 대중위협에 대한 엘리트의 공통된 두려움 때문이었다고 강조한다. 권위주의 정권의 지속(또는 생존전략)을 설명하려는 합리적 제도주의자들(Mesquita, 2003; Magaloni, 2006)은 정권 지지자들에 대한 '물질적' 혜택 및 인센티브에 초점을 맞추지만, 권위주의 정권의 기원을 역사적으로 추적한 슬래이터는 두려움이라는 '심리적' 요인을 강조한다.

슬래이터의 이론에서는 엘리트들의 공통 위협의식과 집단행동의 수준이 폭력적인 사회분쟁의 성격에 따라 달라진다. 대중분쟁이 일시적인지 고질적인지, 기존 정치제도 내에서 규제될 수 있는지 아닌지에 따라 권위주의 정권의 성격 차이가 발생했다는 주장이다. 분쟁정치가 ① 급진적인 분배정책을 요구하고 ② 농촌지역뿐만 아니라 도시지역까지 영향을 끼치고 ③ 계급갈등뿐만 아니라 인종갈등까지 촉발할 경우 엘리트들의 위협의식은 가장 높아진다. 싱가포르와 말레이시아의 경우, 공산주의운동과 시위는 급진적인 요구를 했고, 도시 핵심 지역까지 파고들었으며, 인종·종교적 갈등까지 촉발했다. 고질적으로 불안정한 사회질서를 재건하는 편익이 강력한 주권자가 자의적 권력 행사의 위험보다 높다고 판단한 싱가포르·말레이시아 엘리트 연합은 강한 권위주의 정권을 세우고 유지했다. 반면 과격하고 도시적이고 인종적인 분쟁정치가 약했던 필리핀, 남베트남, 태국에서는 약한 권위주의 정권이 탄생했다. 한편 버마와 인도네시아에서처럼 대중분쟁이 지역반란 및 분리주의운동의 형태를 지닐 경우에는, 국토수호의 임무를 맡은 군부의 영향력이 강한 권위주의 정권이 등장했다. 슬래이터의 분쟁정치 가설은 엘리트 위협의식의 측정과 관련된 방법론적 어려움에도 불구하고, 그의 실증연구 대상(동남아시아) 이외 여타 권위주의 정권의 (재)등장에도 적용할 만한 시각과 이론을 제시한다. 가령 20세기 내란이나 대규모 시위로 (준)무정부상태를 겪었던 제3세계 지역 권위주의 정권의 등장에 대한 분석의 틀로 활용될 수 있다. 뿐만 아니라 21세기 권위주의 정권의 재등장(또는 공고화)에 대한 후속 실증 연구에도 유용한 길라잡이 역할을 할 것이다.

제3절 권위주의 유형과 체제변화

권위주의 정권의 유형은 다양하다. 권위주의 정권에 관한 유용한 분류 방식 중 하나는 정권 지지 연합(support coalition)의 성격이다(Cheibub, Gandhi, & Vreeland, 2010; Clark, Golder, Golder, 2018). 정권지지 세력의 정체성에 근거하여 왕정독재, 군사독재, 문민독재라는 세 가지 분류가 가능하다. 체이법, 간디, 브리랜드의 연구결과에 따르면, 1948년부터 2008년 사이에는 문민독재가 가장 흔하게 나타났다. 반면 군사독재의 수는 1970년대 말 정점을 찍은 뒤, 냉전 종결 이후 급속히 줄어들었다. 문민독재와 군사독재의 수는 시기에 따라 상당한 변화가 있었지만, 왕정독재는 별다른 변화 없이 안정적인 존재형태를 보여 왔다. 흥미롭게도 권위주의 정권의 최고지도자는 자신과 비슷한 유형의 지도자들에 의해 대체되는 경우가 많았다. 1945년부터 1996년 사이에 있었던 권위주의 정권들 중 최고지도자가 자연사하거나 민주화가 발생했던 사례를 제외하고는, 약 70%의 군사독재자는 다른 군사독재자의 의해, 약 65%의 문민독재자는 다른 문민독재자의 의해, 약 50%의 왕정독재자는 다른 왕정독재자에 의해 교체되었다(Gandhi and Przeworski, 2007). 이것은 독재자 개인의 생존과 독재 정권(regime)의 생존이 반드시 일치하는 것이 아님을 의미한다. 본절에서는 권위주의 특성에 대한 이해를 돕기 위해 유형을 개념적으로 세분화했지만, 현실정치에서는 복합적이고 절충적인 면모를 보이는 권위주의 체제도 있다는 점을 감안해야 한다.

1. 왕정독재

왕정독재는 왕실 가족 및 친인척들이 자신들만의 네트워크를 토대로 권력을 장악하고 유지하는 정권이다. 스와질랜드, 요르단, 바레인, 쿠웨이트, 카타르, 사우디아라비아 등이 대표적인 근대 왕정독재의 사례들이다. 왕정독재에서는 후계자 선정뿐만 아니라 정부 주요 기관의 인사 및 정책결정에 왕족 엘리트들이 독점적인 권력을 행사한다. 왕정독재가 민주주의 체제로 전환된 경우는 매우 드물며(예외적인 사례가 1991년 네팔의 민주화), 왕정독재의 붕괴 시, 폭력적인 정치혼란을 거쳐 더욱 억압적인 권위주의체제가 등장하는 경우가 많았다. 왕정독재 붕괴 후 폭력적인 장기 내전을 겪은 대표적 사례가 예멘(1962-1970), 에디오피아(1974-1991), 아프카니스탄(1978-)이다. 전반적으로 왕정독재는 다른 형태의 독재체제에 비해 정치적 혼란이 상대적으로 적었고, 왕정독재자의 통치 기간도 군사독재자와 문민독재자에 비해 긴 경향을 보인다. 가령 2011년 중동·북아프리카에서 발생한 반정부 시위(아랍의 봄) 기간 중, 모로코·요르단·사우디아라비아·바레인·오만 등 왕정독재국가들은 상대적으로 안정적이었지만, 튀니지·이집트·시리아·예멘·리비아 등 왕정국가가 아닌 권위주의 체제에서는 폭력적인 시위와 내전을 겪어야 했다. 이러한 차이점은 지지연합의 신뢰도를 높이는 왕정 정치문화의 특수성과 관련이 있다(Menaldo 2012). 왕정에서는 정권의 내부자와 외부자 구별이 선명하다. 결혼에 기반한 친족관계를 바탕으로 규칙이 만들어지기 때문이다. 이러한 규칙 덕분에 내부자들은 그 특권을 안정적으로 보장 받게 되고, 이로 인해 정권을 지지하려는 인센티브가 강하다. 즉, 왕실이 약속하는 특혜에 대해 지지연합 구성원들의 신뢰가 높은 것이다. 또한 왕정은 최고지도자의 행동과 지대공유(rent-sharing)의 약속 이행을 감시할 수 있는 제도적 장치(가령 royal court)를 구비하는 경향이 있다.

2. 군사독재

군사독재는 무력으로 권력을 획득한 고위 장교들의 무리(junta) 또는 위원회에 의해 운영된다. 군사 쿠데타는 부패하고 무능한 민간정치인들로부터 국가를 구한다는 이타적인 이유뿐만 아니라, 계급갈등 및 경제적 이익이라는 이기적인 이유에서 많이 발생했다(Finer, 1988; O'Donnell, 1973; Drake, 1996). 군사독재의 안정성을 저해하는 가장 큰 위협은 주로 군부내부의 파벌갈등인 경우가 많았다. 예를 들어 과테말라 군사독재정권은 1945년 이후 다양한 군부파벌들에 의해 권력자가 13번 바뀌기도 했다(Gandhi and Przeworski, 2007). 다른 권위주의체제에 비해 군사독재는 통치기간이 짧고 (폭력이 아닌) 협상에 의해 권력을 이양하거나 민주주의체제로 전환되는 경우가 많았다. 1946년부터 1996년 사이에 존재한 약 30%의 군사독재가 민주주의 체제로 전환된 반면, 15.6%의 문민독재와 4.5%의 왕정독재만이 민주주의 체제로 교체되었다. 무엇이 이러한 정권변화의 차이를 설명할 수 있을까? 첫째, 기율·단결·독립을 중시하는 군대 문화의 영향이다. 쿠데타 이후 정책 및 인사 문제로 군부 내 갈등이 격화되었을 때, 군부 지도자들은 내부 충돌의 위기를 줄이기 위해 민정이양이나 민주적 선거를 허용하는 경우가 많다. 둘째, 군사독재는 다른 형태의 권위주의 정권과 달리 무력이라는 원초적 권력기제를 가지고 있기에 권력퇴진이 상대적으로 용이하다. 군인들은 무력을 사용할 수 있기 때문에, 정치에 다시 개입할 수 있는 (신뢰할 만한) 수단을 지니고 있다. 미래 쿠데타 가능성의 위협 때문에 권력이양 시 군부의 이익을 담보할 유리한 협상이 가능하며, 후임 민간 정부가 군부의 이익을 무시하지 않을 것이라는 기대를 갖고 권력을 이양하는 경우가 많다.

군사독재는 냉전시기에 비해 냉전 종식 이후 그 통치기간이 더 짧아지고 민주적 선거 도입의 사례가 더 늘어났다(Goemans & Marinov, 2014). 이러한 시기별 차이점은 군사독재에 대한 국제사회(특히 서구 선진국들)의 대응변화와 관련이 있다는 주장이 있다.

군사쿠데타 지도부는 특히 자국이 해외원조에 의존할 경우, 외부세계의 반응에 민감하다. 지오먼즈와 마리노브의 주장에 따르면 냉전시기 미국을 위시한 서구사회는 군사독재를 묵인하기도 하였다. 이들은 소련에 우호적인 좌파정부가 선거를 통해 탄생될 것을 우려하며 반공 군사정권을 옹호 또는 묵인하는 경우가 많았다. 그러나 소련 및 동구 공산권이 붕괴한 냉전 이후에는 서구사회가 군사독재 국가들을 대상으로 민주화를 강하게 압박해 독재 종식이 빨라졌다는 것이다. 하지만 서구 국가들의 민주화 영향력을 과대평가하는 시각에 대해서는 신중할 필요가 있다. 중국이나 이슬람 극단주의세력이 영향을 미치는 지역에서는 서구 국가들의 영향력이 상당히 제한적이다. 또한 이러한 제3세계 지역에서 미국을 비롯한 서구국가들이 정치적 결과가 불확실한 자유로운 경쟁선거를 실질적으로 지지할지, 아니면 서구국가들의 핵심이익을 보장하는 독재정권 유지를 선호할지에 대해 예단하기 어렵다.

3. 문민독재

문민독재는 크게 두 가지 제도적 방식, 즉 정당 또는 개인숭배를 활용하여 정권을 운영한다. 두 가지 권력운영 방식의 차이점에 따라 문민독재를 개념적으로 패권정당독재와 개인독재로 구분할 수 있다. 그러나 이상적인 모델과 달리 현실에서는 두 가지 방식을 다양하게 병용하는 국가들도 존재하다.

(1) 패권정당독재

패권정당(霸權政黨, hegemonic party)독재는 여러 정당이 존재하거나 선거에 참여할지라도 하나의 정당이 권력기구와 정책을 실질적으로 지배하는 정권을 지칭한다. 구소련이나 중국처럼 공산당 일당 정권도 있고, 멕시코의 제도혁명당(Institutional Revolutionary Party)처럼 다당제 선거를 허용하면서 70여 년간 장기 집권하는 정권도 있다.(Magaloni 2006).[4] 패권정당독재의 안정성을 가장 크게 저해하는 것은 패권정당 내부의 파벌투

4 패권정당독재는 일당우위체계(predominant-party system)와 개념적으로 구분할 수 있다. 일당우위체계는 대체로 공정하고 자유로운 다당제 선거가 실시되었지만 특정 일개 정당이 장기 집권했던 민주주의 체제이다. 일본의 자민당, 스웨덴의 사민당, 이탈리아의 기민당, 인도의 국민회의당이 그 대표적인 예이다. 패권정당독재와 달리 일

쟁이다. 내부 분열을 막기 위해 다수파 파벌은 소수파 파벌을 포섭하는 전략을 추구한다. 큰 정치적 위기가 발생했을 때에는 당내 소수파뿐만 아니라 당외 반대세력에게도 정치참여의 기회를 확대하거나 반대파가 원하는 제도적 개혁을 일부 수용하기도 한다.

이러한 전략이 가능하려면 지배 파벌이 반대파벌의 충성을 유도할 수 있는 물질적 자원을 충분히 확보하고 있어야 한다. 경제위기나 불황에 따른 (지배 파벌이 활용 가능한) 자원의 축소는 포섭전략의 장애가 될 수 있으면 정치적 안정을 위협할 수 있다. 하지만 단기적 경제위기나 불황이 권위주의 정권의 붕괴로 이어지는 사례는 많지 않다(Geddes, 1999; Przeworski, 2000). 일시적으로 경제상황이 좋지 않더라도 국민들이 과거 권위주의 정권의 경제 성장 실적과 정책 실행 능력에 신뢰가 있을 경우, 불확실한 반정부 세력을 지지하기 보다는 '익숙한 악마'(known devil)를 선호한다(Magaloni, 2006). 게다가 다음 절에서 논의하듯이, 독재자는 억압을 비롯한 다른 생존전략들을 활용하여 위기를 모면할 수도 있다.

(2) 개인독재

개인독재는 최고지도자 개인이 주요 정책과 인사를 독점하는 체제이다. 독재자는 정당과 군부의 지지를 바탕으로 통치하지만, 역으로 이러한 제도들이 독재자 개인의 권력을 제약하는 데는 한계가 있다. 개인독재에서는 정치제도가 독재자의 정적들에게 이용되지 않게 하기 위해서 종종 의도적으로 제도를 무력화시키기도 한다. 가령 정권의 주요 인사들이 독재자의 임의로 자주 교체되어 그들이 정권내부에 독립적인 정치 기반을 만들 수 없게 만든다. 개인 독재에서는 언론의 자유가 없거나 제한되고, 강력한 비밀경찰을 운영하며, 공포정치를 위해 국가폭력을 임의로 빈번하게 사용한다.

개인독재의 중요한 특징은 개인숭배이다. 투르크메니스탄의 니야조프, 리비아의 카다피, 북한의 김일성(과 그 후계자들) 등이 개인숭배를 적극적으로 활용한 대표적 사례들이다. 개인숭배 전략은 독재통치 측면에서 크게 세 가지 이점이 있다(Marquez,

---

당우위체계에서는 정권교체의 가능성이 충분히 존재한다.

2011). 첫째, 개인숭배는 독재자가 대중들의 지지 수준을 측정하고 관리하는 데 도움을 준다. 따라서 육체적, 사회적, 시간적 비용이 수반되더라도 대중들의 지지를 확인하고 싶어 한다. 독재자에 대한 비현실적인 영웅담을 공개적으로 말하고 격동적인 숭배태도를 취하는 대중들을 관찰함으로써 대중지지 정도와 추세를 파악할 수 있다. 둘째, 개인숭배는 반대파들의 조직적인 반정부 활동을 어렵게 만든다. 개인숭배가 일단 정착되고 나면 독재자 신화를 복창하는 거짓말의 평형(equilibrium)이 생긴다. 이럴 경우 대중들이 자신을 비롯해 다수가 그 독재자를 싫어한다고 느끼기 전까지는 '거짓말의 평형'이 깨지기 어렵다. 대중들이 자신의 선호를 숨기는 상황에서는 반대파들이 자신들의 정치적 힘을 파악하고 집단행동을 취하는 데 큰 어려움을 겪게 된다. 셋째, 지속적인 개인숭배는 일부 대중들이 독재자의 초인적 능력을 믿게 만들 수도 있다. 대안적 정보 차단과 세뇌교육을 통해 일부 시민들의 사고를 변화시켜 독재자에 대한 충성도를 높일 수 있다.

개인독재의 엘리트는 패권정당독재의 엘리트보다 이탈(exit) 옵션이 매우 제한적이다. 개인 독재자가 정책결정권과 인사권을 독점하고 있기에 정권지지 엘리트는 개인독재자와 아주 밀접한 이익 관계를 공유하고 있으며, 기득권을 포기하고 반대파(反독재)로 이탈하기가 매우 어렵다. 따라서 개인독재 체제의 엘리트들은 그들의 권력이 위협 받았을 때, 정권 수호를 위해 끝까지 저항하는 경우가 많다. 이러한 정치구조적 특징 때문에 다른 권위주의체제에 비해 개인독재는 매우 폭력적인 권력전환을 겪는 사례가 흔하다. 대체로 개인 독재는 경제적 대재앙(경제 불황보다도 강도가 높은 상황)이 발생하고, 군부 및 치안담당 세력이 이탈하고, 독재자가 사망하거나 독재자 측근의 지지 시스템이 붕괴했을 때에만 정치적 혼란을 맞이하게 된다. 다른 권위주의 유형들과 마찬가지로 개인독재 역시 정치적 위기가 민주화로 이어지는 경우보다는 다른 독재자로 대체되는 경우가 많다.

제4절 권위주의 생존전략

권위주의 권력이 지속되기 위한 핵심 전략은 지배 연합(ruling coalition)의 구성과 유지이다. 소수의 지도자가 다수를 통제하기 위해서 다른 그룹과의 제휴를 맺어 지배 동맹을 구축한다. 여기에서 권위주의 국가는 두 가지 근본적인 문제가 발생한다(Svolik, 2012; Boix and Svolik, 2013; Clark, Golder, Golder, 2018). 하나는 지배 연합을 구성하는 엘리트 내부에서 발생하는 투쟁이다(권력공유의 문제). 다른 하나는 지배 연합으로부터 배제된 대중과의 갈등이다(통제의 문제). 본 절에서는 이 두 가지 문제들을 간략히 검토하고, 그 문제들을 완화시키기 위한 권위주의 통치자들의 해결책을 살펴보려고 한다.

1. 권력공유의 문제

어떠한 정치 지도자들도 혼자의 힘으로 최고 권력을 획득할 수 없으며, 통치에 필요한 충분한 자원을 홀로 통제할 수도 없다. 따라서 최고 권력자들은 지배 연합에 의존하여 권력을 유지한다. 지도자가 처음 권력을 획득했을 때, 지배 연합 구성원들 사이에는 정치적·경제적 지대를 공유하려는 암묵적인 합의가 존재하기 마련이다. 그러나 권위주의체제에서는 이러한 권력 공유를 강제할 수 있는 독립적이고 합법적인 제3의 행위자가 존재하지 않는다. 지배 연합 구성원들은 최고 지도자가 자신의 개인 이익과 권력 확대를 위해 권력공유의 합의를 이행하지 않을 수 있음을 우려한다. 최고 지도자의 권력 독점 야욕을 막을 수 있는 방법은 그를 권좌에서 제거하거나 제거의 가능성으로 위협하는 것이다. 그러나 물리력을 동원한 독재자 축출은 큰 리스크를 안고 있다. 예를 들어서 군사쿠데타의 경우, 실패하면 쿠데타 음모 세력은 엄중한 처벌을 받을 것이며, 성공할 경우에도 권위주의체제의 안정성을 저해할 내부 분열을 야기할 수 있다. 더군다나 지배 연합의 구성원들은 최고 권력자가 취하는 행동에 대한 정확한 정보가 제한적이다. 이러한 정보 제약은 최고 권력자의 의도에 대한 오해에서 빚어진 불필요한 쿠데타로 이어질 수도 있고, 최고 권력자의 권력 독점 시도를 사전에 예방하지 못하는 기회의 상실, 즉 권력 공유의 실패로 이어질 수도 있다. 권력 공유 약속을 안정적으로 지키기 위해서는, 지배 연합과 최고 권력자는 감시(monitoring)의 문제를 해결해야 한다. 권위주의 정권은 제도적 기제를 통해 이러한 감시의 문제를 해결하거나 완화하려고 한다(Svolik, 2012). 공식적인 제도와 법에 바탕한 통치는 지배연합 구성원들에게 주요 정책결정에 관한 정보를 공유하며, 최고 권력자의 은밀한 권력 독점 시도를 어렵게 만든다.

그러나 제도화나 법치를 통한 정보 증대만으로 권력 공유 문제를 완전히 해결할 수는 없다. 최고 권력자가 약속을 지키지 않을 때, 지배 연합이 그 독재자를 처벌할 수 있는 힘이 있어야만 한다. 최고 권력자와 지배연합 사이의 권력균형이 유지될 경우에는, 독재자의 약속 불이행에 대한 집단적 대항의 옵션이 현실화될 수 있다. 반면 독재자의 권력이 지나치게 강하다면, 집단적으로 항명할 가능성은 낮아진다. 다시 말하면, 안정적인 권력공유를 위해서는 제도화와 엘리트 권력균형 두 가지 모두를 필요로 한다. 대체적으로 권위주의 정권은 후계자 선정 및 승계과정에서 엘리트 분열의 위기를 맞을 가능성이 높다. 이러한 지배 연합 분열의 리스크를 최소화하기 위해 권력계승의 규칙을 제도화한다. 그러나 독재자가 후계자 승계의 규칙을 지키지 않거나 지배 파벌이 지지하지 않는 후계자 임명을 강행하거나 독재자의 갑작스런 유고 발생 시에는 권위주의 정권의 불안정성이 높아진다.

다당제와 선거제를 도입한 패권정당독재의 경우에는 대통령·총통 선거를 앞두고 정당분열이 자주 발생하기도 한다. 장기간 일당독재를 했던 대만의 국민당은 2000년 당내 경선에서 패배한 제임스 송이 결과를 승복하지 않고 국민당을 탈당하여 독자 출마하는 바람에, 야당(민진당) 후보자 천수이벤에게 결국 정권을 넘기고 말았다. 멕시코 제도혁명당의 경우, 1940년, 1946년, 1952년, 1987년에 제도혁명당의 유력 대통령 후보자가 당내경선 결과를 승복하지 않아 심각한 내부 분열의 위기를 맞기도 했다. 멕시코의 경우 패권정당 내부분열의 위기를 극복했던 방법은 세 가지이다. 첫째, 유권자를 대규모로 동원하여 압도적인 여론형성 또는 선거불패의 신화를 만들어 잠재적 탈당세력의 집단행동을 사전에 약화시켰다. 둘째, 패권정당 내부 지지자들에게는 많은 특혜와 지대추구를 허용하여 이탈을 최소화하였다. 셋째, 선거법을 조작하거나 불법선거를 통해, 잠재적 정적들의 정치적 도전을 무산시켰다.

2. 통제의 문제

권위주의 집권세력은 어떻게 통치 대상인 대중들의 시위와 반란을 예방하거나 진압할 수 있을까? 또한 최고 통치자는 어떻게 사회적 지지를 확보하는가? 권위주의 집권세력은 대중을 억압하거나 포섭하는 두 가지 전략을 사용한다. 억압은 양날의 검과 같다. 억압은 집권세력이 대중을 통제하는 유용한 수단이지만, 동시에 억압을 실행하는 행위자들(군대·검찰·경찰 등)에 대한 지나친 의존도를 높일 수 있다. 만약 집권세력이 정치생존을 위해 군대에 과도하게 의존하면, 군대는 이를 지렛대로 삼아 권위주의 정권으로부터 각종 정책특혜 및 지대를 요구할 수 있게 된다. 즉 억압은 상충적 요소를 지니고 있다. 권위주의 통치자들이 약한 군대를 유지하게 되면 시민봉기 발생 시, 정권 전복의 리스크가 높아지게 된다. 반면에 강한 군대를 보유하게 되면, 집권세력은 강한 군대로부터의 위협에 항시 노출된다. 군대를 포함한 권력 기관을 감시하기 위해 독재자는 내적 모니터링과 외적 모니터링을 활용한다(Policzer, 2009). 내적 모니터링은 기존 권력 기관들을 감시하기 위해 독재자가 새로운 특수기관을 추가로 설립하는 것이고, 외적 모니터링은 야당세력·외국정부·국제비영리단체 등이 권력기관들을 견제할 수 있게 만드는 것이다. 그러나 두 전략은 모두 상당한 비용을 수반한다. 내적 모니터링은 기관설립에 추가 비용이 파생하고 또 다른 권력 중심을 만들 위험을 내포하고 있다. 외적 모니터링은 독재자의 자율성을 제약하며 독재자가 완전히 통제할 수 없는 부분적 정치자유화를 필요로 한다. 이와 더불어 과도한 폭력은 민심이반의 부작용을 수반한다. 권위주의 통치를 위해 대중들은 통치자를 두려워해야 할 필요가 있다. 그러나 다른 한편으론 통치자에 대한 두려움 때문에 일부 대중들은 독재자를 제거할 방법을 찾기도 한다(Wintrobe, 1998).

따라서 권위주의 통치자는 억압뿐만 아니라 포섭이라는 전략을 동시에 추구한다. 특히 권위주의 정권내부의 온건파 엘리트들의 영향력이 클 경우, 정치적 자유화 조치를 활용한 포섭전략의 가능성이 높아진다. 온건파는 자유화 정책의 일환으로 정당·선거·법원 등의 제도를 도입한다. 권위주의 정권들에 따라서는 권력분립, 다당제, 직선제와 같은 민주적인 정치요소 도입을 연기하거나 최소화하고, 통치방식의 법제화를 우선적으로 추진하기도 한다. 대표적인 사례가 중국의 법치정책이다.[5] 권위주의 정권의 제도화·법제화의 목표는 (잠재적) 정적을 포섭하고 권위주의의 통치를 안정적으로 유지하는 것이다(Blaydes, 2011; Gandhi, 2008; Lust-Okar, 2005). 민주적 제도장치의 도입은 정권 외부자들도 정권의 지대에 접근할 수 있게 하며, 정책결정 과정에서 공식적인 참여를 가능하게 만든다. 송금·현물제공 및 선심정책으로 정적들을 포섭하지 않고, 굳이 제도화를 통해 포섭을 하는 이유는 무엇인가? 이는 약속의 신뢰문제로 인해서 선심정책만으로는 체제 반대파들을 충분히 만족시킬 수 없기 때문이다. 대규모 시위로 정권붕괴의 위기에 직면했을 때에는 독재자가 선심 정책을 펴려고 하지만, 위기의 파도가 지나간 뒤에는 약속을 뒤집을 수도 있다. 이런 약속의 문제를 해결하는 하나의 방법이 입법부와 같은 제도를 만들어 반대파들이 지속적으로 독재자에게 영향력을 행사하는 것이다. 이와 더불어 정당제도는 대중을 포섭하는 또 하나의 유용한 수단으로 작동한다. 패권(또는 지배) 정당의 당원이 된다는 것은 충성스런 당원에게 특혜를 주며, 동시에 그들을 지배연합 및 정권과 공동운명체로 결속시키는 효과가 있다(Magaloni, 2006; Svolik, 2012). 패권정당의 내부자로 포섭된 신규 당원들은 정권의 생존과 안정을 위해 헌신할 수 있는 지지세력이 된다.

권위주의 정권은 물질적인 인센티브를 활용한 포섭뿐만 아니라, 이념적·도덕적 포섭 전략도 추구한다. 사회주의, 민족주의, 복고주의, 국가주의, 제국주의 등의 이데올로기와 다양한 종교사상(유교, 기독교, 이슬람 등)을 공식(또는 비공식) 통치이념으로 내세우면서 사회통합과 안정을 도모한다. 일당독재나 개인독재 정권의 경우에는 국가기관들(특히 선전부)을 통한 조직적이고 체계적인 이데올로기 학습과 사상통제를 실행한다. 통치이념뿐만 아니라, 효과적인 공공재 제공을 통하여 사회적 지지를 얻을 수도 있다. 교육, 의료, 주택, 치안, 복지 정책의 성공은 권위주의 정권의 정당성과 우월성을 제고하는 데 일조 한다.

---

5 중국은 1990년대 후반 의법치국(依法治國, 법률에 근거한 국가통치) 방침의 결정 이후, 의법행정(법률에 의거한 행정), 법원개혁, 의회개혁(특히 입법과 감독 권한의 강화), 기층민주 개혁을 강화하여 왔다. 하지만 중국식 법치는 국민의 정치참여를 근본적으로 제한한다. 중국의 의법치국은 국가권력 통제와 국민 권리 보호라는 법치(rule of law)보다, 사회에 대한 국가통제의 강화라는 법제(rule by law)의 성격이 강하다.

제5절 권위주의의 진화와 세계정치의 미래

냉전 종식 이후에는 선거와 의회 제도를 도입하고 활용하는 소위 혼합정권(hybrid regime)(Diamond, 2002; Levitsky & Way, 2010)이 많이 등장했다. 권위주의와 민주주의 중간의 '회색지대'에 존재하는 혼합정권의 출현에 대해 권위주의체제가 점진적으로 민주주의 체제로 이행하는 것으로 해석하는 시각이 한때 지배적이었다. 그러나 정치 자유화 조치가 궁극적으로 완전한 민주화로 연결되리라는 가설은 이후 많은 실증연구에서 그 적실성을 인정받지 못하고 있다. 자유민주주의 옹호자들의 기대와 달리, 혼합정권은 다양한 정치발전과정을 겪고 있다. 가나, 멕시코, 슬로바키아 등 일부 혼합정권은 민주화의 길을 걸어갔지만, 대다수의 혼합정권은 그렇지 않다. 캄보디아와 탄자니아는 민주화로의 큰 진척 없이 현상 유지를 하고 있고, 벨라루스와 러시아에서는 더욱 강한 권위주의적 정권이 등장했으며, 조지아와 잠비아에서는 권위주의 정권 붕괴 후 새로운 권위주의 통치자가 등장했다. 현재로서는 혼합정권들의 미래를 예단하기는 어렵다.

권위주의 정권이 보여준 다양한 정책 퍼포먼스 결과도 민주주의 낙관론자들의 전망을 어둡게 한다. 자유민주주의자들은 좋은 거버넌스 결과는 민주주의, 그리고 나쁜 거버넌스 결과는 권위주의(또는 독재)와 상관이 있다고 판단하는 성향이 있다. 그러나 많은 실증연구의 결과는 이러한 편견의 추측과 일치하지 않는다. 국민들에 대한 물질적 복지 제공에 있어서 민주주의 정권이 모든 권위주의 정권보다 우월함을 보이고 있지는 않다. 다시 말하면 정권의 형태가 물질적 복지(경제성장, 영아 사망률, 기대수명, 보건지출 등)에 미치는 인과관계가 불명확하다. 예를 들어 민주주의와 경제성장과의 인과관계에 대해서는 학계 내 상충하는 이론들이 존재한다. 민주주의가 경제성장에 긍정적인 역할을 한다는 견해(Acemoglu et al., 2014; Barro, 1990; North, 1990; Olson, 1991)도 있고, 민주주의가 경제성장에 부정적인 역할을 한다는 시각(de Schweinitz, 1959; Galenson, 1959; Huntington, 1968; Huntington and Dominguez, 1975; Tavares and Wacziarg, 2001)도 있으며, 민주주의 여부가 경제성장과 유의미한 상관관계가 없다는 주장(Barro, 1997; Doucouliagos and Ulubaşoğlu, 2008; Przeworski and Limongi, 1993; Przeworski et al., 2000)도 있다. 정권과 정책결과의 상관관계에 대한 일반화를 더욱 어렵게 만드는 것은 권위주의 정권 범주 안에서도 정책 퍼포먼스의 차이가 크다는 점이다. 예멘과 북한처럼 실망스러운 결과를 보이는 권위주의 정권들이 있는 반면, 싱가포르와 중국처럼 뛰어난 결과를 보여준 권위주의 정권들도 존재한다.

정책결과가 아닌 정책과정을 두고 권위주의 체제와 민주주의 체재의 도덕적 우월성을 비교하기도 한다. 정책이 만들어지는 과정에서 민주주의 정권이 다른 형태의 정권들보다 본질적으로 훨씬 더 공정하다는 견해가 일반적으로 팽배하다. 그러나 민주적 선거와 절차 따라 대중의 뜻이 공공정책에 반영될 것이라는 낭만적 이상(국민주권: popular sovereignty)과 현실적 관행 사이에는 간극이 크다. 에이컨과 바르텔즈의 실증연구(Achen & Barterls, 2016)에 따르면, 보통 사람의 정치적 선택을 결정하는 것은 이념이나 정책선호가 아니라 (어릴 적부터 습득된)당파적 충성과 집단적 소속의식이며, 민주주의체제에서 공공정책이 보통 사람의 견해나 다수의 이익을 반영한다는 전통적 주장들은 이상주의적인 '민중주의(folk theory)이론'에 불과하다. 그들은 민중주의 이론이 20세기 후반 첨단 여론조사연구가 가능해지면서 더 이상 실증적으로 유효할 수 없다고 주장한다. 이러한 민주주의 회의론은 규범적으로 완벽한 정책결정과정 및 제도(민주적 선거제도를 포함)가 현실에는 존재하지 않는다는 이론적 통찰(Arrow, 1951)과 실증적 연구(Converse, 1964)와 궤를 같이 한다.[6] 그렇다고 민주주의에 대해 지나치게 비관적일 필요도 없다. "민주주의는 지금까지 존재해왔던 모든 체제를 제외하곤 최악의 체제이다"라는 윈스턴 처칠의 명언처럼, 다른 非민주주의 체제들 역시 이상과 현실과의 괴리를 보이며 많은 비판을 받아왔다. 아무튼 정치체제와 정책결정 사이의 상관관계에 대한 건설적인 논쟁을 위해서는 이념적 수사보다는 과학적 검증이 더 많이 필요하다.[7]

---

6 컨버스는 당시까지 가장 정확한 여론조사를 바탕으로, "시민의 정치적 신념체계는 일반적으로 엷고, 조직화되지 않았고 이념적으로 모순적"이라는 주장을 하였다. 인간 이성의 한계를 강조한 민주주의 비관론 및 회의론은 최근까지 거의 주목받지 못했다. 인류의 진보와 발전을 믿는 이에게는 이러한 회의론은 엘리트주의에 불과했다. 그러나 최근 연구 방법론의 발달과 실증적 연구의 증가는 민주주의 실체에 대한 새로운 논쟁을 촉발시키고 있다. Philip E. Converse. 1964. "The Nature of Belief System in Mass Politics." In David E. Apter, ed., Ideology and Discontent(Free Press), 206–261.

7 민주주의 체제의 우월성에 관한 '규범적' 논쟁은 본장의 범위를 벗어난다. 권위주의 정권의 인권침해, 언론탄압, 부정부패 등의 문제점은 주지의 사실이며 여기서 새삼 재론할 필요가 없다. 그러나 민주적 제도의 도입만으로 복잡한 여러 정책 문제들을 쉽게 해결할 수 있다는 이념적 과잉(또는 편견)은 경계할 필요가 있다. 민주주의 이론의 발전과 민주주의의 성숙에 공헌할 수 있으려면 낙관론·비관론 양자 모두에 대한 경험적 반증과 재반론의 과

21세기 초 지구촌에서는 자유민주주의 보편적 가치보다는 국가안보, 문명 다양성, 전통가치를 우선시하는 주장과 규범이 확산되고 있다(Cooley, 2015). 글로벌 테러와의 전쟁이 발발하고 안보위기의식이 확산되자, 국가안보를 위해 개인의 자유를 제약해야 된다는 논리가 힘을 얻기 시작했다. 테러리스트 용의자를 체포하고 테러 지원국을 응징하기 위해 만든 여러 국제법의 남용은 전세계적으로 시민권과 법치를 약화시키는 결과를 초래했다. 또한 문명의 다양성을 강조하며 강대국이 주권국의 국내문제에 관여하는 것을 반대하는 규범도 강화되고 있다. 중국은 다원주의적 문명론을 주창하며 서구 자유민주주의의 보편성을 비판하는 대표적인 권위주의 정권이다. 한편 서구의 개인주의가 서구사회의 위기와 도덕적 쇠퇴를 가져왔으며, 이를 극복하기 위해 민족 고유의 전통·문화·종교에서 대안적 규범을 찾아야 한다는 목소리도 커지고 있다. 21세기 권위주의 부활과 확산이 일시적인 현상이며 가까운 장래에 제4의 민주화 물결이 올지 예단하기는 어렵다. 인공지능을 위시한 4차 산업혁명이 권위주의 정권이 당면한 권력공유 문제와 사회통제 문제를 악화시킬지 완화해줄지 현재로서는 불확실하다. 새로운 첨단기술이 권위주의 통제에 대항하는 사회세력 또는 반정권 엘리트들의 자율성과 조직력을 키울 수도 있다. 하지만 기술혁명이 오히려 국가의 통제 및 예측 역량을 제고하여 새로운 디지털 권위주의의 출현으로 귀결될 가능성도 있다.

혼합정권(hybrid regime)을 포함한 다양한 형태의 권위주의체제와 민주주의체제는 각자 처한 환경에 적응하고 생존하기 위해 제도개혁과 정책혁신을 추구하고 있다. 이들은 국내외적으로 당면한 수많은 정책 문제들을 해결하기 위해 서로 협력하고 배우기도 하고 동시에 경쟁하며 대립하기도 한다. 이렇게 다원화되고 무상(無常)한 거버넌스(governance) 모델들을 선과 악 또는 민주와 독재의 이분법적 기준으로 단순하게 재단하기는 더욱 힘들어지고 있다. 흑과 백은 이론으로만 존재하고 현실에는 밝은 회색과 어두운 회색이 있을 뿐인지 모른다. 사무엘 헌팅턴(1969)은 국가 간에 가장 중요한 정치적 차이는 정부 형태가 아니라 정부의 수준이다라는 지적을 했다. 권위주의체제이든 민주주의체제이든 이념적 도그마(dogma)와 집단적 에고(ego)에 빠

정을 거쳐야 할 것이다.

지지 않고 유연하게 현실 변화에 대처하며 국민이 원하는 공공재를 제공할 때 그 정권은 기존 경로에 따라 진화할 가능성이 높다. 반면 창의성, 자발성, 다양성이 결여된 완고한 체제는 점차 내부모순으로 쇠퇴 또는 붕괴의 길을 걸을지 모른다. 다원화된 민주사회에서 여러 정당이 경쟁하듯, 다원화된 국제사회에서 여러 정권이 경쟁하고 있다. 글로벌 차원의 체제경쟁은 현재 진행형이며, 그 최종 결과는 아직 정해지지 않았다.[8] 권위주의의 통치모델이 확산될지, 민주화 물결이 다시 도래할지는 쉽게 단정짓기 어렵다. 인류역사상 시공간을 초월하여 보편적으로 적용할 수 있는 완벽한 정치 모델이 발견되지 않았다면, 차선책으로서 다양한 모델들을 비판적으로 검토·적용·개선하는 지구촌 정치공동체들의 노력은 지속될 것이다.

21세기 비교 권위주의 이론은 이러한 글로벌 정치실험에 유용한 토론, 비판, 문제제기를 해야 한다. 한국처럼 서구의 여러 제도와 사상들이 '민주주의' 또는 '공화제'라는 이름 아래 한 묶음으로 한꺼번에 수입된 경우(최정운, 2016),[9] 그 공동체가 안고 있는 현실적 조건을 고려한, 정치제도의 구체적인 '내용'에 대한 합리적 토론과 연구가 더욱더 필요하다. 사회과학이론은 －권위주의 이론이든 민주주의 이론이든 － 인간세상을 잘 이해하기 위한 수단이지 목적이 아니다. 흔들림 없는 종교적 믿음이 아니라, 정보와 지식의 바다를 헤쳐 건너가는 데 유용한 도구이다. 특정 이론적 색안경에 영원히 집착할 필요가 없다. 실증적인 관찰을 통해 검증하고, 그 결과에 따라 검증한 이론을 다시 수정하고 발전시켜야 한다. 또한 이론은 권위주의 연구자들뿐만 아니라 非권위주의 (민주주의) 연구자 및 정책입안자들과의 소통과 교류에도 도움을 줄 수 있다. 자연과학자들은 수식(數式)이라는 매우 논리적인 언어로 소통의 효율성을 높인다. 이와 마찬가지로 사회과학이론은 섬세하고 명료한 또 하나의 언어로서 연구자들 간의 다양한 가정과 논리를 정확하게 이해하는 데 도움을 줄 수 있다. 즉 이론은 개별 사례에 대한 사실적 지식이 부족한 연구자들(또는 정책결정자들)이 공통관심사(사건, 제도, 정책 등)의 인과관계 또는 구성관계에 대한 다양한 아이디어

8 조셉 나이가 지적했듯이, 21세기 세계정치에서는 군사력·경제력과 같은 물리적인 힘을 지칭하는 하드파워(hard power) 뿐만 아니라 문화, 가치, 정책의 '매력'을 강조한 소프트 파워(soft power)가 중요하다. "In today's information age, success is the result not merely of whose army wins but also of whose story wins." Joseph S. Nye Jr, Smart Combining Hard and Soft Power, July/August 2009, Foreign Affairs.

9 최정운, 한국인의 발견(미지북스 2016), p. 21.

를 원활하게 교류할 수 있는 도구가 될 수 있다. 북한·중국·러시아 연구자들 사이에서뿐만 아니라, 권위주의 체제가 아닌 지역과 시대를 연구하는 사람들과의 대화와 협력을 위해서도 이론(권위주의론 포함)은 유용한 소통의 수단이 될 수 있다. 이러한 이론적 토론과 교류는 21세기 글로벌 지식생산 네트워크의 발전을 위한 디딤돌이다. 우리 시대, 우리 공동체의 실존적 문제에 대한 탐구의 근본이기도 하다.

참고문헌

- Achen, Christopher H., and Larry M. Barterls. 2016. Democracy for Realists-Why elections do not produce responsive government. Princeton: Princeton University Press.
- Acemoglu et al. 2014. "Democracy Does Cause Growth." National Bureau of Economic Research Working Paper 2004, Cambridge, MA.
- Arrow, Kenneth J. 1951. Social Choice and Individual Values, New Haven. J. Wiley / Chapman & Hall.
- Barro, Robert J. 1990. "Government Spending in a Simple Model of Endogenous Growth." Journal of Political Economy 98: S103–S125.
- Barro, Robert J. 1997. Determinants of Economic Growth. Cambridge, MA: MIT Press.
- Blaydes, Lisa. 2011. Elections and Distributive Politics in Mubarak's Egypt. New York: Cambridge University Press.
- Boix, Carles, and Milan Svolik. 2013. "The Foundation of Limited Authoritarian Government: Institutions, Commitment, and Power-Sharing in Dictatorships." Journal of Politics 75: 300–316.
- Converse, E. Converse. 1964. "The Nature of Belief System in Mass Politics." In David E. Apter, ed., Ideology and Discontent (Free Press), 206–261.
- Cheibub, Jose Antonio, Jennifer Gandhi, and James Raymond Vreeland. 2010. "Democracy and Dictatorship Revisited." Public Choice 143: 67–101
- Clark, William Roberts, Matt Golder, Sona N. Golder. 2018. Principles of Comparative Politics (3rd edition). CQ Press.
- Cooley, Alexander. 2015 "Authoritarianism Goes Global," Journal of Democracy Volume 26–3: 49–63.
- De Schweinitz, Karl, Jr 1959. "Industrialization, Labor Controls, and Democracy." Economic Development and Cultural Change 7: 385–404.
- Diamond, Larry 2002. "Thinking about Hybrid Regimes." Journal of Democracy 13: 21–35.

• Doucouliagos, Hristos, and Mehmet Ali Ulubaşoğlu 2008. "Democracy and Economic Growth: A Meta-Analysis." American Journal of Political Science 52: 61−83.
• Drake, Paul W. 1996. Labor Movements and Dictatorships: The Southern Cone in Comparative Perspective. Baltimore: Johns Hopkins University Press.
• Finer. S.E 1988. The Man on Horseback: The Role of the Military in Politics. Boulder, CO: Westview Press.
• Galenson, Walter 1959. Labor and Economic Development. New York: Wiley.
• Gandhi, Jennifer, and Adam Przeworski. 2007. "Authoritarian Institutions and the Survival of Autocrats." Comparative Political Studies 40: 1279−1301.
• Gandhi Jennifer 2008. Political Institutions under Dictatorship. New York: Cambridge University Press.
• Geddes, Barbara. 1999. "What Do We Know About Democratization After Twenty Years?"Annual Review of Political Science, 2: 115−144.
• Gregor, A. James. Mussolini's Intellectuals: Fascist Social and Political Thought . Princeton University Press, 2005
• Hanson, russell L. "Democracy" In Political Innovation and Conceptual Change, eds. Terence Ball, James Farr, and Russell L. Hanson, Cambridge University Press, 1989.
• Huntington, Samuel P. 1968 Political Order in Changing Societies. New Haven, CT: Yale University Press.
• Huntington and Dominguez 1975. "Political Development." In Macropolitical Theory, eds. Fred I. Greestein and Nelson W. Polsby, 1−114. Readings, MA: Addison-Wesley.
• Huntington, Samuel P. 1991. The Third Wave: Democratization in the Late Twentieth Century. Norman: University of Oklahoma Press.
• Levitsky, Steven and Lucan A. Way 2010. Competitive Authoritarianism: Hybrid Regimes After the Cold War. New York: Cambridge University Press.
• Lust-Okar 2005. Structuring Conflict in the Arab World: Incumbents,

Opponents, and Institutions. New York: Cambridge University Press.
- Magaloni Beatriz. 2006. Voting for Autocracy: Hegemonic Party Survival and its Demise in Mexico. New York. Cambridge University Press.
- Marquez, Xavier. 2011. "A Simple Model of Cults of Personality." In Abandoned Footnotes [blog], March 14:
- http://abandonedfootnotes.blogspot.com/2011/03/simple-model-of-cults-of-personality.html
- Menaldo, Victor. 2012. "The Middle East and North Africa's Resilient Monarchs." Journal of Politics 74: 707-722.
- Mesquita, Bruce Bueno de, Alastair Smith, Randolph M. Siverson, James D. Morrow. 2003 The Logic of Political Survival. Cambridge: MIT Press.
- Nikolay Marinov and Hein Goemans. 2014. "Coups and Democracy". British Journal of Political Science, 44-4: 799-825
- North, Douglass C. 1990. Institutions, Institutional Change, and Economic Performance. New York: Cambridge University Press.
- O'Donnell, Guillermo 1973. Modernization and Bureaucratic Authoritarianism: Studies in South American Politics. Politics of Modernization Series, No. 9. Berkeley: Institute for International Studies, University of California.
- Olson, Mancure C 1991. "Autocracy, Democracy, and Prosperity." In Strategy and Choice, ed. R.J. Zechhauser, Ch. 6, 131-158. Cambridge MA: MIT Press.
- Policzer, Pablo. 2009. The Rise and Fall of Repression in Chile. Notre Dame: University of Notre Dame Press.
- Przeworski, Adam 1991, Democracy and the Market: Political and Economic
- Reforms in Eastern Europe and Latin America. New York: Cambridge University Press.
- Przeworski, Adam and Fernando Limongi 1993. "Political Regimes and Econmic Growth." Journal of Economic Perspectives 7: 51-69.
- Przeworksi, Adam, Michael E. Alverez, Jose Antonio Cheibub, and Fernando Limongi. 2000. Democracy and Development: Political Institutions and Well-Being in the World, 1950-1990. New York: Cambridge University

Press.

- Riley, Dylan. 2010. The Civic Foundations of Fascism in Europe: Italy, Spain, and Romania 1870–1945. Baltimore: Johns Hopkins University Press.
- Slater, Dan. 2010. Ordering Power: Contentious Politics and Authoritarian Leviathans in Southeast Asia. New York: Cambridge University Press.
- Svolik, Milan. 2012. The Politics of Authoritarian Rule, New York: Cambridge University Press.
- Tavares, Jose and Romain Wacziarg. 2001. "How Democracy Affects Growth." European Economic Review 45: 1341–1378.
- Wintrobe, Ronald, 1998. Political Economy of Dictatorship. Cambridge: Cambridge University Press.

11

법과 정치

Understanding Politics

법과 정치

제1절 법과 정치의 영역

좁은 의미의 '법과 정치'는 일종의 학제 간 연구 운동을 가리킨다. 20세기 후반 미국 학계를 중심으로 '법과 경제', '법과 사회' 등 법과 연계한 다학제 연구 운동이 활발해졌고, '법과 정치'라는 표현이 일상화된 것 또한 이런 맥락에서이다. 이처럼 좁은 의미의 '법과 정치'는 법적 규범과 제도, 행위자, 그리고 현상의 정치학적 분석을 연구 영역으로 하는 정치학의 세부 분과이다.

그러나 법과 정치를 좁은 의미로만 이해하기에는 부자연스러운 면이 있다. 우선, 정치와 법을 연계시키는 연구는 여타 '법과 ○○' 분야와 달리 방법론이나 시각의 통일성이 낮다. 가령 법과 경제 운동은 방법론적 통일성이 높고, 법과 사회 운동은 사회에 맥락화된(embedded) 규범·제도로서의 법에 초점을 맞추는 시각의 일관성을 높은 수준으로 보인다. 반면 법과 정치 연구에서는, 방법론에서나 법에 대한 시각에 있어서나 통일성보다는 다양성이 돋보인다.

둘째, 거의 모든 사회에서 통치의 중요한 요소가 법이라는 점을 고려하면, 정치의 영역과 법의 영역은 실로 분리하기 어려워진다. '법과 정치' 연구로 분류되는 연구에 통일성보다 다양성이 발견되는 것은, 정치와 법이 이처럼 광범위하면서도 긴밀하게 연계되어 있으며, 따라서 관련 연구가 정치학의 여러 세부 분과—비교정치, 국제관계, 정치사상 등—를 아우르기 때문이기도 하다.

끝으로, 이처럼 긴밀하고 광범위한 관계성을 보여주듯, 정치학자들의 법에 관한 연구는 '법과 정치'라는 표현이 통용되기 훨씬 전부터 이루어져왔다. 예를 들어 미국의 공법 연구는 20세기 초중반까지 정치학자들이 주도했다. 이러한 추세는 이후 법학의 전문화와 함께 주춤해졌지만, 여전히 헌법이나 국제법과 같은 기본 공법의 연구와 교육은 정치학의 주요한 분야로 남아있다.

넓은 의미의 법과 정치 연구를 다루는 논의에서는 따라서 취사선택이 불가피하다. 이 장에서는 20세기 중후반 이후의 주요 쟁점을 선별하여 소개하며, 특히 민주주의 사회에서의 법에 초점을 맞춘다. 또 20세기 중후반 이후의 연구 추세를 따라, 법 가운데 사법 제도와 행위자에 좀 더 비중을 둔다.

제2절 분야별 주요 쟁점

1. 사법 정치

사법 정치(judicial politics) 연구는 사법적 결정이 내려지고 수용되는 과정과 이유를 경험적으로 규명하고자 한다. 예를 들어 대법관들의 표결 경향을 밝히고 설명하는 연구가 이에 해당한다. 사법 정치 연구의 중요한 화두는, 법관들이 과연 법의 제약을 어느 정도 받는지, 나아가 법 외 요소의 영향은 어느 정도 받는지이다. 한 가지 이상에 따르면, 법관들은 여타 절차를 통해 이미 만들어진 법 규범을 단지 적용할 뿐이다. 그러나 많은 사안에 있어서 법은 특정 사안에 곧바로 적용하기에는 지나치게 추상적으로 규정되어 있어서, 사법절차를 통한 추가 해석을 필요로 한다. 따라서 대부분 사회에서 이러한 이상의 완벽한 구현은 (그 바람직함과 별개로) 실현이 불가능하다. 정반대 시각에 따르면, 법관은 각자의 정책적 선호를 관철하는 행위자일 뿐이며 법의 문언, 판례, 법리, 법 독트린 등의 법적 재료는 이러한 선호 관철의 수단일 뿐이다. 이러한 관점은 법관의 행위에서 법의 독립적 역할을 극히 축소시켜 이해하는 것으로, 간혹 법현실주의(legal realism)의 관점이라고도 불린다. 양 극단의 입장을 견지하는 학자는 드물고, 대부분의 논쟁은 그 중간 어느 지점이 경험적으로 정확한지, 그리고 법관들이 법의 제약을 받는다면, 어떤 조건에서 어떻게 왜 그러한지를 밝히는 작업에 초점을 맞춘다.

쟁점을 구조화하는 한 가지 방식은, 법관들이 언제 그리고 왜 자신들의 정책적 선호와 다른 판결을 지지하는지를 묻는 것이다. 단순한 법현실주의적 시각이 맞는다면, 법관들은 가능한 한 언제나 자신들의 정책적 선호와 일치하는 선택을 내릴 것이다. 그런데 법관들은 정말 이렇게 행동하는가? 아니라면, 언제 그리고 왜 그러한가?

예를 들어 미국과 같은 보통법 국가에서 하급심 법관들의 선례 구속성의 원리(stare decisis) 준수율은 상당히 높은 것으로 관찰된다(Benesh and Martinek, 2002; Songer et al., 1994). 법관들의 정책적 선호가 동질적이지 않다고 가정할 때, 이처럼 높은 준수율은 오직 정책 선호만으로는 설명하기 어렵다. 법관들은 법관으로서의 의무감에서 이렇게 행동하는가? 아니라면, 선례를 따르는 것은 전략적 행동인가? 만약 사법부의 구조상 개별 법관의 독립성이 강하고, 하급심의 다수가 상고법원에서 새로이 다루어지지 않는다면, 하급심 담당 법관이 선례 구속성의 원리를 준수할 전략적 이유는 상대적으로 약할 것이다. 이런 경우, 법관으로서의 적절한 처신에 대한 신념 또는 직업적 의무감에 의거하는 등의 설명이 더 설득력을 얻는다. 반면 선례 구속성의 원리 준수 여부가 법관의 승진이나 그 외 직업적 성공에 영향을 미칠수록, 또는 장기적인 정책 형성 등의 요인으로 비준수의 비용이 증가할수록, 의무감과 별개로 선례를 따를 전략적 이유가 더 강하게 작동할 것이다. 후자와 같은 상황에서는 하급심 담당 판사들이 서로 경쟁적으로 상급심의 결정에 점점 수렴하는 판결을 생산해내는 현상도 가능하다. 이 밖에 법관 개인의 정책적 선호를 넘어선 사법부 정당성 확보의 동기가 작동한다는 이론도 제기된다(Benesh and Martinek, 2012).

이처럼 법관의 행태를 분석하는 데에는 해당 사법체계의 면면을 포함하여 여러 가지 경험적 세부사항이 잠재적 변수로 작용한다. 그만큼 전반적으로 설득력이 있는 모델이나 설명은 찾기 어렵다. 제한된 상황에서나마 유의미한 결과를 드러내는 모델로 이른바 태도 모델(attitudinal model)(Segal and Spaeth, 2002), 법적 모델(legal model), 그리고 전략 모델(strategic model)(Epstein and Knight, 1998) 등이 있다. 태도 모델에 따르면, 법관들은 우선적으로 정책입안자(policymaker)이며 주로 자신들의 정책 선호 또는 법적 이데올로기에 따라 사건을 판결한다.[1] 이 모델은 미국 대법원 맥락에서 상대적으로 높은 설명력을 보인다. (상급심의 영향을 받거나 합의체 구성 요건이 다른 연방 고등법원에서는 모델 적용 결과가 덜 선명하다.)

법적 모델은 법관의 선택이 법의 문언, 판례, 입법·제정자의 의도 등 이른바 고유한 법적 재료에 의해 모두 또는 거의 결정된다고 본다. 이러한 모델에 따르면, 법관은 자신의 정책적 선호를 관철하려는 정책입안자라기보다는 이미 독립적으로 존재하는 법의 (유일한) 해답을 찾아내는 행위자이다. 그는 법의 언어와 논리체계를 익힌 전문가로, 자신의 전문성을 이용하여 일종의 문제풀이를 하는 셈이다. 법적 모델은 모든 법적 문제에 대한 유일하고 일관된 답이 가능하다고 본 법형식주의(legal formalism)와 어느 정도 부침을 함께 했다. 이론적으로, 법현실주의자들은 법형식주의를 강하게 비판해왔다. 경험 연구에 있어서도 태도 모델과 전략 모델이 힘을 얻으며 상대적으로 법적 모델을 순수한 형태로 견지하는 것 또한 쉽지 않게 되었다.

전략 모델은 법관들을 일종의 합리적 행위자로 보고 그들의 다양한 이해관심(interests)을 분석함으로써 행동을 설명하고자 한다. 이 모델에 따르면 법관들은 전략적 행위자로, 자신이 처한 제도적 맥락과 유관 행위자들의 선호 및 예상되는 선택을 고려하여 자신의 목표 달성 역량을 평가하고 그에 따라 합리적 선택을 내린다(Epstein and Knight, 1998). 태도 모델과 달리 전략 모델은 정책 선호 이외의 다양한 행위 동기와 양립가능하다. 특히 최근 경제학을 포함한 여타 분과의 사법 결정 연구에서는 법관의 개인적 명성이나 물질적 보상 등 비정책적 동기가 중요할 수 있다는 주장이 일관되게 제기되고 있는데, 전략 모델론자들은 이러한 다양한 동기의 경험적 존재를 태도 모델보다 온전하게 인정·설명할 수 있다는 것이 모델의 장점으로 내세운다(Epstein and Knight, 2013).

1 이러한 태도 모델의 요지를 살려, 국내 문헌에서는 "가치개입 모델"이라는 명명이 사용되기도 한다(예를 들어 차동욱, 2006).

2. 비교정치

세계적으로 사법 기관과 행위자의 역할이 부상함에 따라 이 현상에 대한 비교정치 관점의 연구 또한 크게 증가했다. 이러한 연구는 많은 경우, 비교정치의 주요한 주제이기도 한 전환기정의(transitional justice)와 민주주의로의 이행 연구와 맞물려 진행된다. 특히 여러 전환기 사회에서 민주주의와 헌정주의가 제도화되고 사법부가 독립적인 기관으로 정착하면서, 비교정치 관점에서 사법이 정치에 미치는 영향 그리고 정치가 사법에 미치는 영향에 대한 관심 또한 높아지고 있다.

특히 헌법심사(constitutional review)와 사법심사(judicial review)에 대한 연구가 활발하다. 20세기 말의 이른바 "민주주의의 제3물결"은 많은 국가에서 헌법심사 기능을 지닌 독립적 사법기관의 확립을 수반했다. 87헌법 체제로 1988년 헌법재판소가 설립된 한국의 경우도 그러하고, 아시아 다른 국가들에서도 일종의 경향성을 말할 수 있을 정도로 헌법재판소의 설립 또는 강화가 진행되었다(Ginsburg, 2003). 이처럼 독재로부터의 이행 결과로 활발해진 헌법심사는 개인의 기본권 보호와 헌정주의·민주주의 등 새로운 정치 질서의 수호와 감시가 그 주요한 역할로 인식되고 있다.

상황이 이러하다면, 현대적 헌법심사의 국제적 확산은 새로운 정치이념의 부흥에 따른 개인 기본권 보호와 민주적 정치질서에 대한 수요의 증가에서 비롯되었다고 보는 것이 자연스러울 수 있다. 다만 이러한 전반적인 분위기만으로 특정한 제도의 확립을 설명하기는 어렵다. 국가에 따라 헌법심사 절차상 개인의 기본권 심사 제기 여부나 중요도가 다르기도 하고, 기본권 보호나 민주주의에 대한 수요의 존재만으로는 이 수요가 굳이 헌법재판소와 같은 사법 기관을 통해 표현된 이유를 설명해내기 어렵기 때문이다.

이러한 설명의 공백을 채우기 위한 이론 가운데 대표적인 것으로 보험 논제(insurance thesis)와 헤게모니 보존 논제(hegemonic preservation thesis)가 있다. 보험 논제에 따르면, 민주적 과정을 통해 권력이 형성·교체되는 정치질서로의 이행과 함께 정당들은 새로운 형태의 불확실성에 직면하게 되며, 이런 상황에서 권력을 잃었을 때 독립적 법원이 헌법심사 기능을 가지길 선호하게 된다(Ginsburg, 2003). 헌법재판소는 정당들에게 일종의 정치적 보험으로 작동한다는 것이다.

어느 정도 유사한 취지의 이론으로 헤게모니 보존 논제는, 헌법심사를 포함한 사법

강화를 민주주의 체제에서 정치 엘리트가 권력을 잃었을 때를 대비한 조처로 본다. 이 이론은 헌법심사 확립 또는 강화의 시기적 설명(Hirschl, 2000)에 용이하다. 헤게모니 보존 논제는 또한 미국, 캐나다, 뉴질랜드, 남아프리카공화국 등의 보통법 국가의 상황을 설명하는 데에서 출발했고, 보통법 맥락에서 특히 힘을 보인다.

비교정치 관점에서 봤을 때 또 다른 궁금증은, 헌법재판소와 같은 사법적 기관이 특정 국가에서는 성공하는 한편 다른 곳에서는 그러하지 못하는 이유이다. 이 질문을 탐구하는 데에는 앞서 설명한 태도 모델과 전략 모델이 활용되곤 하는데, 두 모델 가운데 국가 간 제도적 차이, 예를 들어 법관임용 방식 차이나 판결 시 표결 여부와 방법에서의 차이의 영향을 덜 받는 쪽은 전략 모델이다. 따라서 비교정치 연구에서는 전략 모델이 더 널리 쓰이는 편이다.

3. 국제관계와 거버넌스

전환기정의 사회들의 탄생은 국제관계 영역에서의 법과 정치에 대한 관심으로도 이어졌다. 우선, 국제형사법의 중요한 제도적 변화가 있었다. 구 유고슬라비아와 르완다를 다루는 임시 형사재판소를 시작으로 상설기구인 국제형사재판소(International Criminal Court)의 설립에 이르기까지, 반인도적 범죄와 제노사이드, 전쟁범죄에 대한 국제적 법치를 실현하려는 기획에 많은 국제정치적 역량이 동원됐다(Schabas, 2011). 두 번째로, 여러 국가들에서 국내 법적 절차로 역사적 부정의(historical injustice)나 인권침해와 같은 전환기정의의 문제에 대응하고자 하는 추세가 형성됐다(Minow, 1999). 끝으로, 20세기 중후반 이후로 국제인권법과 제도가 비약적으로 확산되고 활용되면서 국제형사법에도 영향을 주고 있다.

국제형사법 영역의 중요한 화두는, 주권에 의해 활동 반경이 제한된 국제형사재판소가 과연 법치와 형사정의(criminal justice)를 실현할 수 있을 것인가 하는 문제이다. 구조적으로, 국제형사재판소는 영토나 국적 등의 관할권 고리를 가진 국가가 수사나 기소의 능력이나 의지가 없을 때에만 관할을 행사할 수 있다. 이러한 보완성 원칙(principle of complementarity)의 제약 외에도, 미국이 재판소의 법적 근거인 로마협약(1998)을 비준하지 않기로 선택한 점, 협약국을 벗어난 관할권 행사를 위해서는 통상 국제연합(유엔) 안전보장이사회의 협조가 필요하다는 점, 그리고 재판소 소추부(Office of the Prosecutor)는 증거수집을 비롯한 수사 과정에서, 재판소는 판결의 집행에 있어서 개별 국가에 의존해야 한다는 점 등이 태생적인 정치적 제약으로 작동해왔다. 현재 재판소의 활동은 이에 더해 다양한 지정학적 제약에 맞닥뜨린 상황인데, 특히 재판소의 사건 대다수가 아프리카의 분쟁을 다룬다고 하여 '국제형사재판소가 아니라 아프리카 재판소'라는 비판이 거세다. 이러한 비판이 적절하지만은 않다. 현재 사건의 분배는 재판소 소추관의 선택에 따른 것이라기보다는 재판소의 태생적 한계나 재판소 설립 초기에 상대적으로 많은 아프리카 국가가 자국의 사건을 자기의뢰(self-referral)한 결과이기 때문이다. 그렇지만, 원인이 무엇이든 국제형사재판소의 활동이 한 지역에 집중되는 것은 바람직하지 않다. 재판소 활동의 지리적 분배는 이런 면에서 재판소의 정당성 확보에 중요한 과제가 될 것이다.

국제형사법이나 인권 영역 이외 영역에서도 거버넌스와 법의 관련성은 높아지고 있는 추세이다. 다양한 영역에서 사법 또는 준사법 기관이 늘어나고 그 역할이 중요해지면서 법학자는 물론 국제정치학자들 또한 관련 연구를 늘려가고 있다. 두드러지는 예로 국제무역의 영역이 있다. 현재 국제무역은 세계무역기구(WTO) 체제의 지배를 강하게 받으며 이 체제의 한 축이 분쟁해결기구(dispute settlement body)인데, 이 기구는 유사 사법 기관으로 기능한다. 분쟁해결기구의 결정들은 해당 국가의 경제에 상당한 영향을 미칠 수 있다는 점에서 그 정당성의 확보가 중요하다고 볼 수 있다. 지구적 차원에서 보더라도, 지구적 경제 불평등의 심화는 국제무역 체계에 의해 적어도 묵인되는 측면이 있다. 따라서 분쟁해결기구를 포함한 이 체계의 작동은 지구정의(global justice)에 대한 함의 또한 가진다.

지역적 기제의 발전 또한 주목할 만하다. 특히 유럽연합의 거버넌스 체계는 유럽사법재판소(European Court of Justice)와 유럽인권재판소(European Court of Human Rights)에 상당한 권한과 역할을 부여하는데, 유럽연합 차원의 입법이 급격하게 늘면서 그 해석과 적용을 담당하는 유럽사법재판소의 중요성 역시 높아지고 있다. 유럽사법재판소는 강제관할(compulsory jurisdiction)을 행사하며, 선결적 판결(preliminary ruling) 권한 또한 지니고 있어서 유럽의 정치경제 전반에 큰 영향력을 행사할 수 있는 위치에 있다. 한편 유럽인권재판소는, 인권 사안에 있어서는 유럽 내 실질적인 최고법원의 기능을 담당하게 되었다.

이러한 상황에서 적어도 세 가지 질문이 대두된다. 첫째, 역사상 전례를 찾기 어려운 수준의 초국가적 거버넌스 체계를 갖춘 유럽의 맥락에서, 국제·지역법과 국내법의 관계, 그리고 국제·지역 기구와 주권 국가, 그리고 개별 국가 시민들 사이 관계는 (어떻게) 재설정되어야 하는가? 예를 들어 유럽연합은 모든 결정이 "최대한 시민에게 가깝게"(as close as possible to the citizen) 이루어져야 한다는 원칙과, 규모·효과의 이유가 존재하지 않는 이상 결정은 거버넌스 체계 내에서 더 낮은 단계에서 이루어져야 한다는 보충성 원칙(principle of subsidiarity)을 견지하고 있다. 가령, 규모·효과의 이유가 없는 이상 국가 차원에서 결정할 수 있는 사안을 유럽연합 차원에서 결정해서는 안 된다는 원칙이다. 그러나 이 원칙은 동시에 규모·효과의 이유가 있을 때에는 연합이 행동하는 것을 **허용**하고, 다른 한편으로는 **국가보다 더 낮은** 거버넌스 차원(예를 들어 지방자치단체)에 우선권을 줄 수도 있으므로 전통적인 주권의 우선성을 어느 정도 제한하는 원칙이다.

두 번째로, 이처럼 주권의 우선성이 제한되는 과정에서 유독 초국가적 사법 기관의 권한이 강해지는 것이 정당한가? 유럽연합의 결정 구조와 방식이 개별 국가의 민주적 의사결정과 동떨어진, 이른바 민주적 적자(democratic deficit)에 시달린다는 비판을 고려할 때, 지역 차원 법원의 권한 강화는 더욱 첨예한 문제로 떠오른다.

세 번째 질문은 성격이 조금 다르다. 국제적 또는 이론적 관점에서는, 유럽연합의 경험이 다른 지역으로 확산될 수 있을 것인지 묻는 게 자연스럽다. 유럽에서 유럽사법재판소의 위상이 높아진 것에 대한 한 가지 영향력 있는 설명은, 소수의 의욕적인 법관이 수차례에 걸쳐 기회를 포착하며 제도적 역할을 획득했다는 것이다(Weiler, 1991). 법관 개인의 역량만으로 환원할 수 없는 여러 요소가 중요했다고 보는 연구자들은 이들 요소를 유형화하여 더 전반적인 '국제 법원의 성공 조건'을 찾고자 한다. 헬퍼와 슬로터(Helfer and Slaughter)는 법관들이 통제할 수 있는 요소와 그렇지 않은 조건을 구분해 국제 법원 성공의 '체크리스트'를 제시한다(Helfer and Slaughter, 1997). 전자에는 독립성 실현, 법리적 사고의 질, '관객'에 대한 이해 등이 있고, 후자에는 법원의 구성과 독립적인 사실조사 기능 여부, 관련 법의 공식적 지위와 위상, 시민에 대한 반응성과 법치 준수 경향을 보이는 국내 제도의 존재 유무 등이 있다.

유럽사법재판소에 사인의 제소가 가능하다는 점에 착안하여 국가가 아닌 개인이 소송을 제기할 수 있는지를 중요한 변수로 보는 시각도 있다(Alter, 2001).

4. 법리학

'법과 정치'의 영역 분류가 적합한 연구 분야 가운데 가장 광범위하고 전통이 깊은 분야는 법리학(jurisprudence)이다. 법리학은 크게 분석적 법리(analytical jurisprudence)와 규범적 법리(normative jurisprudence)로 나눌 수 있다(Shapiro, 2011: 2-3). 전자는 법이 법이기 위하여 어떤 성질을 갖추어야 하는지를 따진다. 예를 들어 어떤 규범이 법이 되려면 강압적 집행력을 수반해야 하는지와 같은 존재론적 질문, 그리고 어떻게 구조화된 체계가 존재할 때 비로소 법적 체계의 존재를 확립할 수 있는지와 같은 사회학적 질문을 다룬다. 반면 후자는 예를 들어 법이 언제 어떤 모습이어야 정당하거나 정의로울 수 있는지, 법치의 성공기준은 무엇인지, 법적으로 제도화해야 하는 권리들에는 어떤 것이 있는지와 같은 규범적 질문을 다룬다. 이런 면에서 규범적 법리는 규범적 정치철학과 영역이 겹친다.

분석적 법리와 규범적 법리의 차이가 잘 드러나는 예로, 법과 강압(coercion)의 관계에 대한 연구가 있다. 법이 법으로 존재하려면 강압적 집행력이 수반되어야 하느냐는 질문에 대해, 현대의 분석적 법리학자들은 대체로 그렇지 않다고 믿는다. 대표적으로 라즈(Raz)는 '천사들의 사회' 사고실험을 통해 이 점을 논증한다. 천사들의 사회에서는 법 위반의 염려가 없으므로 강압적 집행이 필요하지 않지만, 이러한 집행의 체계가 없다고 해서 해당 사회에 법이 없다고 보는 것은 적절하지 않다는 주장이다(Raz, 1975). 이 주장이 맞는다면, 적어도 개념적으로 그리고 존재론적으로는 강압적 집행이 법의 필수적인 부분이 아닌 셈이다.

그러나 이러한 주장이 맞는다고 해서 규범적 법리 차원에서 법의 강압에 대한 관심이 불필요해지는 것은 아니다. 규범적 법리는 우리가 사는 사회에 함의를 가져야 하고, 우리가 사는 사회는 천사들의 사회가 아니라 법 위반이 자주 일어나는 곳이기 때문이다. 법이 그 목적을 달성하려면, 즉 다수의 조율이 필요한 상황에서 공정하고 유용한 방식으로 조율을 제공하는 일을 제대로 하려면, 적어도 어느 정도 수준의 법 준수율이 보장되어야 한다. 그리고 천사가 아닌 인간의 사회에서 이는, 대개 부분적으로라도 강압적 집행의 가능성을 필요로 한다. 규범적 법리 또는 정치철학의 관점에서 보면, 이 사실은 상당히 어려운 정당화의 문제를 야기한다. 인간은 자유로운 존재이고 그에 대한 외부적 강압은 정당화를 필요로 한다면, 광범위한 외부적 강압의 한 형태인 법의 강압을 어떻게 정당화할 수 있을지가 중요해진다. 서양정치사상의 한 전통에 따르면, 민주주의의 요구는 바로 이러한 법의 강압을 정당화할 필요에서 비롯된다. 민주주의 사회에서는 법의 적용을 받는 모든 이가 또한 (궁극적으로는) 법의 저자이기도 하다면, 그로써 법의 강압은 외부에 의한 강압이 아니라 자신에 의한 자기제어라고 볼 여지가 생긴다는 논리이다. 법과 민주주의의 관계는 아래 3절에서 더 자세히 다룬다.

분석적 법리, 규범적 법리, 그리고 경험 연구가 모두 교차하는 흥미로운 영역으로 국제법 연구가 있다. 우리는 법의 강압적 집행을 논의할 때, 암묵적으로 국가에 의한 중앙집권적·직접적 집행을 전제하는 경우가 많다. 말하자면, 통상 경찰과 같은 공권력이 법의 위반을 발견하여 검찰, 사법부와 연계하여 대응하는 일련의 특정한 물리적 과정을 당연하게 전제한다. 헤서웨이와 셔피로(Hathaway and Shapiro)는, 법 집행을 이처럼 근대국가관(Modern State Conception)의 시각으로만 이해하면 현대 국제법은 물론 근대 이전 여러 개별 사회의 법은 집행력을 결여한다는 결론이 불가피하다고 지적한다. 그러나 국제법은 국가에의 집행 기능 위탁과 공동의 이익체계로부터의 배제 등의 고유한 집행 방식으로 필요한 수준의 법 준수율을 확보한다고 볼 근거가 상당하며, 이런 의미에서 집행력을 갖추었다고 볼 여지가 있다(Hathaway and Shapiro, 2011).

규범적 법리의 한 분야는 비판적이다. 비판법학(critical legal studies), 비판적 인종이론(critical race theory), 그리고 페미니스트 정치·법이론(feminist political and legal theory)을 예로 들 수 있다. 이 가운데 페미니스트 이론은 한국을 비롯한 여러 국가에서 연구사가 쌓인 상황이다. 법은 여러 페미니스트 이론에서 여성에 대한 억압의 대표적인 기제로 꼽히며, 그만큼 관련 연구가 풍부하다. 주요 쟁점과 주제는 국가별로 다르지만, 대표적으로는 진정한 기회균등의 의미와 조건, 포르노그라피나 혐오표현의 법적 규제, 성폭력 관련 법, 종교의 자유와 여성의 권리, 임신중절 금지 여부, 그리고 가족법이 전제하는 젠더관에 대한 연구 등이 있다.

제3절 법과 민주주의

1. '정치의 사법화'

20세기 후반과 21세기 초반 정치의 한 가지 두드러진 특징은 이른바 정치의 사법화(judicialization of politics), 즉 정치적 논쟁 해결과 정책 사안의 결정에 있어서 법원을 비롯한 사법적 절차에 의존하는 경향이다. 이 현상은 특히 권력분립을 그 요체로 하는 헌정주의 사회, 그리고 동일가중치의 투표를 통한 정치적 의사결정을 기본값으로 하는 민주주의 사회에서 여러 가지 쟁점을 낳는다.

정치의 사법화 현상은 몇 가지 독립적인 현상으로 분석해서 이해할 수 있다(Hirschl, 2006). 우선, 정치 영역 전반에서 법의 용어와 개념이 확산되는 현상이 있다. 이는 뒤르켐(Durkheim)이나 베버(Weber)와 같은 고전 사회학자들이 관찰했던 사회 전반의 법제화(legalization)의 맥락에서도 이해할 수 있다.

둘째로, 전반적인 법제화에 따라 분쟁해결에 있어서 법원과 그 외 사법적 기관의 역할이 증대되는 현상이 있다. 이에 따라 법원의 역할은 소송의 요건이나 세법, 행정법 등에서의 절차적인 해석뿐 아니라 실질적인 결정, 예를 들어 시민권의 내용과 범주의 확정에도 이른다(Hirschl, 2004).

끝으로, 이러한 일상적인 사법 활동 외에 허셜(Hirschl)이 '거대정치'(mega-politics)라고 명명한 영역의 사법화 현상이 있다. 거대정치는 한 사회의 정치 전체를 결정하는 수준의 근원적인 정치적 논쟁의 영역이다. 예를 들어 외교·안보·국가경제 등 전통적으로 행정부의 영역으로 여겨지는 사안과 관련된 권한 해석, 헌법 질서의 수립과 교체, 정권 교체, 선거 절차상의 분쟁 해결, 공동체의 정치적 성격과 관련된 사안이 이에 속한다. 전통적으로 이들 영역은 사법부가 관여해서는 안 되는 영역이라는 시각이 있었다. 이러한 시각은 법원과 법관들의 자기제어로 발현되기도 했다. 가령, 법원이 거시경제나 외교·안보 사안에 대한 행정부의 권한을 침범해서는 안 된다는 이른바 '정치적 문제 독트린'(political question doctrine)은 최근까지 널리 받아들여지는 사법적 법리였다. 그러나 현재 추세는 정치적 문제 독트린이 약화됨은 물론(Barkow, 2002), 앞서 열거한 모든 영역에서, 즉 거대정치 영역 전반적으로 법원의 역할이 확장되는 것이다. 이를 두고 허셜은 국제적으로 정치가 '사법통치'(juristocracy)의 시대에 들어섰다고 진단한다(Hirschl, 2008). 헌법재판소가 탄핵심판을 담당하고 실제로 두 차례의 대통령 탄핵심판을 겪은 한국도 거대정치의 사법화가 진행되는 사례로 분류할 수 있다.

이러한 거대정치의 사법화 추세는 왜 일어나는가? 우선, 사법화를 가능하게 하는 또는 그에 우호적인 제도적 조건을 생각할 수 있다. 사법심사 권한을 지닌 독립적인 사법부와 헌법으로 보장된 기본권 등의 조건이 없으면 유의미하거나 흥미로운 차원의 사법화는 이루어지기 어렵다. 한편 이러한 조건이 주어지면, 사법 경로는 다수결주의 아래 정치적 의사를 관철시키기 어려운 사회 구성원에게 일종의 대안이 될 수 있다. 마찬가지 이유로, 국제인권법 등의 국제법원의 국내적 이행 방식 가운데 사법 경로가 존재할 경우 정치의 사법화가 더 용이해지고 그 가능성 또한 높아진다.

그러나 제도적 조건의 존재만으로는 광범위하고 지속적인 정치의 사법화를 설명하는 데 어려움이 있다(Hirschl, 2006). 특히, 적어도 민주주의 사회에서 정치의 사법화는 사법 영역을 넘어서는 사회 전반적인 수용을 필요로 한다.

구체적인 기제에 대해서는 다양한 이론이 있다. 기능주의적 관점에서 보면, 정치의 사법화는 행정 기능을 지닌 기관의 수와 복잡성이 증가함에 따라 그에 대한 감시의 필요성으로 설명될 수 있다(Shapiro and Stone Sweet, 2002). 이처럼 목적적인 설명과 비교되는 관점으로는, 가령 행정·입법부 내 정치적 분열이 심할 경우 사법부의 활동에 대한 제어 역량이 떨어져서 사법화가 더 쉽게 일어난다는 설명이 있다(Ferejohn, 2002). 시민사회의 역할에 주목하는 설명으로, 단지 헌법상의 기본권 보장이 아니라, 영향 소송(impact litigation) 등 사법경로를 이용한 사회운동을 추진할 시민사회 역량이 중요하다는 견해가 있다. 이러한 운동이 추진되기 위해서는 입법·행정부와 비교하여 사법부의 공정성이나 효과성에 대한 신뢰가 어느 정도 선결돼야 할 것이다. 관련 연구가 축적된 미국 맥락에서는, 대법원과 대법관에 대한 신뢰가 상당히 높은 것으로 나타난다(Caldeira and Gibson, 1992). 이러한 신뢰는 특히 분산된 지지(diffuse support), 즉 개별 결정을 초월하는 전반적인 "호의의 저수지"(Easton, 1975)로 드러나 사법부의 안정성에 기여한다.

2. 사법부의 민주적 정당성

민주주의 사회에서 사법부의 역할이 커지는 것에 대한 우려의 핵심은, 사법부가 입법·행정부에 비해 민주적 정당성이 결여됐다는 생각이다. 비켈(Bickel)은 이를 두고 "사법심사가 우리 시스템 내 반다수결주의적(countermajoritarian) 힘이라는 데에서 생기는 어려움"이라고 표현한다(1962). 사법심사의 결과가 사회 구성원 다수의 뜻에 반할 때 민주주의적 정당성의 문제가 생길 수 있다는 주장이다. 더 강하게는, 법관이 (대부분 국가에서 그러하듯이) 입법·행정부 관료와 달리 선출직으로 구성되지 않을 때 사법부는 태생적으로 민주적 정당성이 결여된다는 주장도 있다.

전자의 문제의식을 판단할 때는, 법관들의 결정이 다수의 뜻—'여론'으로 요약될 수 있는—과 과연 얼마나 상충하는지가 하나의 유관 질문으로 중요해진다. 사법심사를 통한 다수결 제어의 제도적 가능성의 심각성은, 이러한 제어가 실제로 얼마나 일어나는지에 따라 달라지기 때문이다. 경험 연구가 축적된 미국의 경우, 비켈 등의 우려에도 불구하고 실제 연방 대법원의 결정은 여론과 상당히 발을 맞추는 것으로 보인다(관련 연구로 Flemming, Bohte, and Wood, 1997; Giles, Blackstone, and Vining, 2008; Link, 1995; McGuire and Stimson, 2004; Mishler and Sheehan, 1996; Stimson, MacKuen, and Erikson, 1995; Friedman, 2009 등 참고). 다만 이러한 현상의 설명에 대해서는 이견이 존재하는데, 예컨대 앞서 살펴본 태도 모델과 전략 모델 가운데 어느 쪽이 더 설득력 있는지에 대한 학문적 합의가 뚜렷하지 않은 상황이다.

후자의 문제의식에 대해서는 민주주의이론의 관점에서 접근할 필요가 있다. 다수결주의가 민주주의에 개념적으로 필수적이지 않다고 볼 때, 더 정확한 문제의식은 사법심사가 민주주의의 기저 가치나 규범과 충돌하는지를 묻는 것이다. 그렇다면, 다음 두 가지 경우를 나누어 생각할 수 있다.

사법부와 입법·행정부의 관계가 그림 1과 같을 경우, 즉 사법심사가 궁극적으로는 민주주의를 정당화하는 가치, 규범과 다른 가치, 규범에 의거해 진행될 경우, 사회적으로 심각한 혼란이 일어날 수 있음은 물론 사법부의 민주적 정당성에 문제가 있다고 판단할 만하다. 그러나 선거 민주주의와 사법부의 사법심사가 결국에는 동일한 가치와 규범에 의해 정당화될 수 있다면(그림 2), 사법심사가 다수결주의적이지 않다는 이유만으로는 민주적 정당성이 결여됐다고 바로 결론지을 수 없다. 예를 들

▮ 그림 1 근원적 분절

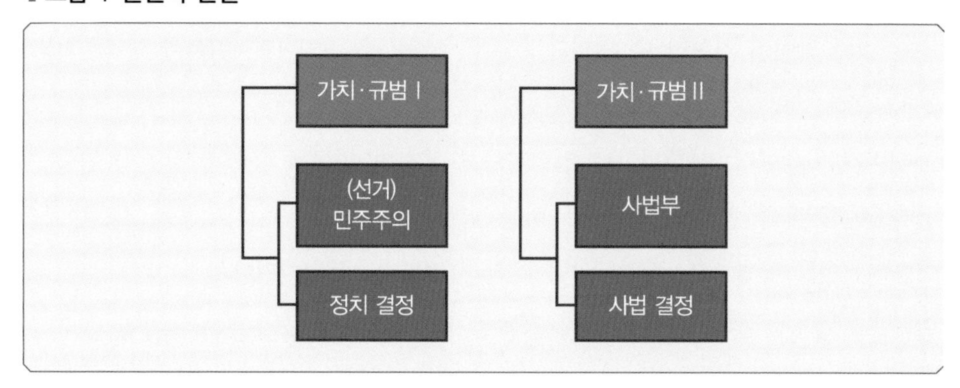

▮ 그림 2 제도의 다변화

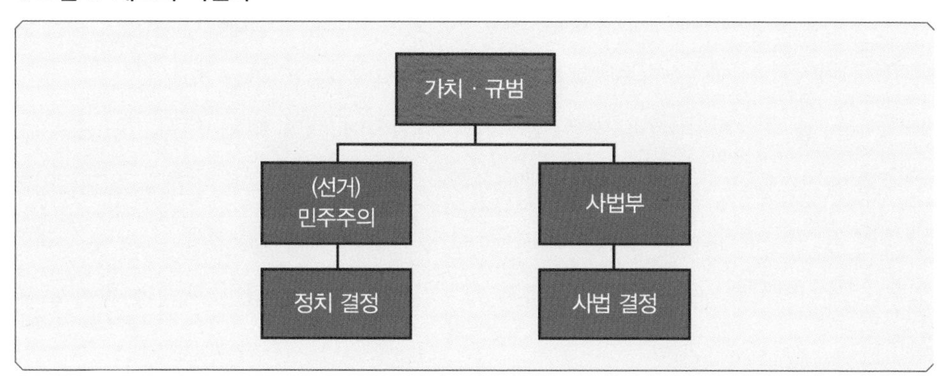

어 민주주의가 정당화되는 이유와 사법심사를 통해 소수자의 기본권을 보호하는 이유가 공통적으로 구성원의 자유롭고 평등한 관계맺음을 보장하기 위해서인 경우, 사법심사가 정치적 민주주의 절차와 조화를 이룰 여지가 생긴다.

물론, 실제 법관들의 행동과 선택은 이처럼 공통의 기저 가치와 규범에 일관되게 충실하지 않을 수 있다. 또 그림 2와 같은 상황에서도, 추상적인 가치, 규범의 해석을 입법·행정부 관료가 아닌 법관이 하는 것이 적절한지를 물을 수 있다. 이러한 우려를 고려해서 예컨대 일라이(Ely)는 사법심사의 영역을 엄밀하게 제한해야 한다고 주장한다. 그의 대표성 강화 접근(representation-reinforcing approach)에 따르면, 사법심사는 오직 민주주의가 더 잘 작동하게 하는 장치로 기능해야 하며, 이는 구체적으로 사법심사가 다음 두 영역에 제한되어야 한다는 뜻이기도 하다. 첫째, 법원은 선거구 획정 논쟁 등 선거 절차상의 사안에 대한 사법심사를 통해 평등하고 효과적인 정치

참여를 제고할 수 있다. 둘째, 법원은 소수자에 대한 차별을 감시함으로써 역시 평등한 정치 참여에 기여할 수 있다(Ely, 1980). (흥미롭게도 일라이가 지목한 두 영역은 허셜이 말하는 거대정치와 일상의 정치를 동시에 포함한다.)

전략적 차원에서, 사회변화는 입법과정보다 사법 경로를 통하는 것이 용이할 수 있다. 특히 판례 생성을 목적으로 하는 영향 소송은 부족한 자원으로 사회변화를 꾀할 수 있는 방법으로 주목받는다. 다만 사법부가 여론을 지나치게 앞설 경우, 입법·행정 경로를 통한 제어적 반응이나 반작용 성격의 사회운동이 촉발될 수도 있다. 이러한 반발(backlash) 현상의 예로, 여성의 임신중절 권리를 인정한 미국 연방대법원의 로우 판결(Roe v. Wade, (1973))에 뒤따른 보수 세력 결집이 있다. 선스틴(Sunstein)은 로우 사건이 너무 많은 것을 너무 빨리 결정해버렸다고 비판하며, 좁고 점진적이며 근본 원리보다는 "얕은" 수준 결정에 국한된 사법심사 최소주의(minimalism)을 주장한다(1999). 반면 진보적 사법심사에 대한 반발 역시 민주주의 사회에서 자연스럽고 건강한 규범 논쟁(norm contestation)이라고 보는 견해도 있다. 이른바 민주적 헌정주의(democratic constitutionalism) 견해는 사법심사를 민주적 과정에 대한 외부적 제어장치로 보기보다는, 헌법적 가치가 숙의되는 다양한 맥락의 하나로 파악한다(Post and Siegel, 2007).

사안에 따라서는 사법 경로를 통한 사회변화의 분배적 측면이 중요해지기도 한다. 앞서 언급한 국제인권법의 국내법원을 통한 이행을 예로 들어보자. 사법 경로를 통한 국제인권법 이행은 한편으로는, 국제인권법이 단지 국제적인 이상으로 남는 게 아니라 구체적인 집행으로 이어질 수 있게 한다는 의의가 있다. 그러나 법원을 통한 이행은 통상 개인 단위의 청구로 진행된다는 점, 그리고 많은 사회에서 소송을 제기하는 데에는 상당한 경제적, 사회적 비용이 든다는 점을 고려할 때, 사법 차원의 '승리'가 곧 사회 모든 이, 특히 취약층의 인권 증진으로 이어지는지는 더 세심한 경험적 분석이 필요한 문제이다. 가령 건강권이 헌법심사의 대상으로 인정되는 브라질이나 콜롬비아의 사례 연구에서는, 이러한 제도의 수혜가 취약층보다는 중산층에 쏠린다는 결과가 주목받고 있다(Ferraz, 2011; Landau, 2012).

참고문헌

- 차동욱. 2006. “사법적극주의의 경험적 분석을 위한 이론적 고찰: 미국에서의 논의를 중심으로 비교 제도적 확장을 위하여.” 『세계헌법연구』 12권, 293−324.
- Alter, Karen. 2001. *Establishing the Supremacy of European Law: The Making of an International Rule of Law in Europe*. Oxford: Oxford University Press.
- Barkow, Rachel E. 2002. “More Supreme than Court? The Fall of the Political Question Doctrine and the Rise of Judicial Supremacy.” *Columbia Law Review* 102: 237−336.
- Benesh, Sarah C., and Wendy L. Martinek. 2002. “State Supreme Court Decision−Making in Confession Cases.” *Justice System Journal* 23: 109−34.
- _______, 2012. “Lower Court Compliance with Precedent.” In Kevin T. McQuire ed. *New Directions in Judicial Politics*. New York: Routledge.
- Bickel, Alexander. 1962. *The Least Dangerous Branch: the Supreme Court at the Bar of Politics*. New Haven: Yale University Press.
- Caldeira, Gregory, and James Gibson. 1992. “The Etiology of Public Support for the Supreme Court.” *American Journal of Political Science* 36: 635−664.
- Durkheim, Emile. 1964 [1893]. *The Division of Labor in Society*. New York: Free Press.
- Easton, David. 1975. “A Re−Assessment of the Concept of Political Support.” *British Journal of Political Science* 5: 435−57.
- Epstein, Lee, and Jack Knight. 1998. *The Choices Justices Make*. Washington, D.C.: CQ Press.
- _________________________. 2013. “Reconsidering Judicial Preferences.” *Annual Review of Political Science* 16: 11−31.
- Ferejohn, John. 2002. “Judicializing Politics, Politicizing Law.” *Law and Contemporary Problems* 61: 41−68.
- Ferraz, Octavio L.M. 2011. “Brazil: Health Inequalities, Rights and Courts: The Social Impact of the Judicialization of Health.” In Alicia Ely Yamin and Siri Gloppen, eds. *Litigating Health Rights: Can Courts Bring More Justice to*

Health? Cambridge, MA: Harvard University Press.

- Flemming, Roy B., John Bohte, and B. Dan Wood. 1997. "One Voice Among Many: The Supreme Court's Influence on Attentiveness to Issues in the United States, 1947–92." *American Journal of Political Science* 41: 1224–50.
- Friedman, Barry. 2009. *The Will of the People: How Public Opinion Has Influenced the Supreme Court and Shaped the Meaning of the Constitution.* New York: Farrar, Straus and Giroux.
- Giles, Micheal W., Bethany Blackstone, and Richard L. Vining. 2008. "The Supreme Court in American Democracy: Un–Raveling the Linkages between Public Opinion and Judicial Decision Making." *Journal of Politics* 70: 293–306.
- Ginsburg, Thomas. 2003. *Judicial Review in New Democracies: Constitutional Courts in Asian Cases.* New York: Cambridge University Press.
- Hathaway, Oona, and Scott Shapiro. 2011. "Outcasting: Enforcement in Domestic and International Law." *Yale Law Journal* 121: 252–349.
- Helfer, Laurence, and Anne–Marie Slaughter. "Toward an Effective Theory of Supranational Adjudication." *Yale Law Journal* 107: 273–392.
- Hirschl, Ran. 2000. "The Political Origins of Judicial Empowerment through Constitutionalization: Lessons from Four Constitutional Revolutions." *Law and Social Inquiry* 25: 95–139.
- __________. 2004. *Towards Juristocracy: The Origins and Consequences of the New Constitutionalism.* Cambridge, MA: Harvard University Press.
- __________. 2006. "The New Constitutionalism and the Judicialization of Pure Politics Worldwide." *Fordham Law Review* 75: 721–54.
- __________. 2008. "The Judicialization of Mega–Politics and the Rise of Political Courts." *Annual Review of Political Science* 11: 93–118.
- Landau, David. 2012. "The Reality of Social Rights Enforcement." *Harvard International Law Journal* 53: 401–59.
- Link, Michael W. 1995. "Tracking Public Mood in the Supreme Court: Cross–Time Analyses of Criminal Procedure and Civil Rights Cases."

Political Research Quarterly 48: 61– 78.

- McGuire, Kevin T., and James A. Stimson. 2004. "The Least Dangerous Branch Revisited: New Evidence on Supreme Court Responsiveness to Public Preferences." *Journal of Politics* 66: 1018–35.
- Minow, Martha. 1998. *Between Vengeance and Forgiveness: Facing History after Genocide and Mass Violence.* New York: Beacon Press.
- Mishler, William, and Reginald S. Sheehan. 1996. "Public Opinion, the Attitudinal Model, and Supreme Court Decision Making: A Micro–Analytic Perspective." *Journal of Politics* 58: 169–200.
- Post, Robert, and Reval Siegel. 2007. "Roe Rage: Democratic Constitutionalism and Backlash." *Harvard Civil Rights and Civil Liberties Review* 42: 373–433.
- Raz, Joseph. 1975. *Practical Reason and Norms.* Oxford: Oxford University Press.
- Schabas, William A. 2011. *An Introduction to the International Criminal Court.* 5th ed. Cambridge: Cambridge University Press.
- Segal, Jeffrey A., and Harold Spaeth. 2002. *The Supreme Court and the Attitudinal Model Revisited.* NewYork, NY: Cambridge University Press.
- Shapiro, Martin, and Alec Stone Sweet. 2002. *On Law, Politics, and Judicialization.* Oxford: Oxford University Press.
- Songer, D.R., Segal, J. A., and Cameron, C. M. 1994. "The Hierarchy of Justice: Testing a Principal–Agent Model of Supreme Court–Circuit Court Interactions." *American Journal of Political Science* 38: 673–96.
- Stimson, James A., Michael B. MacKuen, and Robert S. Erikson. 1995. "Dynamic Representation." *American Political Science Review* 89: 543–65.
- Sunstein, Cass. 1999. *One Case at a Time: Minimalism on the Supreme Court.* Cambridge, MA: Harvard University Press.
- Weber, Max. 1978. [1914] *Economy and Society: An Outline of Interpretive Sociology.* Berkeley: University of California Press.
- Weiler, J.J. 1991. "The Transformation of Europe." *Yale Law Journal* 100: 2403–83.

12

국제관계

Understanding Politics

국제관계

제1절 국제관계와 국제관계학

일반적으로 국제관계학(international relations)은 "국가 수준의 정치적 단위들간의 관계를 연구하는 정치학의 하위분야"로 규정된다(Gove ed. 1961, 1181). 「국제관계학」은 「국제정치학」(international politics)으로도 불리며, 전자가 보다 보편적으로 쓰인다. 엄밀한 의미에서 국제정치학은 국제관계학의 한 부분으로 보아야 한다. 국제관계에는 정치적 관계뿐 아니라 경제적, 문화적 관계 등도 포함되기 때문이다. 그러나 지금까지 국제관계는 주로 정치학에서 다루어져 왔고, 국제관계의 가장 중대한 측면으로 정치적 관계가 강조되었기 때문에, 양자는 흔히 동일한 것으로 취급되고 있다.

사실 국제관계에 대해 일반인들이나 학자들 대부분이 지니고 있는 이미지 역시 이와 다르지 않다. 대부분 전쟁이나 외교와 같이 정부들 사이에 벌어지는 정치적 행위들을 연상하는 것이다. 그러나 국제관계는 정부간의 정치적 상호작용에 국한되지 않는다.

우선 국제관계의 행위자들은 각국 정부들만이 아니다. UN과 같은 범세계적 국제기구들이나 EU나 NATO와 같은 지역 수준의 국제협력기구들이 중요한 행위자임은 말할 것도 없으며, 이들이 국제관계에서 차지하는 비중은 점점 커지고 있다. 또한 초국적 기업(transnational corporations: TNCs)들이 각국의 정치와 외교 및 국가간 관계에 미치는 영향도 간과할 수 없다. 최근에는 비정부기구들(non-governmental organizations; NGOs)이나 이들의 국제적 연대가 환경이나 인권, 시장 개방 등 국제관계의 다양한 영역에서 무시 못할 존재로 떠오르고 있다. 이렇게 볼 때, 국제관계를 국가들만의 관계로 한정시키는 것은 타당하지 않다. 국가간의 관계는 여전히 국제관계의 핵심적 자리를 차지하고 있으나, 다양한 비정부적, 초국적 행위자들이 정부간 관계에 영향을 미치거나 이들과 정부간의 관계가 국제관계를 구성하고 있는 것이다.

둘째, 국제관계는 정치적 관계뿐 아니라 경제적, 문화적, 사회적 영역에서 국가의 경계를 초월하여 일어나는 폭넓은 교류와 관계를 포함한다. 국가간 갈등과 분쟁이나 전쟁이 국제관계의 가장 극적인 측면이라는 것은 부인할 수 없다. 그러나 각국 정부간, 정부와 초국적 행위자간, 각국 정부와 타국의 민간부문간의 비정치적 관계의 중요성을 무시할 수는 없다. 예컨대 WTO의 다자협상과 같은 무역협상이나 G−8 정상회담과 같이 각국의 거시경제정책의 조정을 위한 외교는 국제관계에서 보다 일상적이고 중요한 것으로 다루어지고 있다. 또 각국이 지니고 있는 문화의 성격과 이들간의 교류가 외교정책에 중대한 영향을 미칠 수 있다는 점은 주지의 사실이며, 최근에는 문화, 혹은 문명간의 충돌로 국제관계의 갈등을 전망하려는 시도도 이루어지고 있다(Huntington, 1996). 국가를 초월하여 일어나는 모든 정치적, 경제적, 사회적, 문화적 행위와 관계들이 국제관계학의 대상이 될 수는 없으나, 국가간의 정치적 관계에 직·간접적 영향을 미치는 많은 비정치적 관계들이 연구대상에 포함되고 있는 것이다.

요컨대, 국제관계를 정치적 영역에서의 정부들만의 공식적 관계로 좁게 해석할 필요는 없다. 국제기구나 초국적 기업, 심지어는 국제적 영향력이 있는 개인들도 국가간의 관계와 외교정책에 영향을 미치며, 정치적 관계는 경제관계와 문화교류 등 다른 부문의 국제관계와 밀접한 연관성을 지니고 있기 때문이다. 따라서 최근의 국제관계학은 국가간의 정치적 관계라는 전통적 국제정치학의 안보(security) 연구 중심에서 벗어나, 보다 폭넓은 시각에서 다양한 영역을 탐구하고 있으며, 경제학, 사회학, 인류학, 지리학, 심리학, 여성학, 생물학 등 다양한 인접 학문분야와의 학제적 연구(inter-disciplinary studies)를 지향하고 있다. 예컨대 경제적 상호의존이 크게 증대된 1970년대 이후에는 국제정치경제학(international political economy)이 국제관계학의 독자적 하위분야로 자리잡게 되었고, 냉전이 끝난 이후에는 평화연구(peace studies)와 같은 학제적 연구나 국제관계에서 성(gender)의 문제에 대한 연구, 인종분쟁과 난민문제에 대한 연구 등이 본격화되고 있다.

이러한 국제관계학의 중요성에 대해서는 새삼 재론할 필요가 없다. 고대 그리스의 도시국가들에서부터 최근 우리의 남북관계에 이르기까지, 동서고금을 막론하고 국제관계는 한 사회의 생존과 번영에 절대적 영향을 미쳐 왔다. 어떠한 사회도 안정된 주변 안보환경에 주의를 기울이지 않고 독자생존하기는 불가능한 것이다. 따라서 전쟁과 평화의 문제, 그리고 안보의 문제는 투키디데스(Thucydides)와 손자(孫子)의 시대 이전부터 생존의 필수적 문제로 인식되어 왔다. 한편, 근대 이후 여러 지역들간의 경제적, 문화적 교류와 인구의 이동이 본격화되면서 안보 이외의 측면에서 국제관계의 중요성이 증대되어 왔다. 오늘날 지구상의 대부분의 나라들은 다른 나라들과의 무역과 투자 등 교류가 없이는 생존하기 어렵다. 더욱이 지난 20여 년간 진행되고 있는 지구화(globalization)는 각국간의 상호의존을 심화시키면서 국제관계의 중요성을 한층 증대시키고 있다. 나아가 한 사회의 밖에서 벌어진 일들이 사회 내에 미치는 영향력도 커지고 있다. 예컨대 1980년대를 전후하여 중남미, 동아시아 및 동구권을 휩쓴 민주화의 물결이나 이후의 신자유주의의 확산을 보면, 과연 현대사회에서 국제환경의 영향에서 자유로운 국내 정치변화가 가능한가하는 의문이 든다.

따라서 국제관계학은 일찍부터 실용적 성격이 강했고, 현실적 필요성이 국제관계 연구에 큰 영향을 미쳐 왔다. 국제관계 연구들의 상당수가 그 시점의 현실문제에 초점을 두어 왔던 것이다. 현재 우리나라 국제관계학계의 주 관심이 남북관계나 북미관계에 있는 것이라든가, 미국 국제관계학자들이 탈냉전 이후 미국의 세계전략과 지정학적 문제에 초점을 두고 있는 것에서, 국제관계학의 이러한 성격이 잘 드러난다.

뿐만 아니라 국제관계학은 국제관계의 현실과 그 변화로부터 커다란 영향을 받아왔다. 사회과학은 사회 현실을 연구대상으로 하기 때문에, 사회현실의 변화에 따라 연구의 방향과 내용이 영향을 받을 수 있다. 그러나 국제관계학은 특히 이러한 성격이 강하다. 예컨대 19세기 유럽에서 오랫동안 평화가 지속되었을 당시에는 인간의 이성에 의해 전쟁을 방지할 수 있다는 낙관적 사고가 팽배했으나, 20세기에 들어서서 세계대전을 겪게 되면서 이성에 대한 믿음은 사라졌고 힘과 힘의 균형에 의해서만 평화가 지켜질 수 있다는 생각이 국제관계학의 지배적인 시각이 되었다. 한편 1970년대에 이르러 각국간의 교류와 상호의존이 증대되자, 국가들간의 협력과 이를 통한 평화의 가능성이 주목받게 되었다.

이런 맥락에서 국제관계학에는 이데올로기적 성격이 강하다는 비판도 제기된다. 현상의 유지를 위하거나, 혹은 현상을 타파하기 위한 동기가 국제관계의 연구에 직·간접적으로 영향을 미친다는 것이다. 예컨대 이차대전 이전까지 국제관계에서 힘의 사용을 경원시하고 이성과 도덕을 강조했던 자유주의(liberalism), 혹은 이상주의(idealism)는 당시 국제질서의 지배적 세력이었던 영미 중심의 질서를 정당화하고 힘에 의한 도전을 억제하려는 의도가 작용했다고 볼 수 있다(Carr, 1946). 또한 1970년대에 크게 주목받았던 패권안정론(hegemonic stability theory)은, 패권국이 존재해야 국제질서의 안정과 국제경제의 개방성이 유지된다고 주장함으로써 제2차 세계대전 이후 미국의 패권적 존재를 정당화하고 1970년대 이후 미국의 상대적 약화를 우려했던 것으로 비판된다.

그러나 국제관계학의 중요성이 실용적 필요성에만 있는 것은 아니다. 실용적 문제의 해결을 위해서는 보다 근본적인 문제에 대한 이론적 성찰이 이루어져야 함은 물론이다. 나아가 국제관계학은 정치학의 다른 분야들이 다루지 못하는 고유한 문제영역들을 지니고 있으며, 인간 본성의 문제에서부터 국가 내부와 외부간의 관계, 정치와 경제의 상호작용에 이르기까지 사회과학의 핵심적 질문들을 다루고 있다. 뒤에서 논의하겠지만, 국내 사회와 달리 국제사회는 중앙의 공식적 권위가 존재하지 않으므로 행위자들의 행위와 그 관계가 국내사회와는 다른 논리로 이루어질 수 있다. 이와 같이 상대적으로 '무정부적인' 상태에서 정치행위가 어떻게 이루어지는지 하는 문제는 국제관계학의 고유한 연구영역이며, 많은 실용적 문제들을 해결하기 위한 근본적 질문임과 동시에, 인간 본성에 대한 탐구에서부터 국내정치의 이해에까지 연관된 연구대상인 것이다.

제2절 시각과 이론

국가간에는 왜 전쟁이 끊이지 않는 것일까? 전쟁이 일어나는 근본적 원인은 무엇일까? 국제관계에서 협력과 공존은 불가능한 것인가? 특정한 국가의 행위를 결정하는 요인은 무엇인가? 이러한 문제들에 대해 그간 다양한 설명들이 제시되어 왔고, 경쟁적인 이론들간에 중대한 논쟁들이 벌어져 왔다.

그러나 국제관계에서 일어나는 현상은 대단히 복잡하고 다층적이며, 예측이 쉽지 않고, 가변적이다. 또한 특정한 현상을 야기한 요인들 중 어떤 것이 보다 직접적이고 가까운 원인이며 가장 중요한 것으로 고려되어야 할지 쉽게 단정짓기 어렵다. 따라서 이와 같이 복잡한 현상들에 대한 다양한 설명들은, 몇 가지 공통된 전제를 중심으로 국제관계의 현상을 단순화하여 바라보는 특정한 관점들에 기반을 두어 왔다. 현실주의와 자유주의가 대표적인 시각들이며 마르크시즘과 구성주의의 대안적 시각도 제시되어 왔다. 경우에 따라서 이 시각들은 이론, 메타이론(meta-theory), 패러다임(paradigm), 학파, 세계관, 이미지 등으로 간주되기도 한다. 이 시각들은 각각 국제관계의 본질에 대해 상이한 전제를 지니고 있으며, 국제관계 연구의 초점을 다르게 설정하고 있다.

1. 현실주의와 신현실주의

현실주의자들은 국제관계를 국가들간의 힘(power)의 정치로 파악하며 국가들간의 갈등이 불가피하다고 전제한다. 현실의 국제관계를 「힘의 정치」(Realpolitik)로 보는 것은 굳이 투키디데스나 손자 등을 거론하지 않더라도 동서를 막론하고 오래된 전통이며 오늘날에도 일상적인 사고라고 할 수 있다. 그러나 국제관계학에서 현실주의(realism)가 지배적인 시각이 된 것은 제2차 세계대전을 전후한 시기였다.

제2차 세계대전 이전까지는 국제관계에서 국제도덕과 여론, 국제법 및 국제기구 등이 중시되고 힘에 의한 해결이 경원시되었다. 예컨대 서구 국가들 대부분이 제1차 세계대전을 겪은 후에도, 전쟁을 막기 위한 방법으로 국제연맹과 같은 국제기구나 국제도덕에 대한 호소가 시도되었다. 이는 한편으로는, 인간의 이성(reason)에 대한 신뢰를 바탕으로 평화라는 규범적 이상을 실현하려 했던 시도라고 볼 수 있다. 그러나 이러한 시도가 또 다른 세계대전을 막지 못했다는 점을 고려할 때, 규범론에 치우침으로써 현실을 파악하지 못한 지나친 낙관론이라는 비판을 면하기 어렵다. 나아가 힘에 의한 해결을 억압함으로써 기존의 세력균형을 당연시하고 기존질서를 지배하던 소수 강대국들의 이익에 부합하려는 현상유지적 동기를 가진 것으로 비판되기도 했다(Carr, 1946). 카(Carr, 1946)는 이를 「유토피아주의」(Utopianism)로 비판하면서, 객관적인 국제정치의 현상에서는 힘이 중심이 되며, 이는 불가피한 것이라고 역설했다.

제1차 세계대전이 끝난 지 채 20년이 못되어 다시 참혹한 세계대전이 발발하면서, 국제관계에서 이성과 도덕에 대한 낙관적 신뢰는 크게 훼손되었다. 이와 더불어 곧 소련과의 냉전이 시작되면서 힘을 중심으로 국제관계를 바라보는 현실주의가 국제관계학의 지배적인 시각이 되었다. 이러한 현실주의 시각에 대해 철학적, 이론적 근거를 마련한 것은 모겐소(Hans J. Morgenthau)로 그의 『국제정치』(*Politics among Nations*)[1]는 이후 많은 현실주의자들에게 지대한 영향을 미쳤다.

모겐소(Morgenthau, 1946)는 홉스적인 인간관에 기반을 두고 정치과정에서 힘의 우위를 강조했다. 인간은 본질적으로 이기적인 존재이며, 정치는 이기적 인간들이 힘(권력)을 추구하는 끝없는 권력투쟁의 과정이다. 마찬가지로 힘의 효과적 조직체인 국가들 역시 국가이익을 추구하며 이 국가이익은 힘으로 규정된다. 따라서 국제정치는 본질적으로 「힘으로 규정된 국가이익」을 추구하는 국가들간의 힘의 투쟁인 것이다. 국제정치학은 보편적인 도덕적 원칙에 근거한 규범론을 지양하고, 이러한 인간 본성과 정치에 대한 실제적 전제에 근거하여 경험적이고 과학적인 분석을 해야 한다고 모겐소는 주장했다.

모겐소가 제시한 현실주의적 시각은 이후 많은 국제정치학자들에게 압도적인 영향을 미쳤다. 모겐소가 제시한 개념과 분석틀이 모호하고 변화를 설명할 수 없다는 등의 비판이 제기되었으나, 그가 제시한 현실주의적 전제들은 국제정치학의 지배적 시각을 이루었던 것이다. 특히 소련과의 냉전이 심화되고 소련에 대한 봉쇄정책(containment)과 「힘의 균형」(balance of power)을 유지하려는 군비경쟁(arms race)이 지속

1 이 책의 번역판으로 이호재 역(2000)이 있고, 제1장은 김우상 외 공편역(1987) 제1권 pp. 11－28에 번역되어 있다.

되면서, 국제관계학에 있어 현실주의적 안보연구가 주류를 이루게 되었다. 뿐만 아니라 미국의 실제 외교정책에 있어서도 현실주의의 영향은 크게 작용했다. 소련 및 사회주의와의 대결상황에서 현실주의는 힘의 균형과 힘을 통한 봉쇄라는 명확한 처방을 제시했던 것이다. 예컨대 봉쇄정책의 창시자인 케난(George Kennan)은 선구적인 현실주의자들 중 하나였고, 중국을 통해 소련을 견제하는 정책에 성공했던 키신저(Henry Kissinger) 역시 대표적인 현실주의 국제정치학자였다.[2]

고전적 현실주의는 이후 다양한 형태로 발전했다. 특히 국가의 행동을 설명, 예측할 수 있는 엄밀한 이론을 구축하려는 월츠(Kenneth N. Waltz) 등의 시도가 대표적이다. 월츠(Waltz, 1979)는 모겐소처럼 국제정치의 본질을 인간의 본성에서 찾지 않았다. 대신, 국제관계 고유의 구조적 특성에서 힘의 정치가 비롯된다고 설명했다. 가격에 의해 변동하는 수요, 공급의 시장구조가 소비자들의 행동을 결정하는 미시경제학과 같이, 국제정치 역시 구조에 따라 행위자들이 어떻게 행동하는지를 설명, 예측할 수 있다는 것이다. 힘의 정치라는 현실주의의 전제를 국제정치의 구조로 재해석했다는 점에서, 월츠의 시도는 구조적 현실주의(structural realism), 또는 신현실주의(neorealism)라고 불린다.

월츠(Waltz, 1979)에 따르면, 이러한 구조는 세 차원에서 살펴볼 수 있다. 하나는 구성 단위들간의 질서를 규정하는 원칙이며, 다른 하나는 각 단위들이 행하는 기능이다. 이 둘은 국제정치의 이론화 작업에 문제가 되지 않는다. 국제정치의 질서규정 원칙은 당연히 무정부적이며, 국제정치구조의 단위인 국가들의 기능은 유사하기 때문이다. 중앙의 권위가 존재하지 않는 무정부 상태에서 각 국가들은 자신의 보존을 위해 투쟁하고 있는 것이다. 중요한 것은 세 번째 측면, 즉 각 단위들간의 능력(capability), 곧 힘의 배분이다. 다양한 능력 분포 상태에 따라 각 단위들의 행동이 변화된다는 것이다. 즉, 힘의 균형이 이루어진 구조에서 국가들은 전쟁을 회피하고 평화를 유지하며, 힘의 불균형 상태에서는 전쟁이 유발된다. 따라서 국제정치의 이론화 작업은 힘의 분포에 초점을 둔 국제정치 구조로부터 갈등과 동맹과 같은 국가들의 행동을 설명하는 작업이 되어야 한다고 신현실주의자들은 주장한다.

2 제2차 세계대전을 전후한 시기 이래 최근까지 미국 외교정책과 국제관계의 변화에 대해서는 앰브로스(Ambrose, 2010)를 참조하라. 이 책의 제7판의 번역으로 권만학 역(1996)이 있다.

이와 같이 신현실주의는 국제관계의 힘의 분포라는 단순한 변수로서 국가들의 행동을 설명함으로써 이론적 경제성(parsimony)과 견고함을 달성한 것으로 평가된다. 고전적 현실주의의 느슨한 전제들을 체계적인 연역적 이론으로 재확인한 것이다. 그러나 이론적 명료함과 단순성의 대가로 여러 가지 문제들 또한 안고 있다. 무엇보다도 국가간 힘의 배분에만 초점을 둠으로써 국제관계에 영향을 미치는 다양한 요인들을 무시하고 있다고 비판된다. 국가 내부의 집단들간의 갈등과 같은 국내적 요인들이 외교정책에 미치는 영향은 물론 국가간 다양한 상호작용들과 초국적 존재들의 영향들이 사상되어 있는 것이다. 또한 신현실주의 이론은 힘의 균형에 초점을 둠으로써 역사적으로 변화해 온 국제정치구조를 제대로 설명하지 못한다고 지적된다. 변동보다는 현상(status-quo)과 균형을 설명하는 이론이며, 균형이 무너지거나 한 균형상태에서 새로운 균형상태로의 변동하는 과정을 설명하기에는 부적합한 것이다. 이런 측면에서 신현실주의는 강대국 중심의 기존 국제질서를 정당화해주는 이데올로기적 편향에 사로잡혀 있다고 비판되기도 한다.[3]

한편 무정부 상태하에서 국가들간의 힘의 분포의 중요성을 공유하면서도 신현실주의자들과는 다른 시각에서 국제관계의 변화를 설명하려는 노력들도 시도되었다. 예컨대 길핀(Gilpin, 1981)은 국제질서의 안정과 개방성을 가져다주는 것이 힘의 균형이 아니라 힘의 우위라고 보았다.[4] 압도적으로 우월한 힘을 지닌 패권국(hegemon)의 힘이 상승하고 있을 때 전쟁이 방지되고 국제질서의 안정이 유지된다는 것이다. 역사상 이러한 패권국들은 주기적으로 등장, 쇠퇴해 왔다. 시간이 지남에 따라 제국이 가져다주는 수익과 투자가 줄어드는 반면 제국 유지의 비용과 소비는 늘어나고, 힘의 우위를 가져다주었던 기술은 외부로 확산되기 때문이라고 길핀은 설명한다. 이러한 패권이론은 현실주의의 기본 전제 위에서 국제질서의 동태적 변화과정을 설명할 수 있다는 점에서 신현실주의의 한계를 어느 정도 극복하고 있으며, 힘의 경제적 근원과 국제관계에서 경제관계의 중요성도 인식하고 있다.

이 밖에도 현실주의에 대한 다양한 재해석들과 이론화 작업들이 이루어져 왔다.

---

3 신현실주의자와 그 비판자들간의 다양한 논쟁에 대해 다음은 필독을 요한다: 코헤인(Keohane, 1986), 볼드윈(Baldwin, 1993), 브라운(Brown, 2000).

4 패권이론에 대한 소개로 오기평 편(2000) 제1, 2장을 참조하라.

사실 정치현상에서 권력은 핵심적 요소이기 때문에 국제관계를 연구하는 정치학자들이 힘의 중요성에 초점을 두는 것은 당연할 수도 있다. 많은 국제정치학자들이 현실주의의 이름으로 다소 상이한 이론과 설명들을 제시하기도 하고, 현실주의의 의미를 계속 확장해 오고 있는 실정이다. 그럼에도 불구하고 현실주의의 다양한 이론과 재해석들은 최소한 다음과 같은 공통된 전제에 근거한다.

우선 현실주의는 국가를 가장 중요한 행위자로 간주하며 핵심적 분석단위로 취급한다. 30년 전쟁이 끝나고 1648년 베스트팔리아(Westphalia) 조약 이후 주권 국민국가 체제가 들어선 이래 근대 국제체계는[5] 기본적으로 국가들로 구성되며 이 국가들이 국제관계의 핵심적 행위자라고 보는 것이다. UN과 같은 국제기구나 초국적기업들과 같은 초국가적 존재들의 독립성과 중요성이 인정되기는 하지만, 이들의 중요성은 국가에 비해 낮은 것으로 취급된다.

이러한 국가는 단일하고(unitary) 합리적인 행위자로 인식된다. 국제관계에서 국가는 밖의 세계에 대해 통합된 하나의 존재로 행동하며, 자신의 이익을 극대화시키려는 합리적 존재라고 보는 것이다. 물론 국가 내부의 각 사회세력이나 비정부집단, 혹은 상이한 관료집단들이 국가의 외교정책에 영향을 미칠 수는 있다. 또한 불확실한 국제 현실 속에서 정보의 제한과 정보처리능력의 미비로 말미암아 국가의 합리적 선택이 가능하지 않을 수도 있다. 그러나 현실주의자들은 안보와 같이 극히 중대한 국가이익의 문제에 있어서 국가는 단일한 행위체로서 단일한 정책을 추구하며, 국가이익을 극대화시키거나(maximizing) 최선의 결과를 만족시키는(satisficing) 대안을 선택한다고 전제한다.

현실주의자들의 또 다른 전제는, 국가들로 이루어진 국제체제가 무정부상태이며 이 속에서 국가의 최우선적 국가이익은 안전보장, 즉 군사적, 정치적 측면에 있다는 것이다. 주권국가들로 이루어진 국제체제는 중앙의 권위가 존재하는 위계적인 질서가 아니며, 각각의 독립적인 국가 행위자들이 자신의 이익을 추구하는 자구체제(self-help system)이다. 국내정치와 달리 국제관계에서는 국가들에게 질서를 강제할 수 있는 상위의 지배적 존재나 법적 장치와 사회적 공동체의식, 혹은 경찰과 같이 물

5 서구를 중심으로 근대 국제체제의 역사적 변화를 서술하고 이를 이론적 측면에서 간략하게 분석한 교과서로 나이(Nye, 2000)를 참조하라.

리력을 독점하는 기구도 존재하지 않는다. 이러한 자구체제에서 국가들은 자기 보존을 위해 일차적으로 힘에 의존할 수밖에 없다. 한 국가의 힘이 다른 국가들보다 상대적으로 강할 경우 무력에 의존하려는 위험이 항상 존재하며, 무력 사용이 불가능하지 않는 한 국가들간의 관계는 상대방에 대한 불신과 의심에서 벗어날 수 없기 때문이다. 국가간의 교류와 협력이 갈등을 완화할 수도 있으나, 이를 통한 상대적 이득(relative gains)의 차이로 인해 힘의 균형이 변화될 정도의 국제협력은 이루어질 수 없다.

2. 자유주의와 신자유주의

국제관계를 바라보는 자유주의(liberalism)적 시각은 몇 가지 근본적인 면에서 현실주의와 상반된다. 무엇보다도 자유주의는 국제관계에서 협력의 가능성을 인정하며, 이를 진작시키기 위해 노력한다. 현실주의자들은 국제관계가 무정부상태에서 만인 대 만인의 투쟁이 벌어지는 홉스적 자연상태라고 보지만, 자유주의자들은 이를 일면적이고 지나치게 단순화된 것이라고 비판한다. 국제관계는 무정부적일 수도 있지만, 압도적인 국가나 초국적 행위자에 의해 비교적 위계적으로 이루어질 수도 있고, 국가들간의 상호주의(reciprocity)와 협력 및 교류도 이루어지며, 심지어 국제법이나 규범, 제도 등에 의해 통제되기도 하는 것이다. 따라서 국가간의 대립과 전쟁은 국제관계의 본질적인 성격이 아니며, 오히려 잘못된 제도와 지도자들 때문에 발생하는 일탈현상이다. 이러한 잘못을 고침으로써 국제관계의 진보가 이루어질 수 있고 전쟁이 제어될 수 있다고 자유주의자들은 낙관한다.

자유주의자들은 국제관계의 핵심적 행위자가 국가이며 국가는 단일한 합리적 행위자라는 현실주의의 전제 역시 부정한다. 국가 내부에는 많은 이익집단들, 사회세력들, 개별 행위자들 및 관료기구들이 존재하며 이들의 다양한 이해관계와 목표들이 조정되어 국가의 정책이 결정된다. 외교정책에 관한 많은 경험적 연구들이 입증하듯이, 외교정책도 예외는 아니다. 더욱이 초국적 존재들이나 국제기구, 국가간 기구(inter-governmental organization: IGO), 민간기구(NGO)들과 이들의 연대들도 점점 국제관계의 중요한 행위자가 되고 있다. 그렇기 때문에 국가는 국가이익을 극대화시키는 합리적 존재가 될 수 없다. 다양한 행위자들의 대립, 흥정, 타협을 통해 국가의 선택이 결정되는 것이다. 이런 측면에서 많은 자유주의자들을 다원주의자(pluralist)로 분류하기도 한다. 나아가 현실주의자들이 상정하는 합리적 국가는 단기적 이익을 극대화시키고 이를 위해 전쟁을 불사하는 존재이지만, 자유주의자들은 이러한 합리성이 진정한 합리성이 아니며 비합리적 일탈행위라고 본다. 오히려 합리적 국가라면 장기적인 복지를 극대화시키기 위해 국가간 협력에 참여하리라는 것이다.

이러한 자유주의적 시각 역시 그 연원이 오래되었고, 다양한 형태로 발전되어 왔다. 인간의 이성에 대한 믿음과 평화에 대한 염원은 동서고금을 막론하고 편재했기 때문일 것이다. 그러나 자유주의의 사상적 기반을 마련한 것은 몽테스키외(Montesquieu)나 루소(Jean Jaqcues Rousseau), 칸트(Immanuel Kant)와 같은 18세기 계몽주의 철학자들이었다. 이들은 홉스가 말하는 무정부상태의 국제질서에서도 만국 대 만국의 투쟁이 불가피한 것은 아니며, 여러 가지 방법을 통해 전쟁을 방지할 수 있다고 주장했다. 예컨대 칸트(Immanuel Kant)는 국제질서의 무정부상태가 일종의 집합행동(collective action)에 의해 해결될 수 있다고 보았다. 즉, 각각의 주권을 보유한 채 국가들이 연합(federation)을 이루어 평화를 이룩할 수 있다는 것이다. 인간은 이기적이라 하더라도 세계주의와 보편주의를 배워나갈 수 있고, 그렇기 때문에 영구평화(perpetual peace)는 어렵지만 가능한 것으로 칸트는 보았다. 냉전이 끝나고 전쟁의 가능성이 줄어든 최근, 칸트의 영구평화론은 신칸트주의자(neo-Kantian)들에 의해 민주주의 국가들간에는 전쟁 가능성이 낮다는 민주평화론(Democratic Peace)으로 부활되었다.

자유주의는 19세기에 전성기를 구가했다. 19세기는 서구 각국이 국내 정치, 경제적으로는 민주주의와 시장경제의 자유주의적 변화를 겪게 되었던 시기이며, 국제경제적으로는 이전의 중상주의(mercantilism)에서 벗어나 자유무역질서가 이룩되었던 시기였다. 국제정치적으로도 나폴레옹 전쟁이 끝난 이후 보불전쟁과 같은 경우를 제외하면 서구 강대국들간에 최장기간 동안 평화가 유지되었던 시기였다. 이러한 상황과 합리주의의 영향 속에서, 인간의 이성과 민주주의적 국가에 대한 신뢰, 그리고 이들에 의해 전쟁이 방지될 수 있다는 기대가 확산되었던 것이다.

역설적이지만, 이러한 자유주의적 시각이 실제 국제질서에 커다란 영향을 미친 것은 두 번의 세계대전을 겪게 된 20세기 초반이다.[6] 제1차 세계대전이 일어나기 이전에 많은 정치인들과 지식인들은 이러한 규모의 전쟁이 발발하리라고는 생각조차 하지 않았다. 과학기술의 진보로 대량살상무기가 사용되고 근대 산업국가의 모든 자원이 총동원되는 대규모 전쟁이 가능해진 상황에서 문명국들이 파멸의 길을 택하지는 않으리라고 생각했던 것이다. 그러나 미증유의 대전쟁은 발발했다. 과학기술이 상상 이상의 파괴력을 발휘했음에도 불구하고, 국가이익과 민족주의 속에서 인간의 이성은 실종되었다.

그러나 제1차 세계대전을 겪은 후에도 자유주의적 시각은 여전히 영향력을 행사했다. 오히려 자유주의적 처방이 제대로 실천에 옮겨지지 못했기 때문에 대전을 막지 못했다는 후회가 팽배했고, 이 교훈을 바탕으로 국제질서를 자유주의 위에 새롭게 짜려고 시도되었다. 한 국가의 도발을 다른 국가들이 공동으로 대항하는 집단안보(collective security)의 구축이 전쟁을 방지할 수 있다는 생각에서 국제연맹(League of Nation)이 창설되었고, 국가간의 분쟁을 중재하고 조정하는 제도들과 국제법이 강조되었다. 심지어 모든 국가들의 대폭적인 군비축소에 의해 전쟁 가능성을 제거할 수 있다는 방안도 제시되었다. 주지하듯이 이러한 방안들은 비현실적인 것으로 판명되었고, 20년이 채 못 되어 터진 더 큰 세계대전을 막는 데 아무런 도움이 되지 못했다. 이 시기의 자유주의적 사고를, 국제연맹의 주창자이자 대표적인 자유주의자인 윌슨(Woodrow Wilson) 대통령의 이름을 따서 윌슨식 이상주의(Wilsonian Idealism)라고 부르는 이유가 여기에 있다.

앞에서 논의했듯이 제2차 세계대전과 뒤이은 냉전은 학문과 현실 모두에서 자유주의적 시각을 크게 약화시켰다. 순진한 이상주의에서 벗어나 힘의 정치라는 냉엄한 국제정치 현실을 객관적으로 분석해야 한다는 현실주의가 지배하게 되었던 것이다. 그러나 자유주의적 시각이 완전히 사라진 것은 아니었다. 예컨대 국가간의 비정치적, 기능적 교류를 통해 궁극적으로 평화를 이룩할 수 있다는 기능주의(functionalism) 통합이론이 미트라니(Mitrany, 1943)에 의해 제시되었고, 유럽통합의 과정이 시작된 1950년대 말에는 하아스(Haas, 1958)에 의해 보다 정교한 통합이론이 개발되었다.[7] 국가간의

---

6 양차대전과 이와 연관된 국제관계학의 문제들에 대해 앞에서 소개했던 Nye(2000)의 제3, 4장을 참조하라.

7 기능주의와 신기능주의 통합이론에 대해서는 구영록(2000)을 참조하라.

경제적, 사회적, 문화적 협력과 교류가 심화되면 정치적 측면의 협력과 공존, 평화, 그리고 궁극적으로는 통합까지도 가능하다고 주장되었던 것이다.

1970년대까지 국가들간의 협력과 교류가 경제 분야뿐 아니라 사회, 문화 영역에도 크게 확산되고 GATT(관세 및 무역에 관한 일반협정)에서 초국적기업에 이르기까지 국가 수준 이상의 행위자들이 국제관계에 큰 영향을 미치게 되면서, 자유주의의 영향력은 강화되었다. 사회주의와의 힘의 대결은 지속되었지만, 최소한 서방국가들간에는 협력이 증대했고 전쟁의 가능성은 미미하게 되었던 것이다. 이러한 상호의존(interdependence) 속에서 국제관계는 현실주의자들의 단순한 힘의 정치로 파악할 수 없다는 비판이 자유주의자들에 의해 제기되었다. 또한 점차 증대되고 있는 초국적 행위자의 영향력을 보여줌으로써 자유주의자들은 국가를 분석단위로 강조하는 현실주의자들을 비판했다. 코헤인(Robert Keohane), 나이, 하아스 등으로 대표되는 자유주의자들은,[8] 국제무역 레짐(regime)이나 해양문제의 해결 등 다양한 사례를 통해 국가간 협력의 가능성과 초국적 행위자의 영향, 그리고 이에 따른 국제관계의 본질의 변화들을 이론화하기 시작했다(Keohane and Nye, 1977; Krasner, 1983).

이러한 이론화 작업의 대표적인 것이 신자유주의적 제도주의(neoliberal institutionalism), 혹은 신자유주의(neoliberalism)이다.[9] 신자유주의자들은 국제관계가 현실주의자들이 주장하듯 비극적인 대결로만 이루어지는 것이 아니라 많은 영역에서 일상적으로 국가간 협력이 일어날 수 있다고 주장하는 점에서 고전적 자유주의를 계승한다. 그러나 이러한 결론은 국가가 합리적 행위자라는 현실주의의 전제로부터 연역적으로 도출된다.

신자유주의자들의 논리를 명확히 보여주는 것이 「죄수의 게임」(Prisoner's Dilemma)이다. 죄수의 게임은 다음과 같이 설정된다. 두 죄수에게 자백의 기회가 주어져 있는데, 둘 다 자백할 경우 중벌을, 둘 다 자백하지 않으면 경미한 처벌을 받게 되지만, 어느 한쪽만 자백할 경우 자백한 죄수는 방면되고 자백하지 않은 죄수는 가장 엄한 처벌을 받게 된다. 이 상황에서 두 죄수에게 최적의 결과는 둘 다 자백하지

---

8 자유주의의 다양한 이론들에 대한 소개로 박재영(2015)을 참조하라.

9 대표적인 연구로 액설로드(Axelrod, 1984), 오이(Oye, 1986) 등을 참조하라.

않는 것이다. 그러나 상대방이 자백하는 최악의 결과에 대한 우려 때문에 각 죄수들은 최적 이하의 선택(자백)을 하고 중벌을 받게 된다. 이 같은 결과는 왜 일어나는 것일까? 상대방이 어떤 선택을 할지 알 수 없고, 상대방이 배신할 경우 감당해야 하는 비용이 너무나 크기 때문이다. 따라서 게임이 일회에 그치지 않고 반복되면 딜레마는 해결된다. 반복게임(iterated game) 상황에서 일단 최적의 선택을 하게 되고 상호이익이 곧 각자의 이익이 되게 되면, 협력이 가능해지는 것이다.

국제관계의 많은 측면이 이와 유사하다고 신자유주의자들은 주장한다. 국가들은 일회성 게임의 상황에 직면해 있는 것이 아니라, 많은 영역에서 서로 반복적으로 상대한다. 비록 무정부 상태라고 하더라도 이러한 반복적인 상호작용 속에서 상호이익을 위한 협력이 이루어진다. 국제제도들은 국가들간의 상호작용이 일어나는 틀을 제공함으로써 협력의 가능성을 높인다. 이와 같이 신자유주의자들은 인간 본성에서 협력의 가능성을 찾는 고전적 자유주의에서 벗어나, 미시경제적 논리에 입각하여 반복적 상호작용으로부터 협력의 가능성을 도출하고 있다.

한편 냉전이 끝난 후를 전후하여 민주평화론(democratic peace)이 대두되고 있다. 민주평화론은 민주주의 국가들간에는 전쟁이 없다고 주장하는데, 이는 경험적 자료로 입증되고 있다. 문제는 그 이유가 무엇인지 설명하는 것인데, 이에 대해 자유주의적 시각에서 다양한 설명들이 제시되어 왔다. 예컨대 민주주의적 가치와 문화가 전쟁을 방지하기 때문이라고 설명되기도 한다. 민주주의에서는 다양한 견해에 정치지도자들이 반응해야 하며 따라서 전쟁을 선택하기 어렵게 된다는 것이다. 또한 민주주의 국가들을 긴밀한 네트워크로 결합시키는 다양한 국제적, 초국적 제도들이 각국의 도발을 억제하고 협력과 타협을 조장한다고 설명되기도 한다.

3. 국제관계의 본질

정치학에서 국제관계에 대한 연구는 현실주의와 자유주의의 두 시각을 중심으로 이루어져 왔다. 국제관계의 본질적 성격으로서 무정부상태의 불가피성, 구성단위로서 국가의 중요성, 그리고 정치적 영역과 비정치적 영역의 연계와 상대적 중요성 등에 대해 논쟁을 벌여 왔고, 서로 다른 시각에서 많은 이론들이 개발되었던 것이다. 그러나 국제관계의 본질에 대해 두 시각과는 전혀 다른 측면을 고려한 접근도 제시되어 왔고, 최근에는 이에 대한 새로운 해석도 대두되고 있다. 전자로는 구조주의(structuralism), 혹은 지구주의적(globalism) 전통을 들 수 있고, 후자로는 구성주의(constructivism)를 들 수 있다.

지구주의, 혹은 구조주의로 불리는 시각은 명칭에서 드러나는 바와 같이 국제관계의 다양한 문제들을 구조 전체의 특성으로 설명한다. 대체로 마르크시즘의 영향을 강하게 받고 있기 때문에 이 시각이 설정하는 문제는 국가간 갈등과 협력보다는 국제적 지배와 불평등의 문제이며, 그 근원은 지구적 구조, 즉 세계자본주의의 성격에 있다고 본다. 따라서 전쟁과 분쟁과 같은 정치현상에 대해 경제적 원인의 중요성을 강조하며, 역사적 접근을 통해 구조의 생성과 변동을 설명하는 데 초점을 둔다.

이러한 시각의 선구적 연구로 홉슨(John A. Hobson)이나 레닌(Vladimir I. Lenin)의 제국주의론을 들 수 있다. 이들은 19세기 후반에서 20세기 초반에 벌어졌던 제국주의적 팽창과 전쟁의 원인을 자본주의의의 성격에서 찾았다. 자본주의 발전의 결과 초래된 과잉생산과 투자 등 경제적 문제들 때문에 서구 선진 공업국들은 해외로 팽창하게 되었고, 이러한 제국주의 경쟁은 식민지의 고갈과 함께 제국주의 세력간의 충돌, 곧 전쟁으로 나아갔다는 것이다. 따라서 전쟁은 자본주의적 경쟁의 결과이다.

1970년대까지 저개발국가들이 공통으로 겪었던 경제적, 정치적 문제들에 대한 설명도 이러한 시각에서 시도되었다. 주로 중남미 학자들에 의해 주장된 종속이론(dependency theory)은 중남미와 아시아, 아프리카 등의 구식민지 국가들에 만연한 저발전과 정치적 후진성이 선진국에 대한 종속 때문이라고 진단했다. 이들에 따르면, 저개발 경제들은 선진국에 불평등 교환으로 종속되어 있으며, 이러한 종속은 초국적 기업과 저개발국 엘리트간의 연합으로 유지된다. 따라서 저개발국은 저발전이 지속되고, 독재와 정치불안이 거듭된다는 것이다. 종속이론은 제3세계의 정치적, 경제적 문제와 「남과 북」의 문제, 즉 세계적 부의 불평등의 문제를 종속이라는 구조 수준의 변수로 설명함으로써, 후진국의 문제가 후진국만의 문제가 아닌 세계 전체의 문제이며, 기존 국제정치경제질서가 불평등함을 보여주었던 것이다.

이론적으로 보다 엄밀하고 야심찬 시도는 월러스타인(Immanuel Wallerstein)과 같은 세계체제론자들에 의해 이루어지고 있다. 세계체제론자들은 방대한 역사적 자료에 근거하여 16세기 이후 자본주의 세계경제의 형성, 변동과정을 추적하고 그 작동원리를 분석해 오고 있다. 이들에 따르면 근대 자본주의 세계체제는 중심부(core)－반주변부(semiperiphery)－주변부(periphery)로 구성되어 지속적으로 변동, 팽창해 왔다. 중심부는 가장 일찍 산업화가 이루어진 서구이며, 주변부는 중심부에 천연자원을 공급하고 저임의 산업에 종사하는 지역이다. 따라서 중심부의 번영은 주변부의 희생에 의해 지탱되며, 주변부의 발전은 억압된다. 세계체제론자들은 이러한 근대 자본주의 세계체제의 본질적 구조가 중심부와 주변부 각각의 내부 및 그 관계들을 규정한다고 주장한다. 국가간 경쟁과 갈등이나 국가의 성격 등은 자본주의 세계체제라는 구조에 의해 설명될 수 있다는 것이다. 예컨대 근대국가의 수립과 이들간의 대립은 자본주의의 수립, 팽창과정으로 설명하며, 19세기 영국이나 20세기 미국과 같은 패권의 존재는 자본주의 세계경제의 지도적 중심부(commanding heights)의 의미로 파악한다.[10]

한편 구성주의자들은 보다 직접적으로 신현실주의와 신자유주의의 핵심 전제들에 대해 중대한 의문을 제기하고 있다. 앞에서 논의했듯이 신현실주의자들과 신자유주의자들에 있어서 구조는 곧 물질적 능력의 분포이며, 국가의 국가이익은 이에 따라 결정된다. 즉, 국가간 힘의 분포에 따라 힘에 의해 규정된 국가이익이 결정되고 국가는 이를 추구한다고 보는 것이다. 그러나 구성주의자들은 구조가 객관적으로 외부에서 주어지는 것이 아니라 행위자들에 의해 사회적으로 결정되는 것임을 강조한다.

구성주의자들에 따르면, 국제관계를 포함한 사회 구조는 객관적인 물질적 자원(material resource)뿐 아니라 이에 대한 공유된 지식(shared knowledge)에 의해서 이루어진다. 대표적인 구성주의자인 웬트(Alexander Wendt)의 유명한 표현대로 「무정부상태는 국가들이 만드는 것」(Anarchy is What States Make of It)이다(Wendt, 1992).[11] 국가들이 상대방의 의도를 불신하여 최악의 상황에 대비하기 위해 군비를 증강시킬 수밖에 없다는 인식이 공유되어 있다면, 이는 곧 자구체제(self-help system)의 안보 딜레마가 존

---

10 세계체제론에 대해서는 윌러스틴(Wallerstein, 1974)를 참조하라.

11 이에 대해 웬트(Wendt, 1987; 1999)를 참조하라. 국내문헌으로 신욱희(1998), 김학노(2000)을 참조하라.

재하는 신현실주의자들의 무정부상태인 것이다. 반면 국가들이 서로 전쟁을 통하지 않고 분쟁을 해결할 수 있다는 공유된 인식은 안보공동체(security community)라는 전혀 다른 사회구조를 구성할 수 있다. 물질적 자원 역시 행위자들이 공유하고 있는 지식에 의해 의미가 부여된다. 예컨대 미국의 입장에서, 북한이 보유했을 수 있는 5기의 핵탄두는 영국이 지니고 있는 500기의 핵탄두보다 훨씬 위협적이다. 영국은 우방국이고 북한은 적성국이라는 인식이 공유되어 있기 때문이다.

이와 같이 구성주의자들은 구조에 대해 행위자들이 공유하고 있는 의미, 혹은 관념(idea)의 중요성, 그동안 당연시되어 온 국가나 주권의 개념이 사회적으로 형성되는 과정, 행위자들의 정체성(identity)과 선호(preference)가 형성, 변화하는 과정에 주의를 환기시키고 있는 것이다. 이런 면에서 구성주의는 국가간 갈등과 협력이라는 동일한 문제에 대해 새로운 해석을 시도하고 있다고 평가된다.

지금까지 국제관계의 본질에 대한 다양한 시각들을 살펴보았다. 각 시각들은 국제관계의 각 측면들에 대해 통찰력을 제공하며 이론화에 기여해 왔다. 현실주의가 상정하는 힘의 정치는 21세기의 현실에 있어서도 국가간 정치적, 군사적 관계의 가장 중요한 속성으로 남아있다고 인정할 수 있다. 반면 세계경제의 관리 등 국제관계의 많은 영역에서는 자유주의가 제시하는 국제협력이 광범위하게 일어나고 있음도 사실이다. 또한 세계 정치경제질서에는 중심부와 주변부간에 불평등과 지배－피지배관계가 재생산되고 있음도 부인할 수 없다. 페레스트로이카에서 소련의 해체와 냉전의 종식에 이르는 과정을 고려하면, 관념(idea)에 따라 정체성과 선호가 변하고 국제관계의 구조가 변할 수 있다는 가능성도 인정된다.

국제관계는 이러한 속성들을 모두 지니고 있기 때문일 것이다. 그렇다면, 현실주의, 자유주의, 마르크시즘과 구성주의간에 그간 벌어져온 논쟁은 불필요한 것일까? 이들 모두를 아우르고 국제관계의 현상을 통찰하면 되는 것일까? 앞에서도 논의했듯이, 국제관계의 복잡한 현실을 이론적으로 설명하기 위해서는 국제관계의 본질에 대한 일관된 시각과 접근이 필요하다. 그렇기 때문에 국제관계의 구조와 행위자 및 그 관계의 본질적 속성에 대한 학문적 논쟁은 아직도 계속되고 있는 것이다.

제3절 연구방법

국제관계에 대한 연구는 정치학만큼이나 오래되었다고 볼 수 있으나, 하나의 분과학문으로서 국제관계학이 수립된 것은 그리 오래되지 않았다. 국제관계가 정치현상의 한 부분으로서 대체로 역사학이나 철학의 일부로 평가되었기 때문이다. 20세기 초 국제관계학이 분과학문으로 수립된 이후, 많은 국제관계학자들은 고유한 연구방법의 모색을 위해 노력해 왔다. 정치학 전반에 걸쳐 지속적으로 방법론에 관한 논쟁이 일어났듯이, 국제관계학에서도 방법론 논쟁이 주기적으로 벌어져 왔으며, 최근 다시 가열되고 있다.

1. 접근방법

1950년대까지 국제관계의 연구는 주로 역사와 철학, 혹은 법적 접근에 의해 수행되었다. 후에 전통적 접근(traditional approach)이라고 불리는 이 연구방법은 두 가지 특성을 지니고 있었다. 하나는 강한 규범적 성격이다. 앞에서 소개했던 칸트의 영구평화론처럼 전쟁의 방지나 국제협력의 조성 등 뚜렷한 목적을 주장하는 성격이 강했던 것이다. 대신에 이러한 주장에 대한 경험적 입증은 엄격히 지켜지지 않았다.

전통적 접근의 보다 중요한 성격은 역사적 서술 중심의 접근이라는 데 있다. 외교사(diplomatic history)에 대한 연구가 가장 중요한 기반이 되었고, 이러한 역사에 대한 면밀한 분석을 통해서 일반화된 이론이나 교훈을 도출해내려 했던 것이다. 대표적인 예로 투키디데스의 『펠로폰네서스 전쟁사』를 들 수 있다. 기원전 5세기의 그리스-스파르타간 전쟁을 꼼꼼히 분석한 후 투키디데스는 힘의 균형이 무너진 데서 전쟁의 원인을 찾았다. 그리스의 힘이 증강하자 이에 위협을 느낀 스파르타가 상대적 힘의 상실을 두려워하게 되었던 것이 전쟁을 유발했다는 것이다. 현실주의의 시조로 간주되는 투키디데스는, 신현실주의자와 동일한 결론을 펠로폰네서스 전쟁이란 단일한 역사적 사건의 분석을 통해 도출해냈던 것이다.

역사적 접근은 풍부한 사례를 통해 다양한 통찰력을 제공할 수 있다는 매력이 있다. 사실 모든 경험적 연구는 먼 역사든 가까운 역사든 역사적 사례에 의존하지 않고 이루어질 수 없다. 또한 엄격한 과학적 연구라도 사례분석의 발견적(heuristic) 결과에 큰 도움을 받곤 한다. 따라서 지금까지도 많은 학자들이 역사와 사례를 분석하고 축적하는 전통적 접근을 취하고 있다.

그러나 연역적 이론이나 인과관계의 논리가 선행되지 않은 역사분석은 여러 가지 문제를 야기한다. 특정한 역사적 사례에 대한 분석이 한 측면에 치우치지 않았다는 보장이 없고, 연구자들마다 서로 다른 측면을 보고 서로 다른 일반론을 이끌어낼 수도 있다. 이 경우, 어떤 주장이 타당한지 판단할 기준이 존재하지 않으며, 일반론이 수립될 수 없다. 더욱이 전통적 접근들이 사용한 개념들은 엄밀히 규정되지 않았기 때문에 논의에 혼란을 가져오곤 했다. 예컨대 모겐소는 그가 말하는 힘(power)이 무엇인지, 현실에서 어떻게 나타나고 어떻게 측정할 수 있는지, 여러 국가들의 힘을 어떻게 비교할 수 있는지 제시하지 못했다고 비판한다.

전통적 접근에 대한 비판과 정치학 전반의 행태주의(behavioralism) 혁명 속에서 과학적 접근이 대두되었다. 행태주의는 인간의 행동이 반복적으로 정형화(patterned)되어 나타난다고 보고, 이러한 규칙적 행태에 대한 가설을 수립한 후 이를 체계적, 경험적으로 입증하는 것이 과학의 과제라고 주장했다. 국제관계학의 과학주의도 이러한 방식에 의해 국제관계 현상의 인과관계를 설명하려 했다. 비록 자연과학과 같이 엄밀한 과학성과 예측성에 도달하지 못한다 하더라도, 법칙에 가까운 일반이론을 수립하려 했던 것이다.

1960년대 과학적 접근의 선구적 연구로 싱거(J. David Singer)와 스몰(Melvin Small)의 「전쟁 상관성」(Correlates of War) 연구를 들 수 있다. 이 연구는 전쟁의 원인을 밝히기 위해 1865년에서 1965년까지 발발한 96차례의 대규모 전쟁들(1,000명 이상의 사망자)을 통계적으로 분석한 야심적 시도였다. 이들의 접근방법을 투키디데스와 비교해보면 전통주의와 과학주의간의 뚜렷한 차이를 알 수 있다. 전쟁의 원인을 밝히기 위해 투키디데스는 단일한 사례에 천착하여 전쟁의 맥락과 과정에 대한 풍부한 지식에 의존했던 반면, 싱거와 스몰은 동일한 연구목적을 위해 가능한 모든 사례에 대한 통계적 지식에 의존하여 반복적인 현상을 발견하려 했던 것이다(Singer and Small, 1972). 이후 국제관계학의 많은 연구들이 계량적, 통계적 방법을 통해 이루어져 오고 있다.

그러나 방법론의 놀라운 발전에도 불구하고 과학적 접근이 만족할 만큼 성공적이었다고 평가하기는 힘들다. 방법론에 치우쳐 연구문제의 본질이 희석되는 경우도 많고, 연구방법이 적용되기 쉬운 문제들만이 집중적으로 연구되어 왔다는 비판이 제기된다. 무엇보다도 계량적 방법이 과연 국제정치 현상과 같은 사회 현상의 연구에 적합한 것인지 의문시된다. 민주평화론의 예를 들어 보자. 「민주주의는 서로 평화적이다」라는 명제를 입증하기 위해 많은 경험적 연구들이 수행되어 왔다. 차이는 있지만, 수세기간의 전쟁들을 계량적으로 분석한 이 연구들은, 「19세기 이래 선거에 의해 민주적으로 선출된 정부들간에는 전쟁이 발발하지 않았다」는 사실과 「민주주의국가가 개입된 전쟁에는 사상자가 상대적으로 적었다」는 사실을 입증했다. 그러나 이 연구결과들은 위의 두 사실들만을 입증할 뿐, 민주주의가 평화지향적이라는 명제 자체를 입증한 것은 아니다. 앞에서 논의한 바와 같이, 민주주의의 어떠한 속성이 평화를 지향하도록 만드는지에 대한 인과적 설명은 계량적 방식이 제시하지 못하고 있는 것이다.

신현실주의와 신자유주의 이론들 역시 과학주의의 입장에서 연역적 방식으로 일반이론을 수립하려는 시도이다. 앞에서 논의했듯이, 월츠의 이론은 미시경제학의 모델에 기초를 두고 있다. 미시경제학은 합리적 경제행위자는 효용의 극대화를 위해 행동한다고 전제하고, 가격 변동에 따라 행위자의 행동을 예측한다. 마찬가지로 월츠는 무정부 상태에서 국가는 힘으로 규정된 국가이익을 극대화시키는 합리적 행위자라고 전제하고, 힘의 분포에 따라 국가의 행동을 예측할 수 있다는 연역이론을 제시한 것이다. 신자유주의자들 역시 반복게임의 상황에서 합리적 국가들이 협력을 추구할 것이라는 점을 연역적으로 도출한다.

이러한 과학적 접근에 대해 최근에는 비판이론과 포스트모더니즘의 입장에서 신랄한 비판이 제기되고 있다. 이들에 따르면, 이론은 특정한 시공에 위치 지워져 있기 때문에 이데올로기적, 문화적, 사회적으로 구속되며, 객관적인 일반이론은 존재하지 않는다. 예컨대 무정부상태를 당연시하는 현실주의나 신자유주의 이론은 기존 질서를 옹호하려는 이데올로기적 의도를 가장하고 있다는 것이다.

포스트모더니스트들은 유일한 객관적 현실이 존재하지 않는다고 보며, 현실은 사회적으로 구성된다고 주장한다. 예컨대 민족이나 국가와 같은 존재들은 학자들이나 정치인들, 혹은 시민들에 의해 만들어진 허구이며, 누군가의 시각에 의해 여과된 담론을 통해 객관적 존재인 것처럼 받아들여진다. 따라서 포스트모더니스트들은 국가나 주권, 무정부, 합리성 등 기존이론들의 주요 기본개념들을 「해체」하고(deconstruct), 이에 대해 다수의 현실과 의미가 존재한다는 것을 보여주는 데 주력하고 있다. 예컨대 주권(sovereignty)은 베스트팔리아 이후 근대국가의 핵심적 속성으로 간주되어 왔지만, 포스트모더니스트들에 따르면 명확히 규정되지도 않았고 일관되게 받아들여지지도 않았다. 때와 장소에 따라, 특정한 집단에 따라, 그리고 특정한 상황에 따라 그 개념이 변화되어 왔다는 것이다. 그렇다면, 주권 개념에 근거한 현실주의 이론들의 객관성은 취약해지며, 현실 국제관계의 정당성도 의문시된다.

2. 분석수준

특정한 국제관계 현상을 분석할 때 직면하는 또 다른 중요한 문제는 연구의 초점을 어디에 둘 것인지 결정하는 문제이다. 예컨대 북한이 남북정상회담에 응한 것을 북한 지도자의 사고의 변화로 설명할 것인가, 혹은 북한 사회 내부의 필요성 때문인 것으로 설명할 것인가? 또는 사회주의의 붕괴와 고립과 같은 국제정치의 변화에 의해 야기된 것으로 설명할 것인가?

월츠는 전쟁의 원인을 분석하는 데 세 가지 분석수준(level of analysis)이 있다고 제시했다(Waltz, 1959).[12] 첫째 수준은 인간의 본성에서, 둘째는 국가의 성격에서, 그리고 셋째는 국제체제에서 전쟁의 원인을 찾는다. 월츠는 물론 구조의 수준이 연역이론을 가능하게 하는 것으로 보았으나, 국제관계의 연구자는 인간과 국가와 구조의 세 분석수준을 선택할 수 있다.

분석수준의 선택은 대단히 중요하다. 특정한 분석수준에 따라 시각, 문제, 연구영역과 연구방법이 달라질 수 있기 때문이다. 예컨대 특정한 전쟁의 원인을 개인의 수준에서 찾는 경우 지도자의 사고와 심리, 정치적 판단 등을 분석하게 된다. 국가의 분석수준에서는 정치체제의 성격, 관료정치, 사회세력과 집단들의 이해관계, 이

12 분석수준의 문제에 대한 고전적 글로 싱거(Singer, 1969)를 참조하라.

데올로기와 문화적 성격 등에 초점을 둘 수 있다. 국제체제의 수준이라면, 현실주의자들처럼 힘의 분포나 동맹관계, 지정학적 조건, 국제정치경제적 요인 등을 연구할 수 있다.

특정한 국제관계 현상을 전체적으로 이해하기 위해서는 세 수준에서 고려될 수 있는 요인들을 모두 검토해야 한다고 생각할 수 있다. 그러나 이러한 작업은 연구자의 능력을 벗어날 뿐만 아니라 연구의 경제성(parsimony)이 극히 낮다. 가능하다 하더라도 각 요인들간의 관계를 설정하는 것이 쉽지 않으며, 수많은 요인들을 단순히 열거하는 수준에 그치기 쉽다. 따라서 국제관계의 연구자들은 특정한 분석수준을 선택하고 이 수준에서 분석할 요인들을 찾게 된다.

제4절 국제환경의 변화와 국제관계학

많은 사람들이 20세기말 이래 국제환경의 급격한 변화가 일어나고 있으며, 이 변화가 앞으로 상당기간 동안 인류의 삶에 지대한 영향을 미칠 것으로 예측한다. 사실 어느 시기에나 국제환경의 급격한 변화가 일어나곤 했다고 말할 수 있다. 그러나 최근의 변화들은 그 폭과 깊이, 속도, 그리고 영향력에 있어서 유례를 찾아보기 힘들다. 정치, 경제, 문화, 종교, 이데올로기, 기술 등 삶의 대부분의 측면이 이 변화에 공명하고 있다. 몇 가지 중대한 변화들을 간략히 살펴보자.

우선, 제2차 세계대전 이래 지속되었던 냉전이 종식되고 소련과 사회주의권이 붕괴되었다. 현실주의 시각을 빌리자면, 소련과 미국을 정점으로 하는 동-서의 세력균형 속에서 국제질서의 안정을 가져다주었던 구조가 붕괴된 것이다. 탈냉전의 국제질서는 어떤 형태로 굳어질 것이며, 이는 국제질서에 어떠한 영향을 미칠 것인가? 이 문제는 소련의 해체 이후 많은 국제정치학자들과 국제문제 전문가들, 그리고 각국의 정치지도자들이 주의를 기울이고 있는 문제이다. 보는 시각에 따라, 미국이 유일 초강대국의 지위를 지니는 단극적(unipolar) 질서가 필연적으로 다른 국가들의 도전을 야기하여 국제질서의 불안정을 가져올 것으로 예측하기도 하며, 혹은 미국의 패권적 질서가 상당 기간 유지될 것으로 평가하기도 한다.

미국의 선택 역시 논란의 대상이다. 보수주의자들은 미국의 단기적 이익을 우선시하며, 미국이 독자적으로 힘 위주의 정책을 추진하여 미국의 국가이익과 미국적 국제질서를 유지해야 한다고 주장한다. 자유주의자들은 이러한 독자주의(unilateralism)에 반대하며, 미국이 다른 국가들과의 공조와 협력을 통해 국제문제들을 해결하는 것이 장기적으로 미국의 국가이익과 국제질서의 안정을 도모하는 것이라고 주장한다. 어떤 선택이든 국제질서에 막대한 영향을 가져올 것으로 예측할 수 있다. 이러한 변화가 현재 진행 중인 것이다.

경제적 지구화(globalization)의 영향도 경제적 측면뿐 아니라 각국의 국내정치적 변화와 궁극적으로 국제적 갈등과 긴장을 야기할 수 있다. 20세기 후반부터 진행되어 온 지구화는 국경을 초월하여 상품과 자본이 자유로이 이동할 수 있는 국제경제질서를 전세계적으로 확대시켜오고 있다. 이미 한 세기 전에 인류가 경험했듯이, 이러한 시장 중심의 경제질서는 각국 정부가 국내적 필요에 의해 경제정책을 조정할 수 있는 능력을 위축시킴으로써 국내정치적 문제가 유발될 수 있다. 또한 국제시장의 요구와 국내정치적 필요간의 긴장이 국가간 갈등을 유발할 수 있다. 시장 중심의 논리에 의해 국내적 부의 불평등이 심화되고 국제적으로도 빈국과 부국간의 격차가 더욱 벌어질 수 있다. 이러한 문제를 국내적으로, 그리고 국제적으로 어떻게 해결하는가의 문제가 상당기간 인류가 당면한 가장 중요한 정치적 과제가 될 것이다.

지역 통합의 추세 역시 국제관계에 본질적 변화를 가져올 수 있는 중대한 현상이다. 반세기에 가까운 과정을 거친 후 마침내 유럽의 주요국들은 통화통합의 수준까지 지역 통합을 이루었고, 사람과 돈과 물건의 이동에 국경이 존재하지 않는 상황을 만들었다. 심지어 신자유주의자들까지도 통화통합과 같은 「어려운」 통합이 실현되리라고는 기대하지 않았었다. 의외로 가까운 장래에 정치적, 군사적 통합까지 완수되어 유럽국이 등장할 가능성도 부인할 수 없는 것이다. 이렇게 될 경우, 국제질서는 전혀 다른 모습으로 나타나게 될 것이다. 한편, 유럽의 통합에 자극받아 중남미와 동아시아 등 여러 지역에서 경제적 통합이 시도되고 있다. 이러한 지역화(regionalization)가 자유주의적 국제경제질서를 촉진할 것이지, 혹은 블록화에 의해 궁극적으로 세계경제가 몇 개의 폐쇄적 지역으로 나뉘게 될 것인지는 국제질서에 중대한 결과를 초래할 것이다.

지금까지 국제관계를 구성해 왔던 국가의 주권에도 중대한 변화가 일어나고 있다. 지구화에 의해 국가의 경제 주권이 상당히 훼손되고 있음은 물론, 유럽통합의 경험에도 드러나듯이 기존의 국가와 민족을 초월한 존재에 대한 주권과 정체성의 이전이 전개되고 있다. 더욱이 초국적인 단체나 운동, 이념 등에 대한 충성심이 국가에 대한 귀속감을 대체하는 현상도 광범위하게 일어나고 있다. 국제관계를 구성하는 국가의 존재는 현실주의와 신자유주의자들이 전제했던 것보다 훨씬 약화되어 가고 있는 것이다. 궁극적으로 베스트팔리아 이후의 국가중심의 국제질서는 변화될 것인가? 국가의 약화가 초래할 변화의 방향은 무엇일까? 국제질서의 안정과 평화가 도래할 것인가, 불안정과 전쟁이 초래될 것인가?

이러한 추세 속에서도 오히려 민족주의나 문화적 배타주의, 종교적 정체성이 강화되고 있는 현상도 발견할 수 있다. 지구화에 의해 정치적, 경제적, 문화적, 인적 교류가 확대될수록 배타주의가 야기될 수도 있고, 불평등의 심화가 가져오는 좌절과 저항감이 민족주의를 고취시킬 수도 있다. 또한 이질적 문화와 생활방식이 침투하면서 종교와 고유문화에 대한 정체성이 강화될 수도 있다. 어떠한 경우이든 서로 다른 민족, 문화, 종교간의 갈등이 심화될 것이다.

첨단 기술의 발전이 가져온 정보화 역시 국제관계의 모습이 급변하는 데 결정적인 영향을 미치고 있다. 정보와 지식이 놀랄 만큼 빠르게 세계 곳곳에 전달되고 있고 이를 더 이상 국가들이 통제할 수 없게 된 것이다. 따라서 한 지역에서 일어난 일이 거의 실시간에 다른 지역들에 영향을 미치게 되었고, 외부의 영향으로부터 고립되어 진행되는 일이 드물게 되었다. 나아가 정보화에 의해 시민단체들의 지구적 연대와 네트워크가 가능해져서 국가에 도전하는 초국적 존재로 등장하고 있다.

이러한 격변 속에서 보다 평화롭고, 풍요하고, 평등한 국제사회를 어떻게 이룰 수 있을까? 21세기 국제관계학의 과제가 여기에 있다.

참고문헌

- 김우상 외 공편역. 1987. 『국제관계론강의』 제1, 2권. 서울: 한울아카데미.
- 김학노. 2000. 「합리주의적 기능주의 비판과 구성주의적 대안 모색」. 『국가전략』 6(2): 49-73.
- 구영록. 2000. 『한국과 햇볕정책: 기능주의와 남북한관계』. 서울: 법문사.
- 박재영. 2015. 『국제정치 패러다임: 현실주의, 자유주의, 구조주의』. 서울: 법문사
- 신욱희. 1998. 「구성주의 국제정치이론의 의미와 한계」. 『한국정치학회보』 32(2): 147-58.
- 오기평 편. 2000. 『21세기 미국 패권과 국제질서』. 서울: 오름.

- Axelrod, Robert M. 1984. *The Evolution of Cooperation*. New York: Basic Books.
- Ambrose, Stephen E. 2010. *Rise to Globalism: American Foreign Policy Since 1938*. 9th ed. New York: Penguin Books(권만학 역. 1996. 『국제질서와 세계주의』. 서울: 을유문화사).
- Baldwin, David A. ed. 1993. *Neorealism and Neoliberalism: The Contemporary Debate*. New York: Columbia University Press.
- Brown, Michael E., *et al.*, eds. 2000. *Theories of War and Change: An International Security Reader*. Cambridge, Massachusetts: MIT Press.
- Carr, E. H. 1946. *The Twenty Years' Crisis, 1919-1939,* 2nd ed. London: Macmillan(김태현 역. 2001. 『20년의 위기』. 서울: 녹문사).
- Gilpin, Robert. 1981. *War and Change in World Politics*. Cambridge: Cambridge University Press.
- Gove, Philip Babcock ed. 1961. *Webster's Third New International Dictionary of the English Language*. Unabridged. Springfield: G. & C. Merriam.
- Haas, Ernst B. 1958. *The Uniting of Europe: Political, Economic, and Social Forces 1950-1957*. Stanford: Stanford University Press.
- Huntington, Samuel. 1996. *The Clash of Civilizations and the Remaking of World Order*. New York: Simmon and Schuster(이희재 역. 1997. 『문명의 충돌』.

파주: 김영사).

- Keohane, Robert O. 1986. *Neorealism and Its Critics.* New York: Columbia University Press.
- ——— and Joseph S. Nye, Jr. 1977. *Power and Interdependence: World Politics in Transition.* Boston: Little, Brown.
- Krasner, Stephen D. ed. 1983. *International Regimes.* Ithaca: Cornell University Press.
- Mitrany, David. 1943. *A Working Peace System.* London: Chatham House
- Morgenthau, Hans J. 1946. *Politics among Nations.* New Yok: Alfred Knopf (이호재 역. 2000.『현대 국제정치론』. 서울: 법문사)
- Nye, Joseph S. Jr. 2000. *Understanding International Conflicts: An Introduction to Theory and History.* New York: Longman(양준희 외 역. 2009.『국제분쟁의 이해』. 파주: 한울).
- Oye, Kenneth A. ed. 1986. *Cooperation under Anarchy,* Princeton: Princeton University Press.
- Rosenau, James N. ed. 1969. *International Politics and Foreign Policy.* New York: Free.
- Singer, J. David. 1969. "The Level-of-Analysis Problem in International Relations" in James N. Rosenau, ed., *International Politics and Foreign Policy.* New York: Free Press. pp. 20-29.
- ——— and Melvin Small. 1972. *The Wages of War, 1816-1965: A Statistical Handbook.* New York: Wiley.
- Wallerstein, Immanuel. 1974. *The Modern World System,* Vol. I, II, III. New York: Academic Press(나종일, 유재진, 김인중 외 공역. 1995.『근대세계체제』. 서울: 까치).
- Waltz, Kenneth N. 1979. *Theory of International Politics.* Reading. Massachusetts: Addison-Wesley(박건영 역. 1999.『국제정치이론』. 서울: 사회평론).
- ———. 1959. *Man, the State and War.* New York: Columbia University Press
- Wendt, Alexander. 1999. *Social Theory of International Politics.* New York: Columbia University Press.

• ———. 1992. “Anarchy Is What States Make of It: The Social Construction of Power Politics”. *International Organization* 46(2): 391–426.
• ———. 1987. “The Agent-Structure Problem in International Relations Theory”. *International Organization* 41(3): 335–70.

찾아보기

〈인명색인〉

〈사항색인〉

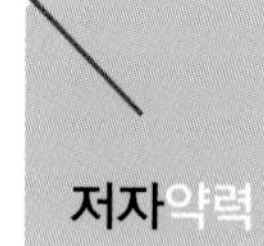

저자약력

1 김주형 민주주의

- 학력: 서울대학교 정치학과 학사 및 석사, 미국 인디애나 대학교 정치학 박사
- 주요 저서 및 논문: 시민정치와 민주주의(2016), 숙의와 민주주의: 토의민주주의의 관점에서 본 공론화위원회(2018)

2 유홍림 서양 정치사상

- 학력: 서울대학교 정치학과 학사 및 석사, 미국 럿거스 대학교 정치학 박사
- 주요 저서 및 논문: 현대 정치사상 연구, 현대 정치와 사상(역서) 외

3 김영민 한국 정치사상 서설

- 학력: 고려대학교 철학과 학사 및 석사, 하버드 대학교(동아시아 사상사 연구) 박사
- 주요 저서 및 논문: A History of Chinese Political Thought(2018) 아침에는 죽음을 생각하는 것이 좋다 외

4 권형기 국가론

- 학력: 서울대학교 정치학과 학사 및 석사, 미국 시카고 대학교 정치학 박사.
- 주요 저서 및 논문: 세계화 시대의 역행? 자유주의에서 사회협약의 정치로(2014)
  Fairness and Division of Labor in Market Societies (New York: Berghahn Books, 2004).
  "The State's Role in Globalization: Korea's Experience from a Comparative Perspective." Politics and Society, 2017 외 다수

5-6 강원택 정부 형태·정당, 선거, 의회

- 학력: 서울대학교 지리학과 학사, 서울대학교 정치학과 석사, 영국 런던정경대(LSE) 정치학 박사
- 주요 저서 및 논문: 한국정치론(2018), 어떻게 바꿀 것인가(2016), 통일 이후의 한국민주주의(2011) 등

7 안도경 관료제와 공공행정

- 학력: 서울대학교 정치학과 학사 및 석사, 미국 인디애나 대학교 정치학과 박사
- 주요 저서 및 논문: Ahn, T.K., Robert Huckfeldt, and John B. Ryan. 2014. Experts, Activists, and Democratic Politics: Are Electorates Self-Educating? Cambridge University Press.
  Ostrom, Elinor, and T.K. Ahn. (eds.) 2003. Foundations of Social Capital. London: Edward Elgar.

8 임혜란 정치경제

- 학력: 이화여자대학교 정치외교학과 학사 및 석사, 미국 캘리포니아 대학교 Davis 박사
- 주요 저서 및 논문: 동아시아 발전국가모델의 재구성(2018)
  Haeran Lim. 1998. Korea's Growth and Industrial Transformation. London: Macmillan Press.

9 임경훈 정치변동: 민주화와 사회운동의 동학

- 학력: 서울대학교 정치학과 학사 및 석사, 미국 시카고 대학교 정치학 박사
- 주요 저서 및 논문: "포스트 소비에트 시기 러시아 정치적 전통의 재구성: 권위주의로서의 푸틴 체제 공고화 요인을 중심으로"
  "Labor Strike in Communist Society: A Comparison between the Soviet Union and Poland"

10 손인주 권위주의론

- 학력: 서울대, 동양사학과 학사, 미국 조지워싱 턴대학교, 엘리엇 국제관계 대학 석사 및 정치학 박사
- 주요 저서 및 논문: "Toward Normative Fragmentation: An East Asian Financial Architecture in the Post-Global Crisis World," Review of International Political Economy 19-4.
  "After Renaissance: China's Multilateral Offensive in the Developing World," European Journal of International Relations 18-1.

11 송지우 법과 정치

- 학력: 서울대학교 사회학 학사, 하버드 로스쿨 법학 J.D., 하버드대학교 철학 박사
- 주요 저서 및 논문: "주권과 보충성: 개념 검토를 통해 본 국제법 규범 이론의 필요성", 『법철학연구』 21권 2호, pp. 383-416
  "Pirates and Torturers: Universal Jurisdiction as Enforcement Gap-Filling," Journal of Political Philosophy 23:4 (2015), pp. 471-90 외

12 백창재 국제관계

- 학력: 서울대학교 정치학과 학사 및 석사, 미국 캘리포니아(버클리) 대학교 정치학 박사
- 주요 저서 및 논문: Politics of Super 301, 미국패권연구, 미국무역정책연구외.

제2판
정치학의 이해

초판발행 2002년 3월 25일
제2판발행 2019년 3월 10일
중판발행 2024년 7월 25일

지은이 서울대학교 정치외교학부 정치학 전공 교수진
펴낸이 안종만 · 안상준

편 집 전채린
기획/마케팅 이영조
표지디자인 권효진
제 작 고철민 · 김원표

펴낸곳 (주) 박영사
서울특별시 금천구 가산디지털2로 53, 210호(가산동, 한라시그마밸리)
등록 1959. 3. 11. 제300-1959-1호(倫)
전 화 02)733-6771
f a x 02)736-4818
e-mail pys@pybook.co.kr
homepage www.pybook.co.kr
ISBN 979-11-303-0719-0 93340

정 가 23,000원